Ernst Theodor Amadeus Hoffmann, geboren am 24. Januar 1776 in Königsberg, ist am 25. Juni 1822 in Berlin gestorben.

Während seines Warschauer Aufenthaltes lernte E.T.A. Hoffmann den jungen, am dortigen Gericht tätigen Assessor Isaak Elias Itzig kennen. Aus dieser Bekanntschaft entwickelte sich rasch eine verständnisinnige Freundschaft, die Hoffmann sein ganzes Leben lang begleiten sollte. Itzig, der einer jüdischen Familie aus Berlin entstammte und sich nach seiner Konversion Julius Hitzig nannte, brachte dem jungen Hoffmann das romantische Gedankengut von Novalis, Tieck und Brentano nahe und war später in Berlin, wo er als Kriminalrat am Kammergericht arbeitete, stets für den Freund da. Er begründete die legendäre Einrichtung der Serapions-Abende, die in Hoffmanns Wohnung einmal wöchentlich stattfanden.

Der Biograph Hitzig weiß den Freund und Dichter plastisch zu porträtieren und dessen besondere Gemütsstimmungen zu skizzieren: »War einmal durch das Alltägliche der Dämon der Langeweile – für ihn die furchtbarste der Plagen – in ihm erwacht, so bemeisterte sich seiner, ohne alle Übertreibung gesprochen, eine wahre Wut, die charakteristisch in seinen Gesichtsmuskeln spielte und die er, wenn er nicht Gelegenheit fand, ihr in der Gesellschaft noch Luft zu machen, entweder durch einige gallbittere Sarkasmen oder durch Äußerungen, die er wie Wahnwitz gestaltete, um verlegene Gesichter um sich her zu sehen, auch selbst dann nicht verleugnen konnte, wenn er schon wieder heimgekehrt war, wo er in sein Tagebuch niederzuschreiben pflegte: ›Schändlich ennuyiert‹...«

Mit dieser Edition im insel taschenbuch wird der Text von E.T.A. Hoffmanns erstem Biographen erstmals als Einzelausgabe zugänglich gemacht.

insel taschenbuch 755
Hitzig
E. T. A. Hoffmanns
Leben und Nachlaß

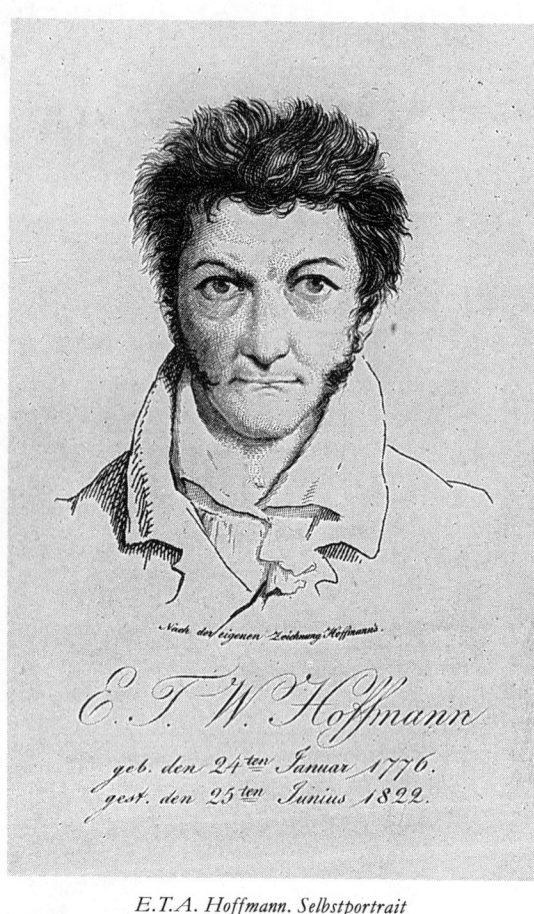

Nach der eigenen Zeichnung Hoffmanns.

E. T. W. Hoffmann
geb. den 24ten Januar 1776.
gest. den 25ten Junius 1822.

E. T. A. Hoffmann. Selbstportrait

JULIUS EDUARD HITZIG

# E.T.A. HOFFMANNS
# LEBEN
# UND NACHLASS

*Mit Anmerkungen zum Text*
*und einem Nachwort*
*von Wolfgang Held*

*Insel Verlag*

insel taschenbuch 755
Erste Auflage 1986
© dieser Ausgabe mit dem Nachwort von Wolfgang Held
Insel Verlag Frankfurt am Main 1986
Alle Rechte vorbehalten
Hinweise zu dieser Ausgabe am Schluß des Bandes
Vertrieb durch den Suhrkamp Taschenbuch Verlag
Umschlag nach Entwürfen von Willy Fleckhaus
Satz: LibroSatz, Kriftel
Druck: Nomos Verlagsgesellschaft, Baden-Baden
Printed in Germany

1  2  3  4  5  6  –  91  90  89  88  87  86

# E. T. A. HOFFMANNS
## LEBEN
## UND NACHLASS

Einen Wunsch nur vernimm,
freundlich gewähre mir ihn:
Laß' nicht ungerühmt mich zu den
Schatten hinabgeh'n!
Nur die Muse gewährt einiges
Leben dem Tod.

*Goethe, Euphrosyne*

AN HOFFMANN
*Sonett*

Was Du gewesen und was Du gestrebt,
Wie Dich der Erdgeist suchte zu verwildern,
Wie Kunst erschien, die böse Glut zu mildern,
Was du geträumet und was Du gelebt;

Wie oft Du grausend bist zurückgebebt
Vor Deines eig'nen Busens nächt'gen Bildern; –
Wer unternimmt's, die Rätselwelt zu schildern,
Wer wagt's, daß er davon den Schleier hebt?

Nicht kommt dem Freund so Kühnes in den Sinn;
Er, der mit ungeübter Zunge stammelt,
Hat Deine Perlen nur zur Schnur gesammelt.

So nimmt denn Dich von mir zum Opfer hin,
Und, wenn das Bild gleich Farbenglanz nicht zieret,
*Du* kennst die Treu, die mir die Hand geführet.

Für diejenigen Leser, die keine Freunde von Versen sind, möge das, was die vorstehenden, aus dem innersten Herzen des Herausgebers auszusprechen streben, noch einmal in schlichter Prose wiederholt werden.

Ein verständiger Mann fängt eine Beurteilung von Dörings Leben Schillers, im Literaturblatt des Morgenblatts No. 81 für 1822, mit den Worten an:

»Diese Lebensbeschreibung unterscheidet sich von den frühern Versuchen dadurch, daß der Verfasser den Verewigten, so oft als möglich, *selbst* reden läßt und durch breites kunst- und lebensphilosophisches Raisonnement (womit kleine Männer, wenn sie über große schreiben, so freigebig zu sein pflegen) den Leser selten in dem angenehmen Geschäfte stört, das Bild dieses Lebens, dieser Geschichte geistiger Ausbildung, dieser schriftstellerischen Tätigkeit selbsttätig aus den gegebenen Zügen sich zusammenzusetzen.«

Besser, als es in diesen Zeilen geschehen, hätte der Herausgeber das, was ihm bei seiner Arbeit an diesem Buche als Ideal vorgeschwebt, nicht darzustellen vermocht. Glaubt er sich irgendein Verdienst um dieselbe zuschreiben zu dürfen, so ist es allein das der Pietät, womit er keinen Zettel, keinen Croquis aus dem Nachlasse seines verstorbenen Freundes beiseite legte, ohne sich sorgfältig gefragt zu haben, ob sie nicht taugen möchten, wenigstens einen Pinselstrich zu dem Gemälde des Verewigten zu liefern und das damit zusammenhängende Streben nach der gewissenhaftesten Treue, die es möglich macht, jede einzelne mitgeteilte Tatsache zu verbürgen. Auf geschickte Komposition und Zierlichkeit der Darstellung* macht er dagegen durchaus keinen Anspruch; ja er würde es für keinen Vorwurf achten, wenn man in der letzten vielleicht eine gewisse Trockenheit und Nüchternheit fände, die von dem aktenmäßigen Erzählen eines fremden Lebens – nur der Selbstbiograph hat das Recht, Wahrheit und Dichtung zu geben – kaum zu trennen ist. Es kam ihm nicht darauf an, ein Kunstwerk, sondern eine wahrte Geschichte zu liefern, und am wenigsten hat er suchen mögen, was sein, vielmehr nur, was des anderen ist.

Noch sei es ihm erlaubt, zweierlei zu bemerken, um etwaigen Mißdeutungen vorzubeugen.

Zuerst daß er keineswegs übersehen, daß manches des Gegebenen, namentlich unter den Briefen aus der Jugendzeit Hoffmanns, an und für sich betrachtet, nur einen sehr geringen Wert, ja häufig gar keinen habe, daß er aber, wenn er solches dennoch nicht verworfen, dabei von dem Gesichtspunkte ausgegangen: in der Lebensgeschichte des Verfassers könne es dadurch Bedeutung gewinnen, daß der Leser sehe, ein Jüngling, der, so und so alt, noch so und so über allgemein interessante Gegenstände oder über sich selbst raisoniert, sei so und so

---

* Eine so chamäleonartige Individualität wie Hoffmanns anders als aus sich selbst darstellen zu wollen, würde auch, wie sich ein geistreicher Freund des Herausgebers ausdrückt, dem Beginnen gleichen, »einen feuerspeienden Berg in eine Windrose zu bannen.«

lange nachher der Mann und Schriftsteller geworden, als welchen die Fortsetzung ihn kundgibt und er in seinen Werken vor den Augen Deutschlands daliegt. Wie fruchtbare Folgerungen sich hieraus ziehen lassen, braucht dem, welcher für die Zurückführung einer ausgebildeten menschlichen Individualität auf die Zeit ihres Werdens überhaupt Sinn hat, nicht weitläufig auseinandergesetzt zu werden.

Zweitens könnte es als eine wunderliche Anmaßung erscheinen, wenn der Herausgeber sich auf dem Titel als Verfasser der nächstens erscheinenden unbedeutenden Broschüre »Lebensabriß Friedrich Ludwig Zacharias Werners« bezeichnet und manchem dabei gar das zaubergleich wirkende »by the Author of Waverley« als eine spaßhafte Parallele einfalle. Aber wer solchen Gedanken Raum gäbe, würde der wahren Intention des Herausgebers unrecht tun. Er hat seine Gründe, sich nicht zu nennen.[1] Unter diesen Umständen muß es ihm als Biographen hauptsächlich darauf ankommen, sich zu seinem Geschäfte vor dem Publikum möglichst zu legitimieren, und wer dies gehörig beachtet und beide Schriften liest, der wird finden, daß Hoffmanns und Werners Leben sich an mehreren Punkten durchschneiden und daß der Herausgeber darüber Aktenstücke mitteilt, die nur durch ein sehr genaues Verhältnis zu beiden in seinen Besitz gekommen sein können. Es dient also die eine Schrift wesentlich mit zum Beweise für die Authentizität der andern, und darum wird auch auf dem Titelblatte des Lebensabrisses Werners auf gegenwärtiges Buch, als von dem nämlichen Verfasser herrührend, Bezug genommen werden.

Endlich kann der Herausgeber nicht umhin, den älteren Bekannten Hoffmanns, die ihn – auf seine Aufforderung – mit Notizen über diesen unterstützt, den verbindlichsten Dank zu sagen. Guten Willen hat er dabei überall gefunden; aber, non cuivis licet adire Corinthum, das heißt im Felde der Biographie: nicht einem jeden ist es gegeben, einen Blick in das Innere befreundeter Menschen zu tun und mehr von ihnen zu wissen, als was mit dem äußeren Auge kann wahrgenommen werden; daher tragen auch die Partien, zu denen von nur mit solchen Augen Sehenden die Data geliefert worden, ein unverkennbares Gepräge der Magerkeit, welches allein durch verwerfliche Phrasenmacherei hätte verwischt werden können.

Wo sich die entgegengesetzte Fähigkeit, mit dem besten Willen gepaart, zeigte, das war bei zwei verehrten Freunden des Herausgebers, Herrn Regierungs-Präsidenten von Hippel in Marienwerder und Herrn Landgerichtsphysikus Doktor Speyer in Bamberg. Ohne ihre, namentlich ohne des Herrn Präsidenten von Hippel gütige Mitteilungen, die, wie das Buch zeigen wird, Hoffmanns ganzes, dem Herausgeber sonst durchaus unbekanntes Jugendleben umfassen, hätte alles nur die Gestalt eines gewiß völlig ungenügenden Fragments erhalten.

Im März 1823.

# KÖNIGSBERG
## 1776-1796

Ernst Theodor Wilhelm* Hoffmann wurde am 24. Januar 1776 zu Königsberg in Preußen geboren. Sein Vater, welcher vor ungefähr sechsundzwanzig Jahren in Insterburg, wo er bei dem Oberlandesgerichte als Kriminalrat und Justizkommissarius angestellt war, gestorben ist, soll ein Mann von vielem Geiste, aber von unordentlichen Neigungen gewesen sein. Seine Mutter war die Tochter des Advokaten Konsistorialrat D. Dieser war Sachverwalter der meisten großen ostpreußischen Familien, so z. B. Vormund des nachmaligen Kanzlers von Preußen, Graf von Finkenstein, und sein Name ward noch lange nach seinem Tode mit großer Achtung genannt. Er sowie die ganze Familie, welcher er angehörte, zeichneten sich durch eine fast peinliche Ordnungsliebe und die höchste Dezenz in allen äußern Formen aus. Wissenschaft und Kunst galten in diesem Kreise nur wie Annehmlichkeiten des Lebens, zur Zerstreuung und Ergötzlichkeit nach der Arbeit des Tages; und aus einer so verschiedenartigen Richtung läßt sich die kurze Dauer der Ehe der Eltern Hoffmanns erklären,

---

* So hieß er, und nicht Amadeus. Auf die Frage eines Freundes, wie auf den Titeln seiner Werke das A. an die Stelle des W. getreten und ob er nicht wieder tauschen wolle, erwiderte er: »Es ist ein Schreibfehler auf einem der ersten Manuskripte, und da ich einmal mit dem A. kursiere und die Münze gangbar ist, so mag ich es nicht ändern. Eine beliebte Münze prägt man mit der alten Jahreszahl immer wieder aus, auch mit den alten Fehlern.«

die schon in dessen drittem Lebensjahre getrennt wurde. Ein älterer Bruder Hoffmanns, vielleicht noch am Leben, gleich ihm mit herrlichen Anlagen begabt, war früher einen übeln Weg gegangen und in der Folge mit seinem jüngeren Bruder nie wieder in nahe Berührung getreten.

Dieser blieb nach der Entfernung seines Vaters von Königsberg in der Pflege des großmütterlichen Hauses, welches die würdige alte Großmutter, seine Mutter, eine unverheiratete Tante und ein Onkel bildeten. Diese beiden letzteren hatten den meisten Einfluß auf seine Bildung und die ganze Richtung seines Lebens. Die Großmutter, eine bejahrte Frau von stattlichem Ansehen – die übrigen waren, wie er selbst, von auffallender körperlicher Kleinheit – wurde durch Hinfälligkeit des Alters verhindert, Anteil an seiner Erziehung zu nehmen. Er verehrte sie übrigens innig, und selbst die Weise, wie er die mitunter possierlichen Szenen erzählte, die zwischen ihr und dem Sohne, dem Justizrat, vorfielen, den sie noch immer als ein Kind zu behandeln gewohnt war und nicht anders als Ottchen (Otto) nannte, trug das Gepräge der Achtung und gutmütiger Schonung. Die Mutter vegetierte nur in immer krankhaftem Zustande. Schon ihr Äußeres war ein Bild der Schwäche und tiefen Herzenskummers, der sie ganz niederzubeugen schien.* Hoffmann sprach nicht gern von ihr; war es aber nicht zu vermeiden, nur in Ausdrücken der Wehmut und Verehrung. Das Leben der beiden Frauen war auf den Kreis des Wohnzimmers beschränkt, welches sie nie

---

\* Sie starb am 13. März 1796. 18. Brief in den Beilagen.

verließen; so daß Hoffmanns vertrautester Freund und Jugendgespiele, Hippel, sie, obgleich er von allen im Hause wohlgelitten war, während der zehn Jahre, die er in demselben aus und ein ging, kaum drei- oder viermal zu sehen bekam. Die Tante dagegen, geistreich, gesellig und heiter, war die einzige, die Hoffmanns Geist begriff. Sie pflegte und liebte ihn über alles, ja sie verzog ihn eigentlich. Aber er vergalt ihre Liebe auch durch die treuste Anhänglichkeit. Selbst in den Jahren, wo er schon zum Jüngling gereift war, blieb sie noch die Vertraute aller seiner Schwächen. Sie ist es, der er in Kreislers Jugendgeschichte ein rührendes Denkmal gesetzt hat.*

Einen höchst grellen Kontrast mit ihr bildete der Onkel, der nach einer erfolglosen Laufbahn im praktischen Justizdienste seine Entlassung mit dem Titel eines Justizrats erhalten hatte, und, ohne alle Ahnung von Hoffmanns Geist, nur bestrebt war, ihn in die Lebensordnung zu zwängen, in welcher er sich selbst wohl befand, nämlich in ein diätetisch geordnetes Vegetieren, wo Schlafen, Essen und Trinken, Wiederschlafen und Wiederessen, mit etwas Musik und Lektüre zur Verdauung, nach Stunden und Minuten eingeteilt, regelmäßig miteinander wechselten.

Etwa nur einmal wöchentlich, gewöhnlich am Mittwoch, pflegte der Onkel alte Bekannte zu besuchen, und dies waren die Stunden, wo sich Hoffmann ganz den Ausbrüchen seines Genies überließ. Dann wurde alles hervorgeholt und versucht, was die Gegenwart des On-

* Lebensansichten des Kater Murr. Erster Band. [Hoffmann, Bd. 3, S. 290 ff.] Sie starb 1803.

kels nicht verstattete, tolle, wilde Musik, Verkleidungen, Leibesübungen, wovon in Gegenwart des Onkels, der Hoffmanns unzertrennlicher Stuben- und Schlafgefährte war und der nicht die mindeste Abweichung aus dem gewohnte Gleise litt, nie die Rede sein durfte.

Dafür hatte der Onkel aber auch keinen strengern Beobachter als Hoffmann, und dieser war kaum zwölf Jahre alt, als er schon alle Schwächen des Onkels zum eignen Vorteil zu benutzen verstand und fast kein Wort mit ihm wechselte, ohne ihn zu mystifizieren. Schlimm war es, daß Hoffmanns Intoleranz zunahm, je mehr er seine eigne Entwicklung fühlte, und daher begann der Onkel gegen den Jüngling Mißtrauen zu fassen, wie er dem Knaben die mutwilligsten Streiche verziehen hatte.

Ungeachtet dieser grenzenlosen Ungleichheit der Charaktere, verdankte doch Hoffmann dem Onkel viel. Er war es, der den ersten lästigen Unterricht des Kindes übernommen und ihn namentlich zuerst in der Musik unterwiesen hatte, der sich später sein ganzes Gemüt zuwendete. So hat auch dieser Onkel den Grund zu dem ausdauernden Fleiße in ihn gelegt und den Sinn für Ordnung und Schicklichkeit in ihm entwickelt, die ihn bei den wildesten Sprüngen seiner Phantasie auszeichneten.

Noch müssen zwei Männer erwähnt werden, die den wesentlichsten Einfluß auf Hoffmanns Bildung und die Richtung seines Charakters hatten.

Der eine, ein alter Großonkel, Justizrat V., ward in der ganzen Familie hoch geachtet. Auch Hoffmann – seine beiden Großmütter von väterlicher und mütterlicher Seite waren Schwestern V.s – gedachte seiner nur

mit Verehrung. Der Alte trieb keine Geschäfte mehr und
hatte sich nur noch einige Justitiariate auf den Gütern
bewährter Freunde vorbehalten, die er, ein willkommener Gast, in einer guten Jahreszeit zu besuchen pflegte.
Hoffmann ward einigemale als Protokollführer von ihm
mitgenommen, und einer solchen Reise verdanken wir
in der Erzählung »Das Majorat«* die treuen Schilderungen preußischer Naturszenen und die herrliche Zeichnung des Justitiarius, »eines Heros der alten Zeit in
Schlafrock und Pantoffeln«, wie ihn Fouqué einst
nannte. So oft Hoffmann an bestimmten Tagen und
Stunden – alles wurde in dieser Familie so betrieben –
seinen Besuch bei dem würdigen Großoheim abgelegt
hatte, erzählte er mit Lust von dem Ernste, der Erfahrung und Würde des Alten. Aus einem nicht zur Mitteilung geeigneten Briefe Hoffmanns[4] – während des
Todeskampfs des Großoheims im Nebenzimmer geschrieben – ergibt sich, daß er im Oktober 1795 gestorben ist.

Der letzte in dieser originellen Reihe, der es in gewisser Beziehung verdient hätte, zuerst genannt zu werden,
war der Nestor der deutsch reformierten, damals gelehrten Schule, Prediger Dr. Wannowski.

Des vertrauten Umgangs mit Kant, Hippel, Hamann,
Kraus, dem Oberhofprediger und Hofprediger Schultz
und dem Pfarrer Fischer gewürdiget, besaß Wannowski,
wie jeder ausgezeichnete Kopf, die Gabe, Talente zu
wecken und an sich zu ziehen. Ihm verdankten viele
bedeutende Männer ihre Bildung, wie Büttner, der

---

* Nachtstücke. [Hoffmann, Bd. 2, S. 41 ff.]

Geheime Oberrechnungsrat, Buchholz, Stadtgerichtsdirektor in Elbing, Elsner, der Arzt, Ewert, Regierungs-
direktor, von Hippel, Regierungspräsident, unser Hoffmann, Graf Finkenstein auf Schönberg, von Goßow, die
Grafen von Kanitz, Matuszewski, ein gemütlicher
Künstler, Schmidt, Schwartow usw.

Hoffmann war sehr jung, schon im sechsten oder
siebenten Jahre der reformierten Schule übergeben worden. Er machte in den untern Klassen nur die ganz
gewöhnlichen Fortschritte mit den meisten seines Alters, und, ungeachtet der großen Lebhaftigkeit seines
Geistes, ward diese von den Lehrern doch nicht eher
bemerkt und gewürdiget, als bis er in die zweite Klasse
rückte, etwa im dreizehnten oder vierzehnten Jahre. In
dieser Zeit hatte sich auch seine Neigung zur Tonkunst,
– der achtbare Komponist und Organist Podbielsky war
darin später sein Lehrer, – und zur Malerei, – worin ihn
Sämann, ein anspruchsloser, gemütlicher Maler, unterrichtete – dergestalt entwickelt, daß er die Schulwissen-
schaften darüber hintenan setzte und durch seine Fortschritte in den Künsten Aufsehn erregte. Bald hörte man
das Wunderkind – die Kleinheit seiner Gestalt gab ihm
das Ansehn eines acht- bis zehnjährigen Knaben – auf
einem alten Flügel phantasieren oder eigne Kompositionen versuchen, bald ergötzte man sich an der Richtigkeit
in seinen Zeichnungen, auf welche sein Lehrer mit fast
peinlichem Eifer hielt. Dieser Gründlichkeit des Zeich-
nenmeisters wie der Taktfestigkeit seines ersten Lehrers
in der Musik, des Onkels Otto oder Justizrat, der sich
jetzt nicht wenig durch den Neffen erfreut und ge-
schmeichelt fühlte, hat Hoffmann übrigens den festen

Boden zu verdanken, in welchem seine Lieblingsneigungen wurzelten.

Seine Versuche in musikalischen Kompositionen aus dieser Zeit waren genial, kühn, aber oft bizarr; seine Zeichnungen richtig, und was er in Farben ausführte, dem gaben starke und dunkle Schatten eine unverkennbare Eigentümlichkeit.

Schon früh regte sich in ihm der entschiedene Hang, jede auffallende Gestalt als Karikatur hinzustellen. Sein Talent im Auffassen und Treffen verleitete ihn oft weiter, als es seine Absicht gewesen sein mochte. Seinem Lehrer entwuchs er bald. Um zu sehn und zu lernen, suchte er auf, was ihm das in dieser Beziehung eben nicht reiche Königsberg darbot. Emsig las er den Winkelmann, und ungemein wurde er durch die Abbildungen der Herculanensischen Schätze auf der königl. Bibliothek angezogen, wovon er die meisten kopierte.

Als Teilnehmer bei dieser Lektüre und als Zensor und Kritiker seiner Kunstversuche, dem alle Kompositionen vorgespielt, alle Zeichnungen vorgezeigt wurden*, stand ihm ein Freund zur Seite, der nicht allein auf Hoffmanns Jugend den ausgezeichnetsten Einfluß gehabt hat, sondern der ihm auch bis an sein Ende der treueste geblieben ist, Theodor von Hippel, jetzt Königl. Preußischer Staatsrat und Chefpräsident der Regierung von Westpreußen.**

Ein Zufall hatte beide in ihrem elften Jahre auf einem

---

* Obgleich selbst weder Musiker noch Maler, vertraute Hoffmann doch dem Urteil dieses Freundes und erkannte es als Kompetenz an, weil er es für unverdorben hielt.

** An ihn sind alle später mitgeteilte Briefe gerichtet, von denen nicht ausdrücklich das Gegenteil bemerkt ist.

*Theodor Gottlieb von Hippel. Stich von Fr. Bolt, 1802*

Landhause bei Königsberg zusammengeführt. Obschon einander sehr ungleich in manchen äußern Verhältnissen und auch in manchen Gemütsanlagen, fanden doch wiederum so viele Ähnlichkeiten zwischen ihnen statt, daß die Knaben schnell Freunde wurden und sich als solche augenblicklich wiedererkannten, als Hippel, ein Jahr später als Hoffmann, 1787 die reformierte Schule bezog.

Die Hauptähnlichkeit beruhte in der Abgeschiedenheit der Erziehung; beide wuchsen ohne Umgang mit Geschwistern, mit andern Gespielen ihrer Kindheit, ein-

sam auf; – sehr verschieden aber waren sie z. B. in der
Ansicht von vielem, wozu der Keim durch die erste
Erziehung in sie gelegt war. Hoffmann hatte diese in
einer großen Stadt erhalten, Hippel auf dem Lande.
Auch in dem Betragen gegen Verwandte, die auf Achtung Anspruch zu machen hatten, fand eine auffallende
Unähnlichkeit zwischen beiden statt. Hoffmann war es
eine Hauptlust, den Onkel Justizrat zu mystifizieren und
zu ängstigen; Hippel dagegen war fast zu strenge und zu
ehrerbietig gegen alle, denen er Achtung schuldig zu
sein glaubte. Auf Vorwürfe, die dieser Hoffmann über
sein Benehmen machte, erwiderte er oft: »Was hat mir
das Geschick für Verwandte gegeben! hätt' ich einen
Vater und einen Onkel wie Du, mir würde ja dergleichen
nicht in den Sinn kommen.«

Wirklich lag aber auch in dieser Bemerkung eine
große Wahrheit; denn Hippels Vater war ein trefflicher
Mann, dem in der Erziehung seines einzigen Sohnes
vielleicht nur der Vorwurf gemacht werden konnte, daß
er in der Liebe zu weit ging, und der Onkel – der große
Verfasser der Lebensläufe usw.[5] Ebenso läßt sich auch
von Hoffmann nicht sagen, daß sein Spott sich gegen
solche Personen richtete, die wahre Achtung verdienten
oder die wirkliche Pietät von ihm fordern konnten wie
sein Großonkel, der würdige Wannowski, sein Reli-
gionslehrer und Seelsorger, der Hofprediger Schultz
(der Mathematiker und Erklärer Kants), sein Vater und
seine Mutter, der Vater und Oheim seines Freundes;
auch selten nur traf sein Witz die eigne Tante. Als eine
Eigentümlichkeit Hoffmanns in dieser Zeit verdient
übrigens bemerkt zu werden, daß er nie über Religion,

Staatseinrichtungen und Politik sprach*, wozu die begonnene französische Revolution reichen Stoff gab. In der Regel brach er jedes Gespräch, welches dahin führen konnte, gleich ab, und nichts war ihm so zuwider als ein Zeitungsblatt.

Ein Einfall des Onkels Otto begünstigte die engere Verbindung der Freunde, die sonst bei der Unzulänglichkeit des D-schen Hauses, in welchem Hoffmann lebte, wohl nur ein bloßer Umgang von Schulkameraden geblieben wäre. Der Onkel schien nämlich zu bemerken, daß sein Ernst – so wurde Hoffmann in der großmütterlichen Familie genannt – im Lateinischen und Griechischen zurückbleibe, mochte vielleicht auch Wannowskis Rat darüber eingeholt haben und machte nun Hoffmann den Vorschlag, den Freund als Repetenten und Mentor in das Haus zu bringen und die Nachhilfe in dem Fehlenden als eine Gunst von ihm zu erbitten.

Was die Knaben längst verabredet hatten, ward nun von dem Familienrat, den Onkel und Tante bildeten, feierlich geordnet. Der Mittwoch, als der Tag, an welchem der Onkel die auswärtigen Besuche machte, ward zu diesen Vor- und Nachübungen ausersehen. Auch sollte, so oft als möglich, der Sonnabend noch dazu benutzt werden.

Die Freunde, beide vierzehn Jahre – der Mentor nur um einen Monat älter – mochten etwa vier Lektionen gehalten haben, wozu der ganze Nachmittag bis zum vortrefflich bereiteten Tee, den die Tante ins Zimmer

---

* Der Widerwille gegen solche Gespräche ist ihm bis an sein Ende geblieben; man konnte ihn damit bannen.

brachte, bestimmt war, als Hoffmann den Anfang machte, die trockenen Lehrstunden mit Büchern, die aus dem nahen Schranke des Onkels geholt wurden – namentlich Rousseaus Confessions – zu würzen. Cicero und Xenophon, besonders den ersten, fand Hoffmann nun so unschmackhaft, daß sie kaum mehr aufgeschlagen und einige Perioden daraus gelesen wurden, bald aber ganz vom Tische verschwanden. Statt ihrer füllten Musik, Versuche im Zeichnen und Kritik derselben, Lektüre, Verkleidungen und Knabenspiele die zum Unterricht bestimmte ganze Zeit.

Immer phantastischer aber wurden diese Spiele, wenn die Witterung die Benutzung des Gartens erlaubte. Rittergefechte, wozu Mars und Minerva, welche von sandfarb angestrichenem Holze die Mitte des Gartens zierten, ihre schwer abzunehmenden und noch schwerer wieder zu befestigenden Schilder hergeben mußten, damit der Onkel die bösen Narben, Spuren der Gefechte, nicht merke, nahmen ihre ganze Kraft in Anspruch. Am kühnsten fielen die Turniere aus – es war die Zeit der Ritterromane – die, in vollem Rennen zu Fuß in der Bahn einer Stachelbeerhecke gehalten wurden. Sie hatten ein Ende, als Hoffmann einmal von der Lanze des Gegners, einer tüchtigen Bohnenstange, umgerannt, rücklings zu Boden stürzte. Auch beschlossen die Freunde in dieser Zeit das verwegene Unternehmen, sich in dem Garten des angrenzenden Fräuleinstifts einen unterirdischen Gang zu graben und von diesem aus unentdeckt die schönen Fräulein zu beobachten. Aber der Scharfblick des Onkels Otto, der zur Verdauung viel im Garten arbeitete und lustwandelte,

machte dem schon ins Werk gerichteten Plane ein Ende.
Hoffmann bildete ihm ein, das gegrabene Loch sei bestimmt, die Wurzeln einer amerikanischen Pflanze aufzunehmen, und der gutmütige Alte bezahlte zwei Arbeiter, um die Grube auszufüllen, die den Freunden viel
Schweiß gekostet hatte.

Der Winter erzeugte wieder neue Spiele. Wieglebs
natürliche Magie gab dazu reichen Stoff. Besonders emsig waren die Freunde zur Zeit, als die aerostatischen
Versuche häufiger zu werden anfingen. Die Tante hatte
einen taffetnen Luftball von mehreren Fuß im Durch-
messer sehr sauber genäht; dieser sollte durchaus in die
Lüfte gebracht werden, aber ein paar Tropfen Salzsäure,
die während der Füllung zufällig auf den Ball fielen,
machten der Sache ein tragisches Ende.

Noch verdient der Erwähnung, daß in dem oberen
Stock des D–schen Hauses, worin die Knaben miteinander ihr Wesen trieben, Werner mit seiner geisteskran-
ken Mutter lebte, den Hoffmann im Jahre 1804 in Warschau wieder antraf, wo er die Musik zu seinem Kreuze
der Ostsee setzte. Hier in Königsberg fand wegen Verschiedenheit des Alters – Werner war 8 Jahre älter als
die Freunde* – keine Annäherung zwischen ihnen
statt.[6]

Die beiden letzten Jahre seines Aufenthalts auf der
Schule waren für Hoffmann die einflußreichsten. Er
fand an den Klassikern Geschmack, wozu vielleicht der
Umstand beitrug, daß der Freund über ein Jahr lang in
seiner Nähe saß und sie jetzt auch hier in den Lektionen
und durch Herzensergießungen immer enger miteinan-

* Er war am 12. November 1768 geboren.

der verbunden wurden. Hoffmanns Talent erregte nun auch die Aufmerksamkeit seiner Lehrer, besonders Wannowskis, der ihn über Gegenstände der Kunst oft, wenngleich scheinbar nur zum Scherz, zu Rate zog. Die Lebendigkeit der Darstellung in seinen Arbeiten gefiel. Von seinen Mitschülern ward er wenig geliebt, denn sein Witz war ihre Geißel. Mit zweien nur hatte er einen näheren freundlichen Umgang, mit Faber, nachherigem Geheimen Archivar, mit dem er fleißig Violinduos einübte, und Matuszewski, der an Feinheit und Sauberkeit des Pinsels Hoffmann weit übertraf; aber nicht an Korrektheit und Kraft. Matuszewski ist nachher in Paris und Italien gewesen und als braver Künstler geachtet worden. Er soll nicht mehr am Leben sein. Hoffmann gedenkt seiner im Artushof auf eine freundliche Weise.*

In diese Zeit, Hoffmanns sechzehntes oder siebzehntes Jahr, fällt seine erste Liebe, deren Gegenstand ein schönes, blühendes junges Mädchen war, das die nahe französisch reformierte Mädchenschule mit ihren Gespielinnen besuchte. Hoffmann mußte sich darauf beschränken, ihr von Ferne zu folgen, wenn sie die Schule verließ; ihr, ohne daß es auffallen durfte, zu begegnen und sie freundlich zu grüßen, sich des Abends in die Nähe ihrer Wohnung zu schleichen und dort, im düstern Schatten des alten Rathauses, unter den im erleuchteten Zimmer sich bewegenden Gestalten die ihrige zu suchen und zu erkennen. Nun malte er keinen weiblichen Kopf mehr, der nicht ihr Bild, und sang kein Lied, das nicht an sie gerichtet gewesen wäre. Der Freund war in der Regel

* Serapionsbrüder Bd. 1 [it 631, S. 218 f.]

sein treuer Begleiter. Soviel diesem bekannt, hat er mit dem an Geist und Körper kerngesunden Mädchen, die Hoffmanns Bemühungen teils nicht zu bemerken, teils ihrer zu spotten schien, nie ein Wort gewechselt.

Es wäre übrigens dieser Knabenliebschaft hier gar nicht gedacht worden, wenn sie nicht durch eine charakteristische Äußerung Hoffmanns merkwürdig wäre, die dem Jüngling und Mann ebenso ähnlich gesehen haben würde.

»Da ich sie einmal nicht durch ein angenehmes Äußere interessieren kann«, sagte er oft mit Heftigkeit zu seinem Freunde, »so wollt' ich, daß ich ein Ausbund von Häßlichkeit wäre« – und er gefiel sich darin, dies Bild auszumalen – »damit ich ihr auffiele und sie mich wenigstens ansähe!«

Die ersten Zeiten in Hoffmanns Universitätsleben bieten nichts Bemerkenswertes dar. Da er später Student wurde als Hippel, hörte ihr vertrauliches Zusammensein in der Schule auf. Auch trafen sie sich späterhin in den Vorlesungen nicht wieder an, denn ihr Studienplan war ebenso verschieden wie die Geister der Oheime, die denselben für beide Freunde entworfen hatten.

Hoffmann betrachtete, in dieser Beziehung ganz dem Sinne seines Onkels gemäß, das Studium der Jurisprudenz nur als das Mittel, bald Brot zu erwerben und bald aus dem großmütterlichen Hause zu kommen. Mit ganzer Seele gehörte er den Künsten an. Was mit diesen oder mit der Brotwissenschaft nicht in unmittelbarer Berührung stand, das kümmerte ihn nicht. Gradeswegs ging er auf sein Ziel los. Ihm blieben daher auch die Kantischen Vorlesungen fremd, von denen er unverhohlen zugab, daß er sie nicht verstehe, wiewohl die Sitte jener Zeit es forderte, daß jeder eben aus der Schule Entlassene seinen Kursus mit Logik, Metaphysik und Moralphilosophie bei Kant anfangen mußte, wenngleich in den seltensten Fällen nur mit einigem Erfolg. Die verständlichsten von Kants Vorlesungen, Anthropologie und physische Geographie, wurden am wenigsten besucht.

Hippel ging eine ganz andere Richtung, trieb auch allerlei Humaniora. Zudem hatte er Umgang mit Leuten, die für Renommisten galten, focht und ritt viel. Diesem allen war Hoffmann besonders entgegen, der Körper galt ihm nur, den Geist in sich zu nähren. Kaum gelang es zwei- oder dreimal dem Freunde, ihn auf das Pferd zu bringen, und noch liegt eine possierliche Beschreibung der Not vor, die er dabei ausgestanden.

Ihr Umgang beschränkte sich daher nur auf die Besuche, die sie sich, ungezwungener als in den Schuljahren, fast täglich gaben, oder auf gemeinschaftliche Spaziergänge.

Hoffmann besuchte übrigens mit gewissenhafter Pünktlichkeit die Vorlesungen und konnte für vorzüglich fleißig gelten. Die ganze ihm übrig bleibende Zeit war den Künsten gewidmet.

In den Wintermonaten hatten die Freunde allwöchentlich, auch wohl eine Woche um die andere, Abendzusammenkünfte, in welchen sie sich gegenseitig bei einer Flasche Wein, die gewöhnlich für den ganzen Abend hinreichte, von dem vergangenen Tage Rechenschaft ablegten und miteinander ergötzten. Meistens ward z. B. die Abrede strenge gehalten, in gereimten Versen das Gespräch zu führen. Kein Dritter erhielt

Zutritt. Es waren dies Stunden, deren sich Hoffmann, in der Reife seiner Jahre und seines Ruhmes, noch mit recht gemütlicher Freude erinnerte.

Bald aber trat ein Ereignis in sein Leben, welches, auf das tiefste in die Geschichte seines Innern eingreifend, ihn schnell und über sein Alter hinaus entwickelte. Es umfaßt die letzte Zeit seiner Universitäts- und die erste seiner Dienstjahre. Ein reizendes weibliches Wesen voll Sinn und Gefühl für die Kunst, aber in äußern Verhältnissen, die eine unübersteigliche Kluft zwischen ihnen befestigte, schenkte ihm ihre Neigung, und er gab sich ihr mit der vollen Lebendigkeit frischer Jugend hin. Als ihr Musiklehrer hatte er ihre Bekanntschaft gemacht und dabei ihr Herz gewonnen, das er sein nennen und doch nie besitzen durfte; im täglichen Wiedersehen lag das tägliche Scheiden, und in die Fülle des Genusses mischte sich die Gewißheit des sichern Verlustes.

Er fühlte tief, wie schwer dies Mißverhältnis an seinen edelsten Kräften zehre, und verdankte er dieser Zeit gleich die vertraute Bekanntschaft mit der Tiefe des menschlichen Herzens, die sich in seinen Schriften wiederfindet, und den feinen Sinn, der weibliche Schönheit von weiblicher Reinheit so richtig zu unterscheiden wußte und der ihn im Leben sogar dann nicht verließ, als er sich selbst für gefallen erkannte, so brachte doch das Bewußtsein seiner Lage, wenn er dazu gelangte, eine Zerrissenheit in seine Seele, deren Wunden bis an seinen Tod noch kenntlich waren.

Augenscheinlich hatte die genannte Zeit auch die Sehnsucht nach einer höheren Liebe und nach einem Ideale von Freundschaft in ihm geboren. Beides war ihm

zu einem Bilde geworden, zu dem Höchsten, dessen
seine Seele begehrte und bedurfte.

Nicht besser kann diese Stimmung Hoffmanns dargestellt werden als durch die diesem ersten Abschnitt bei-
gefügten Briefe an seinen Hippel.\* Sie enthalten die
treue Geschichte seines Herzens und seiner Ausbildung
für die Kunst.

In diese Zeit fällt übrigens auch der Anfang seiner
schriftstellerischen Übungen.

Es waren treffliche Sachen darunter. Er änderte manches genau nach dem Urteil des Freundes, dem er, und
sonst keinem, alles mitteilte. Von einem in drei Bänden
ganz vollendeten Roman, Cornaro, erwartete er nicht
nur einen Schriftstellernamen, sondern auch ein bedeutendes Honorar.\*\* Er hatte das Manuskript einem
Buchhändler übergeben, der ihn nicht ohne Hoffnung
gelassen. Ein halbes Jahr später erhielt er es beschmutzt
mit den Worten zurück, daß die Anonymität des Verfassers ein Hindernis des Druckes sei. Sein Verdruß darüber war ohne Grenzen. Dennoch begann er bald wieder
an einem neuen Roman zu arbeiten.\*\*\*

Königsberg war in jener Zeit reich an trefflichen
Köpfen, Kant, Kraus, Hamann, Hippel, (der schon genannte Verfasser der Lebensläufe in aufsteigender Linie)
Scheffner. Es könnte scheinen, als ob diese einen Einfluß auf Hoffmanns Bildung gehabt; doch war dem nicht
so. Die Familienverhältnisse, in denen er lebte, mußten
ihm jene gefeierten Männer entfremden. Er konnte nicht

---

\* Dieser hatte damals Königsberg verlassen.
\*\* 7. Brief in den Beilagen.
\*\*\* Der Geheimnisvolle. 11. und 18. Brief in den Beilagen.

ihre Bekanntschaft, und keiner von ihnen hatte Veranlassung, die seinige zu suchen. Von Kant war er wahrscheinlich gar nicht, wenig nur von Kraus und von Hippel gekannt, dem letzern war er auf eine fast possierliche Art nahegekommen. Hoffmann hatte nämlich mit vieler Mühe zwei Bilder gemalt, deren Gegenstand er aus der französischen Geschichte entlehnt. Er hielt sie für gelungen und hoffte, einen Kenner zu finden, der sie ihm abkaufen sollte. Der Geheime Rat von Hippel galt dafür. Ihm beschloß er sie zu zeigen und hoffte damit noch zwei wichtige Zwecke zu erreichen, Hippel näher bekannt und durch ihn weiterempfohlen zu werden. Die Bilder wurden abgeschickt, und der Geber freundlich zu Hippel beschieden, wo er – einen verbindlichen Dank erhielt; denn Hippel sah das Opfer der beiden unbedeutenden Bilder für die Huldigung eines jungen Künstlers an und würde es für eine Indiskretion gehalten haben, einen Preis dafür zu bestimmen.

Hoffmann aber verdroß dieses Ende der heimlich eingeleiteten Sache – er hatte die Bilder durch den Bedienten seines Großonkels übersandt – nicht wenig,* das ihm übrigens manchen Spott des Freundes, der die Eigenheiten seines Oheims sehr wohl kannte, zuzog. Übrigens sah dieser das Verhältnis Hoffmanns zu dem Neffen, so peinlich er sonst über des letztern Umgang wachte, nicht ungern; Beweises genug, daß er Hoffmann erkannte und richtig zu würdigen verstand.

Scheffner,[7] leiblich kurzsichtig, hat Hoffmann wohl

---

* In einem noch aufbewahrten Billette an den Freund erzählt er diesem die Geschichte und schließt mit den Worten: »Das Resultat der ganzen Begebenheit ist nun nichts weiter, als daß ich mit großem Aufwand von Zeit und Mühe mich lächerlich gemacht habe, und dieser Gedanke ist für mich jetzt sehr erbaulich.«

nie gesehen. Diesem Fernsehenden dagegen war die lange, hagere, graue Gestalt, – Scheffner ging nie anders als grau gekleidet – mit den Satyrzügen, ein Gegenstand mancher beißenden Bemerkung. Mittelbar aber mußte schon die Nähe so geistreicher Köpfe auf andere ähnliche Köpfe wirken. Der Knabe und der Jüngling erfuhr von ihrer Beschäftigung, ihrem Tun und Treiben und fand darin lebendige Anregung. So war Hoffmann mit seinem Freunde lange vorher, ehe Hippels Tod den Schleier der Anonymität lüftete, über den Verfasser der Lebensläufe etc. einig. Auch war es kein geringer Fund für sie, als Hoffmanns Freund zufällig mit einem aus Scheffners Händen kommenden Buche das korrigierte Manuskript eines einzelnen Gedichts aus den Gedichten nach dem Leben – in der ersten Ausgabe, Gedichte im Geschmacke Grecourts – erhalten und so die Autorschaft Scheffners zur Gewißheit gebracht hatte, da das Ganze seine Handschrift war. Ein Genuß, der dadurch verdoppelt wurde, daß ein strenger Sittenrichter, wie Scheffner dem Freunde immer nur bekannt worden war, nun als Autor eines Buches wie dieses erschien. Nur solcher Funken bedurfte es, um in Köpfen wie Hoffmanns zu zünden.

Was seine äußeren Verhältnisse betrifft, ist zunächst seiner ersten Prüfung als Auskultator bei der damaligen Regierung (dem jetzigen Oberlandesgerichte) zu Königsberg zu erwähnen, die er am 22. Juli 1795 bestand. Fast lächerlich war die Furcht vor und nach derselben. Besonders quälte ihn das lange Ausbleiben seiner Bestätigung*. Weiterhin, als er andere Arbeiten mit den sei-

---

* Er wurde erst am 29. September 1795 verpflichtet.

nigen zu vergleichen lernte, faßte er mehr Vertrauen zu sich selbst.

Bei der großen Menge junger Männer, die mit ihm den Dienst lernten, war es in Königsberg nicht möglich, ihn so zu beschäftigen, wie er es in seiner Unruhe und seinem Drange nach Tätigkeit wünschte. Durch eine Äußerung darüber, mehr aber noch durch die Erkenntnis bewogen, daß er dem Verhältnisse in Königsberg, welches sein Herz ewig erregte und lähmte, entrissen werden müsse, richtete der Freund, der mittlerweile auch an einen andern Ort gezogen war, die dringende Bitte an ihn, ihm zu folgen und an seiner Seite die Dienstlaufbahn zu vollenden.

Hoffmann ergriff diesen Gedanken, beriet ihn mit den Seinigen, und seine Entfernung ward beschlossen. Ein schwerer Kampf in seinem Innern war vorausgegangen. Die Arme der Liebe wollten ihn nicht lassen. Er selbst schwankte und verlangte, der Freund, der unterdessen unabhängig geworden, solle zu ihm zurückkehren. Dieser, dessen Geschick es anders wollte, setzte der Heftigkeit der aufgeregtesten Leidenschaft Beharrlichkeit und Ruhe entgegen, die jener aber als Kälte aufnahm und mit Vorwürfen lohnte.

Endlich, im Juni 1796, riß sich Hoffmann männlich von allen Ketten los und ging nicht zu dem Freunde, sondern nach Glogau, um bei der dortigen Oberamtsregierung, wo sein zweiter Oheim, der Bruder des Justizrats, als Rat stand, seine Laufbahn fortzusetzen.

*Beilagen*
*zum*
*ersten Abschnitt*

I.

Dienstag, den 7. Dezember 1794

Dein lieber Brief, den ich heute erhielt, hat mir vorzügliche Freude verursacht, denn ich schließe aus demselben, daß jene wohltätige Heiterkeit, die nur allein uns das Schätzenswerte des Lebens fühlen läßt, sich auf deinen Geist hinabgesenkt und das nächtliche Geschwader finsterer Launen und marternder Vorstellungen verscheucht hat. – Vielleicht ist auch ein Teil der süßen Schwärmerei, der Schöpferin mancher recht glücklichen Feierstunden mit verlorengegangen und dir vielleicht also in dieser Rücksicht ein hoher Genuß geraubt, du darfst aber gewiß über diesen Verlust nicht trauern, denn dem hohen geistigen Genuß fehlt insgemein Dauer, und unser Geist, unsere Phantasie fühlt eine widrige Erschlaffung und wohl gar manchmal unser Herz eine unbehagliche Leere, wenn er vorübergegangen ist. Wir vertauschen also gern jenen hohen Genuß, den Schwärmerei verursachte, mit einem minder hohen, aber dauernden, der nur eine wohltätige, nie mit Nachwehen verknüpfte Empfindung in uns hervorbringt. – Sollten wirklich meine Briefe durch das Gepräge eines frohen unbefangenen Geistes daran teilhaben, so würde dies Verdienst um dich, davon der Gedanke so sehr mit der Freundschaft, die ich gegen dich lebhaft empfinde, harmoniert, mich noch viel zufriedener und froher machen. – Daß du dich durch deine häufigen langen Briefe sehr bei Tante und Onkel, in Rücksicht der Freundschaft gegen mich, in Kredit setzest, kann ich dir auch beiläufig sagen. Beide schließen aus kurzen Briefen auch auf kurze Freundschaft; – mag übrigens vielleicht anthropologisch richtig sein, und muß denn doch wohl immer unterschieden werden, inwiefern es möglich oder nicht möglich war, lange Briefe zu schreiben. Uns beiden möcht es wohl nimmer möglich sein, wenn kein Bote als Exekutant dasteht und lauernd über die Schulter sieht, ob man nicht bald nach der Sandbüchse greifen wird, die er wohl gar schon in der Hand hält, um sie sogleich zu reichen, wenn er nur irgend die Begehr darnach in unsern Augen zu lesen glaubt. Daß ich dir so ganz im Gange der Rede eine Schilderung in nuce von deinem pausbäckigen dickbeinigen Merkur gemacht habe, wirst du wohl sogleich geahnet haben. Du kannst dir gar nicht denken, mit was für Bereitwilligkeit er Briefspediteur ist. – Je dicker der Brief ist, den er mir bringt, desto freundlicher ist seine Miene, und als ich ihm heute das dicke Paket gab, blinzelte er mit den Augen, zog den Mund fest bis an die Ohren hinauf, und es erschallte ein dreimaliges feines hihi, so daß der Arnausche* Mäusekönig unmöglich harmonischer lachen kann.

– – – – – – – – – – – – – – – – – – – – – – – – – –
– – – – – – – – – – – – – – – – – – – – – – – – – –

Heute ist nicht Ball, sonst säß' ich hier nicht und schriebe an dich; – denken würde ich gewiß an dich ebenso oft, denn gerade auf dem Ball misse ich dich ganz unendlich. – Man fühlt es nie so sehr, wie man sich dran gewöhnt hat, als bei solchen Fällen, wo der Drang nach Mitteilung stärker als gewöhnlich ist. Dein Zufall – man könnt ihn Ballkrampf – Chorikospasma (χορικοϲπαϲμα) nennen, ist also acht Tage zu früh gekommen. – Vermutlich wird mir nun kein Ball behagen, denn alle meine Erwartungen, Hoffnungen, Wünsche; – alles, alles ist konzentriert in dem Gedanken: auf den 17. ist Maskenball (Maschkeradeball sagen die Königsberger Poissarden). Mein

---

* Arnau ist ein Dorf bei Königsberg.

*Brief Hoffmanns an Hippel, Ende Oktober 1794*

sehnlicher Wunsch ist, daß wir beide, ich und du, spanisch
sprechen könnten; spanische Billette kann ich wohl schreiben
– aber sprechen – da hakts. – Lerne doch nur ja auf der Zither,
– die Anfangsgründe auf dem Klavier! – Überwinde kleine
Schwierigkeiten, du erntest viel Vergnügen dafür ein. –
Schreibe doch nur ja mit jeder Gelegenheit und rechne die
Kürze meines letzten Billetts nicht mir, sondern deinem Merkur zu.

Lebe wohl! – Adieu, Adieu, Adieu!

Ewig dein Freund

H.

*Maskerade*

an H.

Schon hör' ich sie, die schallenden Trompeten,
Ich hör' den süßen Ton von sanften Flöten;
Komm – eile – ihr lieblicher Schall
Lockt nicht vergebens uns zum Ball. –
Hinweg mit allem, was uns germanisiert,
Was uns vor bübischen Lauschern geniert.
Hinweg mit dem Zöpfchen –
Das Haar in wallende Locken frisiert,
Die leicht und zwanglos das Köpfchen
Umwehn, – mit Tuberosenpomade parfümiert –
Der runde kleine Hut mit winkenden Federn garniert,
Sitzt schief drauf, wie's einen Spanier ziert.
Wenn dann kein Argus-Auge es sieht,
Wirfst du übers schwarze Habit
Den feuerfarbenen Mantel.
Er sichert dich, glaub mir, vor jedem Tarantel-
Stich, der dir heimlich zugedacht,
Und hüllt das Geheimnis in ewige Nacht.
Hier, nimm die klingende Zither. –
Schon manches eiserne Gitter

Brach ihrer Accorde süße Harmonie,
Gemischt mit zärtlichem Minnesangs sanfter Melodie. –
Wir treten in den hellen Tanzsaal hinein;
Fast jeden Durchgang versperren
Uns Haufen großnasigter Herren:
»Wer mag das sein?«
Zischelt der eine dem andern ins Ohr.
Wir dringen mit spanischer Grandezza vor,
Und Domino's, und Nobili,
Und Herren aus Algier und Tripoli,
Und Schweden, Dänen, Israeliten,
Schweben hinweg vor unsern Schritten.
Da tanzen im bunten Gewühl,
Nach volltöniger Instrumente Spiel,
Venezianer mit Griechinnen,
Und Herrn, mit Bärten von Taft, mit holden Charitinnen. –
Wer ist dies Mädchen im weißen griech'schen Gewand,
Gegürtet nur einfach mit blauem, flatternden Band?
Kunstlos umwallen
Den Schwanenhals, den weißen Nacken,
In üppiger Fülle die braunen Locken
Und fallen
Auf den schwellenden Busen herab,
Frostigem Stoizismus ein ewiges Grab. –
Bald nähert, feierlichen Ganges,
Der Spanier sich ihr – er spricht ein breites, ein langes
Von spanischem Nonsens ihr vor.
Sie neigt vertraulich ihr Ohr,
Um was zu verstehn, was er selbst nicht verstand.
Doch bald wird's deutlicher, er spielet
Manch zärtlichen Ton auf seiner Zither, sie fühlet
Im sanften Drucke der Hand,
Wen ihr die neidische Larve verhüllt,
Und jeden Druck begünstigt ein holdes Verzeihen,

Ein leiser Gegendruck. – Von süßer Wonne erfüllt,
Schwebt, ach so innig, so warm,
Umschlungen von ihres zärtlichen Spaniers Arm,
Sie leicht durch die bunten staunenden Reihen.

## 2.

Freitag, den 12. Dezember 1794

Traure mit mir – traure mit den seufzenden Jünglingen Königsbergs! – Klage um Morgen, Mittag, Abend und Mitternacht. – Bald eilt sie dahin und wird hinfort nicht mehr gesehn, – dahin ist die holde Tänzerin, Terpsichorens Liebling, Thaliens Busenfreundin; ein ungünstiges Schicksal entreißt sie uns, wenn wieder junges Grün die nackten Sträuche bedeckt und wenn angenehme Zephire den Schnee von den Feldern hinweggepustet haben werden und wenn die Lerchen singen werden – Mad. S. – Ihr Mann etabliert sich in ***. Hinweg v. B. mit farbigen Röcken, – schwarz sei dein Gewand, bleich deine Wange und melancholisch – tränenschwer dein Blick! –

Ich mache ein Abschiedslied, wozu ein Schleifer die Musik ist – mit schwarzen Rändern will ich Exemplare austeilen in Ost, Süd, West und Nord. – – – – – – – – – – – – – – – – – – – –
Was hältst du davon? – – – – – – – – – – – – – – – – – – – – –

– – – – – – – – – – – – – – – – – – – – – – – – – – – – – – – – –

Wie stehts mit der Otts-Kanonisierung?* – der Einfall ist vortrefflich, die Förmlichkeit ganz deiner reichhaltigen Inventionsgabe überlassen – ich dächte, eine kleine Glorie aus Goldpapier könnte nicht schaden, – und eine große Bouteille müßte unterstehn, als wenn der ganze Kerl herausgekrochen wäre. Um das Wunder vollkommen zu machen, müßte der Hals der Bouteille sehr eng sein, – oben ein pausbäckiger Engel, aus

* Des Onkels Otto.

dessen Munde die Worte herauskommen: »Beugt eure Knie, gottesfürchtige Wanderer, – dieser Heilige tut seine Wunder im Schlaf«. – Zur sinnbildlichen Vorstellung seiner wunder-tätigen Kraft möcht' ich folgendes Bild wählen. – Ein Tisch mit vielen Bierkrügen, Bouteillen und Gläsern. – Um densel-ben verschiedne besoffne Kerls übereinander gepurzelt – sie raufen sich – schreien etc. Unten die Unterschrift: heiliger St. Otto, bitte für uns, – auf der andern Seite die Wirkung des Gebets: – sie sitzen alle in anständigen Stellungen in Schlaf-röcken auf bequemen Sesseln und schlafen. –

Wenn ich sage, daß ich der ganzen Welt ein tiefes Kompli-ment mache und dann ihr nichts weiter als meinen diminutiven Zopf sehn lasse, so sage ich nicht zuviel. – So isoliert, so abgesondert von allen, hab' ich seit meinen Studentenjahren noch nicht gelebt. – Nur der spricht mich, der mich ausdrück-lich aufsucht, und dann geb' ich ihm 10 Minuten preis, und damit Punktum; – ich glaube, daß ein Nichtkenner etwas Menschenscheues darin erblicken könnte, er irrt sich aber ganz. Ich liebe die Menschen noch so wie vorher. – Daß ich die wiederhasse, die mich hassen; daß ich denen bei Gelegenheit einen Seitenhieb versetze, die mir einen zudachten, daß ich über die lache, die lächerlich sind, – das wird doch keiner für Menschenhaß halten. – Alle meine Damenbekanntschaften schränken sich auf ein paar Worte Gespräch ein (eine ausge-nommen), und weiter es auszudehnen, habe ich auch bei keiner Lust. – Schaden hat mich vorsichtig und klug gemacht; – Erfahrung hat mich gelehrt, daß viel reden und wenig handeln das Prädikat eines Schwächlings ist, in den Fall werd' ich nicht kommen, daß dies mir zum Vorwurf dienen soll. – Ich zeige mich wenig, weiche, soviel wie möglich jeder Sottise und auch jedem Maulaffen aus, und so hoffe ich endlich mühsam zu dem Glück zu gelangen, daß man mich zufrieden läßt. – Selbst das Ballgehn, jetzt sowohl als künftig en masque, wird nach diesen Prinzipien eingerichtet. – Die Stimmung ist sonderbar, – nur ein einziger paßte für sie, und dieser einzige, der sie mit mir teilen könnte, ist mir, wenigstens auf eine Zeitlang, entrissen, – ich studiere also jetzt die Kunst, in mir selbst alles zu suchen, und glaube auch, mit der Zeit in mir zu finden, was mir nützen kann; – fern sei es aber von mir, daß mein Herz nicht gleich empfänglich für jede äußere Mitteilung, für jedes Gefühl bleiben sollte, denn nie muß der Kopf dem Herzen schaden, nie muß aber auch das Herz mit dem Kopfe davonlaufen, – das nenn' ich Bildung! – Vielleicht wird bald eine ähnliche Stimmung in deiner Seele herrschen, und immer fester wird die Harmonie der Gesinnungen das Band unsrer Freundschaft knüpfen. – Reidenitz hat geschlossen – ich sitze ein und bin jetzt mit allem Möglichen beschäftigt, die Tage werden mir immer äußerst geschwind verfließen. – Meine Laune ist jetzt meistenteils immer froh, das wirst du auch wohl aus meinen muntern Briefen schließen. – Jeden Abend sitze ich bis nach 12, oft bis nach 1 Uhr auf, und des Morgens stehe ich um 8 Uhr auf. Diese Lebensart hat für mich so einen Anstrich von Behaglichkeit, der sie mir immer fortsetzen heißt. – Daß ich meine Inamorata so ganz mit all dem Gefühl liebe, dessen mein Herz fähig war, daran zweifle ich sehr, nichts wünsche ich aber weniger, als einen Gegenstand zu finden, der diese schlummernden Gefühle weckt, – das würde meine behagliche Ruhe stören, würde mich aus meiner vielleicht imaginären Glückseligkeit herausreißen, und ich erschrecke schon, wenn ich nur an den Trost denke, dem solch ein Gefühl auf den Fersen folgt; – da kommen Seufzer – bange Sorgen – Unruhe – melancholische Träume – Verzweiflung etc. – ich meide daher alles, was so etwas involvieren könnte. – Zu jeder Empfindung für Cora zum Beispiel hab' ich gleich irgend eine komische Posse zur Sourdine, und die Saiten des Gefühls werden so gedämpft, daß man ihren Klang gar nicht hört. – Nicht viel besser als dein Exil werden meine Ferien sein, d. h., ich werde immer einsitzen und höchstens meine Inamorata sprechen, ich werd' mich aber doch sehr amüsieren. – Unter anderem mal' ich jetzt auch für sie zum Weihnachtsangebinde ein modernes Nähkörbchen, dessen Beschreibung ich auf einen der künftigen Briefe erspare. –

3.

Königsberg, den 12. Jänner 1795

Laß dich, lieber einziger Freund, das kleine Format meines Briefes nicht anfechten, ich wette, daß mancher mit dem darauf geschriebenen anderthalb Bogen füllen würde. Deine melancholische Stimmung, in der du die liebe Schwärmerei, die uns so manches mit Rosen bekränzt, was unbekränzt unscheinbar und schlecht sein würde, hinwünschest in das mitternächtliche Dunkel gänzlicher Vergessenheit und Entsagung, ist doch wieder Schwärmerei; nur etwas anders nuanciert, ich glaube, daß der Zustand gänzlicher Gefühllosigkeit und Vernichtung unserer selbst nur immer imaginär ist, denn die Wirklichkeit möchte immer doch zu dem unglückseligsten gehören, was unsern Geist treffen kann. Frei zu sein, so viel wie möglich, von den wirksamen Eindrücken unserer Ereignisse, – bestimmt den Begriff des Philosophen; doch dahin zu kommen, zu dieser hohen Stufe gänzlicher Apathie, wäre für mich wenigstens nicht Glück. Es gibt so viele Kleinigkeiten, woran sich so gern unser Geist hängt und in denen ein hoher moralischer Genuß versteckt liegt, – für jeden sind diese Kleinigkeiten da, und auf jedem beruht es, durch eine gewisse Art sorgfältiger Ausbildung sich dafür empfänglich zu machen. – Solange wir uns nicht entkörpern und unsre Sinne nicht scheiden können von unserm Geist, müssen wir die Schwärmerei nicht von uns verscheuchen. – Sie ist uns das, was einem Gemälde das Kolorit ist, – sie erhöht jede Idee, die unsern Geist beschäftigt, sie verbreitet über uns bei jedem Gedanken

von Glück eine wohltätige Empfindung eines sanften Entzückens; Freundschaft und Liebe, (nicht Liebe und Freundschaft) erhalten nur durch sie ihren Wert. – Und sage noch
überdies: – jede große Handlung, die je geschah, – war nur das
Motiv – Patriotismus – Freundschaft? Sage, – bewirkte sie
nicht immer Schwärmerei? – Denn diese tritt sogleich ein, wo
kalte ruhige Überlegung aufhört. – Wozu diese ganze Lobrede;
– ich appelliere an dein inneres Gefühl und deine innere Überzeugung. – –

Dein Trauerspiel wird schön; vorzüglich haben mir, mit
Arnolph gesprochen, die 3000 Janitscharen sehr charmeriert;
– dieser Arnolph ist Pferdehändler und gibt sich für einen
Grafen, wurde ausgepfiffen und wieder zu Gnaden angenommen. Künftig ein mehreres davon!

Zum größten Glück in meinem Leben würd ich rechnen,
wenn mich ein günstiges Schicksal ganz mit dir vereinte. – Ist
mein Käfig gleich golden, so ist's doch ein Käfig, und keiner
kann mir das Schnappen nach Freiheit verargen. – Solche
Abende wie der neuliche, das sind herrliche Abende, die auf
mein Ganzes einen immerwährenden Eindruck machen. –
Hast du den Herbsttag von Iffland gelesen? – Ich kann mir
keine herrlichern Szenen denken, als die des Lizentiaten Wan-
ner und des Selbert, wo sie sich ihrer froh durchlebten Univer-
sitätsjahre erinnern. – Sollte dies nicht einst bei uns der Fall
sein? – Der Rückblick in vergangene frohe Zeiten gewährt
einen hohen geistigen Genuß. – – – – Die schöne Tochter
Graziens empfiehlt sich dir, ich begegnete ihr am Schloßberg;
– sie sprach von dir und frug ängstlich, ob du weit gereist wärst
und wenn du zurückkommen würdest; – ich drückte ihr die
Hand, zuckte mit den Achseln und sagte, daß ich Briefe auf
Briefe an dich schriebe, um dich an meine Brust zu locken, –
aber: er ist jetzt in Oberitalien und will über den Vesuv nach
der Schweiz, von da setzt er über die Weichsel nach Asturien,
wo er über die Schneekoppe nach Dresden gehen wird; – eben

hat er auch einen Ruf nach Konstantinopel erhalten, der Groß-
sultan will testieren, und da soll er das Siegel aufdrücken. – Leb
wohl, leb wohl!

Adieu!

4.

Königsberg, den 19. Februar 1795

Vergebens habe ich seit Dienstag auf eine Gelegenheit und auf
Briefe von dir gewartet. Entweder du bist zu sehr mit dem
beschäftigt, was den Menschen am meisten zerstreut, oder du
willst dich allmählich schon selbst von meinem schriftlichen
Umgange abgewöhnen, um in desto ungestörterer Ruhe und
Zufriedenheit in M. leben zu können. Meine neue Lektüre ist
jetzt der Genius von Große. Mit einer Art von Geisteserhebung les' ich die schwärmerischen Schilderungen der Glückseligkeit, den Umgang eines innig vertrauten Freundes genießen zu können. – Unbemerkt entschlüpften die Ideen aus dem
Buche, und eigne traten an ihre Stelle, – ich sann nach über
meinen Zustand. – Die Ahnung, bald alles zu verlieren, was
mich hier noch fesselt, gemischt mit einer bangen Empfindung, brachte mich außer mir, – ich warf das Buch weg, und
ich glaube, Tränen hätten meine Augen gefüllt, wenn mir diese
die Natur nicht fast ganz versagt hätte. Du ziehst davon mit
leichtem frohen Herzen, du wünschest mit Sehnsucht den
Augenblick des Abschiedes heran, uneingedenk, daß mich
dein Verlust im Innersten schmerzt. Du sagtest es mir neulich
grade so ganz ohne Schonung, – und andre mächtige Ideen
und Empfindungen, die gerade bei dir rege geworden waren,
ließen es nicht zu, daß du die übertriebne Lustigkeit von
meiner Seite bemerken konntest, ich dank es dem S. und
seinem spanischen steifen Zopf; denn diese bemäntelten recht
gut, was ich eben dir nicht zeigen wollte. – Willst du mir noch
eine Freundschaft tun, ehe du mich auf immer verlässest, –

denn ich fühle es, wir sehn uns dann nie wieder, – so schaffe mir das Porträt deiner Mutter, ich will es für dich kopieren. – Doch muß ich freilich fragen, ob du mich für geschickt genug dazu hältst; – ob ich mich selbst malen werde, weiß ich noch nicht. Das hängt von dir ab.

Es war ein schöner Abend, an dem ich den letzten Teil des Genius las, – meine Phantasie hatte einen Festtag. – Es war elf Uhr, als ich das Buch aus der Hand legte. – Das Aufwallen von unzähligen Leidenschaften hatte meinen Geist in eine Art von matter Betäubung gesenkt. – Mir war wirklich sehr wohl; – die traurigen Bilder der kummervollen Tage der Vergangenheit traten zurück in Schatten, und süße Träume einer froheren Zukunft umnebelten meine Sinne. – F. . . . R. E. – wichen ganz aus meinem Gedächtnis, – aus ihnen schmolz ein Ideal zusammen, und dies Ideal war *sie*, – eine neue Schöpfung hatte *sie* hervorgebracht, – gereinigt von den irdischen Verbindungen, schwebte sie mir entgegen im himmlischen Glanze; – ich sah sie, ich fühlte sie, ich hörte ihre Stimme; – sie kam mir entgegen, sie bot mir einen Kranz, geflochten von Myrten und Rosen. – Es war ein schönes Bild, das mir meine Phantasie vorzauberte. In einem Zustande, der gleich weit von Wachen und Schlafen entfernt ist, lag ich auf meinem Bette, – ein Knistern weckte mich, – ein schneidender Luftzug durchwehte meine Stube – ich sah auch meinen Genius; – ach es war nicht Amanuel! – – Mich verläßt alles. – Auch sie wird mich verlassen; – bald naht sich ein kritischer Zeitpunkt, der sie mir vielleicht auf immer entrückt. Ich glaubte durch dich, durch deinen Umgang mancher Last mich zu entledigen, die mich zentnerschwer drückt, aber das ist alles jetzt vorbei. –

Glaube mir, daß es lange nicht so schmerzhaft ist, alles zu verlassen, wie von allem verlassen zu werden. – Schlaf wohl!

5.

Montag abends um halb elf Uhr
den 23. Februar 1795

Wenn du nach Königsberg kommst, ist's nicht anders, als
wenn mir einmal ein guter Geist erscheint, der sogleich verschwindet, wenn ich mich seiner Gegenwart erfreuen will. –
Ich freute mich auf den heutigen Nachmittag und verbrachte
ihn – mißlaunig und langweilig. Noch nie in meinem Leben ist
mir der Zwang, den mir die Gegenwart eines Dritten auflegt,
lästiger gewesen. – Jetzt bin ich froh: das macht, ich rufe ein
Bild meiner Phantasie zurück, das mir schon einige süße Stunden verschafft hat; – höre meinen Traum, – nur halb so lebhaft
darfst du das Frohe dabei empfinden als ich, und doch wirst du
mit Vergnügen bei diesem Ideal einfachen Glücks verweilen. –
Bald kommt der Frühling, und bald folgt der Sommer; – statt
nach M. zu gehen, bleibst du noch den Sommer über in A., –
du siehst die wieder auflebende Natur, – jedes emporkeimende
Gräschen, jede schwellende Knospe enthüllt für dich den Geist
des Lebens. – Du atmest freier in der gereinigten Luft, – dein
Kummer verläßt dich, – das allgemeine Streben und Weben
heitert deinen Sinn und gibt deinem Geist wieder die gehörige
Spannkraft. – Bald naht sich die angenehmste Zeit; – ich
komme zu dir heraus, – nicht auf einen Tag, – nein, ein paar
Wochen bring ich bei dir zu. Unsere Zeit ist auf das angenehmste verteilt; – Studieren – Spazierengehn – Unterhaltung wechselt in bestimmter Ordnung ab. – Beide haben wir dann einen
gemeinschaftlichen Zweck; – die Harmonie unserer Seelen
schafft uns die angenehmsten Stunden. – Fern von alledem,
was uns kränkt und ärgert, fühlen wir uns erhaben und groß
über all' die Schnurrpfeifereien übelgelaunter Despoten. – O
mein Freund, – ich kann es dir nicht sagen, wie viel kleine
unmerkbare Nuancen unsers Vergnügens sich meinem Geist

darstellen, wenn ich mir dies Leben denke, – das Landleben an
der Seite eines Freundes hat für mich einen mächtigen Reiz. –
Wie so sehr sympathisieren wir – ich glaube, die paar Wochen
machten mich froh und gesund. – Mein Klavier müßte mit, –
mein Malkasten und einige ausgewählte Bücher allenfalls, –
wie so manches würd' uns, als Erzeugnis jener glücklichen
Stunden, noch nach Jahren an die süße Vergangenheit erinnern! Mit einer Art Geisteserhebung denk' ich daran, – es ist,
als rauschte plötzlich ein düstrer Vorhang auf und ich blickte
in ein Elysium. – Wie so manche Schwärmereien würden uns
da beschäftigen! – Welche große Entschlüsse würden wir fassen! – Ich muß dir sagen, daß ich jetzt wieder anfange, anders
zu werden. Mein Geist hat wieder jenen wohltätigen Schwung
bekommen, der zu Handlungen, die nicht von elenden Kleinigkeiten abhängen, unumgänglich nötig ist; – Pläne hab' ich,
– feste unwandelbare Entschlüsse reifen in meiner Seele. –

Mein Sommeraufenthalt in A. kann nur Traum bleiben, dei-
netwegen, das gesteh' ich, aber schon als Traum ist er so wohltätig für mich; was wäre nicht erst die Wirklichkeit! – Ach,
Freund! daß wir nicht können, wie wir wollen, – da liegts! O
süße Wonnezeit des Rosenmondes, – für mich werden die Rosen nicht blühen – umsonst wehen mit leichten Fittichen Zephire mir deine balsamischen Düfte zu! Einsam, ohne Freund,
– ohne Geliebte wird jede Stunde neuer Gram mein Herz durch-
bohren. – Nimm diesen Stoßseufzer nicht als Spaß auf.

Dienstag, den 24. Februar 1795
Wenn ich sage, daß du mich mehr interessierst, – Bester, daß du
mir mehr am Herzen liegst als alles übrige in der Welt, daß ich
alles aufopfern möchte, um dir zu folgen, um, mit dir zusammen, den ganzen Umfang des beseeligenden Glücks der
Freundschaft genießen zu können, dann sage ich dir eine
heilige, unzählbar oft empfundene, durch keine unedle Einwirkung entweihte Wahrheit. – Wir sind für einander geboren. –

Laß uns auch das Schicksal auseinanderreißen, unsre Herzen trennen sich nie. – Vielleicht gelangen wir einmal beide, nach langem Herumirren, in einen sichern Hafen, – das Ziel aller unserer Wünsche, unserer Hoffnungen winkt uns entgegen, wir eilen und treffen zusammen, da, wo sich alles Trübe aufheitert, wo Freuden, oft gedacht, oft gewünscht und nie empfunden, unser harren; – dies Feuer für dich wird in meinem Busen nie erkalten, und ich bin stolz darauf, von dir dasselbe erwarten zu können.

Mein Lieblingswunsch ist jetzt, bald deine Mutter, und wenn's möglich ist, auch den Geh. Rat malen zu können. – Mein Lieblingstraum, der Sommeraufenthalt in A.; – ich sehe mich schon in gelben Hosen, aufgeschnallten Stiefeln, einem grünen Kollet, mit schwarzsamtenem Koller und kleinen Aufschlägen und einem runden Hute auf einem Klepper im schönen Sommerwetter herumtraben und dich mit übereinandergeschlagenen Armen stehn, – und abends in den Mond sehn, – in Stoßseufzern zärtlichen Inhalts wechseln wir beide – ich klage, du seufzest, – am Ende kommt's uns beiden possierlich vor, – lachend und schäkernd gehn wir zu Bette, – um – noch eine Stunde zu plaudern, – dir wird zu warm, du stehst auf, ich hinterdrein, – so kommt die Mitternacht heran, – bis wir beide vor Schlaf nicht mehr lallen können, – wir wünschen uns gähnend eine gute Nacht, – schlafen schön und träumen noch schöner. – Deinen Vater hab' ich oft mit Vergnügen meine kleinen Rondos und Lieder spielen hören, – ich hab' eine Romanze auf die russische Kaiserin* gemacht, – das und die Arien aus Lilla gefällt ihm am besten, das muß ich öfters wiederholen. – Er läßt sich endlich bewegen, ein Liedchen auf der Zither zu spielen, – ich akkompagniere auf dem Klavier, – und denk' zuletzt, ich bin in Spanien und du brummst dazu und schläfst endlich gar ein. – Ist gut, daß hier das Blatt zu Ende ist, sonst würde ich dich noch mehr ermüden. – Adieu!

* Der würdige Alte war ein unbedingter Verehrer dieser großen Regentin.

## 6.

Sonnabend, den 29. Februar 1795 abends
Dein lieber Brief hat meine Stimmung sehr geändert. – Lieber
einziger teurer Freund! – Ich bedaure dich, ich fühle tief in
meinem Herzen dein Unglück. – Innig vertraut mit manchen
geheimen Motiven deines Schmerzes, empfinde ich alles mit
dir. – Du bist mir viel, – mehr als alles übrige in der Welt.
Wärmer noch schlägt mein Herz für deine Freundschaft als für
jene so unglückliche Liebe, denn unglücklich ist sie auch auf
alle Fälle. Ich las deine warmen Versicherungen deiner Freundschaft, – in inniger Wehmut zerfloß mein Herz, und ich ver-
sank, den Brief in der Hand, in eine stille schwärmerische
Verzückung, – ich liebe dich, – ich bete dich an, – du bist der
einzige, der die innern Regungen meines Herzens versteht, –
dessen ganze Seele sich so sanft der meinigen anschmiegt. Ach
wie unauslöschbar in meinem Gedächtnis und in meinem Herzen sind jene Abende eingeprägt, die ein wohltätiges Licht
über meinen ganzen Charakter verbreiteten. – Mit dir ziehe ich
gern in eine Einöde, – ich verlange dann, keinen mehr zu
sehen, keinen zu hören als dich. Verscheuche doch deine trüben Vorstellungen immerwährenden Unglücks, und könnt' *ich*
sie verscheuchen, das wäre mehr, als die feurigsten Wünsche
erflehen können, – ach wie gern eilt' ich zu dir, – bald, – und
verlebte die paar Wochen mit dir noch ungestört und glücklich, – das wäre ein heitrer Sonnenblick nach vielen trüben
Tagen. – Meine J. werde ich vermutlich gar nicht mehr oder
doch zum wenigsten so bald nicht sprechen. – – – Freund,
innig Geliebter, – ich sags dir feierlich und ernst. – Gern opfere
ich die Geliebte und alles, wenn ich mir dich erhalten könnte,
– wie gern folgt ich dir nach M. – Pläne durchkreuzen meine
Seele, neue Vorsätze und Entschließungen brüten in meinem
Gehirn. – Für dich möcht' ich, mit froher Miene, mein ganzes

scheinbares Glück aufopfern, um, dir unwandelbar zugesellt, des einzigen für mich wahrhaften Glücks zu genießen. – – – –

––––––––––––––––––––––––––––––––––––

––––––––––––––––––––––––––––––––––––

Sollte ich doch unglücklich den niedern Kabalen unterliegen, so habe ich dich noch, – du wirst mich nie vergessen. – Alles kann man mir rauben, aber dich nicht, – und mir nicht mein eignes Selbst. – Meine Unschuld wird mich trösten. – Arm und hilflos werde ich nie sein; – immer findet sich doch wohl eine Wand, die ich bepinseln, und Papier, das ich beschreiben kann. Item es hilft, war der Wahlspruch eines meiner Vorfahren, und nach diesem Wahlspruch bin ich erzogen. Sollte gar mein Leben in Gefahr kommen, so verlaß' ich mich auf meinen Mut, der mir Anschläge geben und meine Kräfte stärken wird. Sollte ich endlich doch ein Opfer seiner unverzeihlichen Bosheit werden, so weine deinem Freunde eine mitleidige Zähre und sei der Vollführer einiger kleiner Anordnungen, die du in einem kleinen Archiv in meinem Kasten aufgezeichnet finden wirst. Das ganze Archiv gehört dir, es wird dir manches darin interessant sein. Du wirst sogar an der Schrift die kalte Ruhe und die Gelassenheit bemerken, womit ich dir dieses schreibe.

Freund, welche Seligkeit liegt in dem Gedanken, mit dir vereint allen gewiß infamen Verhältnissen auf ewig entsagen zu können, und du glaubst einen Augenblick, *sie* könne mich zurückhalten, dir zu folgen? O wie so unwürdig meiner innigen Freundschaft gegen dich wäre dies! – Nein, selbst bei der glücklichsten ungestörtesten Ruhe hätte *sie* mich nie zurückgehalten! – Du siehst, lieber Freund, daß auch ich meine besondre Art Unglück habe und daß meine Lage nicht beneidenswert ist. – Wir werden durch alles mögliche verbunden, – wir sind Unglücksbrüder, – du wirst einen mächtigen Unterschied zwischen unserm Unglück finden; aber glaube mir, am Ende kommt alles auf eins heraus.

Für heute muß ich die mir so liebe Unterhaltung mit dir

aufgeben, die Tante fordert mich auf, ihr noch einige meiner Gedanken über vieles mitzuteilen, – ich muß ihrem Verlangen Genüge leisten. – Schlaf wohl, lieber einziger teurer Freund, – Süße Träume, reizende Bilder einer frohen Zukunft mögen dich umgaukeln, – geisterartig walle bei dir vorüber der Genius deiner dir Lieben! – Fühlst du ein sanftes Säuseln der Lüfte, ein leises Hin- und Herwehen, ein Flüstern, gleich dem murmelnden Geräusch eines fernen Baches, so ist's mein Genius, der dich umschwebt, – denn alle Nächte bin ich bei dir, – dich und sie, öfters noch dich allein seh', hör' und fühl' ich in langen Träumen. Schlaf wohl! –

Morgen noch ein mehreres und der weitere Erfolg des häßlichen Vorgangs.* –

Sonntag abends

Ich komme eben von einer kleinen Fete, zu der man mich geladen hatte, – da war ich geschwätzig, – altklug bei den Alten, – galant bei den Damen, – und im Grunde so einsam, als wär' ich in eine Einöde versetzt gewesen. – Eine kleine Unterhaltung mit dir soll mich schadlos halten und mir noch vor Schlafengehn einige frohe Augenblicke machen.

– – – – – – – – – – – – – – – – – – – – – – – – – – – – – –

– – – – – – – – – – – – – – – – – – – – – – – – – – – – – –

Mein sehnlichster Wunsch ist, *dich* morgen zu sprechen. Denke an den schönen Traum, begeistre dich damit, so wie ich, – ach nur zwei Wochen wollt' ich glücklich sein. Denk' an das Portrait deiner Mutter! Denk' an deinen, ewig deinen

H.

* Ein Rencontre mit einem Nebenbuhler.

7.

Mittwoch, den 4. März 1795

Lieber teurer Freund!

Es ist sehr gut, daß heute keine Gelegenheit kam, ich hätte sie, ohne an dich geschrieben zu haben, wieder fortgehen lassen müssen. Wir hängen nie von uns selbst ab; unnennbare Kleinigkeiten, die fest miteinander verknüpft sind, eine Reihe von Vorfällen, Zerstreuungen mannigfacher Art halten uns oft von Beschäftigungen ab, die uns doch so sehr am Herzen liegen. – Ich bin nicht eher ruhig, bis ich an meinem Maltisch sitze und das Portrait deiner Mutter vor mir habe, – die Idee, dir einmal einen kleinen Freundschaftsdienst tun zu können, setzt mich in eine Art von Enthusiasmus, ich brenne vor Begierde, für dich viel zu tun, daher ergreife ich eifrig jede Gelegenheit, wenigstens etwas tun zu können. Das Bild wird mir gewiß gut geraten, denn ich werde con amore arbeiten. – Willst du auch deinen Onkel von mir kopieren lassen? Sprich ein einziges Wort, und du wirst mir lebhafte Freude verursachen.

Den Don Juan habe ich jetzt auch eigentümlich, – er macht mir manche selige Stunden, ich fange an, jetzt mehr und mehr Mozarts wahrhaft großen Geist in der Komposition zu durchschauen, du sollst gar nicht glauben, wie viel neue Schönheiten sich dem Ohr des Spielers entwickeln, wenn er auch nicht die geringste Kleinigkeit vorüberschlüpfen läßt und mit einer Art von tiefem Studium zu jedem einzelnen Takt den gehörigen Ausdruck sucht. – Das Anschwellen von sanfter Melodie bis zum Rauschenden, bis zum Erschütternden des Donners. Die sanften Klagetöne, der Ausbruch der wütendsten Verzweiflung, – das Majestätische, das Edle des Helden, die Angst des Verbrechers, – das Abwechseln der Leidenschaften in seiner Seele, alles dieses findest du in dieser einzigen Musik, – sie ist allumfassend und zeigt dir den Geist des Komponisten in allen möglichen Modifikationen. Noch 6 Wochen wollte ich Don Juan studieren und dir ihn dann auf einem englischen Fortepiano vorspielen, – wahrhaftig, Freund, du säßest still und ruhig von vorne an bis zu Ende und würdest ihn noch viele Zeit in deinem noch dazu unmusikalischen Gehirn behalten. Denn da würdest du noch mehr die Schönheit fühlen, wie in der Komödie; man ist da viel zu zerstreut, um alles gehörig zu bemerken.

Wenn du Montag herkommst, so bitte ich dich auf das inständigste, du tust deinem Freunde, der dich innig und zärtlich liebt, einen Gefallen, der ihn sehr glücklich macht. Fahre früh aus, daß du schon um 10 Uhr hier bist, komme gleich zu mir, dann kannst du bis halb 1 Uhr bei mir bleiben. Wenigstens etwas mußt du aus Don Juan hören. Fürchte dich nicht vor meinem Singen, ich werde schon meine Stimme so modulieren, daß sie dir nicht unangenehm sein soll.

Lebe wohl, lieber Herzensjunge, behalte mich lieb!

Montag sprech ich dich doch gewiß?

## 8.

Sonnabend, den 4. April 1795

Du erhältst, – lieber Freund, – Dank seis meinen schöpferischen Federposen, schon wieder 2 Bogen des Cornaro. – Der Titel ist jetzt so bestimmt:

CORNARO
Memoiren des Grafen Julius von S.
geschrieben
in den Frühlingsmonden des Jahres 1795.

Rezensiere doch recht genau und unterstreiche etwaige Wiederholungen in dem Ausdruck und in den Ideen. Ich glaube, daß das Werkchen bald zu 16 Bogen, als die bestimmte Anzahl des ersten Teils, anwachsen wird, – ich schreibe jeden Abend recht con amore daran. – Schick' mir doch nur ja auch etwas von deinen Arbeiten, – du wirst finden, daß ich ziemlich genau den Gang einer gewissen Geschichte beibehalte. – Der Lärm in den ersten Bogen ist nicht ohne Ursache. – Erst im 2. Teil erklärt sich's. –

Was machst du denn? – Wie lebst du? Wenn du mißvergnügt bist, so fang nur an, einen Roman zu schreiben, das ist gute Medizin. – Ich habe gestern auf dem Kneiphöfschen Hofe Grauns Tod Jesu mit einer Empfindung, die ich dir nicht beschreiben kann, aufführen hören. – Es war sehr voll geputzter Damen, – B. K. D. – Ich sprach einige Worte mit *ihr* und stellte mich dann in einem einsamen Winkel, um ganz die Musik zu genießen. – Es sangen:

1) Baß, D. S. B. – 2) Tenor, Z. A. G. L. 3) Diskant die W. A. und Z. Die Arie, – Ihr weichgeschaffnen Seelen, – eine der schönsten im ganzen Oratorium, sang Z. mit einer Empfindung, die manchem schönen Auge Tränen auspreßte, mir Tränenlosem aber tiefe Seufzer, – das feierlich Pathetische der Choräle drang durch Mark und Bein; – da wär' ich gern gestorben. – Die W. sang das erste Rezitativ: Gethsemane, – und die darauf folgende Arie, mit einem Ausdruck sanften wehmutsvollen Gefühls – ihr Gesicht paßte zu dem, was sie sang. – Alle Sänger und Sängerinnen waren schwarz; – hättest du doch die Musik gehört! – Leb' wohl, lieber teurer Freund, denk oft an

Deinen

H.

# 9.

Freitag, den 1. Mai 1795

———————————————————————
———————————————————————

Mein physisches Übel kam auch wieder. – Es besteht in Migräne, Unwohlsein und einem entsetzlichen Nasenbluten, – vorige Nacht blutete ich anderthalb Stunden, – heute schon wieder, obgleich nicht so lange, – vorgestern befürchtete ich einen Blutsturz. – Mir wurde so weh und so halbohnmächtig, ich weiß selbst nicht wie – Motion hilft mir, – ich befinde mich besser darnach. – Wenn ich nur wüßte, daß es deinem Vater lieb wäre, würd' ich künftige Woche einen Tag morgens zu Fuß herauskommen und allenfalls, um den Abend zu genießen, erst auf den andern Morgen früh meine Retour nehmen, ich denke immer, ich habe einen Künstlerkörper, d. h. er wird bald gar nicht zu brauchen sein, und ich werd' mich empfehlen, ohne ihn mitzunehmen.

Mein moralisches Übel kennst du. – – – – – – – – – –
———————————————————————

Seitdem du in A. bist, bin ich wirklich hier mitten im größten Gewühl sehr verlassen, – ich bin ein Anachoret, als wenn ich auf Formentera wäre. – Wie du noch hier warst, war es anders. – Wärst du und der Bruder nicht damals hier gewesen, – Himmel wo wäre ich jetzt! – Ich werde noch zur Verzweiflung kommen über die gänsedummen Bocksprünge des gemeinen maulaffenden Pöbels, – ich ergreife den Stab! – Sieh nur, unser Übel ist entgegengesetzt, du hattest zu viel Fantasie; ich habe zu viel Wirklichkeit.

Meine beste Stunde im Tage ist abends um 10 Uhr, wo ich gewöhnlich zu Bette gehe, – ich werd' jetzt schlafen, denk' ich denn, und schlaf wirklich ein. –

Ich werde dich am Sonntag mit Sehnsucht erwarten, –

komm' doch nur gewiß. – – – – – – – – – – – – – – – – – –
– – – – – – – – – – – – – – – – – – – – – – – – – – – – – –

Du glaubst gar nicht, wie mich dieses quält, – auch mein Schicksal, meine Bestimmung. – Das Studieren geht langsam und traurig, – ich muß mich zwingen, ein Jurist zu werden.

Wenn ich doch eine Hackertsche Mondgegend hätte! – Leb wohl! –

Denk an mich!

### 10.

Königsberg, den 22. September 1795
Lieber einziger teuerster Freund:
Eine Unterhaltung mit dir, wenn sie auch nur schriftlich sein kann, wird mich gewiß heitrer stimmen. – Noch nie, noch nie habe ich deinen Verlust lebhafter gefühlt als in den heutigen Abendstunden. Die Wunden, welche schon fast ganz geheilt waren, sind durch neue Vorfälle wieder aufgerissen, – und ich zweifle nicht länger an ihrer Unheilbarkeit. – Dir, dir allein kann ich's nur sagen, was ich empfinde. – – – – – – – – – –
Als ich die Nachricht bekam, daß alles wieder beim alten wäre, daß alle Szenen erneuert würden, griff ich mechanisch nach Hut und Stock; als ich mich einigermaßen besann, stand ich am Rollberge und hatte den Drücker an der Türe deiner vormaligen Wohnung in der Hand. – Vergebens würd' ich dir meine Empfindung schildern, – eine helle Träne stand in meinem Auge, – das will bei mir viel sagen! – Ich fühlte eine schreckliche Leere in meinem Herzen. – Keiner, – keiner, dem ich's klagen könnte! Was wir uns waren – ich bin stolz darauf, es frei sagen zu können, – du findest mich auch nicht zum zweiten Mal. – Von dir find' ich keinen Schatten. – Ich kann das nun schon für den Tod nicht leiden, die Bekanntschaften, – wenn man sie Freundschaft nennt. – Eine gewisse Person war so

stockfischmäßig dumm, mir mit dem plumpesten Anstande zu sagen: ja freilich, er ist fort, du wirst dir einen andern Freund zulegen müssen. – Wer diese Person war, wirst du an dem Gemälde leicht erkennen. – Mein Schicksal ist traurig; eben in dem Zeitpunkt, wo ich den ganzen Umfang des Glücks fühle, das ich genießen könnte, – gerade dann stehe ich in Gefahr, es auf immer zu verlieren. – Ich müßte verzweifeln, ohne mein Pianoforte, – dies schafft mir, mitten in dem Sturm von tausend quälenden Gefühlen, noch Trost. – Es ist, als umschwebte mich ein friedlicher, tröstender Genius, wenn ich zuletzt, halb berauscht von den ungebundenen, nie wiederkehrenden Gängen meiner Phantasie, mich ganz in mich selbst verliere. Da hab ich jetzt den J. – ich bin ihm sehr gut, ein anderer Geist scheint ihn zu beleben, wenn er die Violine nimmt, – aber übrigens, – nein, so etwas ist einzig, – wir hätten uns nie trennen sollen. – – – – – – – – – – – – – – – – – – – – – – – – – – – – – – – – – – – – – – – – – – – – –

Und nun! – Laß' mich hier ein Gleichnis von meiner lieben Musik borgen. – Denke dir eine Symphonie, gespielt von den größten Virtuosen auf den vollkommensten Instrumenten, – denke dir die schmelzendste Stelle eines Adagio, pianissimo ausgeführt, – deine Empfindung ist aufs äußerste gespannt, – und nun kommt ein elender Mensch und schraft auf einer Bierfiedel ein Stück eines erbärmlichen Gassenhauers – sage! würde nicht dein Innerstes sich empören? – Du siehst dich herausgerissen auf die empfindlichste Art, aus der süßen, wonnevollen Betäubung, worin dich das sanfte Adagio wiegte, – dein Zorn – dein reizbares Temperament würde alles Sanfte in deiner Seele ersticken, – du würdest auf den Fiedler zufahren und in der größten Hitze sein Instrument zerschlagen, – aber würde das alles helfen? – Die Spieler sind aus dem Takte gekommen, – die Augenblicke des warmen Gefühls, das nur allein die Seele des schönen Vortrags ist, sind vorübergeflogen, – und alles, – die zusammengeworfenen Noten, – die verstimmten Instrumente, – alles sagt's dir: es ist vorbei, – es war! – Da hast du das ganze Verhältnis, – da hast du den Urgrund meines Kummers, – das Bild meiner schlaflosen Nächte, – meiner blassen Wangen! – Wo ist die Jovialität, die meinem Geiste eigen ist! – Sage Freund, – ist das Schicksal, oder liegt es in Umständen, die doch subjektiv sind, daß ich nur gleichsam Erholungen habe, um desto empfindlicher wieder gequält zu werden! – Es ist, als ob sich alles vereinigte, mir meine Tage jetzt abscheulich zu machen; – schon gehts in die zehnte Woche, daß ich examiniert bin, und noch ist nichts von Berlin zurück, noch bin ich nicht vereidigt. Mein geschäftloses Leben ist mir im höchsten Grade zur Last. Werde ich nur erst arbeiten, – ich will so viel, – meine Kräfte setze ich zu, – wenn es mir gelänge, was ich will, so würden manche das ungewöhnlich nennen; davon sprechen mag ich gar nicht, weil man mir ins Gesicht lacht. – Überhaupt, – weiß Gott, welches Ungefähr, oder vielmehr welch eine sonderbare Laune des Schicksals mich in dies Haus hier versetzte! Schwarz und weiß kann unmöglich entgegengesetzter sein als ich und meine Familie. – Gott, was sind das für Menschen! – Freilich gesteh' ich ein, – daß manches an mir zuweilen so ziemlich exzentrisch ausfällt, – aber auch nicht die geringste Nachsicht, – der dicke Sir für meinen Spott zu abgenutzt, für meine Verachtung zu erbärmlich, fängt an, mich mit einer Indignation zu behandeln, die ich wahrlich nicht verdiene.

Ewig werd' ich an den einen Gang aus A. mit dir denken. Du weißt, wie mein volles Herz da überfloß, – wie ich dir da so alles klagte, was an meiner Brust nagte, – ach! das alles hat sich nicht geändert, – über das alles seufze ich noch. – Was mich aber über alles trösten kann, was alles Leiden, allen Kummer in Vergessenheit begraben, was die tiefsten Wunden, die ein feindliches Schicksal meinem Herzen schlug, heilen kann, das ist die Wiedervereinigung mit dir. – Wenn das, was mich hier so gefesselt, was den höchsten Lebensgenuß mir gibt, wenn ich

das verlieren sollte, dann fliehe ich zu dir, – ich überwinde alle
Hindernisse, – denn Mut hab' ich, und den verliere ich auch
nie, – ich lebe in der größten Eingezogenheit, – ich wohne,
wenn's möglich ist, dicht bei dir oder doch wenigstens in
einem Hause mit dir, – ich arbeite, soviel als ich nur kann. –
Ein paar Abendstunden mit dir zugebracht, ist meine Erholung, – glaube mir, lieber einziger Freund, dieser süße Traum
beruhigt mich, – er macht mich zufriedner mit mir selbst und
mit den Gegenständen um mich. Und sollte denn die Erfüllung
unmöglich sein? – Nein, wahrlich nein, dawider empört sich
meine ganze Seele. – Wenn ich alles verlieren sollte, so bin ich
doch noch sehr reich, ich habe ein köstliches Kleinod aus dem
Schiffbruch gerettet, und das ist deine Freundschaft. – – – – –
– – – – – – – – – – – – – – – – – – – – – – – – – – – – – –

Verzeih' es, lieber Freund, – wenn meinem Briefe hie und da
Zusammenhang fehlt, – ich mag ihn nicht wieder durchlesen.
– Erst künftigen Donnerstag kann dieser Brief abgehen, – bis
dahin spreche ich noch zwei-, dreimal mit dir! – – – – –
– – – – – – – – – – – – – – – – – – – – – – – – – – – – – –

Gute Nacht, mein Lieber!


11.

Sonntag, den 25. Oktober 1795

Schon viel eher hätte ich dir auf deinen lieben Brief geantwortet, wenn ich nicht jeden Posttag noch auf einen von dir
gewartet hätte; – der Ball, auf den du dich neulich so freutest,
wird vermutlich jetzt gewesen sein, und ich bin auf Nachrichten davon äußerst begierig, – der Ball ist das wenigste, aber in
was für neue Verhältnisse du dadurch getreten bist, was für
neue Ideen dich beschäftigen, – ob Amor oder Mephistopheles
gesiegt hat; – das ist das interessante. – Im Grunde genommen
ist unsere Lage jetzt wieder sehr verschieden, du in der kleinen

Stadt spielst den Weltmann, der sich in den buntesten Zirkeln herumtummelt, – ich in der größern, – den eingezogenen Stubenhüter, den die tote Welt um sich herum genug beschäftigt und der, außer den Regierungszimmern und seiner eignen Stube, in keine andere kommt. Im Ernste, – ich glaube, du kannst dir von meinem jetzigen Leben einen nicht so recht eigentlichen Begriff machen. Die Eingezogenheit, verbunden mit den glücklichen Stunden der Autorschaft, fängt an, für mich Reiz zu haben. Wenn ich dann des Abends sitze, mein Werk vor mir, und wenn meine Fantasie tausend Ideen vervielfältiget, die sich in meinem Gehirn erzeugen, – dann verliere ich mich so ganz in diese neu erschaffne Welt und vergesse darüber alles Bittre der Gegenwart. – Ich arbeite jetzt an einem Werke, was ganz mit meiner Laune, der ich immer ihren gewöhnlichen Gang lassen kann, übereinstimmt; – ich nenne es »den Geheimnisvollen!« – Ein sehr ominöser Titel, nicht wahr?

_____

Ich brach bei meiner Schilderung der Stunden meiner Autorschaft ab, und nicht genug kann ich's dir wiederholen, daß mir das Wesen lieb ist und anfängt, meinen Plänen eine ganz andere, hin und her etwas originelle Richtung zu geben. – Die Wiedervereinigung mit dir ist mit ein Hauptzweck, wohin ich arbeite, aber leider, – gehört's noch immer in's Gebiet der schönen Träume – (Eben kommt der Vetter R. und will, ich soll Protokoll führen, – Gehorsamer Diener!) – und schöne Träume lassen doch immer so einen süßen Nachhall ihrer Harmonie in unserer Seele zurück, die in uns eine für Körper und Geist sehr gesunde Stimmung hervorbringt. – Zuweilen bist du mir ganz gegenwärtig, – ich sitze mit dir (denk' an die seligen Abende) bei einer Flasche Wein, und wir schwatzen und philosophieren uns ein ganzes Gebäude von Entschlüssen oder rechnen unsere Bemerkungen aus der Vergangenheit zusammen und freuen uns über das Zusammentreffen unserer

Ideen, – bei jedem Glase eine Gesundheit! Wir quälen uns oft,
– wessen, – wenngleich in jedes Kopf und Herzen sogleich der
Gedanke an *sie* alle andere überwältigt. – – – – Wenn ich mich
so in diesen Ideen verliere, so möchte ich wohl gleich zu Fuß
nach M. kommen, mit meinen Manuskripten in der Tasche,
und alles hier im Stich lassen. – Doch das geht nicht so recht,
und bei dem allen hoffe ich doch, daß wir, über kurz oder lang
wieder vereinigt weit froher als jetzt leben werden. – – – – – –
– – – – – – – – – – – – – – – – – – – – – – – – – – – – – – –

Meine kleinen Konzerte dauern noch fort, und neulich legt’ ich
den Anfang einer Motette von eigner Komposition auf, – aber
den Text dazu wirst du schwerlich raten, – er ist aus Goethes
Faust, – Iudex ille cum sedebit etc. die Worte des Mädchens
sind begleitendes Rezitativ, – das Iudex etc. vollstimmig,
meinte J. (so wie ich’s nämlich auch geschrieben habe, eine
Strophe bloß mit Posaunen, Fagotts und Hoboen, und dann
erst fugenmäßig die Orgel und andre Stimmen) müßte eine
schauervolle Wirkung tun. – Wohnt’ ich an einem katholischen
Ort, so ließ ich die Rezitative weg, komponierte ein paar
Fugen dazu und hätte dann Hoffnung, es in der Kirche aufführen zu hören. – Habe ich mich erst wieder mehr in der Komposition geübt, so mach’ ich mich über Claudine von Villa
bella her. Du glaubst überhaupt gar nicht, wie mich jetzt die
Furie der Komposition in Musik, – Romanschreiberei etc.
anpackt! – Das beste ist, – daß ich alles das, was mir nicht gut
dünkt, ins Feuer werfe. – Ich wünsche, daß du einst ein
Mädchen mit der ruhigen sanften Empfindung, die aber nie
anders als nach ausgestandenen Stürmen sich unsers Herzens
bemeistert, so lieben magst als ich meine J. – Es ist nicht das
Toben einer wilden, alles verzehrenden Leidenschaft, es ist das
sanftere Feuer eines innigen Gefühls, welches mich an *sie*
fesselt. Um dies alles nicht in meinen Verhältnissen lächerlich
zu finden, muß man sie ganz kennen, und auch nur dir, – du
Einziger, der mich versteht, sage ich dies. – – – – – Lebe doch

recht vergnügt. – Glaube nur sicherlich, man kann viel in sich selbst finden, wenn man sich nur die Mühe gibt, zu suchen, doch das darf ich *dir* nicht sagen. Leb wohl, einziger teurer Freund!

## 12.

Königsberg, den 25. November 1795

Daß du mir in deinem letzten Briefe vom 15. November c. keine Vorwürfe über mein Stillschweigen gemacht hast, hat mich gefreut, denn mein Bewußtsein der Schuld ließ mich ihn mit Zittern und Zagen erbrechen. Du hast mir dadurch auf eine gerade Art zu verstehen gegeben, daß du endlich von meiner Denkungsart ganz überzeugt bist und nicht das Andenken an dich und meine immerfortwährende einzige Freundschaft für dich nach der Menge meiner Briefe beurteilst. Eine meinen Körper und meine Seele angreifende Unpäßlichkeit, die mich zu jeder noch so kleinen Anstrengung unfähig machte; einige Verdrießlichkeiten und das Verlangen, dir mit dem nächsten Briefe das Portrait deiner Mutter zu überschicken, haben mir ein so langes Stillschweigen auferlegt; denn, irre ich nicht, so ging mein letzter Brief schon vor 5 Wochen ab. Daß du auch krank bist, bedaure ich von Herzen, du bist aber noch glücklich genug, dabei arbeiten zu können. Mir ging's nicht so! Noch jetzt hemmt eine unüberwindliche Schläfrigkeit den ganzen Tag über den Lauf meiner Geschäfte. In der Nacht ist mein Geist am tätigsten, und wenn ich ungenierter wäre, würden die Produkte mancher glücklich durchträumten Nacht Musterstücke ihrer Art sein. Die Ouvertüre zur neuesten Motette, der noch die Vollendung fehlt, habe ich in der Nacht gesetzt, indem ich bloß den Baß auf des J. Harfe, die eben in meiner Stube stand, probierte, und ich versichere dich, daß diese Ouvertüre das einzige von meiner Arbeit ist, was mich das Inwohnen eines musikalischen Genies vermuten läßt; – doch schon auf der ersten Seite meines Briefes verirre ich mich in meine Lieblingsmaterie und werde ennuyant weitläufig, – ich breche ab, wenn ich noch vorher einige Worte über Axur gesagt habe. Vorigen Sonntag nämlich wurde Axur, eine neue Oper von Salieri, gegeben. Der kurze Inhalt ist folgender: Axur, König von Ormus, ein Tyrann ohnegleichen, verliebt sich in Astasia, die Gemahlin seines Feldherrn Tarar, und läßt sie ihm rauben. Tarar, mit Hilfe des Italieners Biscroma, entdeckt seine Geliebte zuletzt im Serail, will sie erretten, welches ihm aber fehlschlägt. Axur, teils über diesen Vorfall, teils über die Liebe des Volks zu Tarar erbittert, verdammt ihn mit Astasien, die ihm aufs verächtlichste begegnet, zum Feuertode. Sie besteigen schon den Scheiterhaufen, als die Armee, die Tarar gegen die Ungläubigen anführen sollte, zurückkehrt, die Leibwache wird geworfen und die Soldaten dringen durch, um Axur niederzuhauen und ihren General zu erretten. Tarar mahnt sie vom Scheiterhaufen herab zur Ruhe und Unterwerfung, sie legen ihre Waffen nieder, Tarar steigt herab und bittet Axur um Gnade, – dieser, zur Verzweiflung gebracht, wirft den Turban Tararn vor die Füße mit den Worten, daß er ihn hasse und Leben und Freiheit ihm nicht verdanken wolle und stößt sich den Dolch in die Brust. Dies ist der nackte Plan, aber wieviel Ausputz! – da kommt noch Biscroma vor, ein Italiener, der Aufseher des Serails bei Axur und Tarars Freund ist, – dieser Charakter, der von S. vortrefflich durchgeführt wurde, hat mir vorzüglich Freude gemacht, – tausendmal hab' ich bei der Oper an dich gedacht, – es wäre gewiß deine Leiboper geworden. Den Axur spielte S. meisterhaft, – die Musik der Oper ist, so wie alles von Salieri, ganz vortrefflich, – Reichtum der Gedanken und richtige Deklamation geben ihr den Rang gleich den Mozartischen. – Ach Freund, eine einzige so komponierte Oper könnte das Glück meines Lebens machen!

Das Porträt deiner Mutter liegt in seiner Vollendung vor

mir. – S. ist gewiß ein großer Künstler, denn es ist nur zu sichtbar, – daß es ihm gelungen ist, nicht allein die Züge genau zu kopieren, sondern auch dem Bilde den Geist einzuhauchen, der nur allein fähig ist, ein Bild in der Ähnlichkeit brauchbar zu machen, – ich merke, daß dies dir nicht deutlich sein kann – doch du mußt es meiner Verworrenheit zugute halten. – Wenn es mir nur gelungen wäre, dies auch in die Kopie hineinzubringen. So con amore, wie dies Porträt, habe ich noch keins gemalt. Ich hätt' meine Kopie zerrissen und eine neue angefangen, wenn nicht der Geheime Rat auf das Porträt und du auf einen Brief noch 4 Wochen hättet warten müssen. – Ich beneide dich, eine solche Mutter zu haben, aber du gleichst ihr Zug vor Zug auf ein Haar. – – – – – – – – – – – – – – – – – – – – – – Mal' ich diesem Porträt eine andre Frisur, einen Zopf und eine Binde um den Hals, so bist du es. – Übrigens hat sich der Hang zur Malerei bei mir verloren, und das macht, weil ich im Grunde noch nicht weit genug darin bin, daß es meinen Geist genug beschäftigen kann, – das einzige ist, daß ich Vignetten satirischen und amourösen Inhalts mit der Bleifeder hinwerfe, die mir Stoff zu einem Werke geben sollen, welches ich, witziger Art nach, unterm Namen Ewald Trinkulo schreibe. Du wirst wissen, daß in Shakespeares Sturm der Hofnarr des Königs Trinkulo heißt, und das war mein Ahnherr. – Man ist doch im Grunde hier ein erbärmliches Geschöpf, – dünkt sich frei und glücklich, und hängt mehr wie einer von Konvenienzen und Launen ab. Daß ich zuweilen recht niederträchtige Tage verlebe, ist eine traurige Wahrheit. Wenn ich könnte, wie ich wollte, so wie ich immer gewollt habe, so säße ich nicht hier und ließ mir von der Melusinenbrut und dem Apollo aus dem Bierfaß eine doppelte Sonate vorschnarchen! – Wenn ich von mir selbst abhinge, würd' ich Komponist und hätte die Hoffnung, in meinem Fache groß zu werden, da ich in dem jetzt gewählten ewig ein Stümper bleiben werde. – – – – – – – – – –

– – – – – – – – – – – – – – – – – – – – – – – – – – – – –

Bei Axur kommt auch eine Harlekinade vor, die Biscroma
nach italienischem Geschmack der Favorit-Sultane gibt. Arle-
quin, Arlequinette und Pierrots, die Musik dazu ist niedlich.
Welch ein Mischmasch! – 1. Seite Axur, – 2. Seite deine
Mutter! 3. Seite eine Heirat und eine Harlequinade.

## 13.

Königsberg, den 19. Dezember 1795

> Wer grübe sich nicht selbst sein Grab
> Und würfe froh des Lebens Bürd' hinab
> Wenn süßer Wahn nicht wäre!
> Nimm dir den Wahn; dein Ruhm sei Lüge,
> Sei Tand, – sei Rauch, –
> Auch Doris, – Doris trüge,
> Sie täusche auch!
> Wer grübe sich nicht selbst ein Grab,
> Und würfe froh des Lebens Bürd' hinab,
> Wenn süßer Wahn nicht wäre! –

Ich weiß nicht, ob du diese Strophen auch so gefühlvoll, so
von einem stillen prunklosen Reiz erhaben finden wirst als ich.
– Mit meinem Gefühl sympathisieren sie ganz, ich habe nicht
aufhören können, sie zu lesen, und will sie sogar in eine leichte
faßliche Melodie bringen, um sie in jeder unmutigen Stunde
auswendig singen zu können. – Ja, lieber Freund, wenn jener
süße Wahn, jene wohlwollende Fantasie, welche die Dinge, die
von Natur häßlich und beschmutzt sind, mit bunten Farben
bemalt, nicht wäre, wie würde es mit unserm Glück, mit
unserm Frohsinn werden! – Der Introitus ist bedeutungsvoll,
wirst du sagen, und das Folgende wird vielleicht deine gespannte Neugierde gar nicht befriedigen. Arm an merkwürdi-

gen Begebenheiten kann ich dir nur kleine Vorfälle der Vergangenheit und Gegenwart erzählen, die aber doch wichtig genug waren, auf mich, und vorzüglich auf meine Empfindungen und meine Stimmung, zu wirken. – Zuerst muß ich dir sagen, daß ich mit meiner ganzen hiesigen Lage wieder unzufriedner bin als je. Ich lebe in einer Geschäftlosigkeit, die meinen Tätigkeitstrieb abstumpft und mich zu jeder Anstrengung unfähig macht. Auf der Regierung werde ich unter der Menge ganz übersehn und muß mich glücklich schätzen, wenn ich mich dazu drängen kann, Supplikanten zu vernehmen oder Protokoll zu führen. – – – – – – – – – – – – – – – – – – – –
– – – – – – – – – – – – – – – – – – – – – – – – – – – – – –

Du übst dich in allen nur möglichen Arbeiten und wirst gewiß längst Rat sein, wenn ich noch als Auskultator (*Ohrenspitzer*: ich habe über diesen Ausdruck mich sehr gefreut) herumlaufe, und irgendwo Präsident, wenn ich irgend eine kleine Stelle von ein paar hundert Taler erhasche. Doch das alles soll in unserer Freundschaft nichts ändern. Der Gedanke, dich so ganz zu kennen, daß ich davon überzeugt sein kann, ist äußerst wohltätig für meine ganze Stimmung! – Es gibt nur ein einziges Ding in der Welt, von dem man behaupten kann, daß es nie, wenigstens nie ganz täusche, und dies ist echte wahre Freundschaft, so geschlossen, so mit herzlicher Miene, offen und zwanglos wie die Natur, wie es Chodowiecki in einem Göttinger Taschenbuch zeichnete; – auf der andern Seite umarmen sich ein paar Menschen in einer beschornen Lindenallee, zu denen gehören wir nicht! – – – – – – – – – – – – – – – – – –
– – – – – – – – – – – – – – – – – – – – – – – – – – – – – –

Ja, Ja, –

> Wer grübe sich nicht selbst sein Grab,
> Wenn süßer Wahn nicht wäre!

Süßer Wahn ist's bloß, was unser Glück und unsere Zufriedenheit macht. – Nimm mir den, und ich würde gewiß mein

Grab graben, um mit der größten Gelassenheit hineinzusehn und es – wieder zuzumachen; denn der süße Wahn würde mir doch, wenn Ruhm und Ehre und alles dahin wäre, noch mit dem Gedanken schmeicheln, daß Doris mich nicht trüge. – Aber wenn auch dieser letzte Trost verschwände, wenn selbst die Geliebte, die mir alles war, mich hintergangen, mich vergessen hätte, welch' eine gute Gottheit würde mich dann vor Verzweiflung schützen? –

– – – – – – – – – – – – – – – – – – – – – – – – – – – – – – – –

– – – – – – – – – – – – – – – – – – – – – – – – – – – – – – – –

Ja, lieber Freund, nichts ist wahrer, als daß deine Gegenwart nur allein im Stande wäre, mich für all' die trüben Stunden, die ich hier verfolgt und angefeindet verlebe, schadlos zu halten! – Alle meine Lieblingsarbeiten liegen unvollendet, – ich habe nicht den Mut, die Stimmung, sie fortzusetzen. Meine Fantasie ist erschlafft, und mein Geist erliegt unter dem Druck der widrigen Verhältnisse. – Sogar meine Kompositionen bleiben unvollendet, – ich bin nicht im Stande, mich in den Geist des Anfanges zu versetzen. – Wie glücklich war ich, als ich das Motett, *Iudex ille cum* etc. zu komponieren anfing, – es ist fertig bis auf die Fuge, die erst angefangen ist, und das Schlußchor. – Wir wollten es auf Weihnachten singen, aber es ist mir nicht möglich, es fertigzumachen. – – – – – – – – – – – – –

– – – – – – – – – – – – – – – – – – – – – – – – – – – – – – – –

Wenn ich dich doch eben jetzt nur eine einzige halbe Stunde sprechen könnte! – Du kannst unmöglich die Sehnsucht empfinden, die mich jede Viertelstunde an dich denken und die Verhältnisse, die uns trennen, in den tiefsten Abgrund wünschen macht. – Heute wird hier »das Sonnenfest der Braminen« gegeben. Die Musik hat sehr viel Frohes, – ich werde hineingehen und mich vielleicht aufheitern oder doch wenigstens wieder einmal ein paar frohe Stunden genießen. – Wenn ich denn abends aus der Komödie komme, unterhalte ich mich noch mit dir.

Abends um 9 Uhr
Ich habe das Sonnenfest gehört und mich nicht aufgeheitert! –
Die Musik war bis zum Überdruß alltäglich. – – – – – – – –
– – – – – – – – – – – – – – – – – – – – – – – – – – – – –

Freund, wann werde ich mich endlich von all' diesen bis zur
Nichtswürdigkeit kleinen Kabalen, von all' den sonderbaren
Verhältnissen losreißen und frei und glücklich sein; – denn nur
in der Freiheit ist Glück! – Wenn mir die Menschen den Kopf
zu warm machen und ich dann einen Geniestreich in's Große
mache, so werden sie alle die Mäuler aufsperren und mich mit
der weisesten Schafsmiene für einen Narren erklären, – woran
ich mich aber sehr wenig kehren werde. – – – – – – – – – – –
Leb' wohl, lieber einziger Freund! und vergiß nicht

Deinen

H.

## 14.

Sonntag, den 10. Januar 1796
Vor drei Stunden habe ich deinen Brief vom 5. Januar erhalten, und schon jetzt setze ich mich hin, dir ihn mit unruhigem
Herzen und von tausend qualvollen Vorstellungen gemartert
zu beantworten. Dein Plan in Hinsicht meines Fortkommens
hat mich gerührt, weil er mich's fühlen läßt, wie aufrichtig
deine Freundschaft für mich ist. Mein Verhältnis mit – – ist
dasselbe und vielleicht enger als je. – Die Unannehmlichkeiten
und Zänkereien haben eine gute Wendung bekommen, nachdem eine gewisse Mittelsperson aufgehört hat, dumme Streiche zu machen. – Du hast alles in Anschlag gebracht; nur nicht,
daß ich sie bis zum Unsinn liebe und daß gerade das mein
ganzes Unglück macht. – Du mußt mich für den wankelmütig-
sten Menschen halten, wenn du dies liesest, – ich schäme mich
fast, dir mehr von einer Sache zu schreiben, die mich zum
Fangball der heterogensten Launen macht, die mich vielleicht

in deinen Augen herabwürdigt und lächerlich macht. – Ich liebe sie und bin unglücklich, weil ich sie nicht besitzen kann, weil, in dem süßesten Genuß der Liebe, ich qualvoll daran erinnert werde, daß sie nicht mein ist, – nicht mein sein kann. –

Da hast du meine ganze Schwachheit, – ich weiß, daß du, ohne mich lächerlich zu finden, mich bemitleiden wirst. – Du bist der einzige, dem ich die Schwachheiten meines Herzens gern eröffne. –

Unmöglich kann ich's verlangen, daß sie mich mit dem ausgelassenen Grad von Schwärmerei lieben soll, die mir den Kopf verrückt, – und auch das quält mich. – Und nun, – soll ich mich von diesem Gegenstande trennen, – trennen mit der vollkommenen Gewißheit, sie nie wiederzusehn? – Du kannst mich trösten über vieles, aber kannst du dies Gefühl, – diese Leidenschaft, die mich zu Boden drückt, besiegen, so nenne ich dich den Meister des menschlichen Herzens! – Wäre sie frei, – so eilte ich zu dir, denn alsdann hätt' ich den gewissen Zweck vor mir und könnt' ihn erreichen – aber jetzt! – – – – – – – –

– – – – – – – – – – – – – – – – – – – – – – – – – – –

Wie ich lebe, darf ich wohl dir nicht sagen. – Ein Klausnerleben ist's in der Regel, da hast du ganz recht, auch noch jetzt. – Auf die Bälle gehe ich wohl, ich tanze aber nicht mehr, aus dem sehr simplen Grunde, weil ich kein Vergnügen daran finde. – Das, was du von deiner Veränderung des Charakters sagst, trifft auch mich, – ausgenommen, – daß es an mir gegen andre weniger merklich ist, weil ich immer sehr verschlossen war. –

Meine großen Pläne sind zu Ende, – es lohnt nicht, weil's nicht geht, – ich lebe fort, ich mache keine Ansprüche, weil es so wie jetzt unmöglich gehn kann. – Mein Körper ist zu schwächlich, um nicht mit der Seele mitzuleiden, und ich glaube gewiß, nicht 30 Jahr alt zu werden; was denn nachher hinter mir geschieht, ist mir sehr gleichviel. –

Also sei nur so gut, der Wirtin die Ausbietung der Stube zu

erlauben, ich werde nicht von hier mich entfernen, solange der Tod oder Sturm und Braus mir nicht gewisse Leute aus dem Wege komplimentiert.

Meine Musik, – mein Malen, – meine Autorschaft, – alles ist zum Teufel gegangen, ich bin so dumm wie ein Stockfisch und versteh' nicht einmal ein gescheites Protokoll aufzunehmen so wie alles, was mir vernünftige Leute, die weit gegründeter denken als ich, wohlmeinend raten.

Manchmal ist's mit mir ganz und gar vorbei, und wenn mich nicht noch des Onkels kleine Konzerte aufrecht hielten, so wüßte ich nicht, was wohl schon alles aus mir geworden wäre. –

Bleibe du in M. oder gehe nach B., – werde alles, – werde viel mehr, als du mit deinen kühnsten Wünschen glaubst oder hoffst, – mich laß' hier in Königsberg mich verzehren, – mit mir ist nichts anzufangen, das siehst du wohl, ich kann nicht fort, – ich will sie nicht verlassen, und sie möcht' um mich 24 Stunden weinen und mich dann vergessen, – ich *sie* nie. – Ich bin schon zu allem verdorben, – man hat mich um alles geprellt, und auf eine sauer-süße Art. –

Lebe wohl, lieber Freund! – Ich werd' vielleicht so bald jetzt nicht schreiben, nimm's nicht übel und verschone mich auch eine Zeitlang mit Briefen. – Glaube, daß ich dich ewig, – ewig schätzen und lieben werde; – lebe wohl, – lieber, lieber Freund!

Ewig bis in den Tod dein

H.

Ich bin krank, herzlich krank. – Ein einziges Wesen könnte mein Arzt sein! – vielleicht wird's wieder besser.

Ich hab' den Sylvester auch feierlich begangen und mich sehr mit dir unterhalten. – – –

Montag morgens

Nimm doch nur nicht übel, daß ich so verworren geschrieben habe, – ich hätte den Brief gar nicht abgeschickt, wenn's mir möglich wäre, einen bessern zu machen. – Aus Versehn hab’ ich auch das Blatt abgeschnitten. – Bester Freund, ich fühl’ es, nur du allein in der Welt verstehst mich und lohnst mir meine innige Freundschaft mit gleichem Gefühl. – Um mich her ist hier Eiskälte wie in Nova Zembla, und ich brenne und werde von meiner innern Glut verzehrt. – Dein ganzer Plan macht mich unglücklich, – du hast mir das Herz zerrissen! – Überall seh’ ich Unmöglichkeiten, und doch werd’ ich zu dir hingezogen!

Ich erwarte bald einen Brief von dir, – ich werd’ auch bald wieder schreiben. – Leb’ wohl, lieber Freund!

## 15.

Königsberg, den 23. Januar 1796

Deinen lieben Brief vom 14. Jan. habe ich erhalten. – Ja wohl war die Stimmung schrecklich, in der ich meinen letzten Brief an dich schrieb, – ich war herausgeworfen aus allen meinen Glücksplänen und eine von Mißmut und feuriger Ohnmacht (kein Widerspruch!) koagulierte Zirbeldrüse, aus der Gift, Galle und was weiß ich alles mehr hervorquollen, verleitete mich zu den sonderbaren schwarzen Ausgüssen auf weiß Papier. Meine Laune ist der erste Wetterprophet, den ich kenne, und wenn ich Lust und Langeweile hätte, könnt’ ich Kalender machen. Du schreibst, ich soll das große Nest mit einem kleinen vertauschen, weil letzteres wärmer ist, und ich sträube mich dagegen; vors erste: weil mir im großen unter gewissen Fittichen sehr wohl war, und dann, weil man mir den Ausflug verbot, welches zweite als Hauptgrund gelten kann, wenn von wollen und nicht können, unter uns, die Rede sein wird, welches bald geschehen kann. – Kurz ich sträube mich; einige Tage nachher bin ich auf der Redoute, – – – – – – und aufgehoben ist aller Umgang zwischen ihr und mir. – Da hast du in ein paar Kraftzügen ein ganzes Gemälde, – in ein paar Worten die Quintessenz des ganzen Unglücks, welches mich quält, mich abpeinigt wie der G. R. M. die blasse C., und mir Schlaf, Ruhe und Essen verleidet; – da sitz' ich nun, geradeso wie vor Zeiten, als ich mich doch noch mit allem meinem Herzeleid dir an den Hals werfen konnte, und sauf' alle Abend bis 12 Uhr Huflattichtee, weil zu meiner verwünschten Lage auch noch eine böse Brust hinzukommt, die ich mir durch plötzliche Erkältung unlängst von einem Ball holte. – Und doch, wenn auch nur ein wenig mehr Realität als vor 2 Jahren in meinem ganzen Wesen aufzufinden war, mich nicht mehr in solchen Fatalitäten, wie die Quästionis ist, den Verzweiflungsvollen spielen und hingegen mehr die Folgen in ihrer möglichen Reihe erblicken läßt, hätte ich mich dabei nicht so ruhig betragen, wenn ich nicht in den letzten Perioden der kurzen Geschichtserzählung auf vorigem Blatte eine Lüge gesagt hätte. Dies wirst du selbst bemerken, wenn du bedenkst, daß man, wenn's einem so recht am Herzen liegt, zum Fenster hineinsteigt, wenn die Türe zugeschlossen ist; – freilich kann man den Hals brechen; aber was ist ein Hals gegen das, was man drinnen fand! – Vermutlich wird's noch unangenehme Auftritte setzen, – – – und ich fliehe in die Arme meines Einzigen, und streckten sich auch einige Paar hiesige Arme, nervigte und nicht nervigte, nach mir aus, um mich zurückzuhalten, so entschlüpf' ich ihnen mit schlauer Gewandtheit und fliehe zu dir. Ich denke, daß ich, in erwähntem Fall, mein Klausnerleben glücklicher und zweckmäßiger mit dir an einem Orte verleben könnte als hier. – Du wirst bemerken, daß ich zwei Machtsprüche hier feierlich widerrufe, einen im verborgenen und den andern offenbar. Der verborgene steht in meinem Briefe an dich nach A. und besteht in vier Worten, der offenbare im vorigen Briefe. – Machtsprüche sollte kein Mensch tun, – sie geraten nicht und können sogar Pierrots mit großen Knöpfen und kleinen Köpfen aus uns machen – dixi!

Daß meinen alten Vater zweimal der Schlag gerührt hat, ist mehr als traurig, – seine und die Umstände des Bruders sind dadurch die elendsten geworden, und für mich ist das Gefühl, nicht helfen zu können, niederdrückend. – So geht's; – in meinem Leben möcht' ich nicht Justizkommissar werden, – dies gehört nicht unter die Machtsprüche. Morgen ist mein Geburtstag, – ich werd' 20 Jahr alt, – wie hab' ich mich gefreut auf diesen Tag, – ich wollte in der Dämmerung recht sentimentalisch sein, – ich hätte wie Jean Paul mein Herz hervorgenommen und gesagt: »prenez!« aber nun hat der Satan, der so lange doch noch ziemlich artig gegen mich war, soviel Unheil und Zetergeschrei drein geschmissen, daß alles vorbei ist und ich morgen ebenso einsam und ebenso bittersüß empfindelnd in meiner Stube hinter dem grauen Schreibtische sitzen werde, als Abälard in seiner St. Gildos-Klause, – so hieß ja wohl sein Kloster? – Meine Aktenlektüre ist ein wenig trocken, daher muß ich sie manchmal etwas auffrischen, aber nie mit Plunderkram der letzten Messe, sondern ich lese jetzt mit wählendem Geschmack. – Den Don Carlos hab' ich wenigstens 6 mal gelesen und lese ihn jetzt zum 7. mal. – Nichts rührt mich mehr als Posas Freundschaft mit dem Prinzen, – ich glaube schwerlich, daß je ein erhabeneres und zugleich anziehenderes, rührenderes Bild der Freundschaft aufgestellt wurde als dieses. – Ich lese bis in die Nacht, – die Szene verändert sich. Der H. ist Don Philipp, *sie* Elisabeth, *ich* Don Carlos, *du* Posa, die R. Eboli, der St. Alba, der B. Domingo, die Tante Mondekar usw. – Lache doch nicht über diesen sinnigen Unsinn! – Du sollst gar nicht glauben, wie äußerst eingezogen ich jetzt lebe; – bloß die kleinen Konzerte machen meine Erholung aus. – – Morgen ist Sonntag, das hat seine vollkommene Richtigkeit, und es würde mir einfallen, wenn ich auch nicht das Fußwasser hätte zum Onkel tragen sehn. – Da muß ich zu Bette gehn; – denn wisse nur, Sonntag blühn bei mir Künste und Wissenschaften, und dazu muß ausgeschlafen werden. Im Ernste gerecht, die

Wochentage bin ich Jurist und höchstens etwas Musiker, sonntags am Tage wird gezeichnet, und abends bin ich ein sehr witziger Autor bis in die späte Nacht. – Noch die letzte Szene des Posa und Carlos, und dann zu Bette, – Himmel, schon halb 12!

Gute Nacht!

16.

Sonntag abends um halb 10 Uhr
Wenn man einmal angefangen hat, mit dir zu plaudern, so kann man nicht aufhören, – so ging's mündlich, so geht's schriftlich, – ich nehme heute abend den Brief an dich hervor, und noch ein Blatt hinzuzufügen, wird mir ein Bedürfnis. – Fürs erste weiß ich nun ganz genau, warum meine Mißlaune oder lieber schwarze Gallhypochondrie feiert, – das hat seine physischen und moralischen Gründe, – – – – – meine sich multiplizierenden Sedes machen mich federleicht. – Sei doch ein wenig Mediziner, um mir diesen Periodum zu verzeihen; der moralischen Gründe gibts viele! – Aber meine Empfindung, meine Fantasie ist stärker als alles, – sie wirft alles über den Haufen und blickt stolz auf die Kinder des Sentiments. – O süße Vereinigung mit alledem, was mir lieb ist, gegen das gerechnet, mir die Welt zu klein ist und ich gern den Himmel dazu erobern möchte, – süße Vereinigung, dich erblicke ich im milden Strahlenglanze! – Heilige Bande müssen in Trümmer zerfallen, – entzweigerissen müssen in zerstörter Ohnmacht die verjährten Vereinigungen betrogener Wesen daliegen, und der Geist der ewig wahren Harmonie muß den Palmzweig über die Gräber des Hasses und der Zwietracht schwingen, wenn ich glücklich werden soll. – Verzweifelt ist's, daß ohne den magern Ehrenmann, der keine Hosen trägt und der die tollsten Paradoxa mit einem Hieb aufzulösen versteht, mein

Glück im Bauen oder Gebautwerden, so viel Lärm macht. Dieser Lärm ist unausstehlicher als das Sackpfeifenkonzert des Prinzen Facardin, und nur die Stimme der Freundschaft übertäubt den widrigen Nachhall und spielt Glockentöne der Harmonika an's Ohr des Lieblings: drum will ich aus diesem Saus und Braus, der mir meinen musikalischen Kopf toll machen könnte, entflieh'n in deine Arme, du Lieber, da wollen wir glücklich sein; denn die süßesten Träume reichen nicht an dies Zauberbild! –

Da sich nun gewisse Pläne in meinem Kopfe immer fester setzen und ich mich sehr orientiere, in M. meine eigentliche Karriere zu machen, so schreib' mir doch recht viel Spezielles, – vom Präsidenten, – von den Räten, – Referendarien, – vorzüglich Arten der Versorgung in Marienwerder, Danzig, Thorn. Doch ja nur speziell. – Nach Danzig möcht' ich gern einst versorgt werden. Vielleicht komm ich nicht innerhalb 3 Monate nach M.

Morgen wird man mich überraschen mit dem, was mir von meinen Wünschen abgelauert wurde; – – – was hilft das, wenn sie selbst nicht da ist, mein Pastellgesicht und meine Knochenbeine und Hände sagen es unzählige Male, daß ich elend bin, und doch ist mein Geist so los und ledig, und mir fehlen zu der Luftreise bloß Flügel, jetzt ruh' ich auf der Erde und bin schon am Cap de bonne esperance. Der Präsidenzialtermin meiner Liebe ist längst dagewesen, und ich bin im Agnitionsurteil in alles verurteilt, worin ich verurteilt werden konnte. – Ja, lieber Freund, schwerlich werde ich je in extenso mehr sein können, als ich hier zwischen den vier Wänden an meinen Schreibtisch gefesselt bin. – Noch nie war mein Herz fürs Gute empfänglicher, und höhere Gefühle schwellten noch nie meine Brust mehr empor, – mein Geist überflügelt meinen Körper, und Krankheit und Mattigkeit erinnern mich an die Fesseln. – Platte Geister haben keinen Sinn für höchste Anspannung und nennen es Abspannung; daher die Vorwürfe, die ich dulde; –

das Mottengeschmeiß, was mich zuweilen umgibt, hält mich für dumm, und ich muß gestehn, daß mich manche linkische Wendung und mancher stiere Blick in die Klasse der Leute ohne Welt, – savoir vivre – stößt, – indessen noch nie warf ich meine Perlen vor die Säue, und ich fühle, daß ich einigen Wert habe, – nie mehr, als wenn ich deine Briefe lese. – Freund, wir verstanden uns, – ein Blick, – ein Wort war oft das Suppletorium zu den Ideen, die alle Worte, worin sie eingezwängt werden sollten, zurückstießen. – Ich glaube, daß wir nie so isoliert, – nimm den Sinn des Worts recht, – werden gelebt haben, als wenn wir in M. zusammen leben sollten. – Mir scheint es so, als wenn du mit deinem guten Herzen, mit deiner Legion von Empfindungen sehr klausnerisch lebst. Denn wir beide sind behutsam und delikat und hängen nicht so leicht etwas von der innern Seite heraus wie eitle Leute das Schnupftuch aus der Rocktasche. – –

Da hab' ich heute meine Vignette geendigt, deren Eingang dir gefallen würde, weil ich ihn aus deiner Seele herausgeschrieben zu haben glaube. – Nur schade, daß das Ding fast zu witzig ist; zu viel Witz ist, glaub' ich, ein Fehler, aber der Satan mag über Liebe mit humoristischem Temperament schreiben, ohne witzig zu sein. – Ich hätt' dir's geschickt, wenn es nicht ungeheuer viel Postgeld käme, und ich nicht die Hoffnung hätte, es dir mit höchst eigenen Händen vorzulegen. –

Der Pestilenziarius ist heute in der Komödie, – ein Grund, warum ich nicht hineinging; sonst hätt' ich wohl noch einmal »die Räuber« gesehn, vorzüglich da Schwarz den Carl Moor spielt. –

Ich flehe deinen und meinen Schutzgeist an, daß er mir den morgenden Abend übersteh'n hilft. – Fatal ist's und bleibt's, und wenn meine Krankheit nicht wäre, könnt' ich doch in den Unglückspfuhl bis über den Kopf hineinplumpen. –

Wenn sich doch das Stundenrad schneller drehte und in schnellerm Kreise Monden und Jahre wirbelten, – mein Ziel ist nah und fern, – die Strahlenbrechung zeigt den Schiffern immer näher das Land, als es ist, und durch diese Täuschung der Approximation werden sie in frohem Mute erhalten, so geht's mir vielleicht auch! –

Billig sollt' ich diesen Brief morgen noch nicht abschicken, um mich abends hinzusetzen und zu schreiben. Nun ist's vorbei, – so und so war's – aber erstlich erhältst du diesen Brief sehr viel später, und dann geriete ich in Gefahr, dem Briefe noch ein paar Extrablätter hinzuzufügen und statt eines Briefs ein Paket auf die Post zu geben.

Denke, lieber Freund, morgen an mich, – weil's mein Geburtstag ist. – Solche Tage sind immer Sonnenblicke in unserm Leben, wenn wir froh sein können, daß wir sind und daß wir es verdienen zu sein. –

Denke noch zurück an meinen Einsegnungstag, wie ich mit dir einsam im kleinen Stübchen saß, und *sie* trank Kaffee in der andern Stube. – Offenbar zum Narren hätte sich der Wundermann gemacht, der mir aus der Hand oder aus dem Gehirnkasten nach Lhombre-Karten gesagt hätte: – sie liebt dich, du wirst sie lieben, und nun die Segensformel hinterdrein. – Heute fühl' ich Schmerz, – heute vor zwanzig Jahren macht' ich Schmerz, – vielleicht bloß durch den Anschlagzettel oder das Subskriptionsblatt des Sedezbandes, welcher ediert werden sollte. – Ewig schade, daß ich im Winter geboren bin; – wär's Sommer – so lief ich heraus in den großen Hörsaal der Natur und empfände und ergrübelte mich da sitzend, stehend, laufend, satt; – jetzt im Käfig eingesperrt, *ohne sie*, wird mir unbehaglich sein. – Mein Gott, ich bin doch nur einmal unterbrochen und, so unerwartet wie gestern, wieder halb zwölf! Gute Nacht, mein lieber, einziger Freund, – vermutlich werden wir uns morgen nicht sprechen. – Gute Nacht!

Extrablatt an meinem Geburtstage

Der Pestilenziarius hat mich heute überrascht. – – – Sie
kommt! – In diesen zwei Worten liegt der Beweis, daß man mit
wenigem sehr viel sagen kann – ich sage damit, daß ich sehr
glücklich bin, daß die sentimentalische Dämmerung mich
noch glücklicher machen wird und daß der gebrannte Casimir
ein elendes Machwerk ohne die Insinuation der lieben Hand
ist. – Wie der Sturm sich nun wieder gelegt hat – welcher
Genius Öl in die Meereswogen gegossen hat, das weiß ich
nicht, genug, sie kommt, und die pedissequa, welche die Ankunft annoncierte, sprach viel von wiederhergestelltem Frieden, der, so wie jeder Friede, nach dem Handwerksgruß der
kriegführenden Mächte als ein ewiger konstituiert worden ist.

Du denkst, daß jetzt alle Worte der vorigen Blätter zessieren
wie der diesjährige Winter – du irrst aber. – Meine Pläne stehn
unverrückt, und über kurz oder lang, spätestens binnen einem
Jahr, komm ich nach M. Daß der Friede quaestionis eine
Preisaufgabe meiner gesunden Vernunft ist, bleibt wahr, bis
ich die Motive erfahre und mich dann für sehr vernagelt
gehalten haben werde. –

Freund, ich möchte gern heute aus mir selbst heraus – ein
erhebendes Gefühl trägt mich empor auf kühnen Fittichen, –
Freundschaft und Liebe pressen mein Herz, und ich möchte
mich durch die Mückenkolonne, durch die Maschinenmen-
schen, die mich umlagern mit platten Gemeinplätzen, gern
durchschlagen, – gewaltsam allenfalls! – Daß ich ganz und gar
mich verändere, – welches sogar schon aufs Äußere wirkt, weil
sich gewisse Leute über meinen starren Blick aufhalten, wirst
du fühlen, – wenn ich dir sage, daß ich, mitten im Herbst, –
Winterlandschaften male; – daß es zuweilen etwas exzentrisch
in meinem Gehirnkasten zugeht, darüber freue ich mich eben
nicht beim Besinnen. – Dies Exzentrische setzt mich offenbar
herunter in den Augen aller, die um mich sind, – und Leute, die
alles in Nummern teilen und apothekerartig behandeln, möch-

ten mir manchmal ihren orthodoxen Schlagbaum vorhalten oder ihr offizinelles Krummholz um den Hals werfen. –

Weißt du, daß ich auf der Harfe spiele? – Schade ist's nur, daß ich mich nicht zwingen kann, auf der Harfe nach Noten zu spielen, sondern nur immer fantasiere, wodurch ich aber viel Fertigkeit gewinne. Sollt' ich künftig nach M., so bringe ich 3 Instrumente mit, 1) ein kleines Klavier, 2) eine Wienerharfe, 3) eine Violine. – Dein S hat ganz recht, – viel Seligkeit entgeht dir, daß du nicht spielst. – Nimm nicht übel – dein Zuhören ist gar nichts – die fremden Töne drängen dir Ideen oder vielmehr sprachlose Gefühle auf, aber wenn du eigne Empfindungen – die inartikulierte Sprache des Herzens aushauchst in die Töne deines Instruments, dann erst fühlst du, was Musik ist. – Mich hat Musik empfinden gelehrt oder vielmehr schlummernde Gefühle geweckt. – Im tollsten Hypochonder spiel' ich mich mit den silberhaltigsten Passagen Bendas (des Berliners) oder Mozarts an, und hilft das nicht, so bleibt mir nichts mehr übrig, als auf alles zu resignieren. – – – – Leb wohl, mein trauter, lieber, einziger Freund!

*Sie* hat diesen Brief gelesen – ist gerührt und bestellt tausend Versicherungen wahrer Freundschaft an dich.


17.


Königsberg, den 21. Februar 1796
Deinen Brief mit der enormen Präjudizialperiode zu Anfang, welche mit ihrem klappernden Klang die Grazien von meinem Tintenfaß verjagte, habe ich in einer sauersüßen Stunde erhalten und sogleich ein Beispiel mehr zu dem Satz schreiben können, daß die Präjudizia im Grunde genommen nichts taugen. – Freilich ist's wahr, daß ich, dem Anscheine nach, recht herzlich faul oder gar indifferent gewesen bin, oder der Schein trügt! –

In gespannter Erwartung hab' ich mich die Tage versehnt. – Eigentlich hatte ich in die Schicksalslotterie gesetzt und harrte, trotz dem leidenschaftlichsten Lottospieler, auf den Posttag, der mir Gewinn oder Verlust bringen sollte.

Um dir nun mit dezisiver Gewißheit diesen Gewinn anzeigen zu können, hab ich so lange gewartet; denn wenn ich dir den Gewinn anzeigen sollte, so war dazu kein unerläßlicheres Erfordernis, als daß ich ihn selbst wüßte. –

Du wirst finden, daß ich gedichtet habe, als ich deinen Brief empfing, denn was sollen beim Relationenschmieden oder sonst, – die Grazien auf dem Tintenfaß, die sich bei allem, was nur nach Juristerei riecht, so *sans coup de Trompette* wegstehlen, als befürchteten sie irgend etwas Ungeziemliches von dem Mann mit der langen Nase. – Ja, ich machte wirklich Verse und wollte eben gewissen Leuten dem Satan gereimt zuführen, wobei ich in einem Ausfall mich selbst sehr lobte und war auch wirklich bis zu einer höchst interessanten Stelle gediehen, als du mit deinem Präjudiz losknalltest. – – – – – – – – – – – – –
– – – – – – – – – – – – – – – – – – – – – – – – – – – –

Deine rhapsodischen Gedanken oder *abgerissene Gedanken,* so war's ja wohl, oder Aprilwetterperioden, nach deinem eignen Ausdruck, haben mir dich so geschildert, wie du gehst und stehst. – Ich sehe dich mit deinen ⁵/₉ Blicken daherschreiten, – maschinenmäßig die Nase schnupfen und alles und nichts sehn, denn – – – – – – – – – – – – – – – – – – – – – – –
– – – – – – – – – – – – – – – – – – – – – – – – – – – –

Die Grazien sind weg vom Tintenfasse, – ich schreibe erbärmlich und gerate schon in den Hofmeisterton. – Auch will sich *schon* auf *Ton* reimen – daran ist der Belzebub und dein Präjudiz schuld.

Der Apfel ist aufgegessen. – Gute Nacht!

den 22. Februar morgens

Ich eile, dir zu sagen, was eigentlich meine Briefe aufgehalten hat. – Die Stierszene auf der Redoute, die ich dir letzthin beschrieb, hat doch ernsthaftere Folgen gehabt, als ich anfangs dachte. – – – – – – Daher sagte ich Mittwoch vor 14 Tagen, daß ich schlechterdings nach Marienwerder wollte. Das wurde mir nicht zugestanden – ich schlug Glogau vor – das war besser. Den Tag darauf wurde deswegen geschrieben, und gestern erhielt ich die Antwort: – daß man mich mit offnen Armen empfangen würde, daß schon alles mit dem dortigen Präsidenten abgemacht und daß es gut wäre, wenn ich noch vor Ostern abginge. Die Reise ist aber ganz fest im Anfange des Mais bestimmt, und schon wird die Equipage in Stand gesetzt, das heißt, was um und an mir ist! – Diese Entfernung wird meinem Geiste wohltun, – ich fühle mich stark genug zu Aufopferungen, die ich vielleicht noch vor einem halben Jahr nicht hätte überwinden können. Ein Glück, das meine Sinne und mein Herz mit niedlichen Gaukeleien amüsiert, kann mich nicht mehr mit den diamantenen Banden fesseln, die es vor weniger Zeit um mich schlug – ich eile, das zu werden, was mein Verstand billigt, ohne dem Herzen eine Wunde zu schlagen – denn welch' eine Anhänglichkeit, welch' eine Liebe wär' das, die in einer Entfernung von 78 Meilen erkaltete! – – – – – – – Außer uns (im Hause) und dem Z., der allem Vermuten nach mitgeht, weiß es noch niemand und wird's auch niemand, bis ungefähr 14 Tage vor meiner Abreise, wissen, dann werden manche Nase und Maul aufsperren und den Flüchtling entweder loben oder verdammen, je nachdem das Glas ihrer Laune, wodurch sie's ansehn, geschliffen ist. Du wirst mich von allen am besten verstehen, du wirst diesen Entschluß von der rechten Seite betrachten und meinen Heroismus, wenn ich es anders so nennen kann, nicht für eine Don Quichotterie meiner Leidenschaft ansehn. – Ich kann dir versichern, daß K. ein wahres – Nest ist und daß in keinem Orte ich so geplagt

werden kann als hier. Die romantischen Gebirgsgegenden in
Schlesien werden allein schon imstande sein, eine zentner-
schwere Last, die meinen Geist hier niederdrückt, abzuwälzen;
– ich werde freier atmen, wenn ich durch die Obstalleen fahren
werde, die mit ihren Blütendüften die Luft ringsumher besser
parfümieren als ein paar hundert Flakons der Königsberger
Damen die Balluft, die so schwer dunstig die Tänzer, vorzüglich solche wie du und ich, eingepreßt, daß sie nicht Atem
genug zum nächsten vis-à-vis einziehn können. Heute ist Montag, welches du nicht bezweifeln wirst, wenn du in deinen
Terminkalender siehst, – demohngeachtet werd' ich sie nicht
sehn, denn die Festtage sind, so wie die heiligen Tage der
Katholiken, bei uns reduziert und stehn nur so, der Erinnerung an den Kuchen wegen, der z. B. der Stuhlfeier des St.
Petrus zu Ehren in den Ofen geschoben wurde, noch mit roter
Schrift im Kalender. – Ich habe heut vormittag Instruktions-
termin in einer Schwängerungssache. Vorher schreibe ich an
dich, und dann, – es ist entsetzlich, daß wir von Tagen und
Stunden abhängen. – – An Stadtneuigkeiten bin ich, wie gewöhnlich, bettelarm, – denn das kannst du dir leicht denken,
daß mir vieles, fast alles, in meiner jetzigen Lage höchst läppisch vorkommt. Ich denk' lieber an mein seliges Ende und
wie man mich auf's Posthaus zu Grabe bringt als an die
Sponsalien der Musensöhne oder unbärtigen Themispriester.
– – Aus Überzeugung der Notwendigkeit studiere ich mein
jus, und aus Hang (leidenschaftlich) füllt Musik die Stunden
der Erholung. In ein musikalisches Land geht meine Wanderschaft, – Kirchenmusiken werd' ich erst kennenlernen, und
meine Kompositionen werden sich unter der Bildung echter
Musiker besser erheben als hier in dem unmusikalischen Schla-
raffenleben, wo ein jeder geigt und pfeift, wie's ihm dünkt. –
Ich muß abbrechen, damit ich mit einem unverständlichen
Galimathias deine Ohren nicht mehr beleidige als die meinigen
neulich in Axur; der Bratschenschraper, der eine schöne Solo-

stelle verhunzte, wofür ich gern mit meinem Spazierprügel auf
seinem Cranium den Takt geschlagen hätte. –
Anbei noch ein Extrablatt.


Extrablatt
Gleichnisweise zu reden, habe ich bisher beständig ein Tutti
gespielt, jetzt will ich ein Solo spielen und probiere es, um
nicht aus dem Takt zu kommen, wenn's aufgeführt wird. – –
Die paar Stunden, die ich dich noch in M. genießen werde, sind
in den Reiseplan einbedungen und beschäftigen mich ebenso
gut als die Ankunft in Glogau. Der Onkel will schlechterdings
haben, ich soll mir ein Stammbuch anschaffen, und also will ich
mir wirklich solch' eine Registrande über meine Bekanntschaft
anschaffen und sie jedem, dem ich Adieu sagen muß, ganz
dreist hinpräsentieren, – die Anstalten der Reise gehn schon bis
ins kleinste Detail. – – – – – – – – – – – – – – – – – – – –
Für eins nur ist mir bange – für die Verzweiflungsszenen
einer gewissen Person, wenn es heißen wird – fort! – Wenigstens wird's mir eine fatale Laune verursachen, die ich nicht so
bald verlieren kann. – Daß ich dein Porträt nicht habe, ärgert
mich ganz abscheulich. – So viel Pergament und Papier mit
Fratzengesichtern zu beschmutzen und nicht den einzigen, bei
dessen Andenken einem so wohl ums Herz wird, abzuzeich-
nen! – Mit Bleifeder und Tusch wär' in ein paar kühnen Zügen
das Ganze vollendet gewesen. Ist denn in ganz M. kein
Mensch, der sich auf's Abzeichnen versteht? – Närrisch vor
Freude würde ich, wenn ich in deinem Briefe dein Porträt,
wär's auch nur ein flüchtiger Contour mit Bleistift hingeworfen, eingeschlossen fände. –
Lebe wohl, mein einziger Freund, – bald erfährst du mehr
von mir. Adieu! –

## 18.

Königsberg den 15. März 1796

Ob und wenn du diesen Brief erhalten wirst, ist ebenso unge-wiß als unsere Zusammenkunft vor meinem moralischen Tode für Preußen. Du schreibst mir von deiner Reise, ohne den Termin ihres Antritts zu bestimmen – vielleicht ist dieser schon vorbei und du hörst auf einer Waldfahrt neupreußische Wölfe heulen, während ich Geigenquartetts komponiere und aufführen lasse – vielleicht befind'st du dich bei deiner brutalen Vokalmusik in behaglicherem Zustande, eingehüllt in das Ex-terieur eines Kumpans der melodiereichen Sänger, als ich am warmen Ofen sonst bei meinem Konzert spirituel und heute einsam, beschäftigt mit Gedanken an Tod und Ewigkeit, die mich ernsthafter als je gestimmt haben. – Der Schwermut entgehe ich durch eine Unterhaltung mit dir, du mein Einzi-ger. – Ich habe deine alten Briefe durchgelesen und einige neuere dazugelegt (reponiert); selbst von Schmerz durchdrun-gen, springt dann und wann ein Funke meiner humoristischen Laune, die mit meiner Bildung gleichen Schritt hält, hervor, wenn ich mich zu dir hinversetze, auf den beiden bekannten Sorgstühlen, ein Tisch in unserer Mitte mit einer Flasche Wein, die den Fittich unserer Fantasie bekielte. – Der Tod hat bei uns auf eine so schreckliche Art seine Visite gemacht, daß ich das Grausenvolle seiner despotischen Majestät mit Schaudern ge-fühlt habe. – Heute morgen fanden wir meine gute Mutter tot aus dem Bette herausgefallen. – Ein plötzlicher Schlagfluß hatte sie in der Nacht getötet, das zeigte ihr Gesicht, von gräßlichen Verzuckungen entstellt. – Ich weiß, daß du im Stande bist, eine solche Szene zu fühlen, – den Abend vorher war sie munterer als je und aß mit gutem Appetit, – das sind wir Menschen! – Quälen und härmen uns im spannenlangen Leben, – sorgen für die Zukunft, – machen Pläne auf Pläne,

wenn vielleicht nur noch ein armseliger Tag unsere Todes-
stunde verzögert. – Das große Studium des Todes ist uns
verhaßt, weil unser verzärtelter Geist sich nur an blühenden
Rosen weidet, deren Dorn er fürchtet. – Ach Freund, wer nicht
den Tod sich beizeiten zum Freunde macht und auf vertrau-
lichem Fuß mit ihm umgeht, dem macht er zuletzt seine Visite
immer auf die quälendste Art, – ich meine, daß das seine
Lieblinge sind, die er, so ohne viel von sich blicken zu lassen,
weghascht, und was so schrecklich scheint, ist bloß ein Erzie-
hungskniff von ihm für uns übrigen. – Du wirst meinen
Schmerz mit mir fühlen, und dein Gefühl, dein gutes Herz
stimmt gewiß in das Requiem ein, das ich den Manen meiner
guten Mutter weihe.

Weiß Gott, was für ein Accisbedienter diesen Brief be-
schnüffeln oder gar lesen wird, darum möcht' ich, als ge-
schworner Todfeind alles Accis-Wesens, nicht gern viel erzählen, was als Contrebande aufgemutzt werden könnte, und doch
drückt's mir das Herz ab, an dich zu schreiben und nicht alles
so hinzusetzen, wie es mir mein Gefühl diktiert. – Du weißt ja,
daß ich mich dir so gern mit all meinem Kummer an den Hals
werfe, daß ich so gern mein bißchen Freude durch Mitteilung
erhöhe, – darum ist mir jeder Zwang lästig, – und deine Reise
und das Acciseamt, – es ist fatal. – Am besten ist's, ich setze dir
ein paar Worte her aus dem Roman, den ich in müßigen
Stunden und vorzüglich sonntags bearbeite, – sie handeln von
einem Lieblingsgegenstande. –

»Wie so schön ist doch Freundschaft! Ich beneide euch
nicht, ihr Weiber und Mädchen, um euer Geschlecht! – Wahr
mag es sein, daß euer luxuriöser Sinn sich trefflich darauf
versteht, in tausend feinen Nuancen Genuß einzuatmen, wo
wir mit gröberm Sinne die ganze Masse einschlucken; wahr
mag es sein, daß unsere Liebe Eis vom Nordpol ist gegen die
Glut, die dies Gefühl in euren Herzen entzündet, daß unemp-
findsame Klötze wir oft da sind, wo Geist und Leben euer

ganzes Leben elektrisch durchzuckt; aber ich beneide euch nicht, stolz auf das Geschenk der Männer, die Freundschaft. – Tausendkehlig hör' ich euren Einwand, – triumphierend schließt ihr euch untereinander in die Arme; lieben wir uns nicht? – Aber verzeiht, daß ich mir nichts abdingen lassen und sogar über eure heiße Umarmungen ein wenig lächle; viele Gründe unterstützen meinen Satz für's Männermonopol. – Einer ist wichtig, aber es ist ein wenig indiskreter, als man gewöhnlich sein darf, ihn anzuführen. – Ohne Risiko ein notwendiges Stück am Exterieur zu verlieren, würd' ich es nicht wagen können, diesen Grund vor der Tribüne der Weiber zu verfechten, müßten sie mir erst auch zugeben, daß Sinnlichkeit das große Triebrad ihres Tuns und Lassens ist, was sich in unglaublicher Schnelle unaufhörlich dreht. – Die Freundschaft tut gar nichts für die Sinnlichkeit, aber alles für den Geist. Ihr Genuß ist das Wohlwollen für's Verwandte, die Seligkeit des Wiederfindens gleicher Regungen; – haben wir den gefunden, der uns versteht, in dessen Brust wir mit Entzücken gleiche Gefühle, in dessen Kopf wir eigne Ideen ausspähen, der mit geläutertem Sinn für Tugend und Schönheit mit uns den Blumenpfad oder den dornigen Weg, den wir wandeln, betritt, wie ganz anders malt sich uns dann die Welt, und unser Selbst wird uns dann nur erst wert! Ein Heroismus, schon der Natur der Weiber entgegen, stählt uns zu Taten, denen, ohne den Geliebten, unsere Schwäche unterlegen haben würde. – Ja, mein Theodor, beide wären wir nicht das, was wir sind, wenn das Schicksal nicht unsere gleichgestimmten Herzen vereinigt hätte. Ehe die Geburtsstunde unserer Freundschaft schlug, hab' ich recht erbärmlich in meiner Klause gelebt. Mein Geist war ein Gefangener, den man eingesperrt hatte und unaufhörlich bewachte etc.«

So weit aus dem Geheimnisvollen! Nimm doch das Inkorrekte hie und da nicht übel, heute kann ich unmöglich nachbessern, – und Sie, Herr Accise-Inspektor oder Inquisitor privatus, werden finden, daß nichts gegen die Religion, den Staat, öffentliche und Privatruhe darin enthalten ist, und wenn Sie sich die Mühe geben wollen, den Brief ganz durchzulesen, so werden Sie ferner finden, daß man am Abend des Tages, an dessen Morgen man seine Mutter tot findet, nichts Hinterlistiges im Schilde führen kann!

Nun spreche ich wieder mit dir, mein lieber einziger Freund. – Meine Abreise nach Schlesien und speziell nach Glogau bleibt bestimmt, und wenn mich der Frühling lebendig findet, so werde ihn da aufsuchen, wo er sein Haupt mit einer Blütenkrone schmückt, wenn ich ihn auch noch bei der Toilette finde. – Eine Kopie von dir, – ein Unglücksbruder, der Sinn für das hat, was unerläßlich ist, unser Vertrauen zu erwerben, heißt hier jetzt mein Freund und ist auch wirklich nächst dir der einzige, dessen Umgang mich froh macht. – – – – – – – – – – – – – – Wenn du es möglich machen kannst, in der Mitte oder auch Ende Mai in Königsberg einzutreffen, so ist unser Wiedersehn gewiß, und wenn dir dieser Augenblick, – diese Tage des seligen Genusses so viel wert, so heilig wie mir sind, so wirst du gewiß alle Hindernisse überwinden und deine Reise so einrichten, daß dein Aufenthalt in Königsberg in die Mitte des Mais trifft. – Mit – – stehe ich in einem Verhältnis, das mir Seligkeit und Wonne verursacht und mir Tod und Verderben droht, wenn ich nicht männlich genug bin, meinen Entschluß auszuführen. – Soviel davon, und das verstehn Sie doch nicht, Herr Inquisitor, so pfiffig Sie auch aussehn! –

Lebe wohl, einziger Freund, und gib mir baldige Nachrichten von dir. –

Leb wohl!

## 19.

Mittwoch, den 31. März 1796

Im Grunde wär's mir doch fatal gewesen, wenn du meinen Brief gar nicht gelesen hättest, sei's auch, daß die Wendungsperioden, die jeden Inquisitor und Accisbeamten näher als dich angingen, auf diese Art in den Wind geschrieben wären und uns um Raum und Zeit geprellt hätten. Jetzt, da du mir von der weit ausgesetzten Zeit deiner Reise geschrieben und eine dreitägige Briefaufkündigungsfrist gesetzt hast, bin ich sehr ruhig, in Rücksicht meiner Herzenserleichterungen und Federstriche; denn beide dürfen nicht so schulmäßig Takt halten wie der Klavierspieler in der Orchestersymphonie und können zuweilen in freier Fantasie etwas ausschweifen wegen zessierender Kritik. –

Daß du schon wieder einen starken Schritt getan hast*, ist mir, deiner langen Beine wegen, gar nicht aufgefallen, ich mit meinen kurzen mache nur sehr kleine Pas, so daß ich gar nicht von der Stelle komme; deswegen will ich mir auch, sobald ich in Schlesien zum erstenmal geniest habe, ein paar Stelzen machen lassen, mit denen ich, ohne Furcht und Grauen, über Stock und Stein wegschreite. – Du meinst, daß man auf Stelzen sehr leicht fällt, – ich bin aber zum Glück ziemlich leicht. – Immer mehr und mehr naht sich meine Reise, und ich sehe mit einem ahndenden Gefühl die letzten Schneeflocken hinschwinden, als würd' ich sie nie mehr das Fleckchen Grün decken sehn, welches seine finstre Schlagschatten an die Wände meiner Stube wirft. – Aufrichtig gesagt, – denn gegen dich kann ich schon unmaskiert erscheinen und nicht, dem Chamäleon gleich, des Nachbarn Farbe zurückspiegeln, – aufrichtig gesagt, wohl und weh wird mir bei dem Gedanken an die Trennung von *ihr*. – – – – – – – – – – – – – – – – –

* Das Referendariats-Examen.

Du weißt, mein lieber Freund, wie ich sonst zu sein pflegte, als
du noch jeden kleinen Kummer mit mir teiltest, – ich brauste,
– deine Entfernung, meine klösterliche Abgeschiedenheit von
allem, was mir und dem ich wert bin, hat mich anders gestimmt, – ich könnt' es jetzt medizinisch mit einem Ausschlag
vergleichen, der einer Erkältung wegen zurückschlägt und
unausrottbar an den innern Teilen frißt. – Das Bild ist nicht
edel, aber wahr. –

Eine gewisse sonderbare Laune, die auch jetzt überall her-
vorschimmert, hat mich nicht unterliegen lassen, und du warst
es, der (nach meinem Gefühl richtig) diese Laune Humor und
meine etwas bizarren Briefe humoristisch nanntest. – Wärst *du*
hier, so würde ich nicht klagen, – wenn du kämst, ich würde
mit Don Carlos rufen, – »O nun ist alles wieder gut, ich liege
am Halse meines Rodrigo!« – Sie zu verlieren, – – dieser
Gedanke drückt mich zu Boden, und ich zweifle, daß ich auf
Schlesiens Gebirgen freier atmen werde! Was kann mich sonst
an diesen Ort fesseln, wo man mich gewaltsam einsperrt und,
mit einer heiligen Dummheit, meinen Geist in eine von Vorurteilen erschaffne Dogmatik einzwängt. – Ach lieber Freund,
bogenlang würde der Rotulus all' der Ärgerlichkeit, die mich
täglich an meine widrige Lage mahnen. Welch ein Blitzstrahl
der erzürnten Gottheit hat mich doch in einer Stunde des
Zorns in den Kreis dieser Menschen herabgeschleudert! –
Nicht ein Stündchen Alleinsein gönnt man mir. – Nach dem
Tode meiner Mutter ist noch alles zehnfach konfuser, und man
martert mich mit Grammaire-Discoursen bis in die späte
Nacht. Etwas Gescheites tun, kann ich schlechterdings gar
nicht. – Kurz, in dieser Rücksicht ist meine Reise etwas sehr
Herrliches. – Einen Posttag weih' ich dir in M., – aber dann,
lieber Freund, mußt du einmal ein paar Tage ganz für mich
leben; wie freu' ich mich auf den Augenblick unsers Wiederse-
hens! – – – – – – – – – – – – – – – – – – – – – – – – – – – –
– – – – – – – – – – – – – – – – – – – – – – – – – – – – – – – –

Meine Malerei blüht wieder, und ich möcht dir gern den Laokoon zeigen, den ich gestern vollendete.

Zu verstimmt bin ich heute, um dir mehr sagen zu können, als daß ich dich ewig lieben werde.

## 20.

Königsberg, den 28. Mai 1796

Dein Brief vom 25. d. M., den mir ein glücklicher Zufall in die Hände zu werfen schien, rückte mir meine Nachlässigkeit in der Beobachtung einer heiligen Pflicht vor. Als ich ihn empfing, schlich an dem Stundenrade meines Lebens eine bittre Sekunde in trägem Schneckengange vorüber, – ich schlug deinen Brief auseinander, und wieder nichts als Klagen, die mehr Erzeugnis einer verjährten Hypochondrie als Folgen wirklicher Vorfälle zu sein schienen. Dir fehlt das Talent, glücklich zu sein, und deswegen trägt mein Herz einen Flor und trauert um dich wie um einen Abgeschiedenen; denn fern von mir wird dich dieser Wurm, der an der schönsten Blüte deines Lebensgenusses frißt, immerdar erhalten. Du sehnst dich nach einem Etwas, das eine tötende Leere in deinem Innern ausfüllen soll, – du hoffst, erhältst, – du genießest nichts, und alles hüllt sich in den Florduft des Traums; dann, nur dann fühlst du, daß es da war, wenn der Zeitenflug es schon in Ruinen begrub! laß' mich offenherzig reden bei diesem Abschiedsrendezvous, das sich unsre Geister, entflohn der gröbern Masse des despotisierenden Konventionshaufens, auf dem Scheidewege, wo sich ihre Surtouts trennen sollen, gaben. – Du gleichst einem schönen Instrumente, dessen Saiten abgespannt sind. – – In diesen abgespannten Saiten liegt eine Flut entzückender Harmonien, die sie aber nur dann angeben, wenn ein äußeres Motiv ihre Drehwirbel herumschiebt und sie aufspannt. Dir fehlt ein Wesen, das mit einem stärkern Tätig-

keitsdrange als der deinige sich fest an dich anschmiegt, das
elektrische Funken in deinen hinstarrenden Geist wirft. Du
bist *alles*, – kannst *alles* und auch *nichts* sein, – mit einem
durchbohrenden Gefühl dieses Nichts verabscheuen und doch
in tiefem Mitternachtsdunkel vergebens nach einer Licht-
flamme forschen, die dich herausleiten soll auf den Rosenpfad
des sich selbst genügenden Lebensgenusses. – Einerlei mag's
nicht sein, ob dieses sich anschmiegende Wesen ein weiblicher
Engel, mit verführerischen Reizen geschmückt, ist, oder ein
Freund, dessen Herz vor ungeduldigem Entzücken pocht, dies
dem, den er höher schätzt, mehr liebt als alles, was ihm auf
dieser Erde teuer sein kann, vielleicht sein zu können. – Einerlei ist's nicht; – welch' ein Freundesherz kann dem genügen,
der sich an dem liebeklopfenden Busen jenes Engels Seligkeit
träumt und Seligkeit genießt! – Aber wenn diese Holde noch
zauderte, *das* dem Geliebten zu sein, wenn die Stunde noch
nicht schlug, in der sie Trost in dessen Seele hauchen sollte,
dem die Gegenwart ungenossen wie einem Siechen vorüber-
flieht, – und dann böte der Freund mit dem himmlischen
Gefühl im Auge und Herzen, das, das sein zu können, was ihm
eine liebliche Fantasie als höchstes Erdenglück malt, sein Herz
dar zum Ersatz für freudenleere Stunden; vielleicht daß dann
auch dieser Freund Ruhe und Frieden ins kranke Herz hinein-
*sympathisierte*, (laß' mich dies Wort hier brauchen). Es ist für
mich ein süßer Stolz, mich in diesem Freunde selbst gemalt zu
haben. – Ich tadle mich, daß eine gewisse, vielleicht falsche
Delikatesse mich zurückhielt, dir in ein paar Zügen das Gemälde meiner Ideen für den Genuß der Zukunft zu entwerfen;
– der Urstoff dieser Ideen hing längst an einer Seite meines
Gehirns. – Diese Ideen waren reponiert, bis der barsche Ex-
ekutor die Schicksalssentenz, die uns allen mit der Zeit publiziert und an uns exekutiert wird, an dem Geheimen Rat voll-
führte. – Da kamen sie hervor, – alle alte Glückseligkeitspläne;
– die Hauptbedingung war erfüllt, du kamst, – so still, –

verschlossen, – abgelenkt von all dem friedlich guten Selbst-
genuß, *der sonst in deiner Seele wohnte,* – du glaubst, daß das
Tätigkeitstrieb ist, was deine Fühlbarkeit für's Einfache abge-
stumpft hat, – und daß ich diesen hasse; – beides ist falsch. – O
mein einziger Freund, was für Menschen konnten diese schöne
Pflanze, die für eignes und für Menschenglück in dir auf-
keimte, erdrücken! Ich fand dich nicht so, wie viele Äußerungen deiner Briefe besagt zu haben schienen. – Mir sank der
Mut, jetzt in einer solchen Stimmung dir mich und meine Pläne
aufzudringen, und nie trauerte ich mehr um manche Lieblings-
ideen; – noch mehr, – ich trauerte um dich, als ich dich so
verschlossen, so unzugänglich für manches sah, das *sonst* deine
Seele erfüllte *und im glühenden Enthusiasmus dein Blut heftiger durch
die Pulse trieb.* – Meine Reise nach Glogau türmte sich vor
meinem Blicke auf wie eine Gebirgskette, die dich von mir
scheiden sollte, ich las dir mein Petitum vor, welches der
Lärmschuß zum ganzen Manœuvre sein sollte. – Eine sprachlose Unzufriedenheit, – eine Miene, die zwar sagte, so wär's
nicht gut, aber es könnte ja nicht anders sein, war alles, – der
Lärmschuß geschah! – Ich kenne dein Herz zu gut, ich liebe
dich zu sehr, um auch nur eine halbe Sekunde etwas Absicht-
liches in diesem ernsten Schweigen zu suchen, und eben deswegen tadle ich mich, daß ich nicht mit der Batterie meiner
Ideen in deine Herzverschanzung Bresche geschossen habe, –
du hätt'st kapituliert und mir selbst zum freien Einzug die
Tore geöffnet! – Jetzt hast du mich verlassen, und ich verlasse
künftigen Donnerstag einen Ort, der mir hätte wert sein können, wenn die Wahrheit des Satzes, daß eine Kette von Kleinigkeiten oder vielmehr oft eine Kleinigkeit, die sich wie ein
Schneeball durch's Fortrollen, durch's Aufnehmen und An-
backen dieser oder jener Kleinigkeiten bis zum Ungeheuern
vergrößert, uns und unsere Handlungen bestimmt, diesmal
unumstößlich wäre. – O mein Freund! in ein Elysium könnt'
mich's versetzen, wenn mir ein Wesen die Unabhängigkeit von

diesen unausweichbaren Übeln, die wie Nadelstiche nicht tödlich, aber schmerzhaft verwunden, von diesen Ketten, die
überall hängenbleiben, zusichern könnte! –

Jetzt ist das Freundesherz, das ich dir anbot, vielleicht bald
ersetzt, und dann bist du glücklich, – ich meine, – daß das
bessere, oben erwähnte, vielleicht bald alles gut macht. – Wenn
dies aber nicht wäre, – vielleicht wartet, noch jenseits obiger
Gebirgskette, eine spätere Vereinigung auf uns! – Du weißt,
daß meine Pläne, in Rücksicht deiner und meiner, ohne Grenzen sind! – wie wenn die Eisrinde, die das Geschäftsleben um
dein Herz krustiert hat, in mildem Sonnenschein auftaute, – ein
Wink, und ich flöge zu dir. – Wie, wenn wir nun einige Zeit
noch zusammen, um Menschen – Sitten und *uns selbst* kennenzulernen, einige Gegenden Deutschlands durchreisten! – Vielleicht unterstützt mich bis dahin das Glück mit einigen seiner
metallnen . . . wie du's nennen willst, und das opfere ich gern
einer solchen Reise. – Den Hintergrund des Gemäldes, auf
dem diese Reise die vorderste Gruppe ausmacht, kann ich dir
noch nicht einmal skizzieren, viel weniger malen. –

Du sagtest mir ziemlich bitter: ich wär' ein Musiker, du ein
Jurist, – mithin entfernten sich unsere Zwecke, – und unsre
Herzen, lispelte dir vielleicht schon das bittre Gefühl zu, das
dich gegen mich aufbrachte, weil ich eine Stunde, die, ohne
mein Herz zu befriedigen, ohne mir mehr – ich sollte mit dir
zusammen dann nur vom Seligen sprechen, – als ein mechani-
sches Zähngeklapper zu sein, mich traurig gemacht hätte, dem
abzuschreibenden Axur opferte; – aber du sprachst es nicht
aus. – Es hat mich gekränkt, daß du dies sagtest, daß du mich
von einer weichen Seite, – einer Lieblingssache, die mich oft
für manches Bittre schadlos halten muß, angriffst, aber ich
verzeih's dir gern, wenn du mir versprichst, mir nie mehr den
Musiker vorzuwerfen. –

Ich lese nochmals deinen Brief und sehe, wie sich alles um –
herumdreht, – Alles! – *Sei glücklich!* – Mir tut's wohl, das alles

dir geschrieben zu haben; – ich fühle mich erleichtert und
werde ohne Neid nicht mit dem Schicksal grollen, wenn du
auch ohne mich recht glücklich bist! – ich erwarte einen Brief
von dir in Glogau. Mach' die Adresse an meinen Onkel, der,
wie du weißt, Regierungsrat ist, und schlag' den Brief an mich
ein. Lebe denn wohl, du Einziger, mit dem vereint ich ganz
glücklich hätte sein können; – leb' wohl und vergiß mich und
alles das nicht, was mir nah' am Herzen liegt! – Wenn ich durch
M. gehe, werd' ich den L. besuchen, und wenn's möglich ist,
mein Dasein an deiner Stubentüre ankreiden zum Merkmal
und Innungsgruß unser verwandten Geister beim letzten Rendezvous. – Adieu, mein Lieber!

Extrablatt zum Abschiedsrendezvous
Eigentlich sollte das Adieu des letzten Blatt's das Finale, der
letzte Akkord unsers Rendezvous sein, – ich sehe mich aber
noch einmal nach dir um, wie damals, als du mich aus A. nach
K. geleitetest auf der Anhöhe an der Brücke, – und laufe dir
nach, um schon vielmal gesagte Dinge noch einmal zu sagen,
– um dir noch in einem Abschiedskuß alles das vor Augen zu
stellen, was mit einem bunten Regenbogenrande die Lieblings-
spiele meiner Fantasie bordiert! – Noch einmal ergreife ich die
Feder, um mit ihr in diesem Extrablatt (ein Jean Paul'scher
Ausdruck) an dein Herz zu tippen. – Ich meine, daß man durch
Anstrengung doch wohl mit der Zeit Herr über die Kleinigkeiten werden könnte, die uns, winzige Seitensprünge unge-
rechnet, an einem unzerreißbaren Haarseil lenken, – daß man
ebensogut wie den Takt bei einer aufzuführenden Oper auch
den Takt, in dem man zu leben verbunden ist, dirigieren
könnte, und diese Meinung, die ich der Kettenhypothese ent-
gegensetze, führt mir den frohen Gedanken, den Sonntagsein-
fall zu, daß wir immer, einmal nun genug dirigiert, das Dirigieren versuchen könnten. – Wollte ich dir den Schieber in der
Laterne magica meiner Fantasie öffnen, so könntest du dich

sehr vielmal sehen, – z. B. wie du, mit mir vereint, durch die schönen Gegenden des südlichen Deutschlands streichst, wie du dich glücklicher fühlst als je, – wie du alle Talente, die was taugen, an mir nutzest, – in specie das Malen! (du weißt, die Fantasie ist oft egoistisch) – du lächelst, daß du, indem du glaubtest, im Extrablatt etwas Neues zu lesen, immer wieder auf die alte Ideen stößt. – Nimm nicht übel! ich hab' mich froh und leicht geschwatzt, – die bittre Sekunde ist vorübergerutscht, und mein Humor ist der alte, so wie immer, wenn ich mit dir schwatze. – Freilich habe ich diesmal vielleicht manches gesagt, was eine gewisse unabzulegende Diskretion mir hätte verbieten sollen, aber, laut deiner Vollmacht, dir immer die Wahrheit zu sagen, – dir ohne Hehl alles vorzurücken, was mir gefällt an dir und nicht, habe ich diesmal mir mehr Freiheit herausgenommen als sonst. – Ich habe dir nie ein Pförtchen, sondern immer die Flügeltüren zu meinem Herzen geöffnet, und es ist nicht meine Schuld, daß du oft, anstatt durch die Flügeltüren sans façon hineinzugehn, nur durch das Pförtchen gucktest, – wie es auch doch immer nicht gut bleibt, daß du nicht gleich, als du nach Königsberg kamst, gegen mich den Florbezug von deinem Herzen wegwarfst und geradezu dezisiv sagtest, – so und so will ich jetzt hier leben, mit dir zusammen in dieser und jener Art. –

Ich wurde unterbrochen abends um halb 9 Uhr, – jetzt hat's 10 geschlagen, und ich komme recta aus dem Sprint*, – du weißt, daß meine Laune öfters maitre de plaisir ist, und daher komme ich jetzt aus dem Sprint. – Bei einem solchen herzlichen Abschiedsrendezvous als das unsrige denkt man nicht gern an Kleinigkeiten, überhaupt ist man dann ein erbärmlicher Erzähler, der nicht einmal gescheite Perioden baut, und eben deswegen will ich dir auch nicht den Bockssprung meines Reisekumpans auserzählen, der mich unterbrach (nämlich der Bockssprung) und bis in den Sprint trieb, so wie neulich die

* Spazierort bei Königsberg.

Klarinette des kleinen L., – aus Copals Garten bis auf den Ochsenmarkt! –

Eben jetzt, da ich bald das Extrablatt zu schließen gezwungen sein werde, kommt mir der fatale Gedanke in den Weg, daß dich dieser Brief gar nicht mehr in M. antreffen wird*, – daß vielleicht ein anderer, – ein Chargé d'affaires – diesen Brief brechen und lesen wird und daß ich diesem daher mein Kompliment machen und ihm höflichst zu verstehn geben muß, daß, falls er diesen Brief gelesen hat, er offenbar um eine halbe Stunde Zeit geprellt ist; – denn, sehn Sie mein Herr! Sie kennen uns Schreiber und Leser (ordentlich bestimmte) nur in Surtouts, die so geschnitten sind, als alle unsre, und nichts Ausgezeichnetes haben. – Nun haben wir aber, bei diesem Rendezvous, diese lästigen Dinger abgeworfen und sind mithin Ihnen, mein Herr Chargé d'affaires, ganz unkenntlich, (das eingehakte ist für Sie, – sonst nichts! –).

Die meinem Herzen teuer ist, grüßt dich und gibt dir einen Kuß des Friedens, – der Reisekumpan ist ein Windbeutel, ich aber, im Extrablatt so wie im Briefe, ewig, ewig der Deine!

* Dies geschah auch wirklich nicht.

# GLOGAU
## 1796-1798

Der erste Brief der Beilagen zu diesem Abschnitte*
enthält die Erzählung dessen, was Hoffmann auf der
Reise von Königsberg nach Glogau begegnete. Die
Schilderung seiner Aufnahme in der Familie des Knopf-
machers zu Marienwerder zeigt schon in dem zwanzig-
jährigen Jünglinge das herrliche Talent der lebendigen
Darstellung, welches den nachmaligen Schriftsteller in
so hohem Maße auszeichnete, das »Geschauthaben des
Dichters«, worauf er, als auf die einzige Grundlage, auf
welcher sich ein echtes Kunstwerk erheben könne, auf
drang.** Im Hause des Onkels, eines höchst achtungs-
werten Geschäftsmannes, fand er, nächst der Tante, zwei
Cousinen und einen Vetter, mit welchem er zusammen-
wohnte. In einem Brief an Hippel, der sich nicht zur
öffentlichen Mitteilung eignet, nennt er die Tante eine
vortreffliche Frau, die Cousinen, – deren eine Braut war,
– sehr gebildete Mädchen, den Vetter einen äußerst
natürlichen, jovialen Jungen***; – alle diese Verwand-

---

  * 21. Brief.
  ** Serapions-Brüder Bd. 1. [it 631, S. 72 f.] und die Einleitung zu dem unten
als Beilage zum letzten Abschnitt folgenden Dialog, des Vetters Eckfenster.
  *** Er hatte ein Talent für das Komische wie wenige Menschen und war
gewiß ganz dazu geeignet, Hoffmann zu erheitern, da seine Komik an das Gebiet
des echten Humors streifte. So zeigte er z. B. von einem Menschen, den er zum
ersten Mal sah, wie er sich gebärden würde, wenn er Kegel schöbe, und es war
schwer, das a priori dargestellte Bild zu verkennen.

ten nahmen ihn mit großer Liebe auf, und dennoch scheint ihm in Glogau nicht wohl geworden zu sein, wie er denn in einem seiner letzten Briefe von dort* es ein »Nest« nennt, »dessen Einsamkeit allein ihm vielleicht hin und her heilsam gewesen sein könne«. Ein ununterbrochenes Andenken an die in Königsberg äußerlich zerrissenen Verhältnisse verfolgte ihn quälend, und im scheinbaren Widerspruch hiemit knüpften sich hier grade die Fäden zu der Verbindung mit seiner nachmaligen Gattin an.** Auch ein Wiedersehen der früher Geliebten bei einer Reise mit dem Onkel nach Königsberg im Frühling des Jahres 1797 fand statt, nach welchem die durch die Trennung eines Jahres kaum gedämpfte Leidenschaft mit dem alten Feuer erwachte*** und bei Hoffmann der Vorsatz entstand, mit Beseitigung aller Hindernisse eine Verbindung zu suchen, in welcher, nach dem Urteil seines bewährtesten Freundes, beide Teile das gehoffte Glück schwerlich würden gefunden haben. Auf dieser Reise, und zwar auf dem Hinwege, traf er auch mit jenem Freunde, seinem Hippel, wieder zusammen, jedoch nur auf Minuten, weil eine hypochondrische, ihm sonst gar nicht eigentümliche Furchtsamkeit sich seiner in solchem Maße bemeistert hatte, daß Hippel, den er aus dem erleuchteten Landhause einer befreundeten Familie, wo er sich eben befand, hinausrufen ließ, ihn nicht bewegen konnte, einzutreten oder gar einige Tage zu verweilen und den Onkel, der auf der Landstraße wartete, allein reisen zu

---

* 34. Brief.
** 26., 32. und 33. Brief.
*** 29. Brief.

lassen, was dieser gern getan haben würde.* Auf der Rückreise sahen sich die Freunde durch Hoffmanns Schuld, der jede Benachrichtigung unterlassen hatte, gar nicht.

Bei seiner Wiederkehr nach Glogau fand er alles, wie er es verlassen, er klagt von neuem über tötende Langeweile** usw., nichtsdestoweniger ist der Einfluß unverkennbar, den die Verhältnisse, in welchen er in dieser Zeit lebte, auf die Entwicklung seines Innern in jeder Beziehung hatte.

In dem Hause des Onkels waren die Künste heimisch, – die Tante glänzte als eine Sängerin des ersten Ranges; – dies förderte ihn in seinen Lieblingsfächern; Fleiß in seinen Berufsarbeiten brachte ihn in seiner Laufbahn so weit, daß er im Juni 1798 sein zweites, das Referendariatsexamen, in Glogau machen konnte; – vor allem aber zeigen manche Äußerungen aus dieser Zeit in seinen Briefen, daß er, mehr geneigt zur Einkehr in sich als früher, die tiefsten Blicke in sein Herz tat, und seine Aussprüche über sich selbst behaupten ihre volle Wahrheit, wenn man sie auch auf spätere Perioden seines Lebens anwendet.***

Auch an anregenden Erscheinungen fehlte es damals nicht. Molinari, ein geistreicher Maler, jetzt in Berlin, die Gräfin Lichtenau, Holbein, der dramatische Dichter und Künstler, nunmehr in Prag, Julius von Voß, der

---

    \* 29. Brief.
    \*\* 30. Brief.
    \*\*\* Z. B. 26. Brief, über seine Heftigkeit, 27., über die Veränderung seines Ichs, wie er sich ausdrückt, 34., über seine Verletzlichkeit. In einem anderweitig nicht mitteilbaren sagt er, mit schöner Offenheit, ein früher gefälltes hartes Urteil gegen seinen Freund widerrufend: »es ist alles nicht wahr, und bloß nur ungezogenen Grolls wegen hab' ich Dich belogen.«

bekannte Schriftsteller in Berlin, dessen er in seinen
Briefen nicht, wohl aber mündlich oft in diesem Zusammenhange erwähnt hat, gaben seinem Geiste durch ihren Umgang vielfache Beschäftigung.[8] Das angenehmste Ereignis und das entscheidendste für seine Ausbildung war aber eine Reise, die er in Begleitung eines
Freundes vom Hause seines Oheims im Sommer 1798
durch einen Teil des schlesischen Gebirges und von dort
aus allein nach Dresden unternahm,* und es ist sehr zu
bedauern, daß die von Dresden aus an eine seiner Cousinen geschriebenen Briefe, die zu seinen interessante-
sten Jugenderzeugnissen gehört haben sollen, nicht erhalten worden sind.

Übrigens hat er seinen Reisegefährten sowie ein
merkwürdiges Glück, welches ihm auf dieser Reise im
Spiel begegnet ist, in einem seiner Werke selbst so lebendig geschildert, daß diese Darstellung hier füglich einzu-
schalten ist.**

Ihr wißt, begann Theodor, daß ich mich, um meine Studien zu
vollenden, eine Zeitlang in G. bei einem alten Onkel aufhielt.
Ein Freund dieses Onkels fand, der Ungleichheit unserer Jahre
unerachtet, großes Wohlgefallen an mir, und zwar wohl vorzüglich deshalb, weil mich damals eine stets frohe, oft bis zum
Mutwillen steigende Laune beseelte. Der Mann war in der Tat
eine der sonderbarsten Personen, die mir jemals aufgestoßen
sind. Kleinlich in allen Angelegenheiten des Lebens, mürrisch,
verdrießlich, mit großem Hange zum Geiz, war er doch im
höchsten Grade empfänglich für jeden Scherz, für jede Ironie.
Um mich eines französischen Ausdrucks zu bedienen, – der

* 35. und 36. Brief.
** Serapions-Brüder Bd. 3. [it 631, S. 975 ff.]

Mann war durchaus amusable, ohne im mindesten amusant zu sein. Dabei trieb er, hoch an Jahren, eine Eitelkeit, die sich vorzüglich in seiner nach den Bedingnissen der letzten Mode sorglich gewählten Kleidung aussprach, beinahe bis zum Lächerlichen, und eben diese Lächerlichkeit traf ihn, wenn man sah, wie er im Schweiß seines Angesichts jedem Genuß nachjagte und mit komischer Gier soviel davon auf einmal einzuschnappen strebte, als nur möglich. Zu lebhaft gehen mir in diesem Augenblick zwei drollige Züge dieser Eitelkeit, dieser Genußgier auf, als daß ich sie Euch nicht mitteilen sollte. – Denkt Euch, daß mein Mann, als er während seines Aufenthalts an einem Gebirgsort von einer Gesellschaft, in der sich freilich auch Damen befanden, aufgefordert wurde, eine Fußwanderung zu machen, um die nahe liegenden Wasserfälle zu schauen, sich in einen noch gar nicht getragenen seidenen Rock warf mit schönen blinkenden Stahlknöpfen, daß er weißseidene Strümpfe anzog, Schuhe mit Stahlschnallen und die schönsten Ringe an die Finger steckte. In dem dicksten Tannenwalde, der zu passieren, wurde die Gesellschaft von einem heftigen Gewitter überfallen. Der Regen strömte herab, die Waldbäche schwollen an und brausten in die Wege hinein, und ihr möget Euch wohl vorstellen, in welchem Zustand mein armer Freund während weniger Augenblicke geraten war. – Es begab sich ferner, daß zur Nachtzeit der Blitz in den Turm der Dominikanerkirche zu G. einschlug. Mein Freund war entzückt über den herrlichen Anblick der Feuersäule, die sich erhob in den schwarzen Himmel und alles ringsumher magisch beleuchtete, fand aber bald, daß das Tableau, erst von einem gewissen Hügel vor der Stadt angeschaut, die gehörige malerische Wirkung tun müsse. Alsbald kleidete er sich so schnell an, als es bei der nie zu verleugnenden Sorglichkeit geschehen konnte, vergaß nicht eine Tüte Makronen und ein Fläschchen Wein in die Tasche zu stecken, nahm einen schönen Blumenstrauß in die Hand, einen leichten Feldstuhl aber unter den

Arm und wanderte getrost heraus vor das Tor auf den Hügel. Da setzte er sich hin und betrachtete, indem er bald an den Blumen roch, bald ein Makrönchen naschte, bald ein Gläschen Wein nippte, in voller Gemütlichkeit das malerische Schauspiel.

Dieser Mann, wie ich ihn eben geschildert, forderte mich auf, ihn auf einer Reise nach einem Badeort zu begleiten, und unerachtet ich wohl einsah, daß ich seinen Besänftiger, Aufheiterer, Maître de plaisir spielen sollte, war es mir doch gelegen, die anziehende Reise durch das Gebirge zu machen ohne allen Aufwand an Kosten. – An dem Badeort fand damals ein sehr bedeutendes Spiel statt, da die Bank mehrere tausend Friedrichsdor betrug. Mein Mann betrachtete mit gierigem Schmunzeln das aufgehäufte Gold, ging auf und ab im Saal, umkreiste dann wieder näher und näher den Spieltisch, griff in die Tasche, hielt einen Friedrichsdor zwischen den Fingern, steckte ihn wieder ein – genug, ihn gelüstete es nach dem Golde. Gar zu gern hätte er sich ein Sümmchen erpontiert von dem aufgeschütteten Reichtum, und doch mißtraute er seinem Glücksstern. Endlich machte er dem drolligen Kampf zwischen Wollen und Fürchten, der ihm Schweißtropfen auspreßte, dadurch ein Ende, daß er mich aufforderte, für ihn zu pontieren und mir zu dem Behuf fünf – sechs Stück Friedrichsdor in die Hand steckte. Erst dann, als er mich versichert, daß er meinem Glück durchaus nicht vertrauen, sondern das Gold, das er mir gegeben, für verloren achten wolle, verstand ich mich zum Pontieren. Was ich gar nicht gedacht, das geschah. Mir, dem ungeübten, unerfahrnen Spieler, war das Glück günstig, ich gewann in kurzer Zeit für meinen Freund etwa dreißig Stück Friedrichsdor, die er sehr vergnügt einsteckte. Am andern Abend bat er mich wiederum, für ihn zu pontieren. Bis zur heutigen Stunde weiß ich aber nicht, wie es mir herausfuhr, daß ich nun mein Glück für mich selbst versuchen wolle. Nicht in den Sinn war es mir gekommen, zu spielen, vielmehr stand ich eben im Begriff, aus dem Saal ins Freie zu laufen, als mein Freund mich anging mit seiner Bitte. Erst als ich erklärt, heute für mich selbst zu pontieren, trat ich auch entschlossen an die Bank und holte aus der engen Tasche meines Gilets die beiden einzigen Friedrichsdor hervor, die ich besaß. War mir das Glück gestern günstig, so schien es heute, als sei ein mächtiger Geist mit mir im Bunde, der dem Zufall gebiete. Ich mochte Karten nehmen, pontieren, biegen wie ich wollte, kein Blatt schlug mir um, kurz – mir geschah ganz dasselbe, was ich von dem Baron Siegfried gleich im Anfange meines Spieler-glücks* erzähle. – Mir taumelten die Sinne; oft wenn mir neues Gold zuströmte, war es mir, als läg' ich im Traum und würde nun gleich, indem ich das Gold einzustecken gewähnt, erwachen. – Mit dem Schlage zwei Uhr wurde, wie gewöhnlich, das Spiel geendet. – In dem Augenblick, als ich den Saal verlassen wollte, faßte mich ein alter Offizier bei der Schulter und sprach, mich mit ernstem strengen Blick durchbohrend: junger Mann! verstanden Sie es, so hätten Sie die Bank gesprengt. Aber wenn Sie das verstehen werden, wird Sie auch wohl der Teufel holen wie alle übrigen. Damit verließ er mich, ohne abzuwarten, was ich wohl darauf erwidern werde. Der Morgen war schon heraufgedämmert, als ich auf mein Zimmer kam und aus allen Taschen das Gold ausschüttete auf den Tisch. – Denkt Euch die Empfindung eines Jünglings, der in voller Abhängigkeit auf ein kärgliches Taschengeld beschränkt ist, das er zu seinem Vergnügen verwenden darf, und der plötzlich, wie durch einen Zauberschlag, sich in dem Besitz einer Summe befindet, die bedeutend genug ist, um wenigstens von ihm in dem Augenblick für einen großen Reichtum gehalten zu wer-den! – Indem ich aber nun den Goldhaufen anschaute, wurde plötzlich mein ganzes Gemüt von einer Bangigkeit, von einer seltsamen Angst erfaßt, die mir kalten Todesschweiß aus-preßte. Die Worte des alten Offiziers gingen mir nun erst auf

* Serapions-Brüder Bd. 3. [it 631, S. 979]

in der entsetzlichsten Bedeutung. Mir war es, als sei das Gold, das auf dem Tische blinkte, das Handgeld, womit die finstre Macht meine Seele erkauft, die nun nicht mehr dem Verderben entrinnen könne. Meines Lebens Blüte schien mir angenagt von einem giftigen Wurm, und ich geriet in vernichtende Trostlosigkeit. – Da flammte das Morgenrot höher auf hinter den Bergen, ich legte mich in's Fenster, ich schaute mit inbrünstiger Sehnsucht der Sonne entgegen, vor der die finstern Geister der Nacht fliehen mußten. So wie nun Flur und Wald aufleuchteten in den goldnen Strahlen, wurd' es auch wieder Tag in meiner Seele. Mir kam das beseligende Gefühl der Kraft, jeder Verlockung zu widerstehen und mein Leben zu bewahren vor jenem dämonischen Treiben, in dem es, sei es wie und wenn es wolle, rettungslos untergeht! – Ich gelobte mir selbst auf das heiligste, nie mehr eine Karte zu berühren, und habe dies Gelübde streng gehalten.* – Der erste Gebrauch, den ich übrigens von meinem reichen Gewinnst machte, bestand darin, daß ich mich von meinem Freunde, zu seinem nicht geringen Erstaunen trennte und jene Reise nach Dresden, Prag und Wien unternahm, vor der ich euch schon oft erzählt**.«

Im Sommer 1798 ward Hoffmanns Glogauischer Onkel Geheimer Obertribunalsrat in Berlin und jener folgte ihm dorthin, indem er, bisher Referendarius bei der Oberamtsregierung zu Glogau, in gleicher Qualität unterm 4. August 1798 an das Kammergericht, das in Berlin seinen Sitz hat, versetzt wurde.

---

* Dies ist im vollsten Sinne des Wortes zu verstehen. Hoffmann hat nie wieder gespielt.
** Alles in dieser Erzählung ist wahr, bis auf die Ausdehnung der Reise über Dresden hinaus nach Prag und Wien, an welchen Orten Hoffmann nie war.

*Beilagen*
*zum*
*zweiten Abschnitt*


2 1.

Glogau, den 18. Julius 1796
Dein lieber Brief vom 26. Jun., den ich einige Tage nach
meiner Ankunft in Glogau aus den Händen des Onkels empfing, kettete mich wieder an dich fester an, – an dich und an
jene Verhältnisse, ohne die mein Herz leer und die Harmonie
meines Kopfs mit demselben total verstimmt ist. – Ich bin in
einer Art Betäubung oder Rausch meiner Vaterstadt entflohn,
– der Abschied von ihr hatte mich so butterweich gemacht,
daß ich mich bald vor mir selber sehr prostituiert und geweint
hätte, – nachher war ich verzweifelt lustig und zog mir die
Überhosen richtig dreimal verkehrt an; dann aß ich sehr viel
und trank noch mehr, – sie sah ich noch einmal am Fenster, –
vielleicht war mein Universalkompliment gegen die vierseitige
Nachbarschaft und mein Spezialgruß, den ich ihr ins Fenster
als letztes Lebewohl zuwarf, meine Schlußvignette für Königsberg, – ich meine, daß ich ihnen zum letztenmal hingezeichnet
stand und mich in meinen rund verschnittenen Haaren und
Reisehabit nicht sonderlich produzierte. – Von meiner Reise
nichts, – lieber Freund, außer, daß ich mit einem deiner Stadt-
inwohner reise, der mich in Marienwerder während der 2
Stunden, die man auf der Post mit Packen und Pferdewechseln
zubringt, überall herumführte und verschiedene Damen zeigte
und unter andern – –. Dieser Cicerone und Reiseami war
übrigens ein Knopfmacher und hatte eine sehr hübsche Frau,
– eins von den feinen Gesichtern aus dem Lavater, gegen die
man gleich freundlich sein muß, wenn man nur ein einzigesmal

einen Crayon zwischen den Fingern kunstmäßig gehabt hat. Die kleine Knopfmacherfamilie versammelte sich um den zurückgekehrten Papa, der bloß eine Visite in Königsberg abgestattet hatte, aber 8 Tage, für ihre Liebe eine lange Zeit, weggeblieben war, – eins kletterte ihm an den Hals herauf, – eins umklammerte seine Knie, – und als er nun vollends bunte Pantoffeln für die Mädchen und Quarkkuchen auspackte, da hättest du die Freude sehen sollen. – Das Kleinste erwachte jetzt auch in der Wiege und lallte, seine kleinen Ärmchen ausstreckend, nach der Mutter, die lächelnd die Falten aus dem Bratenrocke des Mannes, der eben aus dem Mantelsack hervorgegangen (nämlich der Bratenrock) war, ausstrich und den vom Königsberger Gastmahl restierenden Staub, – den Federanflug, ausbürstete. – Ein alter Mann mit dem frappantesten Gesichte, der am Tische Knöpfe ausarbeitete, füllte die Szene mit Bewillkommungskomplimenten und einem höflichen Sermon an mich und seinen Kumpan, – indem er schon längst ganz leise, mit einem Flugblick auf mich, sein poröses Mützchen hinter sich geworfen hatte und in einer sehr konservierten Frisur mit einem *Cœurtoupé* dasaß. – Jetzt kam Kaffee in einer mächtigen Kanne. – Die Frau eilte vom Bratenrock weg, um eine Porzellantasse herunterzulangen und auszuwischen. – Die Tasse war für mich, – eine von Fayence für den Mann, – der Alte sah ziemlich lüstern den braunen Trank aus der Kanne fließen und schmunzelte nicht wenig, als ganz unvermutet mit einer schnellen Wendung der Mann ihm seine Tasse darbot und all seine Höflichkeitsweigerungen mit einem lauten Ruf nach einer neuen Tasse abschnitt. – Die Kleinen versammelten sich um den Tisch, – mit ihrem Kuchen in der Hand, – die Bitte um Kaffee durften sie nicht wagen, – und doch bissen sie nicht in den Kuchen, – ich fütterte sie aus meiner Tasse, indem ich den Kuchen einbrockte und es ihnen mit dem Teelöffel herauslangen ließ. – Die Mutter wollte das nicht zugeben, und als ich darauf bestand, schenkte sie, um mir jede Entäußerung zu ersparen, ihnen nun ein Näpfchen zur Tunke ein. – Jetzt war allgemeiner Jubel, – alles trank Kaffee, und sogar der Hauskater, der, mit hohem Rücken, knurrend, schon längst an die Familie nähergetreten war, bekam fetten Rahm, – ich hatte mich so bei den Kleinen insinuiert, daß sie mich nicht fortlassen wollten, als man mich zur Post rief; – ich küßte sie alle, – und auf den sanft gerundeten Contour der Lippen des Weibes hätte ich auch einen Yorikskuß gedrückt als Zueignungsdokument meiner Seele und Innungsgruß des Handwerks, das ich treibe, um besser zu sein, als ich ohne daselbe wäre und sein könnte. – Du verstehst mich! – Doch hätte dies Sensation erregt, und der Polizeibürgermeister, dem es gewiß bekannt geworden wäre, hätte diesen Kuß quaestionis registrieren und mich vor der ganzen Welt in Mißkredit setzen können. Du siehst, daß ich in Marienwerder sentimentalisiert habe, und daran ist bloß das Profil oder auch die Face einer Knopfmacherfrau schuld! – habeant sibi, – nimm nicht übel, daß diese Geschichte ganz offenbar zwei Seiten meines Briefes einnimmt. In Posen mußte ich mich, der Post, nicht meiner Müdigkeit wegen, von Sonnabend früh bis Montag spät um 6 Uhr aufhalten. – Da lebte ich in einem vortrefflichen Hotel, bei Madam Speichert, recht lustig. – Mittwoch, den 15. Junius, früh um 6 Uhr stand ich Stirn gegen Stirn mit meinem Onkel. – Ich bin in Glogau entfernt von allem, was mir lieb war, und ich habe, wie's Hamlet seiner Mutter rät, die eine kranke Hälfte meines Herzens weggeworfen, um mit der andern desto vergnügter zu leben. Jetzt stoße ich an eine Hauptfrage, die ich in deinem Blick lese, – ob ich glücklich, – zufrieden bin! – Und leider muß ich antworten, daß ich nie dauernd unglücklicher, nie, bei mitunter langem Durchbruch meiner Jovialität, so ein Sklave unseliger Kleinheiten gewesen bin. – Nimm an, daß ich mich mit Gewalt losriß von einem Wesen, das meine ganze Seele füllte, das mir alles sein konnte, ich opferte mich einem unglücklichen, konventionellen Verhältnisse auf und floh mit blutendem Herzen, – einen wohltätigen Genius suchte ich fern von meinem Vaterlande und fand ihn nicht! – – – – – – – – –

den 20. Julius
Eben kehre ich aus der Jesuiterkirche zurück, – sie wird neu gemalt, und ich habe den exzentrischen Einfall, zu helfen, – das wird mir wahrscheinlich juristischerseits übelgenommen werden! –

Für diesmal, mein teurer, einziger Freund, nehme ich Abschied von dir, ich bin zu verstimmt, um dir in meiner gewöhnlichen Jovialität Schilderungen von Glogau zu machen, – schon im folgenden Briefe sollst du mehr erfahren. –

Lebe wohl, einziger, innig geliebter Freund!

**2 2.**

Glogau, den 17. September 1796
Bester teuerster Freund!
Es gehört mit zu den niederschlagenden Unannehmlichkeiten, welche mich auch jetzt, in veränderter Sphäre, zu Boden drücken, daß ich erst heute imstande bin, dir deinen Brief vom 15. August zu beantworten. Vier Wochen drängen sich in die Mitte von Frage, Anrede und Antwort, und diese vier unseligen Wochen, die ich, bis auf einen oder zwei glückliche Tage, in dem Geschäftsjournal meines hiesigen Aufenthalts wegwischen möchte als einen übel angebrachten episodischen Zug, der ins Ganze nicht hineinpaßt, haben mich so lebensmüde, so völlig erschlafft gemacht, daß erst gestern ein Brief aus Königsberg imstande war, mich mir selbst wiederzugeben, und dann, als die ersten Funken meines Geistes Strebsamkeit entzündeten, als *sie* die feinsten Fühlfäden meiner Fantasie ergriff, – als alles hervortrat, was sich meinem blöden Sinn entzogen hatte; da sah ich dich mit einer Miene des Vorwurfs, – du

klagtest über mich und nanntest mich leichtsinnig und vergeß-
sam. – Verzeih das Sonderbare dieser Zeilen, – sie mögen dir
meine Stimmung schildern, die ohnehin schon feierlich, durch
eine schmerzhafte, doch bald vorübergehende Krankheit bitter wehmütig gemacht ist.

Daß ich mich in Z. wirklich geirrt habe, schmerzt mich
ebensosehr, als daß man jetzt in R. alles anwendet, ihn durch
die galligsten Briefe mir und dem Onkel verächtlich zu machen. Er ist noch nicht hier und wird auch wahrscheinlich
nicht herkommen, da er schon den 12. August seine Fußreise
hierher angetreten hat und noch nicht angekommen ist. – So
mußte sich alles, alles, vereinigen, um mich aus einer Gegend
zu vertreiben, die, nach andern Motiven und auch nach andern
Grundsätzen gehandelt, mir die angenehmste hätte werden
und bleiben können. – Warum dir mit Hoffnungen, die ich, um
jemanden weniger leiden zu sehen und mit kälterer Entschlos-
senheit als sonst, den süßesten Verbindungen zu entrinnen,
zurückließ, warum dir, der du nicht einmal Interesse dabei
hast, mit diesen Hoffnungen schmeicheln; – ich sehe K. nie
wieder! Man hat mich hier mißverstanden, – wie der beste
Rechenmeister das Warum und Weswegen samt meiner Zukunft herauskalkuliert und es mir, als Fazit dieser gewaltigen
Rechnung, zur Pflicht gemacht, nie mehr K. zu sehn. –
Schließe nicht, mein Teurer, aus dieser traurigen Ouverture,
aus diesem Klaglibell gegen mein Schicksal, daß mich mein
Humor, – meine Jovialität, die vorzüglich die letzte Zeit,
besage meiner an dich geschriebenen Briefe, jedem Schicksals-
hieb meine härtste Seite präsentierte, ganz verlassen hat; –
dieser Humor beseelt noch meine Unterhaltung, vorzüglich
mit den Damen, und macht, daß man mich hier für einen
leidlichen Gesellschafter und noch besseren Musiker hält. –
Mein Schmerz, – das Gefühl der unausfüllbaren Leere, der
Losgerissenheit von der Kette, die mich an Freude und Seligkeit band, ist höchstens zwei Morgenstunden auf meinem

Gesichte lesbar und stimmt meine Diktion zwei Oktaven herauf, so daß ich mit keinem festen Ton, in keiner festen Periode zum armseligsten Tropf werde; – so wie die Sonne steigt, wird meine Außenseite von ihren Strahlen erwärmt, und ich bin brauchbar, solange die Sonne oder sonst ein Licht scheint, des Abends falle ich in eine Geistesohnmacht, und meine Fantasie paßt sehr sorgfältig auf meine Augenlider auf, um, sobald sie nippen, mir mit grellen Farben alles Unangenehme, was mir je widerfuhr, zu wiederholen und mir eine solche Zukunft zu zeigen, die nur zu gut mit der Vergangenheit zusammen stimmt. – – – – – – – – – – – – – – – – – – – – – – – – – –

Du fragst, wie es mit meiner Weiberkenntnis stehe, und ich antworte dir, daß ich Schätze sammle und daß meine Aufpasserei, die du Beobachtungsgeist zu nennen beliebst, allemal in gutem Schwung ist, sooft ich aus meiner physischen und moralischen Klause heraustrete. – Überall wo ich hinblicke, sehe ich kindische Torheiten, – Firlefanzen und Possenreißer und Empfindsamkeit und Liebelei, – ich sehe Kleinlichkeiten, die man sich höchstens nur einmal im Leben erlauben sollte, bis zum Ekel wiederholen, – die irae amantium des Horaz, die man sich recht hübsch denken kann, sind erniedrigt zu mörderischen Ausfällen auf gesunden Menschenverstand und Bonhomie, – das alles finde ich zuweilen amüsant, doch ich kann darüber nicht so herzlich lachen als wir oft zusammen über ähnliche Dinge in Königsberg, wo wir noch zusammen das Ronchoncha Chor sangen. – – – – – – – – – – – – – – – – – – – – – – – – – – – – – – – – – – – – – – – – – – – – – – – – – – – – – – – – – – – – – – – – – – – – – – – – – – – –

In dem Briefe, den ich gestern aus Königsberg erhielt, ist deiner mit freundschaftlicher Wärme gedacht und auch eines Abendessens erwähnt, das du im D . . . Hause eingenommen hast. – Sie ist auch da gewesen, und du hast mit ihr von mir gesprochen, – das alles hat mich ausgesöhnt mit mir und mit dem, was um mich ist. – Ich bin höchst unglücklich, wenn die frostige Lebensphilosophie, die hier vom Stuhle der Themis gepredigt wird, meine besten Hoffnungen als unausführbare Chimären verscheucht.

Lebe wohl, teurer einziger Freund! – Ewig, ewig der deine!

### 23.

*Antwortschreiben an Theodor in bequemem Taschenformat*
*geschrieben mit Didotschen Lettern im Oktober 1796**

Als heute den 3. Oktober des laufenden Jahres nachmittags um 3 Uhr der Postbote einlief und 3 Briefe brachte, (du bemerkst die Harmonie der Wörter und Zahlen), war der unstreitig der beste, der die lebhafteste Freude verursachte, und das war der Deinige an mich. O mein Theodor, solange noch die Sonnenblicke deiner Freundschaft mich erwärmen, – solange noch diese auf die Eisrinde, die Konvention und Unglück, von nichtswürdigen Kleinigkeiten geboren, um mein Herz ziehn, wohltätig wirken, daß sie im lieblichen Tau der Empfindsamkeit hinfließt, stockt noch nicht der Puls meiner Tätigkeit. – Ich fühle, daß jugendliches Feuer in meinem Innern wallt und daß diese verzagende Resignation auf Freude und Glück, welche mich seit vielen Tagen unter den schrecklichsten Qualen nagender Hypochondrie niederwarf, nur abgelebten Greisen ziemt, nicht mir, dem Jünglinge, der es als angebornes Recht vom Schicksal fordern kann, noch manche bunte Dekoration zu sehn, die in dem zu spielenden Lebensschauspiel vorkommt und nur noch für die folgenden Akte verhüllt bleibt.

Dein Brief (der in einem Anfall jovialischer Laune geschrieben ist) ist für mich eine stärkende Arzenei, ein Roborativ

* Mit zierlichen lateinischen Lettern geschrieben.

gewesen. – Ich habe wieder hoffen gelernt, denn du hast mit der siegenden magischen Gewalt deiner Freundschaft mir einen reizenden Prospekt der Zukunft hervorgezaubert. – Warum erscheint mir heute alles im Purpurglanz neu erwachter Gefühle! Warum schwingt sich meine Fantasie mit raschem Fittich zu einem ländlichen Elysium auf, wo Freuden ihren Kettentanz um mich reihen und wo ich keine verlorne, keine ungenossene Stunden bejammern darf! – Bin ich denn nicht glücklich? – Sind nicht alle Klagen, die meine Atmosphäre verpesten, wahre Versündigung an dir und an mir selbst. – Wenn selbst jene entzückenden Bilder, jene Wonneträume, *Sie* einst zu besitzen und mit *Ihr* durch die engsten Bande der Menschheit und Natur verbunden, die letzten Schritte zu vollenden, – wenn sie nur Bilder blieben, nie von der Wirklichkeit erreicht, so nagt das noch nicht die Blüten meiner Seligkeit weg; – ich habe Dich! Eine Freundschaft, die, wie die unsere, um die kleinsten Verhältnisse des Lebens ihre süßen Bande schlingt, wo man miteinander *alles* und getrennt *nichts* ist, – wo mit ökonomischer Sorgfalt Kummer und Freude geteilt wird und mitbeweint und mitgenossen jeder Augenblick der Vergessenheit entrinnt, – wo die Quelle wechselseitiger Rührung nie versiegt, – eine solche Freundschaft gewährt einen ewig reinen Genuß, – sie wird von einem Heroismus gestählt, den der Rausch der Liebe nicht erträgt. Ja, mein Theodor, – wenn alles für mich verloren ist, wenn *Sie* nicht für mich lebt – dann lande ich in deinem Hafen – ich bin ja sonst schon oft dein Maître de plaisir, – dein Zeichenmeister und Hofkomponist, – Kapelldirektor und Hofpoet gewesen, – ich werde es vielleicht noch einmal sein, wenn dieses volle Herz dem Zerspringen nahe sein wird in der Leere, die es umgibt. Laß mich ihn immer träumen, den süßen Traum künftiger Vereinigung mit dir, dem Einzigen, dem mein Herz, meine Empfindung eine Lustvilla ist, in der sein Geist gerne verweilt. In einer vaterländischen Gegend, zwischen murmelnden Bächen, majestätischen Eichen und niedern Birkensträuchern wirst du einst gehn verbunden mit ihr, – deren Aufenthalt du nach Pennsylvanien verlegtest – mag sie sein ferne oder nah, geboren ist sie schon und harret auf dich Kommenden, – da werd' ich mich zwischen euch drängen, pochend auf die Vorrechte, die mir mein Herz gibt, das sich anklettet an das deine. – Du wirst mich in deine Arme schließen, und selbst auf ihren Mund werde ich einen Segenskuß drücken dürfen. – Friede im Herzen werden wir, mit trunknen Blicken an uns hängend, ganz des Wiedersehns erhabnen seligen Moment genießen. – An dieser Stelle, mein Theodor, wollen wir unsrer Freundschaft ein Monument errichten, – allenfalls auf simpelm Piedestal, der Genius der Freundschaft, zwei Kränze zusammenbindend, – mit der Inschrift unten im Piedestal: »Hier fanden sich Theodor und Eugenius wieder.« – Lächle über das Bilderbuch meiner Glücksträume! – Ich wollte mich losreißen von meiner Schwärmerei der Zukunft und in die Gegenwart zurückgehn, aber ich vermag's nicht, – mein trunkner Blick irrt nur in den Wonnegegenden umher, die noch in weiter Ferne liegen und die nur der Flug langer Monden und Jahre erreicht. –

In deinem vorletzten Briefe tratst du in Gesellschaft auf, und ich genieß' dich so wie ehedem, wenn wir im frohen Zirkel unsre Jovialität in Bewegung setzten und unser gesellschaftliches Talent übten. In diesem eben empfangenen Briefe trittst du allein auf – ich habe dich genossen wie ehedem, wenn wir in den Armstühlen saßen. Oft wehen mich die Lüfte der Vergangenheit an und ihre Freuden gehn hervor wie Geistergestalten abgeschiedener Geliebten, die man ohne Schauer erblickt als Repräsentanten ihrer Wirklichkeit. Ich bin schon sehr glücklich gewesen, mein Theodor! Oft und meistenteils war mein Glück verborgen dem Menschenpöbel, – Konvention und die unglückseligsten Verhältnisse brandmarkten es als unerlaubte Contrebande, die man nicht einführen dürfte in's Leben, weil sie ihr Mautamt beizeiten vorgelegt hatten. – Ich entschlüpfte ihnen auf Kosten meiner Ruhe, und eine gewisse Kindlichkeit in meinem Charakter, ein Zutrauen zu allem, was mich umgab, ging verloren. – Warum war es so und nicht anders, klag' ich so oft, warum legte das Schicksal Rosenketten und Fesseln so nah aneinander! – Ich Stürmischer wurde gezähmt durch die Heimlichkeit, in die sich alles hüllen mußte. – Du bist mein tröstender Engel mit deinem Glückshafen für mein Herz, das oft ängstlich in einem Fegefeuer der widrigsten Eindrücke schlägt. – Nur einen einzigen Gedanken reiße noch aus meiner Seele, und ich werde ganz glücklich sein können! – – Du merkst, worauf dies alles geht, um so mehr wenn ich hinzusetze, daß das Dasein eines einzigen Menschen, dem ich 78 Meilen entfloh, meine schönsten Stunden umschafft in schmerzhafte. – Eine krampfhafte Empfindung durchzuckt mein Inneres, wenn ich mir etwas kleines Ungeheures denke. – Genug – schon verbittert mir der Gedanke daran die Sabbatsaugenblicke, die ganz dir gehörten! – Jetzt wär's einem Flügelkonzert ähnlich, wo nach dem sonoren Violinen-Tutti der Spieler sein Solo zu klimpern anfängt, wenn ich dir schriebe von kleinen Vorfällen meines hiesigen publiken Vegetierens und von episodischen Sponsalien, die nichts weiter abgeben als Lachstoff! Weniger kann kein Mensch dazu gestimmt sein als ich in diesen Momenten des innigsten Gefühls der Freundschaft für Dich, mein Theodor! Noch nie waren mir die Menschen um mich her lästiger, und noch nie hatten sie zu gleicher Zeit weniger Einfluß auf mich. Dies Blättchen soll als Lichtblick und Aufhöhung in die gröbere Masse eines Neuigkeitsbriefs, der in andern Stunden zu lesen ist, eingestoßen werden –. Lebe daher wohl für diesen Abend, für diese Nacht, Teurer, Einziger! Eine dunkle schattenvolle Nacht umhüllt mich, – die Helle, die durch die Finsternisse bricht, ist ein Traum, – mehr als ein Traum, vielleicht schon

Dämmerung und Vorglanz eines schönen Morgens, der endlich durch die Schlagschatten der Bergkette brechen wird, die mich von dir trennet. Lebe wohl!

*Eugenius*

24.

Glogau, den 22. Oktober 1796

Mein einziger teuerster Freund!

Du bist zu gut, du liebst mich zu sehr, um die Grade meiner Wärme gegen dich nach der Zahl der Briefe zu berechnen. – Mein hiesiger Aufenthalt, der ein Lärm- und Tummelplatz meiner Launen ist und in den hineingestoßen ich an hundert Haarseilen mehr hänge als sonst, ist schuld daran; nicht daß ich nicht an dich gedacht haben sollte, (denn mein Vegetieren hat mich noch nicht zur Mumie umgeschaffen), sondern daß ich dieses Erinnern an dich oder mehr als das, – dies ganz mit voller Seele an dir Hängen, mein Teuerster, nicht schriftlich dokumentiert habe. – Dein Vorwurfsbrief, Klaglibell gegen meine Briefverzögerung vom 14. Oktobr., hat alle jene Haarseile losgeschnitten, und ich fliege, dir zu sagen, daß ich dich liebe und daß die Trennung von dir der bitterste Tropfen ist, den mir das Schicksal in den Becher des Lebensgenusses hineingemischt hat. – Mit diesem vollen Herzen, mit diesen süßwehen Empfindungen, – mit diesem Drange nach Mitteilung, werde ich, nur mit dir vereint, glücklich sein können. – Mein Geist schwebt dem deinigen zu, bei jedem Ideal künftiger Zufriedenheit. – Hier lebe ich oft, von interessanten Gegenständen umgeben, so uninteressant als weiland mit dem Cicero unter dem Arm, als ich in Prima saß und die ersten Grundpunkte der Contourstriche zu allem künftigen Glück und Unglück, namentlich aber auch zu deiner Freundschaft, ohne selbst daran zu denken, hinwarf. – Jene Zeit war schön, weil mit jedem Tage ich selbst (moralisch) mit meinen kleinen

Freuden heranwuchs. – Diese Zeit kommt nicht wieder. – Jetzt lebe ich uninteressiert, weil ich von allen, die mich liebten, hinwegzog, ohne hinlänglich vernünftigen Grund und aus einer Art von Stoizismus, der mir nicht einmal natürlich ist, und weil hier die, die mich nicht lieben, mich nicht verstehn, sich auch nicht die Mühe geben, mich zu verstehn. Freilich hab' ich aus Königsberg *ihr* Gemälde erhalten. – Getroffen ist sie und schön gemalt, – das Gemälde ist aber in Nova Zembla gemalt. – Kein warmes Kolorit, – kein feuriger Blick führt's zum Herzen. – *Sie* ist's nicht. – Sie, die mich liebt; – ich arbeite an einer Kopie, der meine glühende Fantasie Leben und Geist geben soll. – Ein gewisser Molinari, der ein sehr geschickter Maler ist, hält sich seit einigen Tagen hier auf. – Alles was ich von ihm höre und sehe, ist so äußerst interessant, daß ich nicht die Zeit erwarten kann, ihn kennenzulernen. – Noch nie habe ich eine solche lebhafte Miniaturmalerei gesehn! – – – – – – – – – – – – – – – – – – – – – – – – – – – – – – – – – – – – – – – – – – – – – – – – – – – – – – – – – – – – – – – – – – –

Es ist fast ganz gewiß, daß ich auf den März die Reise nach Königsberg mit dem Onkel antrete. – Wir werden uns wiedersehn, – ich werde dich früher umarmen als sie! – Einziger Teurer, – ich finde dich so wieder, als ich dich verließ. – Du liebst mich, – und ich bin glücklich! – Wenn diese Prüfezeit, diese Fegfeuerprobe vorüber sein wird, – wenn alles, was mich quält und niederdrückt, in tiefe Nachtschatten zurücktreten, – wenn endlich jene Sonne für mich aufgehn wird, der ich mit ungeduldigem Entzücken entgegensehe! O mein Freund! – was wäre ich, wenn diese wohltätigen Ideen seliger Zukunft meinem Geist nicht Kraft und Spannung gäben!

Eben fällt mir das Blatt in die Hände, das ich denselben Tag schrieb, als ich deinen ersten Brief erhielt, – ich leg es versprochenermaßen diesem Briefe bei, der eben auch kein Neuigkeitsbrief ist. – Allemal wenn ich an dich schreibe, nehme ich mir vor, dir recht viel Schilderungen von Glogau

zu machen und überhaupt recht jovialisch zu sein, eine unbesiegbare, wehmütige Stimmung verdirbt mir allemal dies
Projekt.

Du bist in Danzig gewesen und hast ein neues Menschenge-
nus kennengelernt, – solche Ausflüchte wünscht ich mir machen zu können, – vielleicht gehe ich auf ein paar Tage nach
Breslau. – – – – – – – – – – – – – – – – – – – – – – – – – – – – –
Ich werd' mich einmal anstrengen, dir ein Buch zu übersenden,
woran ich schreibe, was jovialischer ist und witziger als ich
selbst. Lebe wohl, mein Teurer, und antworte mir sehr bald.

## 25.

Glogau, den 11. Dezember 1796

Ich eile, dich noch in M., dicht vor der Abreise nach Königsberg, mit einem Briefe zu erwischen, – du mußt, ständest du
auch schon mit einem Fuß im Wagentritt, doch noch so lange
zögern, daß dir der Postbote den Brief insinuieren kann, –
lesen magst du ihn auch erst in Königsberg; laß diese Unterhaltung dir aber das Eintrittskompliment, – die Bewillkom-
mungsvisite sein! – Ich ging nach Süden, um wärmer zu sein,
und bin an eine Eisklippe geraten, die mir Verderben droht. –
Mein Exil vergleiche ich mit jenen Inseln des Lord Anson, die
nur in der Beschreibung Paradiese sind, – die Exaltation, in der
ich in das freiwillige Exil ging, ist dir nicht unbegreiflich, wohl
aber oft mir selbst. – Heute gerade wäre ich in der Stimmung,
dir manches zu sagen, was so toll, – so überaus toll ist, – daß ein
gewisses vernünftiges Etwas, – ein schwarzer Punkt in einem
Feuerkreise, – mir jede Periodensetzung zu verderben scheint,
in der ich dir dieses erzählen oder lieber herfantasieren will! –
Nenne mich den leichtsinnigsten, unbedachtsamsten Menschen, der sich um Hirngespinste quält und in einer unaufhörlichen Schattenjagd seine Kräfte erschöpft, – ich bin's fürwahr!

Ein kleiner Zettel aus meiner Brieftasche fällt mir in die Hände, – diese Worte stehn darauf: »Wenn ich's mir als möglich denke, daß dieser unsinnige Wechselbalg meiner Fantasie, über den ich in ruhigen Momenten ganz teufelmäßig lache, je die Fibern meines Gehirns erschüttern oder an die Fühlfäden meiner Empfindung tippen könnte, so wünschte ich mit Shakespeares Fallstaff: es wäre Schlafenszeit und alles wär' vorbei!« Dies habe ich gewiß in einer Aufwallung von gewissen tollen Ideen hingeschrieben und sie glücklich gedämpft, – und jetzt! – jetzt ist das alles geschehn, was ich damals bloß als möglich, der Kritik meiner Vernunft unterwarf, – und ich wünsche doch nur selten die Schlafenszeit, welche ich in jener Stelle aus Heinrich IV. dem Falstaffschen Ausruf unterschiebe.

Verzeih, mein Theodor, diese dir unverständlichen Äußerungen meiner sonderbaren Stimmung, ich reiße mich los, um dir interessanter zu werden oder um nicht selbst im Briefe ganz dem Hirngespinst zu gleichen, das mit meinen Launen faselt!

Die Nachrichten, welche ich jetzt aus Königsberg erhalte, sind so sonderbar, so widersprechend, daß sich mir nichts Gewisses daraus abstrahieren läßt. Ich bekomme zwar auch Briefe von *ihr*. Diese sind aber nur schlechte Repräsentanten der Vergangenheit, – du gehst nach Königsberg, von dir glaube ich mehr und gewissere Nachrichten zu erhalten, wie man sich meiner erinnert. Diese Nachrichten sollen meine Reise nach Königsberg bestimmen!

Man lebte hier in einem solchen traurigen Einerlei, wenn man nicht ex propria auctoritate manchmal humoristische Sprünge machte. Zu diesen gehören auch die Ombres Chinoises, die ich mit Hilfe des Cousins etabliert habe und durch die ich manchmal meiner Laune freien Lauf lasse, – ich habe auf diese Art auch den Jahrmarkt von Goethe aufgeführt! –

Ich wurde unterbrochen und an dem fernern Schreiben verhindert, – der Brief muß in zwei Minuten fort. Lebe wohl, – Adieu!

## 26.

Glogau, den 21. Januar 1797

Einziger teurer Freund!

Was du eigentlich von mir denken magst, möcht ich wissen! die Santa Hermandad meines eignen Gewissens klagt mich an, und nur mit schwachen Gründen suche ich einer schmerzhaften Verdammung zu entgehn! – Dein Brief, (der letzte), der mir heute in die Hände fiel aus dem Portefeuille, indem ich's aufmachte, ein Porträt anzusehn, mahnte mich an die Erfüllung einer Pflicht, die mir zugleich noch wohltätige Sonnenblicke aus der Vergangenheit verschafft. – Vor einigen Tagen hätte ich freilich nicht schreiben können, denn ich hab' mir den Arm auf dem Eise lahmgefallen, aber dein letzter Brief erforderte schleunige Antwort. – Die Spannung, in der du ihn für mich aufs Papier hinwarfst, hat vielleicht schon nachgelassen, – vielleicht siehst du schon manche Dinge anders, – manche Gestalt, die erst in grellem Lichte hervorstach, ist im Schatten, – ich will, daß du mich nur hörst, und wünsche die zum Teufel, welche dir Verdruß und böse Laune machen. – Ich bin dir am heutigen Januarabend, mein liebes Kind! so eiskalt, daß ich dir sogar ungemein vernünftig sagen kann, daß im Entbehren, im Nichtgenießen, – im völligen moralischen und physischen Farniente man eine überaus große Ruhe findet, (unumstößlich wahr) – daß man eigentlich nie, – nie lieben sollte, – keinen Geschmack finden an Anmut und Schönheit und hinbrüten, bis man mit Shakespeares Fallstaff schlafen ginge, – ich setze nur noch hinzu, daß dies abscheulich ist, – nämlich ein Satz aus der Diätetik des Phlegmatikers, welcher in Königsberg auf dem gewissen Lehnstuhle vegetiert, und daß ich ewig verdammt sein will, wenn ich länger als dreiviertel Sekunden so räsonieren kann. – Jetzt hab' ich mein Licht geputzt, eine Schlafmütze auf mein Haupt geworfen, zweimal, zum

Schrecken einer Maus, die an einem haschierten Pantoffel
soupierte, den Fuß gegen die Erde gestampft und denke, –
empfinde, spreche anders!

Schon in mehr als einem Briefe habe ich dir gesagt, daß ich
zu jovialisch bin, um möglich lange an einer fatalen Grille zu
kleben, daß sich trübe und frohe Stunden in den zu durchle-
benden Tag bunt untereinander teilen, daß mein Geist aber oft
mir Partialzahlungen leistet, wenn meine Fantasie eine ganze
Kapitalssumme fordert. – Dies alles, zum voraus gesagt,
kann's dir nicht auffallen, wenn ich dir versichere, daß ich nie
mehr Veranlassung hatte, unglücklich zu sein, als jetzt und daß
ich nie jovialischer dachte als heute am einsamen Abend. – Mir
fehlt nur mein Theodor, – auf ewig könnte ich alles, alles, was
mich quält, warum ich mich abhärme, vergessen und glücklich
sein, wie ich's nie war! – – – – – – – – – – – – – – – – – –
– – – – – – – – – – – – – – – – – – – – – – – – – – – – – – – –

– Der verfluchte Arm, – ich muß pausieren! – Ich habe etwas
pausiert, und mein Arm erlaubt mir weiterzuschreiben! – aber,
o weh, durch die Stiche im Arm sind gewisse Stiche, die tief in
das Herz gehn, rege geworden und haben meiner guten Laune
einen Stoß versetzt. – Alles geht jetzt verflucht, der Cousin
schnarcht aus F-Moll – die Maus nagt unaufhörlich am Pantoffel, – ich hab' sie erschmeißen wollen mit dem Landrecht von
1721, – mit schlesischen Edikten, – mit meiner Bürste, – mit
der Sandbüchse, – die Stube ist schon fast mit allen meinen
Effekten besät, aber die mordiöse Canaille nagt fort, – stört
gänzlich alle Illusion, und ich kann nichts Gescheites denken.
– Zu diesem allen kommt noch, daß ich mit einer fieberhaften
Schläfrigkeit kämpfe, welche ich auf die Ereignisse des heutigen Tages schiebe, – denn denk nur, M. hat uns verlassen und
auf eine entsetzlich lange Zeit, und ich bin so weichherzig, so
sentimentalisch beim Abschiede gewesen, – habe sie unwillkürlich, als sie mir den Abschiedskuß reichte, an mein Herz
gedrückt, daß mir der Cousin einmal über das andere versi-

chert, ich wäre verliebt, und daß ich der größte Hasenfuß bin, den man sich nur denken kann, ist auch mitunter wahr. Eben fällt mir ein, vor einiger Zeit einen Brief von dir erhalten zu haben, in dem du mir versichertest, meinen letzten Brief nicht verstanden zu haben, welches sehr glaublich ist, weil ich etwas verrückt war, als ich ihn schrieb!

Ich berichte nur noch, daß der Cousin aufgewacht ist, – und eben auf mein flehentliches Bitten mit besonderer Geschicklichkeit das Galgenvieh, – die soupierende Maus im Vorbeischießen ertreten hat, und lege mich dann schlafen. – Gute Nacht, mein Theodor, morgen früh füll' ich vielleicht mit gescheitern Dingen die übrigen Blätter. Ich fühl's, nichts Kluges gesagt zu haben! – das über deine Geschichte ausgenommen; es ist solches wahr!

Gute Nacht!

Sonntag früh um 9 Uhr

Ein trüber unfreundlicher Morgen, der Sturm hat diese Nacht geraset, und Schloßen haben meinem Fenster den Untergang gedroht. Jetzt ist's sonst ruhig, nur der ganze Weg nach Bruste, (ein Dorf eine Viertelmeile von Glogau,) den ich übersehn kann, ist mit Fußgängern bedeckt, die nach Glogau in die Kirche wallen. Denk' dir eine lange Kette, deren Glieder blaue Mäntel (in den Mänteln stecken res sese moventes) sind! So erbaulich wie denen da zumute ist, so fromm sie selbst durch die Beschwerlichkeiten des Ganges gestimmt werden, so können wir beide, du und ich, nun und nimmermehr sein, – du wohl noch eher. – – Du hast es mir oft ziemlich unsanft vorgeworfen, daß ich nicht für so etwas als verdorbener Städter empfänglich wäre, – ich räume es ein! – – – – – – – – – – – – – – – – – – – – – – – – – – – – – – – – – –

Einige Zeit hindurch (um nicht ewig vom Sonntage zu reden) hab' ich hier einen Umgang genossen, der meinem Geist, oder willst du lieber, meiner Fantasie neuen Schwung gegeben hat. Ein Mensch, wie ich ihn mir oft idealisierte, kam wie eine Erscheinung her und floh wie ein guter Genius, der im Vorüberfluge Rosenblätter in die Lüfte streut. – Sein Ruf war wider ihn, und er wurde, wie viele Menschen, verkannt. – Denk' dir einen Menschen, – schön gebaut wie der vatikanische Apoll, – dazu aber einen Kopf, wie ich ihn, einen Fiesko zu charakterisieren, wählen möchte, denn es ist wahr, daß aus dem sonst schönen Auge oft eine gewisse boshafte Schadenfreude hervorstrahlte. – Die schwarzen kurzen krausen Haare schienen dies noch mehr zu bestätigen. – In der ganzen Haltung des Körpers lag etwas Stolzes, – eine gewisse Superiorität, die doch nie anmaßend war – dieser Mensch hieß Molinari und war ein Maler. – Du kennst mich, Theodor, kennst meinen Enthusiasmus für die Kunst: – War's Wunder, daß ich mich gleich ihm zu nähern suchte. Es gelang mir bald, und nun verbrachte ich fast jeden Tag ein paar Abendstunden in seiner Gesellschaft. – Er hatte die meiste Zeit seines Lebens in Italien gelebt und sich vorzüglich in Rom zum Künstler gebildet. – Ich behalte mir's vor, künftig bei einer mündlichen Unterhaltung, dir mehr von ihm zu sagen, jetzt nur so viel, daß ich durch ihn unendlich in der Kunst gewonnen habe. Der Feuergeist des Italieners belebte seine Werke, und einige Funken davon weckten meinen schlafenden Genius, – dieses dokumentier' ich durch ein paar Mädchenköpfe, die ich in meinem Portefeuille von meiner Hand habe. – – – – – – – – – – – – –

– – – – – – – – – – – – – – – – – – – – – – – – – – – – – –

Es wäre alles gut, wenn nicht alles sich bei mir zur Leidenschaft umwandelte. – Meine Heftigkeit, – ich möchte sagen, meine Raserei bei allem, was sich mir von der Seite solcher Empfindungen darbietet, zerstört alles Gute in mir. – Die Jovialität geht zum Teufel und zerstört sind alle Glücksträume, – dies ist der Punkt, in dem ich mit Molinari zusammentraf. – Beide, Kinder des Unglücks, – beide verdorben vom Schicksal und sich selbst!

O mein Theodor, wenn ich's dir schildern könnte, so wie ich's fühle, was du mir bist, wie ich mit ganzer Seele an dir hänge, – wie ich mir noch gut bin, um deiner Freundschaft würdig zu sein! – Jedes Wort in deinen Briefen ist mir teuer und heilig, – das Paket liegt in meinem Pulte, und jeder Blick, den ich hinwerfe, erstickt die maliziösen Pläne, – die boshaften Schlüsse, welche von einer verzweifelten Resignation erzeugt worden, – und stimmt mich so wehmütig, daß ich weinen möchte, wenn ich Tränen hätte! –

Künftigen Frühling reise ich nach Königsberg, das ist bestimmt, aber dann mach' ich im Junius eine Fußreise ins Gebirge, wie glücklich wär' ich, wenn mich da mein Theodor begleitete! – Denke dir, Freund! wenn wir, wieder vereint, die schönen romantischen Gegenden des Riesengebirges durchzögen! – Alles würde uns auffordern, zufrieden mit uns, ausgesöhnt mit der ganzen Welt, mehr als jemals die Gegenwart zu genießen. – Daß ich gehe, ist so fest bestimmt, daß kein moralisches Ereignis den Vorsatz umstoßen und die Ausführung vernichten kann, – aber ob der, der schöne, herrliche Glückstraum deiner Begleitung erfüllt werden wird, ist eine andere Frage! – Verzeih, Einziger, es klingt wie ein Vorwurf, wenn ich dir sage, daß noch nie etwas in Erfüllung ging, um das ich dich bat. Immer drängten sich unvorhergesehene Hindernisse dazwischen, – und lag es gänzlich bloß an dir, so stimmten dich äußere Dinge anders und du fandst es immer unmöglich, meine Wünsche zu befriedigen. – Schreib' mir wenigstens, ob jene intendierte Reise ganz gegen deine Bestimmung für den künftigen Sommer ist oder nicht! – Wie glücklich wäre ich, wenn du einwilligtest!

Wenn ich nur erst weiß, ob du noch in M. bist oder schon fort nach Königsberg, (die Überschickung der Briefe macht mir einige Unruhe), so schicke ich dir ein gewisses Porträt zu! – Eben bringt man mir Preislers Zeichnungen, die ich Molinari geliehen hatte, wieder. – Ein Zettel fällt heraus: »Wir sehn uns

wieder!« Wahrscheinlich meint er Warmbrunn. Er will künftigen Sommer hin und ich auch; – er geht nachher nach Italien,
ich leider nicht! –

Wenn wir uns wiedersehn, ist meine Fantasie von neuen
Hoffnungen geschwängert! – Ich werde ausgelassen sein, denn
dort find' ich sie wieder. – – – – – – – – – – – – – – – – – – – –
Ich bin schlechter, verdorbener, – ich tauge nicht mehr viel,
und höchstens mal' ich besser, das ist aber auch alles.

Eben kommt ein höchst sonderbarer Mensch, Associé, Li-
tis-Consorte (nach Jean Paul) eines Hauses, in dem ein Mädchen ist, der ich, wie man als ganz gewiß sagt, den Hof mache.
– Es ist wahr, daß ich einige Ausschweifungen begangen habe,
– dieser Michaëline zu gefallen* einigemal bei den Franziska-
nern Messe gehört, auf der Redoute nur mit ihr getanzt habe,
das ist alles wahr, sowie daß sie ganz ausgezeichnet hübsch ist
und daß ihr Kopf bei mir im Portefeuille liegt, – dieser Mensch
ist erstaunend höflich, – geht um mich her, wirbelt auf der
Bratsche einige dumme Akkorde. – Was er nur wollen mag! –
Mich hinbitten zum C. R., ich kann nicht kommen, weil ich des
Arms wegen mich nicht anziehen kann! Der Cousin macht dir
sein Kompliment. Adieu Teurer, einziger Freund, adieu, bis
zum Anfang des Aprils!

27.

Glogau, den 15. März 1797

Teuerster einziger Freund!
Endlich, endlich reiße ich mich los von allem, was mich umgibt, was mich mit unsichtbaren Ketten an die uninteressante-
sten Dinge fesselt, um dir in einer süßen ruhigen Stunde, die
ich ganz froher Vergangenheit weihe, zu sagen, daß ich dich
innig liebe und daß alle Nachrichten, die sich auf Vorfälle,

---

\* Seine nachherige Frau.

welche dein künftiges dauerhaftes Glück begründen sollen, beziehen, mich auch äußerst glücklich machen! – Der Kauf der L–r Güter, die in einer romantischen Gegend liegen sollen, scheint mir die erste dezidierende Handlung zu sein, welche Einfluß auf dein ganzes künftiges Leben hat! – Zieh' ein in ein Paradies mit einem holden Geschöpfe, das, – vielleicht nicht inniger, aber für dich doch empfindungsvoller, (ich will sagen, deine Empfindung wäre gespannter), als jeder Freund, dein Entzücken teilt, – glücklich ist der, dessen du dich in den ersten Stunden dieses Wonnegefühls erinnerst, – die Periode ist undeutlich, – eigentlich wollte ich bemerken, daß die Liebe zur Freundschaft sich verhält wie der Akkord der Äolsharfe, der alle Fibern erschüttert, zu den angeschlagenen Saiten des Fortepiano, die sanft und leise in der Seele nachklingen. – Du sagst, mein Teurer, daß selbst meine Briefe von der Veränderung zeugen, die mein Ich, – die guten Seiten meines Ichs gewaltsam zerstört hat. O mein Freund, in Stunden, wo ich noch fähig bin, jene himmlischen Gefühle, – jene schwärmerische Ideale von Tugend, – Liebe, – Glück hervorzurufen, welche mich in einem Alter von 16 bis 20 Jahren so glücklich machten, in diesen Stunden steht's deutlich vor meiner Seele, was ich war und was ich bin! – Zwei Menschen haben eine Hölle in meine Brust geworfen, welche unaufhörlich brennt. – Es gibt Augenblicke, wo ich an allem Guten verzweifle, wo ich mich aufgelegt fühle, allem entgegenzuarbeiten, was mit scheinbarem Glück prahlt, – und dann, – dann, wenn alles aufwacht, – Briefe aus Preußen mich wider meinen Willen an menschliche Wesen ketten, – Liebe kann einen Satan bekehren, – wenn alles auf mich einstürmt, – dann wird die Eisrinde, die sich um mein Herz legte, erwärmt, – sie schwindet, und eine unbeschreibliche Wehmut wirft mich nieder. – Verzeih' mir diese Schilderung meines Zustandes; – ich war sie mir selbst schuldig, und du bist vielleicht der einzige, der mich mitleidsvoll in seine Arme schließt! – ich bin hier überhaupt in einer

sonderbaren Lage. – Man kann mich nicht gut leiden, so sehr
ich anfangs zu gefallen glaubte. – Menschen, die mich erst mit
Liebe und Zuneigung erdrückten wollten, sind jetzt kalt und
fremde gegen mich. – – – – – – – – – – – – – – – – – – – –
– – – – – – – – – – – – – – – – – – – – – – – – – – – – – –

Aller Wahrscheinlichkeit nach seh'n wir uns künftigen Frühlings nicht wieder. Der Onkel hat Hindernisse aufgefunden,
oder vielmehr Hindernisse haben sich ihm entgegengestellt,
welche die ganze intendierte Reise vereiteln. – Wenn du nicht
lebtest und mich noch liebtest, wär's mir gleich, denn *sie* in
Königsberg wiederzuseh'n, erfüllt mich mit Entzücken, aber
auch mit tötendem Schmerz!

Ich liebe nicht mehr die Musik, – es ist wahr, was Jean Paul
sagt, die Musik legt sich um unser Herz wie die Löwenzunge,
welche so lange kitzelnd und juckend auf der Haut liegt, bis
Blut fließt; – so ungefähr lautet die Stelle. – Sie macht mich
weich wie ein Kind, alle vergess'ne Wunden bluten aufs neue.
– Neulich war ich mit jenem Mädchen zusammen, – in der
frohsten Laune, – die untergehende Frühlingssonne warf noch
die letzten Strahlen durchs Fenster, – alles war so in lieblicher
Haltung, – ihre Figur schien in den Atomen, welche der Strahl
sichtbar machte, zu schweben, und ich fühlte, halb zu ihr
hinübergebogen, ihren sanften Hauch auf meiner glühenden
Wange, – ich war glücklich und wollt's ihr sagen, – das Wort
erstarb mir auf der Zunge, als es sechs schlug und die Flöten-
uhr das Mozartsche Vergißmeinnicht in feierlichen Tönen
spielte, – die lange Wimper ihres Auges senkte sich, und ich fiel
in meinem Stuhl zurück, – zwei, – drei Verse. Ich dachte an die
Worte:

> Denk, daß ich's sei, wenn's laut in deiner Seele spricht
> Vergiß mein nicht!

aller Frohsinn schwand dahin, und ein Fieberfrost kühlte die
Glut, welche in mir aufgestiegen war! – Endlich schwiegen die

Töne. – Es ist vorbei, sagt' ich! – Ja, – erwiderte sie dumpf, – ich wollte ihr zu Füßen stürzen, da dachte ich an – – – – – –

– – – – – – – – – – – – – – – – – – – – – – – – – – – – – – – – –

Damit du mich nicht albern nennst, schick' ich dir mit ehestem ihr Porträt. – Ich kann es das erste nennen, welches ich in meinem Leben gemalt habe! – Eigentlich bin ich das alles, was mich jetzt oft zerstreut, M. schuldig! – Es ist verdammt, daß ich dich in vier Wochen nicht spreche, indessen ist noch ein kleiner Schimmer von Hoffnung; – vielleicht! – wenn ich's durchsetzen könnte, ich liefe zu Fuß nach M., um wenigstens auf eine kurze Zeit der unangenehmen Lage zu entlaufen, die mich hier quält. – Ach, teurer Freund, die Stunde ist vorüber, – Menschen platzen in mein einsames Zimmer, – ich soll fort! – Man nimmt mir mein Portefeuille, man durchstöbert meine Papiere, – man will wissen, was und an wen ich schreibe. – Die Santa Hermandad verfährt glimpflicher als diese Inquisitoren, – Lebe wohl, – ewig wohl! Denk' an deinen

H.

Sonntag, den 19. März

Was wirst du sagen! – Ich öffne heute mein Portefeuille, und der Brief, welcher schon vorigen Mittwoch abgehen sollte, fällt mir in die Hände! – Was wirst du sagen von meiner Saumseligkeit im Schreiben! – Nur noch mit einigen Worten sag' ich dir, daß die Reise nach Königsberg doch wahrscheinlich vor sich gehen wird, – übrigens lebe ich jetzt in dieser Hoffnung glücklicher als sonst. – Leb' wohl, – wir seh'n uns wieder!

## 28.

Glogau, den 28. April 1797

Einziger, teurer Freund!

Es scheint, als wenn sich jetzt alles vereinigt, mich zur Verzweiflung zu bringen. – Zu wem sonst könnte ich Zuflucht
nehmen mit meinem geängsteten gepreßten Herzen als zu dir.

– – – – – – – – – – – – – – – – – – – – – – – – – – – – – – –

Ein kleines Vermögen fiele dann mir zu, und ich flöhe damit zu
dir, – du gäbst vielleicht gern für mich und meinen Tisch ein
Plätzchen her, wo ich frei und los von allen Verhältnissen leben
könnte. Ich widmete mich allenfalls der Malerei, die ich vielleicht durch Übung eines Jahr's zu einiger Vollkommenheit
bringen könnte, und flöge zuweilen aus mit diesem Talent in
die Welt und kehrte dann wieder zurück in das Asyl deiner
Freundschaft! – Was denkst du zu diesem Luftschloß! –

Alle jene Pläne, worauf sich sonst meine Zufriedenheit
stützte, wären erfüllt. – Alle Träume, Wahrheiten! – Himmel,
warum war gegen mich, nur gegen mich, das Schicksal so karg!
– Lieber, Bester! – hätte ich mich nicht an dich geschmiegt, wie
ich zum erstenmal fühlen lernte, so wagt' ich es nicht, dir den
Vorhang zu öffnen, der meine, – diese Wünsche jedem Menschen in der Welt verbirgt! – Gott im Himmel, wenn jener
Wunsch je in Erfüllung käme! – Alles drängt hier auf mich ein,
– die widrigsten Verhältnisse zehren meine Kräfte auf, – ich bin
nicht mehr der, der ich war, aber noch fühl' ich Kräfte genug
in mir, der wieder zu werden, der ich einst war! –

Es bleibt mir nichts übrig, als mich gewaltsam an dein Herz
zu drücken und so dem Sturme entgegenzugehen, der meiner
vielleicht wartet! – Vielleicht schlägt endlich die Stunde der
Erlösung, – vielleicht bald! O mein Freund, – mein einziger
Freund! – Soll ich ewig klagen, daß für mich jene glücklichen
Stunden des zärtlichen Ergusses unsrer Freundschaft dahin

sind, – soll ich denn resignieren, so auf Freundschaft, wie auf
Liebe? Dies Wort schneidet mir durch's Herz und wirft mich
nieder im Schwunge meiner Fantasie. – Ich werde geliebt, – ich
liebe, – aber ein Fluch der Natur liegt auf diesem Verhältnisse. – Warum mußte ich so spät geboren werden! – – – –
Warum war's mir nicht aufbehalten, zuerst das Herz aufzufinden, das sich an meins schmiegte! – Nein, weg mit diesen
unnützen Erinnerungen! – Ach, du mein Theodor, hast wohl
gesehn, wie dies Gefühl mich damals in ein Elysium führte, das
ich nie zu verlassen glaubte. – Lebe wohl, Theodor, mein
Einziger, – mein Alles, woran ich noch ungestraft hängen
kann. – Schreibe bald, deine Briefe sind lindernder Balsam auf
mein krankes Herz. –

## 29.

Königsberg, den 10. Mai 1797

Teuerster Freund!
Mit Vorsatz habe ich den 9. Mai abgewartet und dann: erst
wieder deinen letzten Ansagezettel (Brief kann ich 10 Zeilen,
die eine kurze Nachricht, wo dich meine Briefe treffen sollen,
nicht nennen) zur Hand genommen, um ihm zufolge dich mit
meinen Freundschafts-Hirtenbriefen bis nach L. zu verfolgen.
– Unsere romantische Zusammenkunft in L. auf der Schloß-
treppe hat mich auf der ganzen übrigen Reise in gutem
Schwunge erhalten und eine abscheuliche Laune vertrieben,
welche mich, seit ich von Glogau ausfuhr, für alle Freuden des
Wiederseh'ns gefühllos machte. – Ich habe *dich* wiedergeseh'n,
du bist noch der alte gewesen, – was kann mich mehr mit allem,
– selbst mit dem widrigsten Schicksal aussöhnen! – Laß dir's
mit zwei Worten sagen, daß ich in Königsberg *sie* wiederfand,
– daß *sie* nur für mich lebt und daß in diesem Wiederseh'n alles
um mich her versunken ist, – daß ich *sie* mir gedacht, – daß ihr

Wesen in's meine verschmolzen, – ewig in mir leben wird, –
und daß ich dies nur *dir* sage! –

Alles übrige, was ich dir sonst von meinem Wiedereintreffen
in Königsberg sagen könnte, mag höchst uninteressant sein
aus dem Grunde, weil ich's rein vergessen habe! – Ich komme
an etwas, worüber ich mit mir selbst nicht einig werden kann,
und dieses ist deine Aufforderung, die letzten 8 Tage meines
Urlaubs bei dir in L. zuzubringen. – Sollte ich mich aber auch
wirklich hier 8 Tage zeitiger losreißen können, so stellen sich
doch hundert Schwierigkeiten entgegen, die es fast schlechterdings unmöglich machen. – Was könnte mir mehr am Herzen
liegen, als endlich einmal dich wieder zu sprechen, um solche
glückliche Stunden zu genießen wie ehemals, als wir beide
noch ungetrennt täglich unsere Gefühle und Empfindungen
austauschten. Damals schienen uns Tage, die uns voneinander
trennten, Ewigkeiten, und jetzt vergehen Jahre, und wir sehen
uns nicht! Ich bin müde, das Schicksal und mich selbst anzu-
klagen, – ich habe verloren durch Konventionen, – Umstände,
– durch mich selbst. – Die Vergangenheit war immer schöner
als die Gegenwart, – an die Zukunft mag ich gar nicht denken;
jedes Bild derselben ist mir verhaßt. – Du bist nicht mehr frei;
– von dir erwarte ich nichts mehr, es ist die Reihe an mir, dich
in deinem Sitze aufzusuchen, daher will ich's möglich machen,
dich künftigen Frühling in L. zu besuchen, ich werde mich
alsdann auf einige Tage in deinen häuslichen Zirkel eindrän-
gen, es kommt nur darauf an, daß du mir eine Lücke zeigst, wo
ich allenfalls steh'n könnte, so lange wenigstens, als du's willst!
– Eben fällt mir ein, daß ich jene Nacht in L. alles anwandte,
um, von dir überwunden, nicht alles, – Onkel, – Extrapost, –
Königsberg zu vergessen und daß ich, um abzubrechen, dich
sogar auf meinen dicken Stock aufmerksam machte, womit ich
mich gegen die blutgierigen Bullenbeißer verteidigt hatte, die
mich, noch ehe ich dich gesehn, auffressen wollten. – In
solchen Fällen ist man recht läppisch! – Deine Braut wird's mir

nicht übelnehmen, daß ich mich so eifrig dagegensetzte, ihr vorgestellt zu werden; – ich hätte mich unter den ungünstigsten Umständen produziert, und der üble Eindruck, den ich auf sie gemacht, hätte mir in der Folge sogar bei dir schädlich werden können. Wenn du gerade einmal in ihrer Gegenwart an mich denken solltest, so versichere ihr, daß ich sie auf das innigste hochachte, – sie hat dich glücklich gemacht, und was kann ihr mehr einen Platz in meinem Herzen zusichern! – Ich bin stolz genug zu glauben, daß ich sie interessiere, – die Freunde des Geliebten spielen ja gewöhnlich nicht ganz ungünstige Rollen. – Sie sind ein guter Grund, um die Hauptfigur heraufzuputzen, sage ich ziemlich malermäßig! –

Viele alte Freunde hab' ich wiedergefunden, – manche kennen mich gar nicht mehr, – manche andere fallen aus den Wolken oder glauben, ich wäre herausgefallen. – Sonderbare Leute sind es, – manche sind so erfroren, – sie tauen allmählich auf und gehn nachher in eine unmäßige Wärme über. – Die mir in der Ekstase um den Hals fallen, deren Freundschaftsbezeugungen von so vehementer Art sind, daß ich lange an zu weniger Luft leide, sind gerade solche, die ich äußerst wenig gekannt, – mit denen ich allenfalls etlichemal eine Komödie angesehn, – in einer Kolonne getanzt, – oder einen gleichen Rock getragen habe. – Den letzten Freundschaftsschwur höre ich nur im Echo, – oder es trifft mich wie ein Rikoschettschuß, – weil er in der dritten Straße ausgestoßen wird, wenn ich noch atemlos auf dem Angriffsplatz stehe! Indessen wollt' ich doch jetzt ungleich lieber in Königsberg bleiben, als nach Glogau zurückgeh'n, – dir wäre ich näher! – Man lebt in Glogau in vielem Betracht schlechter. Meine Hoffnungen sind gescheitert, – man hat Versprechungen unerfüllt gelassen, von denen ich angelockt wurde; – doch ich will schlechterdings nicht klagen. – Aus Königsberg schreib' ich dir einen längern Brief, wenn du mir diesen beantwortest. – Lebe wohl, teurer einziger Freund! –

Mancher ist gestorben im Jahr meiner Abwesenheit, z. B. mein Vater!

### 30.

Glogau, den 27. Junius 1797

Teuerster Freund!
Als ich in Glogau eintraf, schmeichelte ich mir mit der Hoffnung, einige Worte von dir vorzufinden, – und wollte mich mit diesen Worten trösten über Vergangenheit und Zukunft, – du hattest nicht daran gedacht, in welcher Seelenunruhe ich dir den letzten Brief schrieb, und daher warst du karg gewesen mit deinen Heilmitteln. – Dulde mein ungenügsames Herz, das dich mit Vorwürfen überhäuft, sobald seine ausgelassenen Wünsche nur im geringsten nicht befriedigt zu sein scheinen. – Verzeihe auch mir, wenn ich dich die bittren Seiten meines Verhältnisses fühlen lasse, – denke daran, daß niemand, niemand in der Welt mehr und inniger an dir hängen kann; – ich klage dir das, was sonst kein Geschöpf auf Erden aus meinem gepreßten Busen hervorlocken könnte, und du kannst es mir nicht verargen, so oft es mir auch ein böser Genius zuflüstert, daß du jetzt mich zum erstenmal in deinem Leben verkannt haben könntest. – – – – – – – – – – – – – – – – – – – –
– – – – – – – – – – – – – – – – – – – – – – – – – – – –

Ich glaubte, dich in L. vielleicht zu finden; – als wir abends durchkamen, war alles hell illuminiert, und da sank mein Mut, dir mitten im Vergnügen den Verfasser des neulichen Briefes vorzustellen. – – – – Hier habe ich alles so wiedergefunden, wie ich es verließ. – Mich überfällt zuweilen eine tötende Langeweile, wenn man um mich herum lacht und nach Fliegen und Bonmots jagt. – O Freund! – warum behandelte mich das Schicksal so karg, daß ich nicht alle diese unerträglichen Bande abwerfen und in dein Asyl fliehen kann, wo endlich Ruhe sein würde und Friede auf ewig! – Ich bin in Königsberg beim

Abschied so weich geworden, daß ich weinte wie ein Kind, –
die Rührung war widernatürlich – meinem Charakter, meiner
Art, solche Gefühle zu äußern, ganz entgegen, vielleicht
mischte sich die Ahndung drein, welche mich marterte, – ich
glaube, *sie* nicht wiederzusehn, der einzige, der hier oft meine
schlummernde Jovialität weckte, dessen Raisonnements oft
Kinder einer hellen reinen Imagination waren, ist mir von der
Seite gerissen.* – Eben jetzt schreibe ich den zweiten Brief, an
dem von ihm nach seiner Abreise geerbten Schreibtisch; seine
Bücher und ein alter Überrock sind noch hier, – beim letzten
dachte ich an Jean Paul, der abgelegte Alltagskleider für das
sinnlichste Andenken abwesender Freunde hält, – er hat recht
nach meinem Gefühl, und um keinen Preis lasse ich mir des
Cousins alten Überrock rauben. – Wenn du noch etwas Liebe
für mich im Herzen fühlst, so schreibe mir so schleunig, als es
nur immer möglich ist, und erzähle mir, wie du lebst, – die Zeit
deiner Verbindung usw. – – – – – – – – – – – – – – – – – –
– – – – – – – – – – – – – – – – – – – – – – – – – – – – – –

Ich bitte dich auf's innigste, daß du mir mit der nächsten Post
schreibst. –

  Lebe wohl, – Einziger, Teurer! und denke an deinen
              H.


### 31.

          Glogau, den 29. August 1797
Innigst geliebter teuerster Freund!
Vergib, daß fast jeden Posttag dich meine Briefe beunruhigen,
vergib, daß ich nicht den ersten Sturm meiner widrigen Verhältnisse ertrug und mit angenehmern Bildern der Hoffnung
auf die Zukunft meine Seele beschäftigte, ehe ich dir schrieb.
– Was wirst du denken, wenn du mit ruhiger kalter Überle-

* Der Vetter.

gung meinen Brief durchlesen und Äußerungen, – Ideen, – finden wirst, die mir in jener Stimmung entschlüpften und welche ich nie hätte laut lassen werden sollen! – Wenn ich deine Teilnahme erregt habe, so bist du ein seltner Mensch, den man ebenso verehren als lieben muß. – Du in der glücklichsten Epoche des Lebens, überall umgeben mit dem Genusse der Gegenwart, kannst dir, jetzt wenigstens, unmöglich den Zustand eines Menschen denken, der auf alles resignieren muß, – auf Freiheit, – Vergnügen, – Glück, – Genuß. – Nein, so weit ist's noch nicht mit mir; – dem letzten muß ich widersprechen, – die Natur hat zu viel für den Genuß getan, als daß der unglücklichste Mensch nicht noch immer Anlässe dazu finden sollte, wenn er nur soweit ist, suchen zu können! – Noch gibt es Stunden, die ich, in glücklicher Vergessenheit meiner widrigen Verhältnisse, der Kunst widme, und hier werde ich volle Befriedigung erwarten können, wenn sich meine Werke selbst belohnen und ich, im Gefühl eines Grades der Vollkommenheit, sie werde achten können. Der Musik werde ich entsagen müssen, wenn sie auch sonst am besten imstande war, mich aufzuheitern. – Morgen, oder wenn's lange dauert, übermorgen wird mein Klavier fortgeschafft. – – – – – – – – – – –
– – – – – – – – – – – – – – – – – – – – – – – –

Im Grunde ist es mir doch äußerst schmerzhaft, daß es mir bei meiner letzten Reise von Königsberg nach Glogau ganz unmöglich gemacht wurde, dich zu sehn, und es gehört mit zu den Eigenheiten, womit mich mein Schicksal quält, daß ich in Preußen gewesen bin und dich nur zehn Minuten gesprochen, daß nur ein Raum von ungefähr zehn Schritten mich von deiner Braut trennte und ich sie doch nicht kennenlernte! – Jetzt ist's mir klar, was ich damals hätte tun sollen, – acht Tage bei dir bleiben, und dann nachgeh'n nach Königsberg! – Vielleicht wäre man in L., in Rücksicht auf dich, hospital gegen mich gewesen. – Es ist vorbei, und wann – wann werde ich dich wiederseh'n! –

In Königsberg ist man jetzt so konfus, daß ich die wider-
sprechendsten Nachrichten erhalte und so wenige, daß man
mich am Ende wohl ganz und gar vergessen würde, wenn
nicht noch eine Person zuweilen an mich dächte. – Es gibt
Menschen, die wirklich kein Gefühl haben oder die es doch
wenigstens ihren Meinungen und ihrem Interesse aufopfern. –
Du bist vielleicht der einzige, der nichts Arges gegen mich im
Sinne hatte und der mich keinen Narren heißt, weil ich es
wagte, gegen die Konvention zu lieben. – Du allein beurteilst
mich da mit Schonung, wo andern der Verdammungsspruch
so leicht wird, – dir allein mag ich also nur das anvertrauen,
was gegen alle ewig in mir verschlossen bleibt. – Man muß
geliebt haben, – ein Wesen, wie sie war und ist, um es glaublich
zu finden, daß ich noch mit all' der Schwärmerei der ersten
Liebe an ihr hänge, daß meine süßesten, – ich muß sagen,
meine tröstendsten Augenblicke die sind, die ich bei ihrem
Porträt, in der Erinnerung an jene goldne Zeit, zubringe! –
Daß man uns trennen will, daß man mein Herz lieber tausendmal verwundet, als es, geschmiegt an das ihrige, Linderung
suchen läßt, ist mir nichts Neues, wenn es auch von einer
Vertrauten, die uns einander näherbrachte, inkonsequent gehandelt ist; – aber die Mittel, welche man jetzt wählt, sind
niedrig und erfüllen mich mit Indignation gegen die falsche
Spielerin, die jetzt mir meine Karten auf immer zuwerfen will

– – – – – – – – – – – – – – – – – – – – – – – – – – – – – – – – –

Erinnerst du dich noch der ersten Zeit jener Liebe, als du mich
wenig sahst, und ich so stumm und verschlossen wurde, als ich
endlich dir alles sagte und du mich, mit unendlicher Schonung,
auf das Auffallende unseres Verhältnisses aufmerksam machtest? – Denkst du noch der lustigen Zeit, als wir uns von
deinem Kammerhusaren, – Jokey, – Stallmeister und vorzüglich Leibfriseur, so schön kraus und gelockt zu den Rüdner-
schen und all' den Privatbällen frisieren ließen? – wie glücklich
waren wir da! – – – – – – – – – – – – – – – – – – – – – – – – –

und wenn ich dann bei dir ganze Vormittage blieb und in der Literaturzeitung oder in der Bibliothek der schönen Wissenschaften und Künste las und wir nachher zur Motion eine Pantoffeljagd anstellten! – In diese Erinnerung mischt sich kein düstrer Schatten! – Die Stunden der schönsten Schwärmerei, die ich bei ihr verlebte, erhoben mich in ein Elysium, ich atmete nichts als Wollust, – ein Blütenmeer von Wonne schlug seine Wellen über mich! – Der Rausch verflog, und ich stieß da an scharfe Ecken, wo ich auf Rosen zu treten glaubte! – Nimm mir das ganze Andenken meines Daseins, nur laß mir die Stunden, die ich mit dir und mit ihr verlebte, – ich werde glücklich von der Vergangenheit träumen können, wenn mich die Gegenwart niederdrückt. –

Abends um 10 Uhr
Um 7 Uhr lief ich heute im schönsten Herbstabende herum und suchte Erholung. – Ein unaussprechliches Gefühl der Leere treibt mich umher, und in jedem fallenden Blatte sah' ich meine gestorbenen Freuden. – Holbein, der einzige, der hier es der Mühe wert findet, sich mir anzuschmiegen, ist in Breslau, – ich bin also jetzt ganz allein, – was ist man elend ohne ein teilnehmendes Herz! – Solange du mir bleibst, werde ich nicht verzweifeln, und du wirst nicht kaltsinnig werden wegen der vielen Briefe, womit ich dich bestürme, der Seelenkranke kann nie genug sein Leiden klagen, nicht genug die Quellen seines Übels aufsuchen und seinen Fortgang entwickeln. – Ich bin es gewohnt, meine Arbeiten deiner Kritik zu unterwerfen, daher erhältst du nächstens einen von mir auf Elfenbein skizzierten Kopf. – Wenn es nicht so erschrecklich weit wäre, so bäte ich dich wirklich um die *Andacht* von der Therbusch zum Kopieren, jetzt würde aber für's erste die Kiste viel Postgeld kosten, und dann würde ich selbst nicht raten, das Gemälde den Gefahren des weiten Transports auszusetzen!
Du wirst mir gewiß die Wohltat erzeigen, mich nicht lange

auf Antwort warten zu lassen. – Seit fünf bis sechs Wochen habe ich nicht eine Zeile geseh'n, und doch versicherte mir ein gewisser beim Briefe vom 11. Juli liegender Zettel, daß ich nach 8 Tagen wieder Nachricht erhalten würde. – In der Unruhe wegen der Post werde ich wohl nicht lange sein. – Gott gebe, daß meine Erwartungen, – mich diesmal täuschen mögen. Lebe wohl, Teurer! –

## 32.

Glogau, den 25. Februar 1798

Einziger teuerster Freund!
Wie glücklich fühle ich mich, dir wieder schreiben zu können! – Du bittest in deinem kleinen Briefe, daß ich dir das lange Stillschweigen verzeihen soll, – du willst meinen Vorwürfen entgehen, – sieh', dazu kam dein Brief viel zu spät. – Ich hatte mich in die Zeiten unserer Kinderjahre, – wo wir als Ritter fochten und unterirdische Gänge gruben, – in die Zeiten unseres akademischen Lebens, – wo wir nur zusammen glücklich sein konnten, – versetzt; ich hatte alle deine Briefe vom ersten bis zum letzten gelesen, und mein Herz hatte dir alles, sogar die Vergessenheit verziehen. – Lange machte mich das Schwanken meiner Meinung recht unglücklich, – ich bot alles auf, um nur Nachrichten von dir zu erhalten, aber umsonst. – Dein Vater, den ich in einer wahren Herzensangst um Nachrichten von dir bat, hat mir gar nicht geantwortet. – Es gab freilich manche Stunden, wo ich an dir und an allem verzweifelte. – In dieser entsetzlichen Stimmung erinnere ich mich, dir einige Zeilen geschrieben zu haben, die mir nachher unendliche Vorwürfe kosteten. – O mein teurer Einziger, – du hast dich gar zu sehr an mein Herz geschlossen, – ich kann dich nimmer lassen, – die Überzeugung, daß du mich noch liebst, tröstet mich für allen Kummer! –

Mit der Welt in Königsberg habe ich vollkommen abgerechnet. Außer den Schneesäulen der Verwandtschaft, von denen ich zuweilen emballierte Flocken erhalte, höre ich von keinem Menschen etwas, mag auch nichts hören, – eine Reise nach Preußen würde nur bis L. gehen*. – Du fragst, ob ich noch in Glogau bin! – Ein Umstand, den ich mit Vorbedacht noch zurückhalte, um nachher desto mehr darüber schreiben zu können,** ist die alleinige Ursache, warum ich noch hier bin und in der Jurisprudenz solchen festen Tritt halte, daß ich glaube, künftigen Winter nach Berlin zu gehen und mich dort sehr examinieren zu lassen.

Was ist dein Brief anders als eine Annonce, daß du noch da bist, daß man dir recht gut im Schreiben adressieren kann usw.

Wieviel, – wieviel hast du mir zu schreiben! – Nimmt jemand mehrern Anteil, oder vielmehr betreffen deine Schicksale jemanden mehr als mich, bin ich gleich entfernt und kann ich also bloß einige Tage nachher Empfindungen haben, die du vorher hattest! – Es ist unfreundlich, daß du so wenig geschrieben hast, und nur dadurch gutzumachen, daß bald ein recht langer Brief mir erzählen mag, was zum Fragen wirklich zu weitläuftig ist. –

Sind mir nur erst über diese Annoncen, – diese Visitenkarten, wo ein Strohmann im Wagen sitzen kann, wenn der geputzte Bediente das Namensrubrum einreicht, weg, so wollen wir uns wirklich wieder Arnausche Briefe schreiben! – Was soll uns hindern, die beste Laune zu haben und uns der guten Stimmung des Shandyschen Witzes zu erfreuen! – Wir werden uns denn auch einmal wiedersehn, – wenn ich nicht mehr von der Taschenuhr des Gubernators in der Kalesche abhänge, – wenn ich mich nicht mehr durch 20 grimmige Schloßhunde schlagen darf, um dich 5 Minuten lang auf der Treppe zu

---

* Der Aufenthaltsort Hippels.
** Die Verheiratung mit seiner nachmaligen Frau.

umarmen, – kurz, wenn ich Stiefeln anziehe, nicht um mit vielem Lärm mich in den Zirkel der Rotnasen zu werfen, sondern mich still zu dir heraufzuschleichen und an deine Türe zu klopfen! – Im Grunde genommen wohnst du nicht viel über 50 Meilen von mir.

Sei so gut, mir auch unter andern zu schreiben, ob du schon verheiratet bist. – Ich will wahrhaftig an deine Frau schreiben, – das Skelett oder vielmehr den Carton-Modell, – wie du willst, – trage ich schon im Kopfe herum, ordentlich in einer besondern Ecke sitzt es und spinnt sich ein und aus wie ein Seidenwurm. Diese Captatio benevolentiae ist die schönste in meinem Leben, – ich will zu ihr sprechen wie einer, den sie schon lange kennt, – der nur in dieser oder jener großen Assemblée nicht dazu gekommen ist, ihr heimlich ein paar herzliche Worte zu sagen, und also seine Zuflucht zum Schreiben nehmen muß. – Ein Anschlag gegen dich ist auch dabei auf dem Tapet, – der Himmel konserviere mir die guten Weiber, die hin und her, wenn schon lange kein Briefpapier auf dem Schreibtische lag, mit einer gewissen sanften Stimme erinnerten: »Mein Kind, – hat dir der (Hoffmann exempl. grat.) noch nicht geantwortet? – oder – du wirst wohl heute an Hoffmann schreiben!« – Nimm's als Aufrichtigkeit an, daß ich's so mache wie die Zeitungsschreiber, die alle geheime Anschläge, – intendierte Überfälle usw. des Generals im Felde noch vor der Ausführung in ihre Blätter hineindrucken. –

Ich muß auf Ehre schließen, sonst wird meine Visitenkarte ein Brief!

Lebe wohl, Teuerster! – Wenn deine letzten Versicherungen aufrichtig sind, so schreibe du mir auf's baldigste! –

33.

Glogau, den 1. April 1798

Mein teuerster Freund!

Wenn ich daran denke, wie oft ich dir habe schreiben wollen und wie ich immer die dazu bestimmten Stunden andern Dingen habe aufopfern müssen, so gestehe ich's mir selbst ein, daß ich länger, als recht ist, geschwiegen habe. – Sei mit diesem Geständnis zufrieden, – du weißt, daß die Unterhaltung mit dir mich oft über manches getröstet hat, und das ist noch ganz der Fall.

Dein Himmel hängt jetzt voll Geigen, (laß mir das einfältige Sprichwort), ich werde im gotischen Geschmack dieses Waidspruches unsrer Großtanten hinzusetzen: »Die Engel spielen, in Wolken eingehüllt, dir jetzt die lieblichsten Paradestückchen der Hoffnung vor.« – Öffne nur ja die Ohren, um keinen Ton zu verhören! – ad vocem Hoffnung fällt mir ein, daß ich wirklich gehofft habe, – eine gewisse Unruhe, die sich wie ein Schlamm (eine materia peccans) um meine Herzensteile zieht, würd' ich ausschwitzen, wenn ich, gefesselt an den Schreibtisch, Tage, lange Tage hinbringe, – oder ausvomieren bei den juristischen Reden, – aber es ist alles nichts; – Klima, – Witterung, – alles habe ich verändert deswegen, – aber doch brennen mir die Sohlen, bin ich gleich mit Banden an mein Gastnest gefesselt, die ich gern trage, weil sie zu gleicher Zeit mein ganzes Selbst zusammenhalten. – Meine Flügel sind beschnitten, sonst flöge ich dieserhalb wirklich einmal über's Gebirge. –

Da bin ich hingeworfen an einen Platz, wo alles an einem seidenen Faden hängt, – platzt er, so liegt der Herr Regierungsrat in spe im Dr. . .k!

(die Damen halten hier den Fächer vor und zischeln sich in die Ohren: »Er ist expressiv à la Goethe im Götz,« – der

Hoffnungsrat reinigt sich, nachdem er aufgestanden ist und spricht weiter.)

Der Zufall, teurer einziger Junge, mischt seine Karten wunderlich, – Rot und Schwarz, – Gewinn und Verlust. – Mit Königsberg hab' ich wirklich ganz abgerechnet. – Aber du weißt es, mir geht's wie Yorick, – die Pausen sind mir fatal; – ich bin so gut gefesselt als ehemals, – aber jetzt ist's ein Mädchen, – ich studiere mit erstaunenswürdiger Emsigkeit die trockensten Dinge, – begrabe mich in Akten. – Alles Unglück ist nur wahrscheinlich, also auch, daß ein unvermuteter Schlag des Schicksals das alles wieder vernichtet; – siehst du den seidnen Faden?

Mir fehlt es heute an Geduld, dir mehr darüber zu schreiben, oder vielmehr es ennuyiert mich, dir einen Statum Causae zu überschicken. – Ohnehin hast du jetzt wenig Zeit, zu lesen. –

Deine Classificatoria taugt nicht. – Ist dein Herz denn insolvent, daß du die eingetragenen Gläubiger so ängstlich klassifizierst, damit sie sich in die Masse teilen sollen? – Hast du nicht Vermögen genug, uns alle zu befriedigen? – Ich habe mich geärgert, als ich las: – meine Braut den ersten, – du den zweiten, die den dritten usw. Laß es doch gut sein! – Ich will, daß du deine Braut innig lieben sollst, – aber *das* ist ganz was anders und nicht besser, auch nicht schlechter, was *ich* von dir verlange, – denke mir nicht mehr an's Distributionsurteil – Amen!

Eine merkwürdige Bekanntschaft hab' ich gemacht, – die Gräfin Lichtenau ist jetzt hier auf der Festung und kommt oft zu uns. – Ach Himmel, welch ein Gemisch von Hoheit und Niedrigkeit! – Wieviel Bildung, – wieviel Verstand, – wieviel Ungezogenheit, – das Weib ist eine wahre Vexierdose, wo ganz was anders herauskommt, als man erwartete. – Der glimmende Docht von dieser ausgelöschten Fackel kann hier in Glogau noch etwas anzünden. Der Kommandant und das Militär ist kommandiert, artig gegen sie zu sein, – sie sind's also, – so wie überhaupt die bessere Klasse. – Der Pöbel achtet kein Kommando, – sondern erhitzt sich mit den Witzfusel, den er aus den elenden schändlichen Broschüren, die über die Gräfin herausgekommen sind, aufsaugt. – Der Schneider legt die Nadel aus der Hand, um das Leben der Gräfin Lichtenau zu lesen, und sein Junge bringt ihm statt des Zwirns ihr Bild in neuseeländischer Manier! – In jedem Scherbeutel stecken die Bekenntnisse der Gräfin Lichtenau, und um 11 Uhr fliegen noch unfrisierte Köpfe ungeduldig durch's Fenster, um den längst erwarteten Friseur zu erseh'n, der, ein neues unsinniges Ding über die Gräfin Lichtenau lesend, jetzt um die Ecke schleicht, die er sonst mit geflügelter Eile 3 Stunden früher umsprang. – Der Jan Hagel übt, wie du weißt, Gerechtigkeit, – vox populi vox dei. – Daher erhalten die Straßenjungen als Vedetten, – Plänkers, Feldwachen und leichte Avantgarde der größern Menge, die sich zusammenzieht, sobald die Gräfin aus- oder einsteigt, ein ununterbrochenes Feuer mit Schneebällen. – Wenn der liebe Gott nicht mehr Schnee gibt, so fürcht' ich, daß wenn nicht die Polizei als vermittelnde Macht sich dareinlegt; sie sich gewisser glühenden Kugeln bedienen werden, die aus gewissen Formen gegossen, immer auf den Straßen zu liegen pflegen. Ist das nicht unsinniges Zeug!

Du hast nur jetzt wegen der Hochzeit nicht Zeit zu lesen, sonst schrieb ich mehr. – Aber denken mußt du an mich, – daß ich dich liebe, daß es mein sehnlichster Wunsch ist, dich einmal wiederzuseh'n, weißt du!

Lebe wohl, lieber Herzensjunge, und grüße mir schönstens deine Braut! –

34.

Glogau, den 30. Junius 1798

Mein teuerster Freund!

Der heutige Nachmittag warf solche heitre Sonnenblicke in meine Seele, daß ich wünschte, ihr Widerschein hätte in demselben Augenblicke dein Herz erwärmen und nach Art einer magischen Palingenesie die Erinnerung *unsrer* Vergangenheit in dir erwecken können. Ich war schon seit langer Zeit wirklich an das Treibrad der Justiz geschmiedet, – heute flog der letzte Aktenstoß von meinem Schreibtische und nun, mit dem Gefühl der wiedererlangten Freiheit, las ich deine Briefe; – ich hatte sie der Bequemlichkeit wegen einem Buche gleich aneinander geheftet, – ich habe sie aber wieder auseinandergenommen und jeden wieder in seine Urgestalt geformt. – In dem Aufmachen eines jeden liegt ein Genuß, es ist so, als bekäme man sie erst, und ich wollte deswegen gern siegeln, dein großes Wappenpetschaft dürft's gerade nicht sein, – ich habe auch olim welche mit kleiner'm Siegel erhalten! Mir war's heute gerade so, als hätte ich dich 14 Tage hindurch nicht gesehn und als wenn ich den Hut ergreifen müßte, um nach A. zu gehn, – indessen ist die Wirklichkeit fatal, – ohne den berühmten Meilenstiefel des heil'gen Christoph prästier' ich's nicht unter 4 Tagen und ebensoviel Nächten, dich einmal mündlich zu fragen, warum du so stille bist, – warum du dich für mich in ein Grab mauerst, – warum du nicht, wie ehemals, herzlich die Hand drückst, die ich dir darbiete! – Ich wollt', der größte Hofhund hätte mich in's Bein gebissen, als ich dich vor 15 Monaten bei Nacht in L. – überraschte, – ich hätte mich wenigstens verbinden lassen, – deine Braut gesehn, – und es wäre nur ein Jahr her, daß ich dich gesehn hätte en negligé, so wie vorzeiten auf dem Lehnstuhl. – Indessen, – lumpige elende 2 Jahr, – ein Zeitraum, dessen Intervall ein Floh überspringt

mit einem Satze, wenn man es so berechnet wie ich, – elende 2
Jahr, sage ich, legen sich zwischen uns, und jetzt, schon jetzt –
etc. Diese Periode kann ich noch lange nicht endigen, – vielleicht nie, und das hoffe ich, solange ich noch gute Augen habe
und Geschriebenes lesen kann, – deine Briefe nämlich, – vorzüglich die, welche du mir noch schreiben *wirst*; denn Freund,
– dein Stillschweigen ist lieblos, – man könnte es Frost nennen,
– und in *der* Stimmung kannst du wenigstens nicht *lange* sein.
– Du bist mit deiner *Gemahlin* (gib mir ein ander's Wort für
künftig, ich brauch' dies ad interim) in Königsberg zur Huldigung gewesen? – – – – – – – – – – – – – – – – – – – – –
– – – – – – – – – – – – – – – – – – – – – – – – – – – – –

Mit meiner juristischen Laufbahn geht's sehr pianissimo.
Vorigen Februar meldete ich mich zum zweiten Examen, nach
der nur hier üblichen Verzögerung wurde ich aber erst vor 3
Wochen, nachdem ich schon vor 6 Wochen die Proberelation
verlesen hatte, mündlich examiniert und bin daher erst jetzt
in's Referendariat eingeschritten. Gegenwärtig verändert sich
aber wieder meine Lage. Der Onkel ist Geheimer Obertribunalsrat geworden, ich laß' mich daher natürlich an's Kammergericht versetzen und hoffe, dort etwas schneller zum Ziel zu
gelangen, als es hier gescheh'n sein würde. Spätstens in 8
Wochen hoff' ich in Berlin zu sein und ein – Nest verlassen zu
haben, dessen Einsamkeit mir vielleicht aber hin und her
heilsam gewesen ist. Sei daher so gut, mir bald auf diesen Brief
zu antworten, – wenigstens mir zu sagen, ob du wohl bist und
noch meiner denkst, – sonst würden mich *diese* Nachrichten
nicht mehr hier antreffen, und es würde mir überhaupt sehr
schmerzhaft sein, nichts von dir bald zu hören. – Vor meiner
Abreise schreib' ich dir dann noch, im Fall du nämlich mir
geantwortet hast, und schicke dir die Adresse. – Es ist eine
höchst angenehme Aussicht, daß ich dich nach einem Jahre zu
seh'n hoffe. – Gelingt mir nämlich, daß ich's in dieser Zeit bis
zum Assessorat bringe, so ist eine Reise nach Preußen be-

stimmt, die ich allein, und also zwanglos, mache. – Mit welchen Empfindungen wir uns wiederseh'n werden, weiß ich nicht, – eile, mich aus dem Hin- und Herschwanken zu reißen, – mich aus den Irrgängen der Zweifel zu retten, die mich einem unbekannten Ausgange entgegenzuführen scheinen, wenn ich an dich denke! – Lebe wohl, – Teuerster, und denke daran, daß ich noch mit eben der Innigkeit an dir hänge als ehemals und daß mein Herz leicht zu verwunden und schwer zu heilen ist. Lebe wohl!

## 35.

Glogau, den 3. August 1798

Bester, teuerster Freund!
Ich eile, dir noch am letzten Tage, den ich in Glogau zubringe, zu sagen, daß ich dich liebe und daß dein letzter Brief, der ganz das Gepräge jener Stimmung, die uns in Königsberg einst so glücklich machte, trägt, mich überaus glücklich gemacht hat. Mein Stillschweigen wird dir unerklärlich gewesen sein, – eine höchst interessante Reise, die ich durch einen Teil des schlesischen Gebirges über Liebwerda und Friedland in Böhmen nach Dresden gemacht habe, hat mich vom Schreiben abgehalten. – Wieviel Neues hab' ich gesehn; – in Schönheiten der Natur und der Kunst habe ich geschwelgt zwei Wochen lang. Bei mehrerer Muße sag' ich dir viel über diese Reise. Ich könnt's mir bequem machen und dir, statt anderer Briefe, immer einen Teil meines Reisejournals schicken, das so schon in Briefe an Theodor eingeteilt ist. – Du lebst ja mit und in mir, – denn dir sagte ich jeden Abend, – was ich gesehen, was mich besonders gerührt hatte. – Morgen gehe ich von Glogau, und Mittwoch, den 29. d. M., bin ich in Berlin. Auf das Briefkouvert setze: »abzugeben in der Kurstraße im Hause der Madam Patté,« so wird mich kein Brief verfehlen, denn da werd' ich

wohnen. Es macht immer Rumor, wenn man einen Ort auf immer verläßt. – Tausend unvorherbedachte Kleinigkeiten zieh'n mich vom Schreibtisch. Nur noch das einzige sag' ich dir, daß mich die Nacht von Correggio in den Himmel gehoben, – daß mich die Magdalena von Battoni entzückt hat und daß ich mit tiefer Ehrfurcht vor der Madonna von Raphael gestanden habe. –

Vom Antikensaal, den Statuen aus Antium und Ercolano zieren, muß ich schweigen. – Leb' wohl, Einziger, – grüß deine liebe Gattin und fliege, wenn du kannst, – bald, bald zu mir, an meine Brust. – Leb' wohl!

Die Kürze meines Briefes bedarf wohl keiner Entschuldigung. Denke daran, wie überhäuft ich mit hundert Dingen werde, die bis zum Ekel uninteressant sind, die sich aber unabwendbar aufdrängen. Adieu!

# BERLIN
## 1798-1800

Noch ganz erfüllt von den Eindrücken, die er auf der Reise in das schlesische Gebirge und nach Dresden erhalten hatte, kam Hoffmann in Berlin an\*. Seine häuslichen Verhältnisse waren die nämlichen geblieben wie in Glogau, und er betrachtete sie mit den günstigsten Augen, wie er denn seinen Hippel einlädt, zu ihm zu kommen, er werde sich gewiß in dem Familienkreise gefallen\*\*. Ebenso vorteilhaft wirkte der Ort Berlin auf seine Ausbildung in jeglicher Beziehung. Die Bekanntschaft mit den Werken ausgezeichneter Künstler brachte ihn zu der Überzeugung, wie wenig er in der Malerei selbst noch leiste; er faßte den Entschluß, die Farben wegzuwerfen und wieder Studien zu zeichnen wie ein Anfänger\*\*\*. Auch sein äußeres Verhältnis gestaltete sich auf das Angenehmste. Das Kammergericht, bei welchem er angestellt war, erfreute sich in dieser Zeit der höchsten Blüte. Dessen erster Präsident, Freiherr von Schleinitz, ein Mann von einer gewissen Genialität und seltener Gutmütigkeit, war Hoffmanns Freunde, Hippel, durch die nächsten Bande verwandt und nahm darum auch Interesse an diesem; dem zweiten Präsidenten von Kircheisen aber, jetzigem Chef der Justiz, der in seiner

---

\* 36. Brief.
\*\* 37. Brief.
\*\*\* 36. Brief.

damaligen Stellung sich die Bildung der jüngern Arbeiter bei dem Kammergerichte zum Hauptgeschäft gemacht hatte vermöge seiner wahrhaft grandiosen und zugleich unwiderstehlich liebenswürdigen Persönlichkeit, empfängliche Gemüter wie mit einem magischen Netze an sich zog und, durch diese Art zu wirken, einen unberechenbaren Nutzen für den preußischen Justizdienst gestiftet hat, konnte ein Kopf wie Hoffmann nicht entgehen*[9]. Alles dies wirkte so anregend auf ihn, daß er sich seinen Probearbeiten zu der letzten (dritten) Prüfung, dem sogenannten Examine rigoroso, wodurch man sich in Preußen zu den höheren und höchsten Richterstellen qualifizieren muß, mit solchem Eifer unterzog**, daß die Prüfungskommission in dem unter'm 27. März 1800 über ihn erstatteten Bericht sich dahin aussprach, daß er vorzüglich wohl verdiene, als Rat in einem Landesjustizkollegio (die obersten Richterkollegien in den Provinzen) angestellt zu werden.

Die Beförderung zum Assessor eines solchen Collegii für einige Jahre geht verfassungsmäßig der zum Rat voraus, und da in jener Zeit junge, talentvolle und rüstige Arbeiter vorzugsweise nach den polnischen Provinzen, dem sogenannten Südpreußen gesandt wurden, wo es übermäßig viel zu arbeiten gab, so traf auch Hoffmann das Los, unter'm 27. März 1800, zum Beisitzer der Regierung zu Posen mit uneingeschränkter

---

* 36. Brief. Auch wird dies durch ein Zeugnis des Herrn von Kircheisen vom 12. Februar 1800, das sich in Hoffmanns Dienstakten findet, bestätiget.

** Er war in dieser Periode so überaus fleißig, in jeder Beziehung, und führte ein so eingezogenes Leben, daß der Onkel ihn oft warnte, dies tauge nicht für einen jungen Mann, er solle sich hüten, daß die Lust der Welt nicht künftig Rache an ihm nehmen und sich seiner um so mehr bemeistern möge.

Stimme ernannt zu werden. Vor seinem Abgange aber
hatte er noch die große Freude, seinen Hippel, der um
der eigenen Prüfung willen nach Berlin gekommen war,
dort zu sehen und zwei glückliche Monate mit ihm zu
verleben, die mit einem muntern Ausfluge über Potsdam, Dessau, Leipzig und Dresden endeten, wobei
Hoffmann, schon früher mit diesen Gegenden bekannt,
den Cicerone machte. Auf dieser kleinen wurde der Plan
zu der großen Reise, schon in der früh'sten Jugend von
beiden gefaßt, wieder hervorgerufen und vielfach be-
sprochen und ausgemalt; für diesmal aber fand sie ihr
Ziel in Posen, wohin Hippel Hoffmann noch geleitete.

*Beilagen*
*zum*
*dritten Abschnitt*

## 36.

Berlin, den 15. Oktober 1798

Teuerster Freund!

Dein lieber Brief vom 13. September hat mich sehr glücklich gemacht, – daß ich dein gedenke, oder vielmehr, – daß ich mit dir lebe, – denn mein Geist trennte sich nie von dir, – wenn ich auch nicht schreibe, weißt du. – Aber auch davon konnte mich nur meine unruhige, ich möchte sagen umherschweifende Lebensart seit vier Monaten abhalten. – Hier war mir nun alles neu, – eine andere Welt umgab mich, – ich war nicht Herr meiner Zeit. – Die Familienbriefe, – insbesondere die Beantwortung der Hirtenbriefe, die mir mein Endymion (erinnere dich doch jener Zeichnung, die ich nach A. schickte), wie du weißt, so gern in alle Welt nachsendet, endlich, spannte mich manchmal so ab, daß ich mich wahrhaftig zu armselig fühlte, *dir* zu schreiben. –

Als ich deinen Brief las, war es mir, als trätest du in meine Tür und breitetest deine Arme aus, mich an dein Herz zu drücken, – die Herzlichkeit, womit du mir deine Wünsche, deine Träume mitteilst, der eingeschlossene Brief an den Präsidenten von Schleinitz, die Art, wie du mir ihn gibst, – alles, – alles hat diesen Brief in mein Herz gedrückt. – Zwei Tage vorher, als der Brief ankam, war Schleinitz nach Preußen abgegangen, – du wirst ihn jetzt schon gesprochen haben, – und, mein Theodor, wie sehr bedarf ich deiner Empfehlung, deine Schilderung von Schleinitz hat mich an ihn gezogen, und ich wünschte die Aufmerksamkeit, welche er mir vielleicht in

Rücksicht deiner schenken wird, zu verdienen. Im Anfange
bekam ich hier, ob ich gleich schon längst zum zweitenmale
examiniert bin, gar keine Arbeiten. Dies veranlaßte mich, den
Präsidenten von Kircheisen ausdrücklich um Instruktionen
und Spruchsachen zu bitten. Dies hat gewirkt; denn seit dem
11. Oktober habe ich 15 Instruktionstermine, 2 Spruchsachen,
1 Kriminalsache zum Gutachten erhalten und nebenher noch
2 Appellationsberichte, 2 Deduktionen und einen Schlußbe-
richt anzufertigen. Innerhalb vier oder höchstens acht Wochen
melde ich mich zu Probearbeiten und hoffe dann wohl binnen
einem halben Jahr die *Feuerprobe* des großen Examens über-
standen zu haben. – Ist es irgend möglich zu machen, so bleibe
ich hier in Berlin. – Welche Aussicht, dich hier zu sehn! – In
Glogau durft' ich dies nicht hoffen! – Du mußt deine Reise
hierher sehr bald machen; – wie vieles Neue wirst du seh'n! –
Dein Geschmack für schöne Künste wird hier in dem schönen
Berlin reiche Nahrung finden. Eben jetzt sind die Kunstaus-
stellungen auf der Akademie der Künste; du würdest mit mir
den Kunstfleiß unserer inländischen Künstler bewundern.
Hackert, der jetzt in Neapel lebt, hat zu dieser Ausstellung vier
ganz vortreffliche Landschaften nach der Natur in Öl geschickt. – Das schönste Stück ist aber die Familie des Julius
Sabinus vom Professor Rehberg in Rom, in Öl (Lebensgröße).
Julius Sabinus hat sich vor den Verfolgungen Vespasians in
eine Höhle geflüchtet; vom Schmerz überwältigt liegt er auf
der Erde und stützt den Kopf auf beide Hände, – sein Sohn
steht vor ihm und bittet weinend um Nahrung, – die Frau,
welche auch auf der Erde sitzt, reicht ihm mit tränendem Auge
eine Brotkruste, indem sie das andere jüngere Kind an der
Brust nährt. – Das Stück hat einen bewundrungswürdig großen Stil und ist, ganz in italienischer Haltung, vortrefflich
gemalt. Die letzte Szene aus Schillers Räubern, eine getuschte
Zeichnung von Wolf, hat mich auch, ihres unnachahmlichen
Ausdrucks wegen, sehr angezogen. Mehrere Gemälde hätten

vor einem Jahre mich zur Bewunderung hingerissen. – Jetzt bin ich fast zu verwöhnt durch die Dresdner Galerie, wo ich Meisterstücke aus allen Schulen sah. – Ich kann in Enthusiasmus geraten, wenn ich mich zurückversetze in den Saal der Italiener. – Denke dir einen Saal, der gewiß noch einmal so lang ist wie das Haus deines Onkels ehemals in Königsberg, dessen ungeheuren Wände von oben bis unten Gemälde von Raphael, Correggio, Tizian, Battoni usw. decken; – bei alledem sah' ich denn nur freilich bald, daß *ich* gar nichts kann. – Ich habe die Farben weggeworfen und zeichne Studien wie ein Anfänger, das ist mein Entschluß.

Im Porträtmalen allein glaube ich starke Fortschritte gemacht zu haben; – ich schicke dir gewiß nächstens etwas zur Probe. –

Mein Tagebuch liegt unvollendet da. – Zum Glück habe ich den Stoff dazu auf der Reise schon niedergeschrieben. Es ist ein Kokon von 5 Blättchen, den ich zu einem Werk von 15 Bogen ausspinnen muß. – Diese Reise, – welche ich fast nur einen Durchflug nennen kann, hat mir nicht allein Vergnügen gemacht, – sie hat mich auch belehrt, – die Art des Glasschleifens, – die Art Vitriol zu bereiten, – Papier zu machen, – kurz, über so manches habe ich mich belehren können, – du weißt, mein Theodor, daß alle Theorie ein Schatten ist gegen das Lebendige der Ausübung, – ich vergesse nie alles, was ich auch nur einen Augenblick auf jener Reise sah. –

Wie habe ich an dich gedacht, als ich in jenem Felsenabgrund stand, – zwischen den Riesenmauern, die sich auf beiden Seiten auftürmten, – Tannen, höher als die höchsten Masten, schienen mir niedriges Gesträuch. Moosartig durch die Steine gewachsen. – Vor mir stürzte sich der Zacken, 200 Fuß hoch, mit furchtbarem donnerndem Getöse hinab. – Laß' mich diese Gegend dir mit wenig Worten beschreiben. – Wir gingen von Schreiberhau, einem kleinen Dorfe unweit von Warmbrunn, durch einen Wald, der allmählich immer steigt, nach der Ge-

gend des Zackens. Wir waren 2 Stunden gegangen, als wir
ungewöhnliches Rauschen vernahmen, – dies war schon der
Fall. – Immer stärker, – immer mehr durch die Felsenklüfte
hallend, wurde das Geräusch, – noch eine halbe Stunde, – wir
traten aus dem dichten Tannengebüsch und standen am
Zackenfall, einer ungeheuren Wassersäule, die sich in eine
unabsehbare Felsenkluft zu senken schien. Nun kam es darauf
an, hinabzusteigen, um den Fall in seiner ganzen Riesengröße
von unten herauf zu seh'n, da aber die Felsen mit Moos
bezogen sehr glatt und überhaupt der Erdboden durch den
Regen sehr schlüpfrig geworden war, das Heruntersteigen
überhaupt auch immer sehr gefährlich ist, so war ich von der
Gesellschaft der einzige, der es wagte, unserm Führer, einem
kleinen Jungen, nachzusteigen. – Schon eine beträchtliche
Höhe war ich mit Mühe herabgeklettert, als ich eine steilherab-
hängende Leiter von 26 Sprossen vorfand, – sie wird beim
Holzflößen gebraucht, – endlich war ich in der Tiefe, – quer
über den Zacken führte ein schmaler Steig ungefähr 12 Fuß
über dem Wasser; – über diesen ging ich, um auf ein in der
Mitte des Zackens dicht vor dem Fall hervorragendes Felsenstück zu kommen; – hier setzte ich mich hin. – Die Größe, die
Erhabenheit, das furchtbar Schöne des Anblicks kann ich nicht
beschreiben, – die Sonne schien auf den Fall, – und nun glich
er geschmolzenem Silber. – In dem Wasserstaube, der die Luft
umher über dem Felsenbecken netzte, bildeten sich tausend
Regenbogen in den mannigfaltigsten Farben. – Nun ein Blick
in die Gegend, – von beiden Seiten türmen sich perpendikulär
die Felsen auf, – ihre Wände sind so glatt, daß sie abgemeißelt
zu sein scheinen; zwischen diesen Felsen, die eine unabsehbar
lange Straße bilden, stürzt sich der Zacken nach dem Falle
durch die Felsenufer fort. – In der Ferne entdeckt man die
mannigfaltigsten Täler und Berge, die, in das Blaugrau des
Äthers halb verhüllt, in Sonnenblicken hervorschimmern. Um
dir einen Begriff von der Gewalt des Zackenfalls zu geben,

füge ich nur noch hinzu, daß zwei Männer ein großes Felsenstück so heranwälzten, daß das Wasser oben es fassen konnte.
– Wie ein kleiner Ball wurde das Felsenstück geschleudert, daß
es in hundert Stücke zersprang. – Ich habe auch den Kochelfall
gesehn, dieser ist nicht so wild romantisch, aber schön, er
verhält sich ungefähr so zum Zacken wie Emilia Galotti zu den
Räubern von Schiller. – Den Elbfall, der mit dem Rheinfall die
mehrste Ähnlichkeit haben soll und unfern den Schneegruben
liegt, konnte ich wegen Kürze der Zeit leider nicht besuchen.
– Verzeih', Teuerster, meiner Schwatzhaftigkeit, – es ist meine
Lieblingsmaterie! – Bin ich wieder so glücklich, dich zu sehn,
– wie vieles werd' ich dir zu sagen haben. – Eile, – eile, sobald
du kannst, in meine Arme. Der König will ein brillantes
Karneval haben. – Es werden 12 italienische Opern gegeben.
– Wie wär es, wenn du zur Karnevalszeit zu mir kämst! Im
Winter ist in der Wirtschaft nichts zu tun, – ich bitte dich,
überleg es dir, – du kannst gewiß, – denke an mein Entzücken.
– Leb' wohl, Einziger, – wann, – wann seh' ich dich!

## 37.

Berlin, den 31. Dezember 1798

Mein teuerster Freund!
Eben komme ich aus einer Gesellschaft, die mir soviel Langeweile verursacht hat, daß ich gern schon zwei Stunden früher
geflohen wäre. – Es ist ein gutes Zeichen, – eine Weissagung
des Wiederseh'ns in den Tagen des kommenden Jahres, daß
mir dein Brief in die Hände fällt noch in den letzten Zuckungen
des Jahr's 1798, – denn eben schlagen alle Uhren zwölf. – So
viel Wünsche, – Hoffnungen, – Aussichten, – drängen sich
zusammen, – ich habe so viel zu bereuen, – so viel unzuzurech-
nende Verschuldungen auszusöhnen, – daß selbst der Traum
meiner Kindheit, – ein seliger, beglückender Schatten aus

Elysium, – mich kaum mehr so glücklich macht als nur noch
voriges Jahr. – Auf die zwölfte Stunde der Neujahrsnacht habe
ich immer viel gehalten, – immer weckte mich da die sanfte
Musik von Klarinetten und Hörnern auf dem Schloßturme, –
ich glaubte, kindisch fantasierend, – silberne Engel trügen jetzt
das neue Jahr, einem Sterne gleich, am blauen Himmel vorbei;
– aber ich hatte nicht Mut aufzusteh'n und zu seh'n, – ihren
Flug hörte ich in jener für mich damals himmlischen Musik. –
Du glaubst nicht, wie unbeschreiblich weich mich solche Erinnerungen machen. – Ohne jenes Alter der Unbehilflichkeit, der
Irrtümer zurückzuwünschen, liebt man dessen fromme
Träume. –

Den 24. Januar

Fast unverzeihlich ist es, daß erst heute ich dieses Blatt weiter
fortsetze. – Es würde mich wirklich sehr unruhig machen, dir
nicht eher geschrieben zu haben, wenn ich nicht wüßte, daß dir
kein Gedanke einer schuldbaren Vernachlässigung von meiner
Seite einkommt. – Ich habe wirklich seit einiger Zeit in einer
Art beständiger Verwirrung gelebt, die mich auch schon der
Ungewohnheit wegen von so manchem, und vorzüglich vom
Briefschreiben abhielt. Ich glaube gewiß, daß nie mehr eine so
lange Pause unsern Briefwechsel unterbrechen soll. Das wich-
tigste, was ich dir zu sagen habe, ist, daß ich dich beschwöre,
wenn's nur irgend möglich ist, sobald die Jahreszeit besser
wird, nach Berlin zu kommen. – Deiner ganzen Lage würde
eine solche Reise sehr vorteilhaft sein. – Im Grunde genommen hast du doch noch wenig geseh'n. Berlin würde dir so
manches neue darbieten. Wenigstens ist es, ganz ohne Vorur-
teil gesprochen, ein Ort, der gerade für uns äußerst interessant
ist. In den schönen Künsten ist man hier wirklich sehr weit, der
gute gebildete Geschmack zeigt sich in den öffentlichen Ver-
gnügungen. Du kannst dir z. B. keine Vorstellung von der
großen italienischen Oper machen. – Der Zauber der Meister-

stücke Veronas, – die himmlische Musik, – alles vereinigt sich
zu einem schönen Ganzen, das auf dich gewiß seine Wirkung
nicht verfehlen würde. – Nicht oft genug kann ich mir den
schönen Augenblick des Wiederseh'ns denken! – Du würdest
dir gewiß in unserm Familienkreise gefallen! – Schreibe mir
doch ja bestimmt, ob ich wenigstens hoffen kann, dich hier
wiederzuseh'n. Denke dir, welche Stunden, – wenn wir uns der
Vergangenheit erinnern, – wenn wir jede Freude, die uns
damals so glücklich machte, – noch einmal genießen. – An
nichts werde ich mich so gern erinnern, als an unsere Blütezeit,
– der sonderbar romantische Schwung, den wir beide gemein
hatten, – das Zusammentreffen unsrer Ideen, sogar unsrer
Bonmots, – alles, – alles knüpfte uns so fest, daß uns eine
Trennung unmöglich schien! – Ich gebe noch nicht die Hoffnung auf, mit *dir* zusammen zu leben. – Ich kann es mir gar
nicht denken, daß du bei deinem Drange nach Tätigkeit, –
nach einem Wirkungskreise wirklich in L. bleiben solltest. – L.
sollte dir nur eine Retirade sein. – Was man wünscht, hofft man
auch, und daher ist auch meine Fantasie so geschäftig, mir's
ganz glaublich zu machen, daß du noch auf diese oder jene Art
hierherkommen könntest.

In deinen letzten Briefen finde ich eine Spur von Mißmut, –
von nicht gänzlicher Zufriedenheit mit der Gegenwart – – –.
Liebst du mich noch wirklich, so sei aufrichtig gegen mich, –
du warst immer zurückhaltender als ich, – ich fürchte nicht,
daß du meine Absichten verkennen könntest. – Du weißt, daß
ich vielleicht von allen, die sich rühmen, deine Freunde zu sein,
am besten dich verstehe. – Eile, mir dein ganzes Herz aufzu-
schließen! –

Vergilt ja nicht Gleiches mit Gleichem. – Schreib' mir sehr
bald. – Nie mehr will ich so lange innehalten.

Lebe wohl, lieber, bester, teuerster Freund!

## 38.

Berlin, den 8. Julius 1799

Mein bester teuerster Freund!

Unmöglich kann ich dir den Eindruck schildern, den dein letzter lieber Brief auf mich machte. So wird denn endlich mein sehnlichster Wunsch erfüllt. – So werde ich dich denn endlich wiederseh'n! Aber wie unbestimmt hast du deine Ankunft angegeben! Mit schmerzlicher Ungeduld sehe ich einem zweiten Briefe entgegen, der mir es genau bestimmt, *wann* du in Berlin eintreffen wirst. Daß wir uns *hier* wiedersehn, ist wirklich ein Zufall, womit uns das Schicksal für die lange Trennung schadlos halten will! – Ich war einige Tage verreiset, sonst hättest du schon eher einen Brief von mir. Ich habe Potsdam und Sanssouci geseh'n, – jede Schönheit, die ich entdeckte, erinnerte mich an dich. Ich dachte deines Kunstsinnes, und alles wurde mir werter bei dem Gedanken, welche Freude es dir machen würde. Während der Zeit unsrer Trennung habe ich so manches geseh'n, so manche Erfahrung gemacht, jetzt ist mir bei dem Gedanken der Mitteilung das alles erst recht wert. – Du hast dich in deinem Briefe wahr geschildert und zugleich den Charakterzug angegeben, den wir beide haben und der uns von jeher verband. – Ein reizbares Herz, ein unruhiger Charakter wird uns nie *ganz* glücklich sein lassen, aber unserer Bildung, unserm Streben nach größerer Vollkommenheit wohltätig sein.

– Noch bin ich in Berlin, – weder Assessor noch Rat, – werde es auch nicht so bald werden, weil ich mich erst vor 9 Wochen zu den zum großen Examen erforderlichen Probearbeiten gemeldet habe. Meine Karriere geht langsam, und ich bin nicht unzufrieden damit, weil ich jetzt die Zeit sehr nutze und meinen Lieblingsstudien, Musik und Malerei, schlechterdings nicht ganz entsagen kann. Ich halte es für zuträglich für deine Zufriedenheit, daß du aus dem Landjunkerleben wieder in ein mehr tätiges Leben übertrittst. Du warst schon zu sehr an eine mehr um dich wirkende Arbeit gewöhnt, als daß du ihr hättest ganz entsagen können.

Lebe wohl, einziger, bester Freund!

# POSEN
1800-1802

Die Anstellung bei einem Collegio in den ehemaligen polnischen Provinzen\* war für jeden jungen Mann von nicht ganz festen Grundsätzen eine ungeheure Klippe. Man arbeitete dort viel, verdiente aber auch viel durch nicht eigentlich gerichtliche Geschäfte, die bei den Gerichten in den ältern Provinzen entweder nicht vorfielen oder wofür man nicht besonders remuneriert wurde, und weil man wenig Zeit hatte, dem Vergnügen zu widmen und gar keine Gelegenheit zu feineren Genüssen, so suchte man so rasch als möglich zu leben und verlernte es, an den Freuden, die man sich für das Erworbene zu verschaffen im Stande war, ängstlich zu mäkeln. Dazu kam die Landesart, das Trinkenmüssen überall, wo man den Fuß hinsetzte, und zwar das Trinken des stärksten Weines, des Ungars, den kein Pole entbehren kann und den die in seinem Lande lebenden Deutschen sich nur zu leicht angewöhnten, die freie Sitte und zugleich die Anmut der polnischen Frauen usw. Mancher Jüngling von minderer Empfänglichkeit für solche Lockungen als Hoffmann hat nicht widerstehen können; wie wäre es ihm zu verargen, daß er sich in diesem Strudel nicht oben zu erhalten vermochte und, wie er es selbst unumwunden ausspricht, liederlich, und

---

\* Mit Ausnahme von Warschau, von dem alles Nachfolgende wegen Entbehrung edlerer Genüsse nur bedingt gilt.

zwar in dem Maße wurde, Ausschweifungen aus Grundsatz zu begehen\*. Am meisten mag aber zu seinem Falle der schneidende Kontrast beigetragen haben, in dem das Posensche Leben mit seinem frühern stand. Von seiner zarten Jugend an, an den nächsten Verkehr mit besseren Naturen, die, wenn nicht selbst schaffend in den Künsten, doch den Sinn dafür hatten, gewöhnt, sah er sich jetzt von manchen Alters- und Geschäftsgenossen umgeben, denen, ohne Ahnung von etwas Höherem, die Poesie des Lebens in einer Gattung von Ungebundenheit bestand, die ebenso gut eine Philisterei nur von anderer Farbe ist als diejenige, in welche man solche Subjekte unausbleiblich versinken sieht, wenn sie erst Weib und Kind und die davon unzertrennliche Sorge haben. Wenigstens wußte Hoffmann von keinem derjenigen, die seinen Hauptumgang in dieser Zeit bildeten, mit dem er innere Berührungspunkte gefunden hätte, zu erzählen als von dem Regierungsrat Schwarz, jetzigem Land- und Stadtgerichtsdirektor zu Halle, einem Veteran aus der Schule, die sich in den achtziger Jahren des vorigen Jahrhunderts in Halberstadt gebildet hatte, Verfasser des Gedichtes Ahdim, eines sehr witzigen Buchs: Grundsätze einer unvernünftigen Polizei usw.\*\*

Ein Gefühl geistiger Superiorität, wie es durch eine

---

\* 39. Brief in den Beilagen zum nächsten Abschnitt. Dessenungeachtet vernachlässigte er auch in dieser Periode seines Lebens die schönen Künste nicht. Er komponierte in Posen Goethe's Scherz, List und Rache und brachte es mit großem Beifall auf die Bühne.

\*\* In einem sonst nicht interessanten und darum nicht mitgeteilten Briefe an Hippel erwähnt Hoffmann außer den angenehmen Stunden, die ihm der Umgang dieses Mannes verschaffte, auch noch der Pflege, die er von seiner gebildeten Frau in einer Krankheit, von der er in dieser Zeit befallen wurde, einer Leberverhärtung, erfuhr.

solche Umgebung leicht erklärlich ist, verbunden mit einer in vielfacher Beziehung aufregenden Lebensart, konnte nur zum Übermut führen, und dieser wurde die Quelle eines Unternehmens, welches Hoffmann damals viel bitt're Stunden bereitete und seine baldige Versetzung von Posen an einen noch viel unwohnlicheren Ort zur Folge hatte.*

Verleitet nämlich durch sein großes Talent, Ähnlichkeiten karikaturmäßig aufzufassen, hatte er sich monatelang damit beschäftigt, in Farben sauber ausgeführte Blätter zu entwerfen, welche die handgreiflichsten und beißendsten Anspielungen auf in Posen allgemein bekannte Verhältnisse enthielten und deren überaus witzige Unterschriften so wenig als das Treffende in der Zeichnung einen Zweifel über die dargestellten Personen ließen. Kein Stand, keine Stellung zum Publikum oder zu ihm selbst war hierbei von ihm verschont worden. Einer seiner Freunde, – sein nachmaliger Schwager C. R. G. – hatte es übernommen, diese Karikaturen zu verbreiten, und bewirkte dies auf eine höchst geschickte Weise. Er erschien nämlich auf einem Maskenballe als italienischer Bilderkrämer und teilte, nach seiner Lokalkenntnis, aus einer großen Bildermappe jedem ein Blatt zu, auf welchem ein anderer vorgestellt war, von welchem es sich voraussetzen ließ, daß es ihn freuen würde, ihn lächerlich gemacht zu sehen. – Darum, – im ersten Augenblicke, – allgemeiner Jubel im Saale über den herrlichen Spaß. Aber nur zu bald fand sich jeder der

---

* Hoffmann deutete später darauf hin, daß man sich seiner nur zum Werkzeuge einer ausgesuchten Rache bedient habe. 40. Brief in den Beilagen zum folgenden Abschnitt.

Lacher in den Händen eines Dritten wieder! Nun verwandelte sich die Freude in Unmut, der sich zuerst
gegen den Kolporteur Luft machen wollte. Dieser war
aber mittlerweile aus dem Saale spurlos verschwunden,
um sich in einer anderen Verkleidung wieder einzufin-
den und an dem großen Lärm teilzunehmen. Man
konnte nicht lange über den Zeichner der Karikaturen
im Zweifel sein. Nur *ein* Mensch in Posen wußte so zu
treffen, und dieser eine war Hoffmann. Ein Mann von
hohem Stande, schwer gekränkt durch mehrere ihn be-
treffende Blätter, soll noch in der nämlichen Nacht eine
Estafette mit dem Bericht über den Vorfall nach Berlin
gesandt haben; gewiß ist wenigstens, daß der Erfolg der
unbesonnenen Handlung nicht ausblieb. Hoffmanns Pa-
tent als Rat bei der Regierung zu Posen, dem Collegio,
bei welchem er als Assessor stand, lag eben zur Unterschrift vor; es war die Gelegenheit da, es mit dem eines
nach Plozk als Rat bestimmten Assessors zu verwechseln, diese wurde bereitwillig ergriffen und »wie Kotzebue sein merkwürdigstes Jahr mit einer Befreiung, so
habe ich meines mit einer Verbannung beschlossen,« –
schreibt Hoffmann in seinem ersten Briefe aus Plozk an
Hippel.*

Seine Versetzung dorthin erfolgte im Frühjahr 1802.

Vorher aber, im Spätherbst 1801, hatte er von Posen
aus noch eine Reise nach Königsberg gemacht und Hippel, von seiner Rückreise benachrichtiget, eine Zusammenkunft mit ihm in Elbing und Danzig veranstaltet.
Am letzteren Orte verweilten die Freunde zwei Tage
miteinander, und die eigentümliche innere Würde von

---

* 39. Brief in den Beilagen zum folgenden Abschnitt.

*Die Pfarrkirche von Posen. Zeitgenössischer Stich*

Danzig sowie seine herrliche Umgebung machten einen tiefen Eindruck auf Hoffmanns Gemüt.* Doch erkannte Hippel in ihm nicht völlig mehr den alten. Eine ungewöhnliche Lustigkeit, die fast in Possenreißerei ausartete, und ein Wohlgefallen am Obszönen ließen eine Hinneigung zur Gemeinheit durchblicken und machten den Freund um so besorgter für ihn, als er wußte, daß die südliche Heftigkeit seines Temperaments ihn immer zu Extremen hinriß. In dem früher schon angeführten ersten Briefe aus Plozk räumt Hoffmann seinen Fall auch selbst mit der überall ihn ehrenden Offenheit ein.

Desto unerwarteter war es seiner Familie, daß er, noch in Posen, sich mit einer Polin, die er in einem unten mitzuteilenden Briefe** schildert, verheiratete.

Sein Onkel, der aus dem ersten Abschnitte bekannte Justizrat, Hagestolz bis an sein Ende, machte ihm dagegen die eindringlichsten Vorstellungen, aber ohne Erfolg. Die junge Gattin begleitete Hoffmann nach Plozk.

---

* Die Spur davon findet man in dem oben, S. 27, bereits angeführten Artushof.

** 40. Brief in den Beilagen zum folgenden Abschnitt.

*Fünfter Abschnitt*

# PLOZK
## 1802-1804

Die zwei Jahre, welche Hoffmann als Rat bei der Regierung zu Plozk, – einem traurigen Orte in einer damals Neuostpreußen genannten entfernten Provinz verlebte, betrachtete er während ihrer Dauer als unerträglich*, und dennoch läßt es sich nicht leugnen, daß diese Zeit zu seiner inneren Ausbildung viel beigetragen hat. Er arbeitete treu in seinem Beruf, so daß der sehr strenge Präsident ihm das Zeugnis eines vorzüglich tätigen Mitgliedes des Collegiums gab, und führte mehr als irgendwo in späterer Zeit ein häusliches, nach den Dienststunden den Künsten gewidmetes Leben; schon damals bewährend, was Rochlitz in einem geistreichen Aufsatze über ihn mit feinem Sinn bemerkt:** »daß er zu den nicht wenigen Menschen gehört habe, die Unglück viel besser vertragen können als Glück.« In diesem Abschnitte seines Lebens fing er auch zuerst an, ein Tagebuch zu halten,*** was er nach vielen Jahren in Bamberg, wo seine Lage in anderer Beziehung drückend

---

\* »Ich müßte verzweifeln«, – sagt er in dem 39. Briefe in den Beilagen, – »wenn nicht ein sehr liebes, liebes Weib mir alle Bitterkeiten, die man mich hier bis auf die Neige auskosten läßt, versüßte und meinen Geist stärkte, daß er die Zentnerlast der Gegenwart tragen und noch Kräfte für die Zukunft behalten kann.«

\*\* Allg. musik. Zeit. 1822. No. 41 vom 9. Oktober.

\*\*\* Fragmente aus demselben, die für Hoffmanns Individualität bezeichnend sind und daher dem Herausgeber für seinen Zweck nicht unwichtig schienen, in den Beilagen zu gegenwärtigem Abschnitt.

war, ebenso in Dresden und Leipzig und in Berlin bis zum Jahre 1815 fortsetzte: wo bei günstigern äußeren Verhältnissen ihn der Strudel des wüsten Lebens ergriff und er die Lust und den Mut verloren zu haben scheint, sich schriftlich Rechenschaft von seinem Tun und Treiben zu geben.

Hier in Plozk war es auch, wo er zuerst die Freude hatte, eine kleine schriftstellerische Arbeit gedruckt zu seh'n, in welcher er mit einer nicht ganz mißlungenen Ironie das Überseh'n eines Umstandes, den er für wichtig hielt, bei der Einführung des griechischen Chors auf die deutsche Bühne, rügt. Ferner schrieb er, auf Veranlassung eines damals von Kotzebue mit Zuziehung von Iffland ausgesetzten Preises von hundert Friedrichsdor für das beste Lustspiel, ein solches unter den Titel »der Preis«*, worin er diesen selbst zum Gegenstande machte; ein Versuch, der zwar nicht den Preis, aber vor denen aller übrigen Mitwerber das ausgezeichneteste Lob erhielt. Nächst dem finden sich aus dieser Periode in einem »Miszellaneen, die literarische und künstlerische Laufbahn betreffend. Angefangen im Exil im August 1803« überschriebenen Buche Anfänge eines komischen Singspiels in zwei Aufzügen, der Renegat, von höchst origineller Laune,** und eines Singspiels Faustine, in

---

* Diese maiden speech: »Schreiben eines Klostergeistlichen an seinen Freund in der Hauptstadt,« ist aus den Freimütigen vom 9. Septbr. 1803 in den Beilagen zu diesen Abschnitt wieder mitabgedruckt; nicht um der Bedeutendheit des Aufsatzes willen, sondern weil es immer Interesse hat, die ersten Früchte eines Talents, welches sich später als ein großes bewährte, kennenzulernen.

** Es erscheint darin ein dicker Bey von Algier, der nur dadurch zum Lachen zu bringen ist, wenn seine Geliebten weinen, und der eine ihrem Gatten geraubte Französin zur Favorite erhebt, weil sie um ihren Mann natürlich weint, während alle anderen Bewohnerinnen des Harems die Kunst beim Schluchzen nicht verbergen können.

einem Aufzuge, worin Haße, Leonardo Leo und Faustine, – bekanntlich ward Faustine Bordoni später Haßes
Gattin, – auftreten; viele Übersetzungen italienischer
Canzonetten; Grundzüge zu einem Aufsatze über Sonaten* usw. An Kompositionen lieferte Hoffmann in dieser Zeit nächst mehreren Messen und Vespern für Klö-
ster unter dem Titel: Fantasie, ein von der gewöhnlichen
Sonatengattung abweichendes, nach den Regeln des
doppelten Kontrapunkts gearbeitetes Klavierstück von
größerem Umfange,[10] mehrere Sonaten, worunter eine
aus As-Dur usw. – Aber auch in der bildenden Kunst
war er nicht müßig. Er porträtierte Freunde, machte
Karikaturen auf Feinde**; vor allem aber unternahm er
hier ein mit ebensoviel Beharrlichkeit als Glück ausge-
führtes Werk, von dem noch einzelne Blätter vorliegen,
die durch die ungemeine Sauberkeit ihrer Ausführung
die höchste Bewunderung erregen; nämlich die genaueste Nachzeichnung mit der Feder aller damals bekannt-
gewordenen etrurischen Vasengemälde aus der Hamiltonschen Sammlung.[11]

Zu so vielfältiger Anstrengung gab ihm die häufig in
seinem Tagebuche ausgesprochene Hoffnung, doch

* Die Mitteilung einiger Ideen hieraus wird vielleicht anregend für manchen
Sachverständigen sein:
»Vollkommenheit des Fortepiano's. – Nur Schönheit der Harmonie, nicht des
Tons. – Es muß anscheinende Willkür herrschen, und jemehr sich die höchste
Künstlichkeit dahinter versteckt, desto vollkommener. – Größe des Theoreti-
kers Haydn. – Freude des gebildeten Menschen am Künstlichen usw.«

** Eine von diesen war sehr hübsch komponiert. Sie stellte das Plozker
Publikum vor, im Schlamme der Gemeinheit versunken. Nur Hoffmann hielt
mit aller Anstrengung den Kopf noch daraus in die Höhe. Aber aus dem Olymp,
der sich über der Gruppe öffnete und in welchem der Großkanzler als Jupiter mit
seinen Blitzen thronte, fuhr dessen in Bedienungssachen vortragender Rat,
sprechend getroffen, mit einer gewaltigen Stange herunter und suchte auch ihn
definitiv in den Morast unterzutauchen.

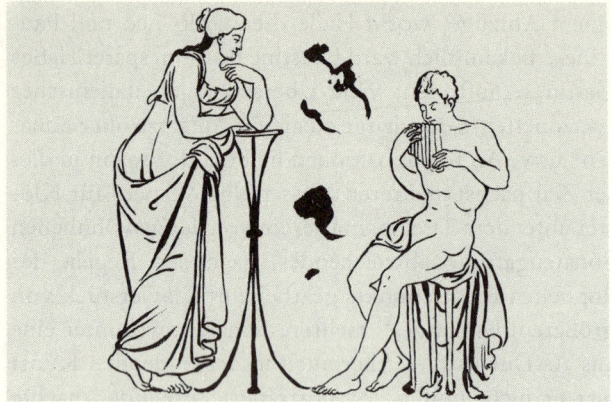

*Vasenbild aus der Hamiltonschen Sammlung. Kopie von Hoffmann*

noch in eine Lage zu kommen, in welcher er ganz den Künsten werde leben und mit seinem Hippel eine Reise nach Italien, der Schweiz und Frankreich machen können, Kraft, und er fing zuletzt schon an, es sich in Plozk gefallen zu lassen,* als – zu Anfang des Jahres 1803 – es durch Verwendung seiner Freunde in Berlin gelang, seine Versetzung nach Warschau als Rat bei der dortigen Regierung zu bewirken.

Mit lautem Jubel ging er dieser neuen Bestimmung nach der Hauptstadt des Landes, dessen Einwohner er nun schon seit Jahren war, entgegen; vor seiner Abreise noch einen Ausflug nach Königsberg zu seinen Verwandten benutzend, um Hippel auf seinem Landgute mehrere Tage zu schenken, wo der Plan zu der italienischen Reise völlig ins reine gebracht wurde.

Der Frühling des Jahres 1804 begrüßte Hoffmann schon in Warschau.

* 41. Brief in den Beilagen zu diesem Abschnitt.

*Beilagen*
*zum*
*fünften Abschnitt*

39.

Plozk, den 25. Januar 1803

Mein einziger, teuerster Freund!

Ein ganzes volles Jahr hab' ich geschwiegen, wenn du aber glaubst, daß das Andenken an dich während dieser Zeit auch nur einen Augenblick aus meiner Seele gewichen sei, so tust du mir sehr unrecht. – Wenn ich (vorzüglich in dem vergangenen Frühjahr) mich mit allem, was mich umgab, und mit mir selbst überworfen hatte, so nahm ich deine Briefe, vorzüglich die ältern, welche du mir aus A. schriebst, versetzte mich dann in jene glücklichen Jahre zurück, als es nur meine Fantasie war, die mir Höllen und Paradiese schuf und als noch kein eiserner Zwang der Wirklichkeit mich fesselte, und es gelang mir, im Andenken an jene Zeit, wieder ruhig zu werden. – Es ist mir oft, als hätt' ich alle jene Briefe in einer andern Lage selbst geschrieben, aber konnten auch zwei Menschen gleicher empfinden als wir? –

Du schreibst in deinem letzten Briefe, unser letztes Zusammensein in Danzig hätte nicht so wie vormals die reine unverdorbene Laune, den Erguß der innigen Freundschaft herbeigeführt; – aber, Freund, – Wein, der eben gärt, hat niemals einen guten Geschmack, und ich war damals wirklich im Gären. Ein Kampf von Gefühlen, Vorsätzen etc., die sich geradezu widersprachen, tobte schon seit ein paar Monaten in meinem Innern, – ich wollte mich betäuben und wurde das, was Schulrektoren, Prediger, Onkels und Tanten liederlich nennen. – Du weißt, daß Ausschweifungen allemal ihr höchstes Ziel erreichen, wenn man sie aus Grundsatz begeht, und das war denn bei mir der Fall. – Ich lebte in einer überaus lustigen Verbrüderung, wenn ich so sagen darf, – die letzten leuchtenden Blitze, welche wir schleuderten, waren aber solche Geniestreiche, die empfindlichen Leuten, die wir nur für zu unschädlich hielten, Haare und Bart versengten. – Sie nahmen's übel und borgten sich, von dem Olymp in Berlin her, solche Gegenblitze, die mich endlich hierher an einen Ort schleuderten, wo jede Freude erstirbt, wo ich lebendig begraben bin.

Ich habe dir nur die Hauptmomente am Anfange und Schluß meines merkwürdigsten Lebensjahres (Kotzebue schloß es mit einer Befreiung, ich mit einer Verbannung) aufgestellt; – um alle Szenen, die in die Mitte fallen, gehörig auszumalen, ist mir mehr nötig als ein Brief, d. h. eine mündliche Unterhaltung, und die will ich mir im künftigen Mai verschaffen. – Daß du mich vergessen haben solltest, fällt mir nicht ein, willst du mich daher wiedersehen, so bestimme, *wann* und *wie* ich dich besuchen soll, – auf deinem Rittergute. – Führten dich etwa deine Geschäfte oder sonstige Zufälle im künftigen Frühling nach Thorn, so wäre es ganz herrlich, ich würde alsdann um die von dir bestimmte Zeit dort eintreffen und die Reise, da Thorn von hier nur 12 Meilen entfernt ist, mit der ordinären Post machen, weil ich so sparsam als möglich zu Werke gehen muß. – Wenn du ebenso lebhaft als ich es fühlst, daß wir uns niemals, niemals zu lieben aufhören können, daß wir uns aber wieder von Mund zu Mund sagen müssen, was wir jetzt tun und was wir künftig tun wollen, so bin ich sehr glücklich. – Ich habe mich unter der Zeit im Malen, und vorzüglich im Treffen, ziemlich vervollkommnet, – ich werde daher dich, deine Frau und kleine Familie auf ein Tableau bringen, wenn ich bei dir bin, und überhaupt bei dir nicht als Regierungsrat Hoffmann, sondern als Miniaturmaler Molinari auftreten, da ich, wenn ich zehn Schritt von Thorn gehe, vor der Hand meinen Namen verleugnen muß. Daß ich Regierungsrat geworden bin, (seit einem Jahr) siehst du aus obigem, daß ich aber seit dreiviertel Jahren verheiratet bin, kannst du aus obigem nicht ersehen, daher sage ich es dir besonders! Jetzt leb' ich wie ein Heiliger, der Buße tut, oder eigentlich wie jeder Christ ein Leben führen soll, in der Hoffnung des zukünftigen; denke dir, Freund, was ich empfinden muß, wenn ich auf alles, was nur meinen Sinn für die Künste, für den Umgang mit geistreichen Personen, der den Geschmack bildet, geradehin ganz Verzicht zu leisten genötigt bin? – Ich müßte verzweifeln, oder vielmehr ich würde längst meinen Posten aufgegeben haben, wenn nicht ein sehr liebes, liebes Weib mir alle Bitterkeiten, die man mich hier bis auf die Neige auskosten läßt, versüßte und meinen Geist stärkte, daß er die Zentnerlast der Gegenwart tragen und noch Kräfte für die Zukunft behalten kann.

Von Berlin aus tröstet man mich sehr, – ich soll in eine neue deutsche Provinz versetzt werden, welches denn nur mein Wunsch ist, an dessen Erfüllung ich aber sehr zweifle. –

Alle Stürme haben zu toben aufgehört, und du wirst in mir ganz den alten Königsberger, Berliner, Leipziger, Dresdner, Dessauer etc. (Ohe – nicht Danziger) wiederfinden! Ich bin schwatzhaft geworden, merk' ich! –

Auch geb' ich mich wieder mit literarischen Arbeiten ab. – Willst du, wenn du keine Öconomica treibst, d. h. im Winter wieder rezensieren? –

Ich bin ein Tor gewesen, daß ich dir nicht längstens schrieb; mir ist so wohl geworden, indem ich mit dir spreche, daß meine Frau, die mir gegenüber sitzt und ein Kindermützchen strickt, schon ein paarmal gefragt hat, warum ich denn in eins fort lächle!

Liebst du mich noch, so vergilt nicht gleiches mit gleichem, schreibe, ich beschwöre dich bei dem Andenken unserer herrlichen Jugendzeit in Königsberg, – *sehr bald.*

Unser Briefwechsel soll nicht wieder so schändlich von mir
unterbrochen werden, – ein merkwürdigstes Jahr kann man
doch nur einmal erleben, – der Superlativ schließt ja jeden
Nebenmann aus! –

Grüß deine Frau sehr herzlich von mir und sag' ihr, daß ich
dir den Maler Molinari empfohlen habe, – es kann ja derselbe
sein, der dich gemalt hat. –

40.

Ohne Datum aus dem Jahre 1803
im Frühling

Mein teuerster Freund!

Als ich den Löwen und die Jungfrau mit der Hippe sah, war es
mir, als hätte ich zwei Jahre zurückgelebt und könnte so
unbefang'nen Herzens sein als damals. Warum hast du mich
durch dein unerklärliches Stillschweigen auf einen Brief, der
dir ein zerriß'nes Herz, die unaussprechliche Sehnsucht, in das
Asyl der Freundschaft zu fliehen, in jeder Zeile zeigen mußte,
wenigstens Augenblicke glauben lassen, daß ich auch dich
verloren hätte? – Ich kann es dir jetzt gestehen, daß ich arg-
wöhnisch, wie ich bin, nun jeden kleinen Zug deines Betragens
bei unsrer letzten Zusammenkunft auffaßte, daß mir das Sou-
per bei Gott weiß welchem Landstande, den du in Danzig
antrafst und mich sofort verließest, einfiel, – kurz, daß mein
Glaube oder vielmehr mein Zweifel mit jedem Tage zunahm
und mein letzter Brief der letzte entscheidende Schritt sein
sollte. – Es kostete mir Mühe, die Spannung, in welcher ich ihn
schrieb, dir zu verbergen! – Dem Himmel sei Dank, – du bist
noch *der* Theodor, der wie mein Genius mich beständig umschwebte, an den ich schon als Knabe alle meine Wünsche, –
Hoffnungen, – Gedanken richtete, sobald ich sie auf's Papier
warf! – Denkst du noch an die Elegien Eugenio's an Theodor?

– an die Verzweiflungsoden, als der kleine Haubenstock, in den ich verliebt zu sein glaubte, drei Meilen auf's Land gefahren war? – Wahrhaftig, diese lyrischen Don Quixotterien sind oft in mancher tollen Sache, die mich während der letzten zwei Jahre eben so exzentrisch stimmte, mein Trost gewesen; ich dachte dann, ob ich nicht als Greis oder schon als Mann von 30 bis 50 Jahren über diese Tumulte ebenso lachen werde, als ich jetzt über jene Knabenstreiche lache. – Du hast in deinem Briefe einen Punkt berührt, den ich, wenn ich meine Biographie zur Belehrung, wie man *nicht* handeln soll, wenn man eine gesunde Stirn und Nase für's Grab konservieren will, schriebe, sehr umständlich abhandeln würde.

Ja, ja, – in meiner ersten Erziehung, zwischen den vier Mauern mir selbst überlassen, liegt der Keim mancher von mir hinterher begangenen Torheit. – Deine gütige Freundschaft nennt die Frucht jener bizarren Einsamkeit Originalität, – es ist aber, wie ich wohl weiß und empfunden habe, nichts als Starrköpfigkeit, – Ungeschick! – Das Übersehen der Verhältnisse, die jedem, der als Knabe nachgeben und sich schicken in die Umstände gelernt hat, in's Auge fallen, hat mir einen guten Teil der Ruhe für lange Zeit gekostet. Ich mag die teuflische Geschicklichkeit, womit man mich zum Werkzeug einer ausgedachten Rache machte, gar nicht berühren, indessen soviel laß' dir gesagt sein, daß der wirkliche Hergang der Sache eine Ansicht gibt, die gewiß niemand erwartet. – Soviel von der famosen Gilrayiade! – – Nachdem ich beinahe zwei Jahre hindurch von allen Menschen recht schief beurteilt worden bin, und ich es unter meiner Würde gehalten habe, die nachplappernde Menge überschreien und eines Bessern belehren zu wollen, ist mir das Urteil der Welt ziemlich gleichgültig geworden, nur wenigen mag ich so, wie ich bin, erscheinen, und daß du unter diesen wenigen oben anstehst, versteht sich wohl von selbst. – Jetzt zu Dingen, die mir am nächsten liegen. – Herzlich danke ich dir, daß du dich für mich interessieren willst, – ich bin indessen sehr voreilig gewesen, welches ich jetzt sehr bereue. – Habe die Güte, mit S . . . sobald, als es nur in der Welt möglich ist, zu sprechen, – vielleicht läßt er sich bewegen, wenigstens B. schriftlich mit ein paar Worten zu sagen, daß ich es nicht verdiene, meinen widrigen Verhältnissen in Plozk geopfert zu werden. Ist dieses der Fall, so könnte der Brief an B., den ich mitgesandt habe, abgehen, ist es nicht der Fall, so bleibt natürlich der Brief zurück und kann, wenn S. oder jemand in der Familie Locken trägt, zu Papilloten verbraucht werden, – es ist feines weißes Papier, und die Versicherungen von Diensteifer etc. müssen das Haar höchlich kraus machen! –

Kann es zu etwas dienen, so sage ich dir noch, daß ich hier der fleißigste Arbeiter bin und daß der als ein eigner harter Mann bekannte Präsident B. mit mir sehr zufrieden ist, welches mir denn auch die Gnade des H. Großk. Exzell.!!! erworben hat, welche aber in meiner kritischen Lage nichts hilft. – Von nun an wird unser Briefwechsel nicht mehr unterbrochen. – Noch zwei wichtige Worte:

wie steht es mit unsrer großen Reise nach dem 30. Jahr? –

Meine Frau, eine geborne R. oder vielmehr T., – Polin von Geburt, Tochter des ehemaligen St. R. T. in Posen, 22 Jahre alt, mittler Statur, – wohl gewachsen, dunkelbraunes Haar, dunkelblaue Augen etc. empfiehlt sich dir sehr und gibt dir einen herzlichen Kuß! – Ich küsse deiner Gemahlin die Hand und werde deine Kinder im Malen und in der Musik unterrichten, wenn wir künftig in Berlin zusammen leben. –

Darf ich dich denn noch, da die Umstände meine widrigen Verhältnisse, – zu deinem Herzen sprechen müssen, um schleunige Antwort bitten?

Lebe wohl! –

## 41.

Plozk, den 3. Oktober 1803

Mein einziger teuerster Freund!

Du bist seit langer finstrer Zeit der erste, der aufgehen läßt die
Sonne der Hoffnung über dem Ungerechten! – Es ist über alle
meine Erwartung, daß S. sich so warm für mich interessiert hat
und mir ein neuer bündiger Beweis, daß er der vortreffliche
Mann ist, für den ich ihn immer hielt. Wäre er dieses nicht, so
würde er, ohne weiter das, was er sonst Gutes von mir wußte,
zu berücksichtigen, mit dem Strome mitgeschwommen sein
und den nicht Gehörten verdammt haben. Daß ich freilich
meiner eignen scharmanten Person allein nicht jene Protektion
zuschreibe, sondern daß *du* dabei sehr in's Spiel kamst, versteht
sich wohl von selbst. S.'s Einfluß zeigt sich schon, denn S. hat
dem Cousin D . . . bei Gelegenheit eines Gesprächs über mein
Exil cum annexis *viel* Hoffnung zu meiner baldigen Versetzung
gemacht. –

Der Onkel in Berlin wird mich nicht mehr sehr empfehlen,
er ist, wie Mercutio beim Shakespeare sagt, ein stiller Mann
geworden;* in der Nacht vom 24. auf den 25. September starb

---

* Dies ist der ganze Hoffmann. Während er hier über den Tod des Onkels zu
scherzen scheint, zeigt folgende Stelle, die er zwei Tage zuvor in seinem Tagebuch geschrieben, wie tief dieses Ereignis auf ihn gewirkt.

den 1. Oktober 1803

»Vorgestern faßte ich den Entschluß, endlich einmal, wie ich es mir schon so
lange vorgenommen hatte, wirklich ein reguläres Tagebuch zu halten, und setzte
den Termin zum Anfange auf heute an. Eigentlich dachte ich, recht jovialisch
anfangen zu können, voll Vergnügen über die erhaltene Freiheit, – der Umstand,
daß heute der erste (nämlich im Quartal)« ist, war nur Nebensache, – aber der
schwarzgesiegelte Brief aus Berlin enthielt die Nachricht, daß der Onkel in der
Nacht vom 24. auf den 25. Septbr. an der Lungenentzündung gestorben ist. Die
Tränen sind mir nicht ausgebrochen, auch habe ich nicht geschrieen vor
Schrecken und Schmerz, aber das Bild des Mannes, den ich ehrte und liebte, steht
mir immerwährend vor Augen, es verläßt mich nicht. Den ganzen Tag ist mein

er an einer Lungenentzündung! – Werd' ich, wie ich es wünsche und hoffe, jetzt bald versetzt, so wollt' ich dich gern noch vorher besuchen und erwarte von dir Bestimmung der Zeit und des Wie der Überkunft. – Hast du etwa ein paar Ackerpferde übrig, die du nach Thorn oder sonstwohin schicken kannst, so wär's mir lieb. Schwer bin ich nicht, wie du weißt, und wenn ich auch noch drei Schlafmützen, ein Paar Pantoffeln und einen Schlafrock mitnehme, so würden doch die ältsten, schwächsten Glieder deines Gestütes, die freilich nicht, mit dem Fähnrich Pistol zu reden:

> »Schindmähren Asiens, die nur
> des Tags dreihundert Meilen laufen.«

mit mir wie der Blitz davonrennen. – Du siehst, daß ich darauf erpicht bin, dir einen Besuch abzustatten, und zwar soll diese Zusammenkunft ein Friedenskongreß sein. – Allianztraktate für künftige Operationen sollen geschlossen werden, denn ich schwöre dir's, daß ich von unsern alten Plänen nicht ablasse. – Im Hintergrunde steht, (wie auf Rederns Landgute im Schlesischen Gebirge, die Schneekoppe), die mag hinsehen wo ich will, – die große Reise!!

Ich bitte dich herzlich und innig, dein Augenmerk darauf zu richten, daran zu denken, was wir noch sehen, erfahren, lernen, was wir noch einsammeln können für die ganze Lebenszeit! – Wir werden ja zu gleicher Zeit 30 Jahre alt, und das ist ja dein *Terminus*, es soll auch der meinige sein!

Du schreibst, daß du unter niedern Gesträuchen wandelst und dich zu ihnen herabbeugen mußt – ich wandle hier in einem Sumpf unter nieder'm Dorngesträuch, welches mir die Füße wund ritzt – in ehrbarer Gesellschaft kann ich nicht so

Inn'res in Aufruhr gewesen; meine Nerven sind so gespannt, daß ich über jedes kleine Geräusch zusammenfahre. In voriger Woche klopfte nachts einmal etwas an die Tür. Meine Frau behauptet, der Onkel habe Abschied genommen. Heute bin ich geneigt, so etwas zu glauben und mich mit allen Schwärmern hinter Hamlets Ausspruch zu stecken.

erscheinen, ohne mich vorher entsetzlich zu waschen von wegen des Sumpfes, der mir sogar die Hosen naß gemacht hat. – Es ist abscheulich! – Welch' eine Anstrengung es kostet, in diesem Sumpfe nicht totaliter zu versinken, kannst du dir denken!* Werde ich nur nicht zu sehr vom Präsidenten qua Packesel behandelt, dem man aufbürdet, daß er unter der Last erseufzt – so geht's in meinen vier Wänden ganz gut her. Die Akten werden in die Nebenkammer geworfen, und dann zeichne, komponiere und dichte ich, wie's kommt, freilich alles nur schlecht, aber desto mehr Vergnügen macht mir's, denn es ist ein psychologisches Phänomen, daß die schlechten Künstler und Dichter sich am allermeisten über ihre Mißgeburten freuen, – den großen Dichtern machen die Amorino's, welche sie zur Welt befördern, lange nicht so viel Freude! – Ich sehne mich so herzlich nach dir, daß ich manchmal ungeduldig werde über den Schneckengang der Angelegenheit in Berlin. – Was haben wir uns alles zu sagen! – Ich wollt' dir erst viel schreiben, aber es geht heute nicht, – ich muß diesen Augenblick in die Pupillensession laufen und habe noch nicht einmal alles dekretiert. –

Dieser Brief ist eine flüchtige Skizze meines fröhlichen Gemütszustandes – es folgt noch baldigst eine zierliche Epistel, – bin ich wirklich versetzt, ein Juchheisa! womöglich in Jamben, welche mir seit einiger Zeit sehr gut gelingen. – Auch Verse – gereimte nämlich – sonettenmäßig – auch auf einen Endreim, das ist, wie Shakespeare sagt:

> der wahre Butterfrauentrab
> wenn sie zu Markte geh'n! –

Ich stelle dir anheim, diesen Brief für humoristisch zu halten,

---

* Nur eines einzigen Menschen erwähnte Hoffmann, wenn er auf diese Periode seines Lebens zu sprechen kam, mit einiger Auszeichnung, des gleichfalls bei der Regierung angestellten Friedrich, der später durch seine hausbackenen satirischen Schriften sich in einem gewissen Kreise eine Art literarische Reputation zu erwerben wußte und im Umgange viel angenehmer war wie als Autor.

weil ich dreimal den Shakespeare allegiert habe. – Meine Frau
küßt dich herzlich, – meine Kinder sind gesund und vorzüglich still und artig, – ich habe sie alle in petto. Adieu, mein
einziger lieber Freund!

### 42.

Plozk, den 28. Februar 1804

Mein lieber teuerster Freund!
Der Kreissteuereinnehmer in Straßburg war über alle Begriffe freundlich – kaum hatte ich ein Glas Franzwein ein-
geschlürft, als zwei tüchtige Pferde vor meinem Wagen angelegt waren. Der blauschenklige Sohn des Tals, den der
besagte Einnehmer zu meinem Achates gewählt hatte,
brachte mich, seiner Ordre gemäß, ohne zu ruhen und zu ra-
sten, um halb sechs Uhr glücklich vor das Posthaus in Sierps,
und meine Frau wollte eben den rechten Fuß dem linken, der
schon im Bette stand, nachziehen, als ich um 10½ Uhr in die
Stube trat. Die Meinigen, (so schreib' ich stolz, seitdem ich
in meinem Hause mehrere Köpfe zähle), fand ich gesund und
wohl; meine Frau war dem Porträt ähnlicher als je. – – – – –
– Plozk ist dazu bestimmt, mich in einer mißvergnügten
Stimmung zu erhalten. – Zwei Worte sind hinlänglich, dir alles zu erklären! –
    Mein Versetzungsreskript ist noch nicht da, und ich muß
arbeiten – arbeiten in der exaltierten Stimmung, worin mich
deine Gespräche, die Reise nach Italien und deine Handskizzen
von Perugino und Raphael gesetzt haben. – Ob dir's auch so
geht, weiß ich nicht, aber auf mich hat unser Beisammensein
diesmal mit besond'rer energischer Kraft gewirkt; ich fühle
mich emporgehoben über die Kleinigkeiten, die mich hier
umgeben, – eine bunte Welt voll magischer Erscheinungen
flimmert und flackert um mich her, – es ist, als müsse sich bald

was Großes ereignen, – irgendein Kunstprodukt müsse aus dem Chaos hervorgehen! – ob das nun ein Buch, – eine Oper, – ein Gemälde sein wird, – quod diis placebit; meinst du nicht, ich müsse noch einmal den Großkanzler fragen, ob ich zum Maler oder zum Musikus organisiert bin? –

Aber, – um dem Dinge näherzukommen, – gestern habe ich eine komische Oper gemacht, und heute morgen, – es war noch finster, – ungefähr 5 Uhr, – die Musik dazu. – Aufgeschrieben ist noch nichts, das wird auch wohl noch etwas länger dauern. –

Unter andern! – Als ich die Preisaufgabe auf's beste Lustspiel im Freimütigen las, (acht Wochen vor Michael ganz zufällig) fiel es mir ein, aus dieser Preisaufgabe selbst den Stoff zu einem Lustspiel herzunehmen; ich schmierte in aller Eil ein Lustspiel zusammen, nannte es den Preis und schickte es den Herren ein. Daß es den Preis nicht gewinnen würde, wußte ich wohl, daß mir die Herren aber entschiedene Anlage zum Lustspieldichter und eine vim comicam zugestehen würden, glaubte ich nicht. In dem Freimütigen (oder Ernst und Scherz) wirst du die Rezension lesen.* Da der Preis mein erstes in aller

---

* Sie findet sich in No. VI. des literarischen und artistischen Anzeigers als Beilage zum Freimütigen 1804 und lautet im wesentlichen wie folgt: »Der Preis, Lustspiel in drei Aufzügen.« Unter allen Mitbewerbern hat der Verfasser dieses Lustspiels, (den vom No. 4. etwa ausgenommen) die meiste Anlage zum Lustspieldichter. – – – Seine Ansicht, seine Formen sind meist wahrhaft komisch. Wilmsen, Buchhalter bei einem reichen Kaufmann, dessen Tochter er liebt, ist seiner kaufmännischen Beschäftigung müde, obgleich er die entschiedenste Anlage dafür hat; will sich und seine Frau künftig bloß als Dichter nähren, und um zu beweisen, daß er dabei besser fahren werde, hat er ein Lustspiel geschrieben und solches dem Freimütigen eingesandt, überzeugt, daß es den ausgesetzten Preis erhalten werde. Der alte Kaufmann aber, der ihn als den Sohn eines verstorbenen Freundes wie sein Kind liebt, hat etwas davon gemerkt, das Stück von der Post zurückgeholt, es schlecht gefunden, auf der Stelle selbst ein besseres geschrieben und trägt am Ende den Preis wirklich davon; dadurch bewirkt er Wilmsen's Rückkehr aus den poetischen Gefilden in die prosaische Rechenstube, und zum Ersatz gibt er ihm Augusten. – – – Der Dialog ist leicht, die Sprache rein, der Witz nicht fremd. – – – – Ob wir nun gleich auch diesem Stück den Preis versagen müssen, so zweifeln wir doch nicht, daß es einen Verleger finden und

Eil zusammengeschriebenes Lustspiel ist, werd' ich wohl noch nach Gelegenheit ein ziemlich drolliges Ding von komischer Oper zusammenschmeißen können. – Du mußt alles zuvor rezensieren, die Musik exzipiere ich, da du noch nicht vollkommen gut den Kontrapunkt verstehst und auf Kirnbergs Kunst des reinen Satzes wenig hältst. – Nun ein Plänchen! – Der Riese Gargantua muß ausgearbeitet werden; sobald das Versetzungsreskript hier ist, spendiere ich 2 Rthlr. an eine Flasche Burgunder und fange an. – Wie wär's aber, wenn wir noch auf einige witzige Aufsätze dächten und ein Taschenbuch für 1805 edierten? – es ist nur des Absatzes und der Kupfer wegen.

Ad vocem Kupfer, – diese müssen durchaus satirischen Inhaltes sein, – denke darauf! – Ein paar Blätter Köpfe, allenfalls so wie Voltaire. – Schreibe mir, was du von der Idee hältst, – ich würde hoffen (ich zeichne alles selbst) ein gutes Honorar zu erhaschen und die gelehrte Welt 'mal zu einem Lachkrampf zu reizen.

Das Taschenbuchformat allein begeistert mich schon, wenn ich daran denke, mit allerlei skurrilen Ideen! – Die Wahl des Buchhändlers überlassse ich dir, da du ein Mann bist, der schon manches geschrieben hat, was gedruckt worden ist. –

Den Seume hab' ich hier vorgefunden und ganz gelesen, – er möge die Idee der italienischen Reise in dir wach und rege erhalten, – er ist wahrlich dazu geeignet. Lebe wohl, mein lieber, teurer, einziger Freund, und antworte mir bald. – Meine Frau grüßt dich und die deinige herzlich, – ich küsse deiner Frau die Hand. –

gedruckt den Leser überzeugen werde, daß das Publikum wahrscheinlich von dessen Verfasser noch viel Gutes zu erwarten habe. (Soviel dem Herausgeber bekannt, ist das Stück nicht gedruckt worden; es hat sich auch die Handschrift desselben unter Hoffmann's Papieren nicht vorgefunden.)

*Fragmente aus dem Tagebuche in Plozk*

den 2. Oktober 1803

Den ganzen Abend läppischerweise in Wieglebens Magie gelesen und mir vorgenommen, einmal, wenn die gute Zeit da
sein wird, zum Nutzen und Frommen aller Verständigen, die
ich bei mir sehe, ein Automat anzufertigen! – Quod deus bene
vertat! – Was nehme ich mir alles vor! – Noch ein guter
Gedanke! Mit meinen musikalischen Ideen geht's mir so, wie
mit Savonarolas, des Märtyrers zu Florenz, dessen Geschichte
ich dieser Tage las, Eingebungen. Erst schwirrt's mir wild im
Kopfe herum; dann fange ich an zu fasten und zu beten, d. h.,
ich setze mich an's Klavier, drücke die Augen zu, enthalte mich
aller profanen Ideen und richte meinen Geist auf die musikalischen Erscheinungen in den vier Wänden meines Hirns. Bald
steht die Idee klar da; ich fasse und schreibe sie auf wie
Savonarola seine Prophezeiungen. Ob's nur andre Komponisten auch so machen mögen? Aber das erfährt ein Königlich-
Preußischer Regierungsrat in Plozk nicht.

den 9. Oktober

(In einem musikalischen Zirkel gewesen.) Es wurden auch
einige Quadros von Haydn gemacht. Erbärmlich, wie gewöhnlich alle Musik hier; aber der himmlische, originelle
Gang der Harmonie entzückte mich doch. Haydn würde unendlich groß sein in der Instrumentalmusik, wenn er das Tän-
deln ließe. Alle diese Tändeleien in seinen Quartetten verun-
zieren das Ganze. Die kleinen Menuetti, welche er gewöhnlich
Scherzo allegro überschreibt, sind sehr pikant durch originelle
Ausweichungen; oft sind sie auch nichts weniger als Scherzos,
wie z. B.

den 8. Oktober

Ich quäle mich mit einer Idee zum Trio für Fortepiano, Violine und Cello. Meinem Bedünken nach werde ich in diesem Genre etwas leisten. Haydn soll mein Meister sein, so wie in der Vokalmusik Händel und Mozart. Ich schließe mit dem Stoßseufzer, der meine tägliche Litanei ist:

wann werde ich meine Freiheit erhalten!

Als ich noch in Glogau war, hörte ich einst einen russischen Major, – Pole von Geburt, – der, eines Duells wegen, auf der Festung saß, am Tage, als sein Arrest abgelaufen war und ihm der Kommandant die Freiheit angekündigt hatte, ausrufen: *ah, je suis libre!*

Der Ausdruck, die Stimme gingen mir durch die Seele; ich teilte sein Entzücken. Ich dachte an Yorik und den gefangenen Star. O ich bin gefangen, ich bin in Banden, wann schlägt der Erlösung Stunde!

den 16. Oktober

Ob ich wohl zum Maler oder zum Musiker geboren wurde? Ich muß die Frage dem Präsidenten *** oder dem Großkanzler vorlegen, die werden's wissen.

den 17. Oktober

Gearbeitet den ganzen Tag. O weh! – ich werde immer mehr zum Regierungsrat. Wer hätte das gedacht vor drei Jahren? Die Muse entflieht, der Aktenstaub macht die Aussicht finster und trübe! Das Tagebuch wird merkwürdig, weil es den Beweis der ungeheuern Erbärmlichkeit gibt, in die ich hier versinke. Wo sind meine Vorsätze hin, wo meine schönen Pläne für die Zukunft? Allmächtiger B.*, bitte für mich, hebe mich weg aus diesem Jammertal in das Paradies an den Ufern der Elbe oder laß' mich den Rhein, wie Mosen das gelobte Land, aus der Ferne sehen!

---

* Der schon oben, Seite 169, erwähnte Rat, welcher dem Großkanzler in Bedienungsangelegenheiten vortrug.

den 2. November

Mich zum erstenmal gedruckt gesehen im Freimütigen. Habe das Blatt zwanzigmal mit süßen, liebevollen Blicken der Vaterfreude angeguckt; frohe Aspekten zur literarischen Laufbahn! Jetzt muß was sehr Witziges gemacht werden.

den 17. November

Herr Nägeli – (dem Hoffmann für sein Repertoire du Claveciniste Kompositionen übersandt und der sie zurückgewiesen hatte,) – hat mir gesagt, woran ich bin. Sonderbar genug, daß ich an demselben Tage, an welchem ich von der Miserabilität meiner Kompositionen überzeugt wurde, den Mut hatte, eine Andante zu setzen; jetzt will ich ein Buch machen!

den 1. Januar 1804

Die Oktober- und Novemberstücke des nun seit dem 17. November recht sanft ruhenden Tagebuchs waren bloße Präliminarien. Von heute an wird regulär Buch gehalten über die Begebenheiten des Lebens, die bunte Welt innerhalb der vier Wände des Gehirnkastens mit eingerechnet. Zwei für mich wichtige Dinge geben jetzt bald meinem zu einfachen Leben einen neuen Schwung; die mir angebotene Versetzung nach Warschau, welche ich angenommen habe, und der Tod der alten Tante in Königsberg, der mich vielleicht zum vermögenden Mann gemacht hat.* Wie wird nun alles werden! Wie weit werde ich mit meinen weitschichtigen Plänen für das Künstlerleben in diesem Jahre kommen?

***, ***, ***, waren hier; drei Männer, bereit, in den feurigen Ofen des Trinkgelags auf der Redoute geschoben zu werden. Ich sollte mit. Gott behüte und bewahre! Meine Salamandernatur hat ein Ende.**

* In dieser Hoffnung fand er sich später getäuscht. Der Nachlaß war nur unbedeutend.

** Die Kraft, der Versuchung einer solchen Aufforderung zu widerstehen, war gewiß eine der oben erwähnten wohltätigen Folgen seines mehr auf die Entwicklung des Innern gerichteten Lebens in Plozk.

den 4. Januar

Der Sierakowskysche Concours ist durchgelesen, das Gerüst zum Feuerwerk, welches ich künftigen Freitag abbrennen will, ist fertig. Wahrhaftig, habe ich erst dies Leben hinter mir, soll die wahre Tätigkeit losgeh'n! Arm an Ereignissen, arm an Ideen. Mein Tagebuch ist dürre und öde wie der Weg von Posen nach Berlin; aber hat man erst die Gensdarmestürme im Auge, so windet man sich leicht durch die Dornen, die noch hin und her aufhalten. Hängen will ich nichts lassen. Jetzt habe ich nichts Angelegentlicheres zu tun, als den Besuch der Entbinderin der Feenwelt abzuwarten.

den 6. Januar

Morgens Session. Sierakowsky vorgetragen. Von 4 bis 10 in der neuen Ressouree; mit \*\*\* und \*\*\* gebischoft. Ungeheure Gespanntheit des Abends. Alle Nerven excitiert von dem gewürzten Wein. Anwandlung von Todesgedanken. Doppelgänger.

den 7. Januar

Mit unbehaglichem Gefühl stand ich heute auf, Folgen des gestrigen Rausches, ich muß nun einmal strenge Diät halten. Nachmittag Candide gelesen. Die Norm eines guten Romans. Der philosophisch ausgeführte Satz versteckt sich hinter den Vorhang voll Karikaturen. Die Würze ist, der Menschen Albernheit mit lebhaftem Kolorit dargestellt. Abends an der Messe geschrieben; ich bin aufgelegt zum Komponieren. Folgenden Satz erfand ich:

den 15. Januar

Mittags bei *** gegessen, mit *** und einem roten wohlge-
nährten Pfäfflein, Feldprediger ***; schwedische National-
Physiognomie; *circiter* sah er aus, wie folgt:

Das Ideal der Glauheit. Viel gesalbadert über Kunst und
Kunstsinn. Gott, was für Dutzendmenschen! Können sie zur
Not Pastellgemälde von Ölstücken unterscheiden, so sind sie
Kenner.

den 16. Januar

Gearbeitet. Abends die kühne Idee gefaßt, eine Kreuzes-
Erleuchtung und die Schlacht bei Abukir in Hackertschem Stil
transparent auszuführen; – erst muß ich Relationen schmieden.

In Königsberg* geschrieben
den 7. Februar

*** und *** gaben ein Konzert; ich bin dagewesen. – – – – –
*** hatte sich vergriffen, er blies statt des Fagotts den Kamm.
*** sang die Arie der Arbace aus Idomeneo:

* Siehe S. 169.

Die Arie ist wohl eigentlich ein satirischer Hieb Mozarts auf die Kastraten und ihre Singmanier. Er hat's nur ironisch gemeint, das merken aber manche Herren nicht! Abends ging ich mit *Weiß* und *Schwarz* zu Hause. Man könnte dies für ein Bonmot halten, die Leute hießen aber wirklich so.

den 9. Februar

Abends den Grafen Benjowsky gesehen. 's war die Parodie von Schlegel, wenigstens machten's die Schauspieler dazu. Meine Galle über das geist- und herzlose oder vielmehr kopflose Spiel habe ich ausgelassen in der Karikatur: le cœur palpite! Will ein Collectaneenbuch zu Zeichnungen anlegen.

Den 13. Februar

Ein kleiner Vorfall! Nein, kein kleiner Vorfall, ein Ereignis, wichtig für Kopf und Herz, hebt den heutigen Tag über seine meisten ältern Brüder hinaus. Ein junges blühendes Mädchen, schön wie Corregio's Magdalena, gewachsen wie die Grazie der Angelika Kauffmann, stand nachmittags vor mir; es war Malchen N.*. Sie hatte der Mutter Grazie. Das Ideal meiner kindischen Fantasie von dem *Vormals* meiner Inamorata** stand vor mir, eine süße, unbekannte Wehmut ergriff mich; sie blickte mich mehrmals bedeutend an. Gewiß war ich ihr nicht minder merkwürdig als sie mir. Die Mamsell *** die jüngere, introduzierte sie. Der Onkel sprach unendlich lange von einem Begräbnis; vergebens rang ich danach, dem Gespräch eine interessante Wendung zu geben. Das aufgeblühte Mädchen wollte ich mit meinen Geistesarmen umranken, sie unmerklich in die magischen Kreise meiner Imagination ziehen. Einige emphatische Augenblicke hätten mich schadlos gehalten für das geisttötende Einerlei der vorigen Woche, aber

---

   * Randbemerkung Hoffmanns im Tagebuch. »Sie ist gestorben.«
  ** Vergl. den 1. Abschnitt.

es ging nicht. Die *** verdarb alles mit ihrem bleiernen Wesen, mit ihrer Langweiligkeit. Ich lese Rousseau's Bekenntnisse vielleicht zum dreißigsten Male; ich finde mich ihm in manchem ähnlich; auch mir verwirren sich die Gedanken, wenn es darauf ankommt, Gefühle in Worte zu fassen. Ich bin sonderbar bewegt. Der Toten sei hier ein Monument gesetzt! Es ist lebendiger, als sonst die castra doloris zu sein pflegen, da statt des marmornen Todesengels auf jenen hier eine lebendige Grazie die Hauptrolle spielt. Das Kompliment zum Abschiede war höchst abgeschmackt. Ich wollte zu viel sagen. – Bei gehöriger Muße rede ich, wie oft auch im Traume, am schönsten; ich mache auch wohl Impromptus; aber, wie gesagt, alles mit Muße.

Den 10. März

Das Versetzungs-Reskript erhalten. Große Generalpause. Geschlossen bis zur Ankunft in Warschau.*

*Schreiben eines Klostergeistlichen
an seinen Freund in der Hauptstadt***

Ich danke dir von Herzen, mein lieber Freund Theodor, daß du mir die bestellten Bücher so bald übersendet hast. Der Pater Prior hatte die Gnade, mir die Kiste, ohne sie zu öffnen, auf die Zelle zu schicken, und es war mir lieb, daß Bruder Vincentius, der mich besucht hatte, eben fortging, als ich sie erhielt und begierig auspackte; er würde an den vielen bunten Heften, die du mir ohne weitere Bestellung mitgeschickt hast, ein Ärgernis genommen haben. Du irrst dich nicht, mein lieber Freund Theodor: auch in meinen Mauern erfahre ich gern, wie es in

---

* Dort ist das Tagebuch nicht mehr fortgesetzt worden.
** Siehe S. 168 und 185.

der Welt, die ich für immer verließ, zugehet, und deshalb habe ich die Zeitung für die elegante Welt und den Freimütigen mit vielem Vergnügen gelesen, unerachtet mir manches ganz besonders und ungereimt vorkam, welches wohl daher rühren mag, daß mir in meiner Zelle die Beziehungen fremd sind. So viel habe ich wohl gesehen, daß die Schriftsteller in den beiden Zeitungen sehr böse aufeinander und immer ganz verschiedener Meinung sind. Sie lassen sich manchmal recht grob an und wollen ihre Sache mit häßlichen Ausfällen und anzüglichen Schimpfreden verteidigen. Das gefällt mir nicht, und ich habe an Se. Hochwürden den Herrn Prälaten gedacht, der einmal den Pater Adalbertus tüchtig ausschalt, weil er in der Predigt am Tage St. Antonii de Padua auf den Doktor Luther ungemein geschimpft hatte. Der Herr Prälat meinte: das hieße der guten Sache mehr schaden als nützen und sei das Zeichen eines rohen schlechten Gemüts! – Ganz von Freude ergriffen bin ich aber worden, als ich las, daß der berühmte Herr Schiller, der, wenn ich nicht irre, der Verfasser des schönen Gedichts ist, welches Don Carlos heißt und welches ich, als ich noch in der Welt war, gelesen habe, ein neues Trauerspiel verfertigt und darin den Chor nach Art der alten griechischen Tragödien angebracht hat. – Es heißt ja die Braut von Messina. – Du weißt, mein lieber Freund Theodor, daß ich von jeher die Musik eifrig studiert und mich nicht begnügt habe mit dem oberflächlichen theoretischen Wesen, welches hinreicht, etwa einen Votiva, eine Vesper oder ein neues Offertorium für einen Heiligentag zu setzen. Auf die Musik der Alten war mein vorzüglichstes Augenmerk gerichtet, und es ergriff mich immer ein tiefer Schmerz, wenn ich in den alten Schriftstellern von den außerordentlichen Wirkungen las, die sie hervorgebracht haben soll, und daran dachte, daß die Art, wie sie ausgeübt wurde, so ganz verloren gegangen ist. Alles was ich in den alten Skribenten auffinden konnte über die Musik und die damit verbundenen theatralischen Vorstellungen der alten

Griechen, habe ich verglichen; aber noch ist es mir ganz
dunkel, was ich in Vergleichung mit demjenigen, was wir jetzt
Deklamation und Gesang nennen, von der Deklamation der
griechischen Tragödien, die mit Noten bezeichnet war, von
Klanginstrumenten begleitet wurde und Melopöia hieß, halten
soll. Die Chöre der griechischen Tragödien haben sich gewiß
noch mehr als die Deklamation der übrigen Verse dem eigentlichen Gesange genähert; sie wurden von verschiedenen Stimmen im Einklange vorgetragen und von Klanginstrumenten
begleitet. Dies beweist unter andern die Stelle im Philosophen
Seneca, wo es heißt:

*»Non rides quam multorum vocibus chorus constet, unus tamen, ex
omnibus sonus redditur. Aliqua illic acuta, aliqua gravis, aliqua media.
Accedunt viris feminae, inter ponuntur tibiae, singulorum illic voces
latent, omnium apparent etc.«*

Wie das aber eigentlich ins Werk gerichtet wurde, inwiefern
sich die Deklamation des Chors der wirklichen Melodie näherte oder nicht, davon habe ich keine deutliche Vorstellung,
und soviel ich weiß, ist es auch bis jetzt niemand gelungen,
dem Dinge so auf die Spur zu kommen, daß man es hätte
nachahmen können. – Den Herren Gelehrten in Weimar war
die wichtige Entdeckung vorbehalten! – So wie ich lese, wird
das erwähnte neue Trauerspiel des Herrn Schiller dort auf der
Bühne aufgeführt, und unbezweifelt hat man daher die Deklamation notiert, und sie wird von Klanginstrumenten begleitet.
Schreibe mir, mein Lieber, ob Herr Schiller selbst oder ein
anderer den Alten so glücklich auf die Spur gekommen ist und
welche Mittel man angewendet hat, die Schauspieler und Tonkünstler in das Geheimnis der uns ganz fremd gewordenen
Melopöia einzuweihen. Jemand schreibt zwar in dem Freimütigen, daß der Chor von sieben Männern gesprochen worden
sei und daß es geklungen habe, als sagten Schüler ihre Lektion
auf, und ich kann mir auch in der Tat nichts Läppischeres und
Ungereimteres denken, als wenn mehrere Leute auf dem Thea-

ter Verse hersagen, ohne an jene notierte Deklamation, die sie
zum Halten des Tons und des Rhythmus nötigt, gebunden zu
sein; ich kann es mir aber gar nicht denken, daß die gelehrten
Herren in Weimar jemals auf den Gedanken geraten sein sollten, den griechischen Chor wieder auf das Theater zu bringen,
wenn sie nicht die Art seiner Darstellung bei den Alten im
ganzen Umfange innehätten; bei der Vorstellung, die jener
tadelsüchtige Mann sah, waren die Tibiisten wahrscheinlich
noch nicht eingespielt. Schreibe mir doch ferner, mein lieber
Freund Theodor, ob die Flötenspieler die Deklamation durch
das ganze Stück begleitet oder nur den Chor unterstützt haben
sowie auch, ob man die Tragödie mit Masken und mit Kothurn
gegeben hat. Auch bin ich begierig zu wissen, was für eine
Wirkung der Chor auf die Zuhörer gemacht hat: ob sie erschüttert worden sind oder ob es den Schauspielern so gegangen ist wie dem seligen Herrn Professor Meibom, den der
ganze Hof der Königin Christina auslachte, als er eine griechi-
sche *Arie* zu singen anfing. Das war unartig, denn der Mann
war grundgelehrt und meinte es gut, hatte aber manchmal sehr
närrische Einfälle, wie man es in vielen Schriften lesen kann.
Endlich wünsche ich von dir über die Ursache belehrt zu
werden, warum der Herr Schiller zu dem Trauerspiel nach
griechischer Art nicht eine Heroengeschichte aus der alten,
sondern eine Historie aus der neueren Zeit gewählt hat. Das
kommt mir so vor, als wenn die hiesigen Nonnen zu St. Ursula
das Staatskleid, welches sonst die Gebenedeiete trägt, zu Weihnachten dem heiligen Kinde anziehen; das ist immer zu lang
und zu weit, will überall nicht passen und sieht nicht gut aus.

Hat man nur erst die Melopöia wieder hergestellt und sind
die Leute über das Ungewöhnliche des ersten Eindrucks weg,
so wird sich das Weitere wohl geben. Ohne Klanginstrumente,
ohne notierte Deklamation wird alles nur ein unnützes Ge-
plapper sein. Das Trauerspiel General Wallenstein, welches
von Herrn Schiller in Versen geschrieben sein soll, und die

Hussiten vor Naumburg, welches ein schönes Stück sein muß, da sie sich so darüber streiten, werden sie mit der tragischen Baßflöte (tibia dextra) und die neuen Lustspiele des Herrn von Kotzebue in Versen mit der komischen Diskant-Flöte (tibia serrana) aufführen. Das möchte ich selbst gerne hören. – Lebe wohl, mein lieber Freund Theodor, ich bete für dich zu den Heiligen und bin etc.

# WARSCHAU

1804-1807

Warschau war zur Zeit, als Hoffmann dorthin berufen wurde, ein Aufenthalt, der einen Geist wie den seinigen auf die mannigfaltigste Weise anregen mußte. Die deutsche Herrschaft hatte es nicht zu einem deutschen Orte gemacht; vielmehr trug es ein höchst fremdartiges, man möchte sagen außereuropäisches Gepräge; so daß der aus Preußen, dem wohlgeordneten, sogenannten »alten Lande«, in diese neue Welt Versetzte in den ersten Wochen aus dem Staunen nicht herauskam. Die Straßen von stattlicher Breite, gebildet aus Palästen im schönsten italienischen Geschmack und aus Holzhütten, die ihren Einwohnern jeden Augenblick über dem Kopfe zusammenzustürzen drohen; in diesen Gebäuden asiatischer Prunk mit grönländischem Schmutz im seltsamsten Verein; ein immer bewegtes Publikum, die schneidendsten Kontraste bildend wie in einem Maskenzuge; langbärtige Juden und Mönche in allen Ordenstrachten, ganz verschleierte, tief in sich gekehrte Nonnen von der strengsten Regel, und über weite Märkte hinüber konversierende Scharen junger Polinnen in den hellfarbigsten seidenen Staubmänteln; ehrwürdige alte polnische Herren mit Schnurrbärten, Kaftan, Paß (Gürtel), Säbel und gelben oder roten Stiefeln und das neue Geschlecht in den incroyablesten Pariser Moden,[12] Türken und Griechen, Russen, Italiener und Franzosen in immer wechselnder Menge; dazu eine über allen Begriff tolerante Polizei, die keiner Volkslust störend in den Weg trat, so daß sich kleine Pulcinellen-Theater, Tanzbären, Kamele und Affen unaufhörlich auf Plätzen und in den Gassen bewegten, vor denen die elegantesten Equipagen wie der Packträger gaffend stille standen; ferner ein Theater in der Nationalsprache, eine recht gute französische Truppe, eine italienische Oper, deutsche Komödianten, mit denen sich wenigstens alles aufstellen ließ, Redouten ganz origineller, aber höchst anziehender Einrichtung,* und Wallfahrtsörter in der nächsten Umgebung der Stadt; – was gab es da nicht zu sehen für ein Auge und zu zeichnen für eine Hand wie Hoffmanns! Sein erster Brief von Warschau an Hippel** gibt Rechenschaft von dem ersten Eindruck dieses bunten Gemäldes. Wirklich hatte er, bis zum Juni 1804, auch nur im

---

* Es dürfte der Mühe wert sein, dieser näher zu erwähnen, da sie in Deutschland wenig bekannt zu sein scheint. Die Damen erschienen nämlich bei diesen in den Sälen des Schauspielhauses stattfindenden Redouten auf das Unkenntlichste maskiert; die Herren dagegen in anständiger, aber gewöhnlicher Bekleidung, so daß es eigentlich nur eine Maskerade in Beziehung auf die Damen war. Diese verteilten sich, je vier und sechs aneinander geschlossen, auf rund um die Säle herumlaufende Bänke und ließen die Herren an sich vorüberpassieren, um sie zu necken und neugierig zu machen; dabei gab ihnen die Verhüllung Mut oft zu dem ausgelassensten Witze. Die Herren aber, überall kenntlich, waren dadurch genötigt, die Linie des Schicklichen auf das Sorgfältigste zu hüten. Man muß die Gewandtheit der Polinnen in der geselligen Unterhaltung kennen, um sich einen Begriff von den allerliebsten Ton zu machen, der durch das einfache, eben dargelegte Prinzip in die Gesellschaft gebracht wurde. Am Mardigras gab es aber in dem anstoßenden stets geöffneten Theatersaal immer noch etwas besonders Pikantes. So hatten sich einmal mehrere der genannten Truppen vereinigt, die ganze Nacht hindurch in unaufhörlichem Wechsel einzelne Hauptszenen aus Tragödien, Lustspielen und Opern zu geben, und je nachdem man eine oder die andere Viertelstunde, durch die Ballsäle gehend, die Türen in's Parterre eintrat, hörte man in andern Zungen deklamieren, konversieren, rezitieren, singen und jodeln.

** Der 43. in den Beilagen zu diesem Abschnitte.

Schauen gelebt und gar keine Bekanntschaften gesucht und gemacht. In dieser Zeit aber fand er einen Freund,[13] der auf seine innere Entwicklung nicht ohne Einfluß geblieben ist und nächst Hippel wohl sein treuester genannt zu werden verdient, wie es ihm dann auch aufgespart war, Zeuge der letzten Stunden Hoffmanns und deren, die ihnen vorangingen, zu sein.

Hitzig, jetzt Kriminalrat im Kammergericht zu Berlin, der früher, in den Jahren 1800 und 1801, in Warschau als Referendarius bei der Regierung (damals dem Obergerichte der Provinz) seine Laufbahn angefangen und sie dann von 1801 bis zum Sommer 1804 in Berlin bei dem Kammergericht fortgesetzt hatte, kam anfangs Juni 1804 als Assessor des Collegii, bei welchem Hoffmann als Rat stand, nach Warschau zurück. Viel hatte er von dem genialen Manne gehört, dessen Posener Karikaturgeschichte damals noch überall in frischem Andenken lebte; aber grade der Charakter dieser Geschichte und auch Hoffmanns nichts weniger als zur Annäherung aufforderndes Äußere hatten ihn eine solche geflissentlich suchen lassen. So waren schon mehrere gemeinschaftliche Sitzungen vorübergegangen, und noch hatte keiner mit dem andern mehr gesprochen, als das Geschäft erforderte; da fügte es sich, daß beide miteinander von dem Regierungsgebäude nach Hause gingen; – sie wohnten Haus an Haus – und die Rede auf irgendwen kam, über den Hoffmann des Neuangekommenen Urteil begehrte. Hitzig antwortete kurz: »ein steifleinener Kerl;« und kaum waren die Worte über seine Lippen, als Hoffmanns bis dahin finsteres Gesicht sich erheiterte und die trockene Einsilbigkeit sich in den gemütlichsten

*Drei Räte der preußischen Regierung in Warschau.*
*Aquarell von Hoffmann, 1804*

Redefluß auflöste. Ein Bekannter Falstaffs mußte auch
sein Freund werden; einen solchen hatte er in Warschau,
wieviel es ihm auch sonst an Genüssen gezeigt, bis dahin
nicht gefunden, und die Freude über die sich ihm eröff-
nende Aussicht zu geistigen Mitteilungen überwog alles
Vorangegangene. Aber der eben gewonnene Freund
war durch das, was er Hoffmann außer sich, noch vielmehr, als durch das, was er ihm in sich zu bieten vermochte, imstande, ihn an sich zu fesseln. Er hatte früher
schon in Warschau mit geistreichen und liebenswürdigen Leuten verkehrt, mit Johann Jacob Mnioch (der
leider jetzt nicht mehr lebte), mit Werner, dem Dichter
der Söhne des Thals*, mit den Feldpredigern Groote

* Mit diesem war Hoffmann in Königsberg in einem Hause erzogen worden,
ohne daß sie sich damals nähergetreten. Vergl. oben S. 26.

und Greim und andern; in diesen Kreis seiner Freunde
führte er Hoffmann ein, und er wurde darin mit Wärme
und voller Anerkennung empfangen. Nächstdem war
Hitzig in den unmittelbar vorhergegangenen Jahren
eine Gunst des Geschickes zuteil geworden, welche es
Hoffmann grade versagt hatte, er hatte sie nämlich in
Berlin zugebracht, wo August Wilhelm Schlegel damals
seine Vorlesungen hielt, und durch glückliche Verhältnisse unterstützt, mit den neuesten Erzeugnissen der
Literatur und zum Teil auch mit ihren Schöpfern Bekanntschaft gemacht, während Hoffmann in Posen und
in Plozk teils ein wüstes und rohes, teils ein klösterlich
einsames Leben, ohne alle Berührung mit einer bessern
Außenwelt, geführt. Was konnte ihm unter solchen Umständen der neue Freund nicht alles erzählen und welche
unbekannte Welt ihm erschließen, als er ihm aus seiner
Büchersammlung den Sternbald, den Schlegelschen Calderon und dergl. mehr mitteilte. Dazu kamen einige
interessante Besuche, die Berliner Bekannte dem
Freunde machten, z. B. Uhdens, der lange preußischer
Gesandter in Rom gewesen, Bartholdys, des Reisenden
in Griechenland usw.[14] Alles dieses hätte auf Hoffmann,
in jeder Periode seines Lebens, begeisternd gewirkt; wie
nun erst in dieser Zeit, wo, auf die Fasten in Plozk, ihn
ein wahrer Heißhunger nach edleren Freuden verzehrte.
Er badete sich in Wonne, und wenn er in Warschau, im
Vergleich mit späteren Jahren, auch verhältnismäßig
wenig produziert, so hat er doch dort gewiß vieles,
nachmals Verarbeitete, empfangen.

Der Verkehr der neuen Freunde war in dieser Blüten-
zeit ihres Umgangs auch äußerlich der anmutigste. Beide

wohnten, wie bereits erwähnt, in zwei hart aneinander stoßenden Häusern und in gleicher Höhe, so daß sie aus dem Fenster miteinander sprechen konnten; beide arbeiteten gewöhnlich bis tief in die Nacht. Wenn alles auf den Straßen ruhig geworden war, was in Warschau ziemlich spät geschieht, dann wurden die Fenster auf ein Signal, das Hoffmann auf dem großen schönen Flügelfortepiano in seiner Stube gab, geöffnet, und er phantasierte dem Freunde, der mit seiner jungen Gattin begierig zuhorchte, oft vor, bis der Morgen graute.

In diese Zeit fällt gleichfalls das engere Zusammenleben Werners mit Hoffmann, und namentlich die Szene bei dem Vorlesen des Kreuzes an der Ostsee, die Hoffmann so ergötzlich geschildert hat* und deren Wahrheit Hitzig als Augenzeuge bestätigen kann.

Alles dieses wirkte so belebend und stärkend auf ihn, daß er auch die große Last der Dienstgeschäfte, die jedes Mitglied des Collegiums drückte, mit Freudigkeit und Leichtigkeit trug. Er hatte nie Spruchreste, hielt seine Termine gewissenhaft ab, erschien früh auf dem Collegienhause und arbeitete rasch fort, ohne sich mit Nebendingen zu beschäftigen, so daß er gewöhnlich gegen ein Uhr schon fertig war, während viele andere erst anfingen. In der Zeit von eins bis halb drei, wo man in Warschau zu Mittag zu essen pflegte, trieb er sich in der Stadt umher, in der Regel in Begleitung eines oder des andern Bekannten. War dieser mit seinen Geschäften noch nicht zu Ende, so wartete er ruhig, so lange es auch

* Serapionsbrüder, Bd. 4. [it 631, S. 1128 f.] Hoffmann hatte den Moment, wo alle drei Freunde über seine Anrede in lautes Lachen ausbrechen, in einem hübschen, kolorierten Blatte dargestellt, das sich vielleicht in Werners Nachlaß finden wird.[15]

*Julius Eduard Hitzig und Frau Eugenie. Aquarell von Hoffmann,*
*1. September 1807*

dauern mochte, und ergötzte sich daran, in den Ge-
schäftszimmern die Parteien und Advokaten zu beobachten. Mehrere überaus hübsche Karikaturblätter waren die Früchte dieser Stunden.

Im Jahre 1805 wurde als Advokat bei der Warschauer
Regierung Kuhlmeyer, jetzt Direktor des Land- und
Stadtgerichts zu Brandenburg angestellt; ein Mann von
guter, besonders musikalischer Bildung. Auch diesem
schloß sich Hoffmann enge an und fand in seinem Umgange einen neuen Genuß, da seinen übrigen Freunden,
wenn auch nicht der Geschmack an der Tonkunst, doch
die Kenntnis derselben fehlte. Mehr aber noch als durch
diese Bekanntschaft ward er durch ein Unternehmen
wieder in die Musik hineingezogen, bei welchem er, in
jeder Beziehung, entscheidend einwirkte.

Ein Enthusiast für Musik unter den preußischen Beamten kam nämlich auf den Gedanken, eine musikalische Vergnügungsgesellschaft zu stiften, die zugleich den Zweck haben sollte, Sänger und Sängerinnen zu bilden. Er wußte Hoffmann in sein Interesse zu ziehn, der, als er den Eifer und den Erfolg sah, mit welchem die äußeren Mittel zur Begründung des Instituts herbeigeschafft wurden, auch seinerseits an die Ausführung des Plans kräftig Hand anlegte. Ehe man es sich versah, war in dem nämlichen Winter, wo die Idee entstanden, schon der schöne, von dem Unternehmer vorläufig gemietete Oginskische Palast zur Aufführung von Konzerten eingerichtet und die Singakademie mit zwei Musiklehrern, einem für die Solostimmen, dem andern für den Chor, begründet.

Die ersten Konzerte fielen über Erwarten gut aus; Hoffmann schien in diesem Lokal keinen besondern Anteil daran zu nehmen; als aber, um die Sache möglichst in's Große zu treiben, der durch Feuer beschädigte Mniszeksche Palast angekauft und beschlossen worden war, ihn auf das geschmackvollste auszubauen, sah Hoffmann hiedurch seiner Tätigkeit ein Feld eröffnet, das er mit der ganzen ihm innewohnenden Lebhaftigkeit betrat. Er entwarf nicht nur die Pläne zur Folgeordnung der Zimmer in dem aufzuführenden Gebäude sowie zu ihrer innern Einrichtung, sondern besorgte auch das Ausmalen derselben, teils eigenhändig, teils durch Vorzeichnung der Muster, die andre Maler ausführten.

Mit dem ersten lauen Tage des Frühlings 1806 war Hoffmann in seiner Wohnung nicht mehr anzutreffen. Fand man ihn nicht auf der Regierung, so saß er gewiß in der Malerjacke auf einem Gerüste in dem neuen Lo-

*Zacharias Werner. Zeichnung von Hoffmann, 1804*

kale der musikalischen Ressource, mitten unter seinen
Farbentöpfen, eine Flasche Ungar oder italienischen
Wein zur Seite, und ließ sich von Freunden, an deren
Besuch es ihm hier nie fehlte, von unten hinauf unterhalten. In unglaublich kurzer Zeit hatte er ein Bibliotheks-
zimmer mit einer Einfassung von Hautreliefs in Bronze,
ein Cabinet im ägyptischen Stil, in welchem er zwischen
die wunderbarsten Darstellungen ägyptischer Gotthei-
ten Karikaturgestalten einzelner Teilnehmer der Gesellschaft, durch Tierschwänze, Flügel und dergleichen
maskiert, geschickt einzuflechten verstand, und noch
viel anderes fertig geliefert, alles unbeschadet seiner
öffentlichen Wirksamkeit. Nicht selten war es, daß Parteien, die einen Kontrakt zu schließen hatten und aus
seinem Hause zu dem Mniszekschen Palast gewiesen

wurden, sich in dem weitläufigen Lokale mühsam nach ihm durchfragten und dann ihren eignen Augen nicht trauen wollten, als er, auf Vorzeigung der Präsidialverfügung, die ihn mit Aufnahme des Geschäfts beauftragte, schnell vom Malergerüste herabkletterte, die Hände wusch, ihnen vorantrabte und mit gleicher Fertigkeit die Feder als den Pinsel führend, in wenigen Stunden ein gerichtliches Instrument oft über die verwickeltsten Verhältnisse auf das Papier hinwarf, an welchem auch die schärfste Kritik nichts auszusetzen fand.

Am dritten August 1806, dem Geburtstage des Königs von Preußen, wurde das neue Gebäude eingeweiht und in dem prachtvollen Konzertsaal, der durch zwei Etagen ging, das erste Konzert gegeben.

Hier sah das Publikum Hoffmann zuerst dirigieren und bewunderte, wie ruhig und gemessen er sich, ungeachtet seiner quecksilbrigen Beweglichkeit, dabei zu benehmen verstand. Seine Tempos waren feurig und rasch; aber ohne alle Übertreibung, und in der Folgezeit urteilte man von ihm, daß wohl nicht leicht ein Dirigent in Mozartschen Kompositionen ihn übertroffen haben würde, wenn er sich mit einem guten Orchester hätte zeigen können. Mozart hatte er damals schon bis in die kleinsten Nuancen studiert und wußte seine Schönheiten auf die angenehmste Art zu entwickeln und in Worten anschaulich zu machen. Nächst Mozart waren Gluck und Cherubini, in Kirchensachen aber die alten Italiener sowie Haydn seine Meister, mit denen er sich unablässig beschäftigte und über die er sich gern unterhielt. Auch von Beethoven ließ er damals schon eine Symphonie aufführen, von welcher er sehr erfüllt war.

*Warschauer Gesellschaft. Karikatur von Hoffmann*

Jeden Sonntag waren Quartetts und kleinere musikalische Zirkel, in denen sich die besten Musiker der Stadt, – und darunter fanden sich recht sehr ausgezeichnete, – besonders einige talentvolle Damen, mit Klaviersonaten hören ließen. Auch Möser aus Berlin kam in dieser Zeit nach Warschau und nahm an den erwähnten Übungen fleißig teil. Unter seiner Leitung hörte man die besten Mozartschen und Haydn'schen Quartetts.[16]

So vergnüglich lebte Hoffmann mit seinen Freunden, ohne die entfernteste Notiz von den Gewitterwolken zu nehmen, die damals am politischen Horizont heraufzogen, als die Nachricht von dem Ausgange der Schlacht von Jena nach Warschau kam. Es scheint schwer zu glauben, aber es ist doch wahr, daß die Begebenheit auf den in Genüssen schwelgenden Verein der Warschauer

Kunstfreunde wenig oder gar keinen Eindruck machte. Die Konzerte und Quartetts gingen nach wie vor fort, und keiner aus Hoffmanns nächster Umgebung, Hitzig ausgenommen, las einmal eine Zeitung oder dachte gar an die Möglichkeit, über hundert Meilen von dem Kriegsschauplatz entfernt, von den Weltbegebenheiten berührt zu werden. Alles ward vielmehr dem lustigen Völkchen zum Fest. Die Theater waren jetzt immer gedrängt voll von Polen, die der Wiedergeburt ihres Vaterlandes freudig entgegenharrten, und von Deutschen, die an diesem allgemeinen Versammlungsorte Neuigkeiten zu erfahren hofften. Bald rückte auch der Vortrab der russischen Armee in Warschau ein. Tartaren, Kosaken, Baschkiren, reguläre Reiterei und reitende Artillerie der verschiedensten Art füllte alle Straßen, und von Praga – einer durch eine über die Weichsel führende Schiffbrücke mit Warschau vereinigten Schwesterstadt, – herüber scholl das dumpfe Gerücht, daß sich dort dieselben Jäger wieder hätten blicken lassen, die bei dem Sturme unter Suwarow das Kind im Mutterleibe nicht verschonten. Was gab es nun nicht erst zu sehn und zu hören für Hoffmann! Auch fehlte er nirgend. Besonders in den Schauspielhäusern, wo man oft vor dem Aufrollen des Vorhangs die Unterhaltung in mehr wohl als zehn lebenden Sprachen führen hörte, fühlte er sich in seinem Elemente. Mit Hilfe seiner kleinen, über allen Begriff beweglichen Figur drang er bald in alle Winkel des ganzen Hauses und brachte dann von diesen Exkursionen eine reiche Ausbeute der glücklichsten Bemerkungen mit, die er seinen Freunden zum besten gab. Seinem Falkenauge entging bei solchen Gelegenheiten nichts, und niemand wußte das, wenn auch nur mit einem halben Blicke Gesehene, schärfer aufzufassen und anschaulicher darzustellen.

War jetzt der Spektakel in Warschau ungeheuer, so hatte er doch sein volles Maß bei weitem noch nicht erreicht. Dies geschah vielmehr erst dann, als sich die Vorboten des Anmarsches der großen französischen Armee zeigten. Zuerst erschienen Parlementaires, die durch die Stadt nach Praga geführt wurden, wo sich das Hauptquartier des russischen Generals befand, wahrscheinlich um wegen der Übergabe von Warschau zu unterhandeln; auch kamen einzelne Verwundete an, und die preußischen noch zurückgebliebenen Truppen bezogen die Wachen mit Sack und Pack. Es wurde ein königlicher Befehl publiziert, der zur Ruhe ermahnte und dem Fürsten Joseph Poniatowski das Gouvernement von Warschau, sobald es von den Truppen verlassen sein würde, übertrug. Alles dies trieb die Spannung auf das höchste, bis man eines Morgens beim Erwachen erfuhr, daß die Pragaer Brücke brenne und Preußen und Russen abgezogen seien. Man fand die Wachen von Bürgern bezogen, die Kaufläden geschlossen; jeder hielt sich zu Hause, in der ganzen Stadt herrschte eine furchtbare Stille; die Deutschen fürchteten die Franzosen und Polen, diese und die zahlreichen Juden die Unordnungen des Pöbels; dennoch blieb alles ruhig, und Hoffmann mit seinen Freunden fand sich zur gewöhnlichen Zeit auf der Regierung ein, wo man die ersten weißen Kokarden, das alte Nationalzeichen, an den Polen gewahrte.

Bald rückte nun die Avantgarde der Muratschen Reiterei unter Milhaud in Warschau ein. Aus der Sitzung des Collegiums, dem Hoffmann angehörte, wurden Präsident und Direktor zum Kommandierenden General in die Vorstadt entboten, um dessen Befehl zu empfangen; gespannt harrten die Mitglieder auf ihre Rückkehr, sie erschienen mit einem Zettel, der die lakonische Weisung enthielt: *il est defendu sous peine de mort, d'entrer en correspondance avec l'ennemi;* das Band mit dem Vaterlande war für den Augenblick dadurch zerrissen, aber es war nicht Zeit, lange darüber zu deliberieren, was man als Collegium unter solchen Umständen zu tun habe; denn nach wenigen Tagen löste Mathieu Favier, Ordonnateur en Chef des Muratschen Armee-Corps, die preußische Regierung im Namen des Kaisers auf, und Wybicki, der mit Koszciuszko in Paris gewesen, installierte in deren Stelle ein aus Polen gebildetes neues Obergericht.

Hoffmann, wiewohl er zu den wenigen gehörte, denen die Veränderung ihrer Lage am unwillkommensten sein mußte, weil er bei keinen Verwandten einen Zufluchtsort suchen konnte, ließ sich doch durch alles dies am wenigsten anfechten. Man war übereingekommen, die baren Kassenbestände, um sie nicht in die Hände des Feindes fallen zu lassen, nach dem Verhältnisse der Gehälter auf so viele Monate, als es zureichte, zu verteilen; dies deckte die Ausgaben für die nächste Zukunft; dazu wurde er die Aktenberge von der Stube los, die sich immer wieder darin anhäuften, wie fleißig man auch aufräumte; es gab fürs erste keine Sitzungen, keine Termine mehr; den ganzen Tag konnte herumgegangen, gesehen, gehört werden; wer war glücklicher als er! Wirklich war der Akt der Auflösung der Regierung kaum beendet, als er von dort einen Freund mit sich fortriß, um der des Stadtgerichts als Zuschauer mit beizuwohnen.

Von nun an traf er jeden Morgen um 10 Uhr mit seinen Freunden in einer Restauration zusammen, um die Parade mit anzusehen, die Napoleon, beinahe vier Wochen hintereinander, täglich hielt, dann wurde zur Messe in die Bernhardinerkirche, der schönsten in Warschau, gegangen, wo Hoffmann als Tenorsänger willkommen war und die Mönche, nach beendigter Musik, die Teilnehmer mit einem Frühstücke zu bewirten pflegten; des Abends versammelte man sich in der musikalischen Ressource.

In diesem Palast hatte der Generalintendant der Armee, Daru[17], die untern Gesellschaftszimmer für sich in Beschlag genommen. Viele von den ihn umgebenden Beamten fanden Geschmack an der Musik, und sobald nur der erste Lärm vorüber war, wurden die Konzerte und Quartetts wieder fortgesetzt, an denen auch Napoleons Kapellmeister Pär, teilnahm, zum großen Ärger Hoffmanns, der ihn, welcher als Mann ebenso süßlich wie in seinen Kompositionen, durchaus nicht leiden konnte.

Bis so weit ging alles gut. Bald sollte aber auch Hoffmann die Drangsale des Krieges empfinden. Er hatte, kurz vor dem Einzuge der Franzosen, ein sehr schön gelegenes Quartier in dem glänzendsten Teile von Warschau, der Krakauer Vorstadt, bezogen, von dessen geschmackvoller Einrichtung er sich viele Annehmlichkeiten versprach. Da aber der Eigentümer des großen Hauses ein reicher Mann und viel Raum in dem Hause war,

*Einzug der Franzosen in Warschau am 28. November 1806.*
*Populäre Zeichnung der Zeit*

so wurde es auch auf ungewöhnliche Weise mit Einquartierung belegt, und Hoffmann, hiedurch mittelbar dergestalt mit angezogen, daß seine Kasse bald gesprengt zu werden drohte, sah sich genötigt, auszuziehen und war glücklich genug, ein Unterkommen in einer Dachkammer der musikalischen Ressource zu finden, die gerade leer stand und die der Direktor ihm willig einräumte. Hier lebte er mit seiner Frau, einer Nichte, die er erzog, einem höchst liebenswürdigen Kinde von damals etwa zwölf Jahren, und einem ihm in Warschau geborenen Töchterlein zwar in einem höchst beschränkten Raum, aber, wie er nun war, wiederum ganz glücklich, denn unter den Flügeln Darus, dessen Wohnung als ein dem französischen Armeedienst geweihtes Asyl galt, drückte

ihn keine der öffentlichen Lasten, unter denen andere
seufzten, die schöne Bibliothek des Musikvereins stand
jeden Augenblick ihm zu Gebote, und sein Fortepiano
hatte er sich im Quartett-Zimmer aufstellen lassen. Mehr
bedurfte es nicht, um ihn Franzosen und Zukunft vergessen zu machen.

Mittlerweile rückte die französische Armee in andere
Stellungen, und in dieser Zeit wurden mehrere Geld-
transporte unter französischer Eskorte von Warschau
nach Posen gesandt; eine Gelegenheit, die mehrere preußische Beamten gern benutzten, um ihre Frauen und
Kinder zu ihren Angehörigen zurückreisen zu lassen.
Zu diesen gehörte auch Hoffmann. Er blieb nun, nachdem auch Hitzig mit den Seinigen sich im März 1807 in
sein Vaterland begeben, auf einen kleinen Kreis von
Freunden in Warschau beschränkt, von denen, außer
den schon genannten, noch der damalige Justizrat Löst,
jetzt in Münster, zu erwähnen ist, dem Hoffmann wegen
seiner heiteren Laune und seiner geselligen Talente besonders gewogen war.

Mit diesen setzte Hoffmann ein gemütliches Leben
fort, bis ihn, vielleicht als Folge der mannigfaltigen
Anregungen der vergangenen Monate, ein Nervenfieber
befiel. Anfänglich schien die Krankheit nur wenig gefährlich; bald aber stellten sich bedenklichere Symptome
ein, so daß seine Freunde es für nötig hielten, seine
Pflege persönlich zu übernehmen und die Nächte bei
ihm zu wachen. Hier war es nun schwer, ihn bei seiner
durch die Krankheit noch gesteigerten Reizbarkeit und
Empfindlichkeit völlig zu befriedigen, und oft klagte er
in seinen Fieberfantasien über die Leiden, die ihm seine

Wärter verursachten, wobei er sie mit Instrumenten zu verwechseln pflegte. »Heute hat mir wieder die Flöte arg zugesetzt«, rief er aus, und bezeichnete damit ***, der sehr leise sprach und dabei etwas Schmachtendes in seinem Tone hatte, oder »den ganzen Nachmittag hat mich das unleidliche Fagott gequält; immer trat es zur unrechten Zeit ein oder schleppte nach«, womit er *** meinte, der in einem rauhen Baß sprach.

»Sie verstehen mich doch alle nicht«, sagte er in der Nacht, wo sein Zustand am allergefährlichsten war, zu Kuhlmeyer, »es ist mir recht lieb, daß Sie hier sind; ich habe Ihnen schon immer die Schönheiten der Zauberflöte auseinandersetzen wollen; heute nachmittag, als ich allein lag, habe ich die ganze Oper gehört.«

Und nun entwickelte er mit einem Feuer der Beredsamkeit, das den Zuhörer vor Erstaunen nicht zu sich kommen ließ, in der Fieberhitze Stück für Stück, das große Werk von Anfang bis zu Ende.

Seine glückliche Natur siegte über die schwere Krankheit, und da nun nacheinander die letzten seiner Freunde, Kuhlmeyer und Löst, Warschau verließen, regte sich in ihm auch mächtig die Sehnsucht, an einem andern Orte einen neuen Wirkungskreis zu suchen. Hitzig hatte, da ihm Berlin, wo er sich aufhielt, damals wenig geeignet schien, um eine Künstlerlaufbahn dort zu beginnen, wonach Hoffmann allein strebte, Wien in dieser Beziehung für ihn ausersehen und ihm Empfehlungen an vielgeltende und kunstverständige dortige Verwandten nach Warschau gesandt; mit Begeisterung nahm er diesen Plan auf;* aber es fehlten die Geldmittel,

* 47. Brief.

ihn ins Werk zu setzen, und mit Anfang des Sommers 1807 machte sich Hoffmann von Warschau aus auf den Weg, zuerst nach Posen zu den Seinigen und dann nach Berlin.

So endeten drei verhängnisvolle Jahre seines Lebens, die, unter allen äußeren Störungen, doch für seine Fortbildung in den Künsten nicht verloren waren. Wieviel er gemalt, gespielt und dirigiert, ist oben schon erwähnt worden, aber außerdem liegen noch drei große Kompositionen vollständig in eigenhändig auf das sauberste von ihm geschriebenen Partituren vor, die er in dieser Periode vollendete; einer komischen Oper, der Kanonicus von Mailand,* einer romantischen Oper in drei Akten nach Calderon, Schärpe und Blume,** zu welchen beiden er die Texte selbst gedichtet und geordnet, und eine Musik zu dem Wernerschen Trauerspiel das Kreuz an der Ostsee;*** ferner legte er die letzte Hand an eine in Plozk angefangene Messe,**** endlich brachte er schon zu Ende des Jahres 1804 Brentanos lustige Musikanten, die er in wenigen Wochen komponiert hatte, auf die Warschauer deutsche Bühne,**** die, wäre sie nicht von der traurigen Wotheschen Truppe vorgestellt worden, gewiß vielen Beifall gefunden haben würde. So ward sie gleichgültig aufgenommen, und das war es, was sie wohl am wenigsten verdiente.

     * 44. Brief.
    ** 45. und 46. Brief.
   *** 44. Brief.
  **** Ebenderselbe.

*Beilagen*
*zum*
*sechsten Abschnitt*

43.

Warschau, den 14. Mai 1804

Mein teuerster, einziger Freund!
Ich bin in Warschau angekommen, bin heraufgestiegen in dem
dritten Stock eines Palazzos in der Freta-Gasse Nro. 278, habe
den freundlichen Gouverneur, den Präsidenten, der die Nase
⅛ Zoll über den Horizont emporhebt und drei Orden trägt,
und ein ganzes Rudel Kollegen gesehen und schwitze jetzt
über Vorträgen und Relationen! – Sic eunt fata hominum! –
Schriftstellern und komponieren wollt ich, mich begeistern im
Hain von Lazienki* und in den breiten Alleen des Sächsischen
Gartens, und nun? – Erschlagen von achtundzwanzig Volu-
minibus Konkursakten wie von Felsen, die Zeus Donner her-
abschleuderten, liegt der Riese Gargantua, und der Renegat**
ächzet unter der Last dreier Totschläger, die, zur Festung
bereit, noch den letzten fürchterlichen Totschlag begehen.
Lebhaft ist es in Warschau erstaunlich, vorzüglich in der
Freta-Gasse***, da hier der Mehl-, Grütz-, Brot- und Grün-
zeughandel ganz ausnehmend blüht. Gestern am Himmel-
fahrtstage wollte ich mir etwas zugute tun, warf die Akten weg
und setzte mich ans Klavier, um eine Sonate zu komponieren,
wurde aber bald in die Lage von Hogarths Musicien enragé

---

* Ein herrlich gelegenes königl. Lustschloß, eine halbe Stunde von War-
schau.
** Der Renegat, eine komische Oper, die der geistvolle Verfasser des Riesen
Gargantua mit unerschöpflicher Laune dichtet und die, wird sie will's Gott im
Jahre 1888 vollendet, alles übertreffen wird, was der Stümper Goethe jemals in
dieser Art schrieb! – (Anmerkung Hoffmanns im Briefe.)
*** Der Straße, worin er wohnte.

versetzt! – Dicht unter meinem Fenster entstanden zwischen
drei Mehlweibern, zwei Karrenschiebern und einem Schiffer-
knechte einige Differenzen; alle Parteien plädierten mit vieler
Heftigkeit an das Tribunal des Hökers, der im Gewölbe unten
seine Waren feilbietet. – Während der Zeit wurden die
Glocken der Pfarrkirche – der Bennonen, – der Dominikanerkirche, (alles in meiner Nähe) gezogen, – auf dem Kirchhofe
der Dominikaner (gerade über mir) prügelten die hoffnungsvollen Katechumenen zwei alte Pauken, wozu vom mächtigen
Instinkt getrieben, die Hunde der ganzen Nachbarschaft bell-
ten und heulten, – in dem Augenblick kam auch der Kunstrei-
ter Wambach mit Janitscharenmusik ganz lustig dahergezo-
gen, – ihm entgegen aus der neuen Straße eine Horde
Schweine. – Große Friktion in der Mitte der Straße, – sieben
Schweine werden übergeritten! Großes Gequieke. – O! – O! –
ein Tutti zur Qual der Verdammten ersonnen! – hier warf ich
Feder, – Papier beiseite, zog Stiefeln an und lief aus dem tollen
Gewirre heraus durch die Krakauer Vorstadt, – durch die neue
Welt – bergab! – Ein heiliger Hain umfing mich mit seinen
Schatten! – ich war in Lazienki! – Jawohl, ein jungfräulicher
Schwan schwimmt der freundliche Palast auf dem spiegelhel-
len See! – Zephire weben wollüstig durch die Blütenbäume –
wie lieblich wandelt's sich in den belaubten Gängen! – Das ist
der Aufenthalt eines liebenswürdigen Epikuräers! – – Was? –
das ist ja der Commendatore aus Don Juan, der da so in dem
dunkeln Laube mit weißer Nase einhergaloppiert?* – Ach!
Johann Sobieski! Pink fecit. – Male fecit! – Was für Verhältnisse! – er reitet Sklaven zu Boden, die, sich krümmend, die
welken Arme gegen das sich bäumende Roß erheben; – ein
widriger Anblick! – Was? – ist's möglich! – der große Sobieski,
– als Römer mit Wonzen,** hat einen polnischen Säbel umge-
schnallt, und dieser ist – von Holz! – Lächerlich! – Nun bin ich

---

* Die Reiterstatue Sobieski's, der Wien von den Türken entsetzte.
** Das polnische Wort für Schnurrbart.

*Der rasende Musiker. Kupferstich von William Hogarth, 1741*

verloren. – Da kommt der Regierungsrat Marggraff. – Er
packt mich mit Gewalt in eine Droschke; – der Wagen hält vor
einem unförmlichen Gebäude; – hinten ein Dach mit wenigstens 12 Dampfsäulen, alias Schornsteine, vorne ein ganz kleines winziges Frontispizchen, von beiden Seiten, noch winzi-
gere Vorsprünge! – Es ist das Schauspielhaus! – Was wird
gegeben? – Der Wasserträger, Musik von Cherubini. – Schön!
– Das Orchester spielt die feurige rasche Symphonie mit italienischer Gemütlichkeit! – Graf Armand erscheint mit falscher
Nase und Wonzen, seine händeringende Gemahlin schlägt und
singt durchweg einen Achtelton zu hoch, – Nationalgarde in
russischer Uniform, – die Pariser Spaziergänger machen am
Tore Upadam do nog's,* und fassen die Wache, die ihre Pässe

* Die polnische Verbeugung von niedern gegen höher stehende Personen;
ein halber Fußfall mit Berührung des Knies dessen, vor dem es geschieht.

visitiert, an's Knie. – Der Wasserträger kommt an, – sein Faß
enthält ungefähr drittehalb Eimer, und doch springt, sowie die
Wache den Rücken wendet, Graf Armand heraus und entflieht
durch's Tor. – Wunder über Wunder! – Jetzt singen sie. – Sie
steh'n zu hoch, sagt im Orchester ein Musiker zum andern. Um
Vergebung, antwortet dieser ganz freundlich, wie soll ich's auf
gleicher Erde anfangen, um niedriger zu stehn! – Wie es mir in
Warschau geht, fragst du, mein teurer Freund! – Eine bunte
Welt! – zu geräuschvoll, – zu toll, – zu wild, – alles durcheinander. – Wo nehme ich Muße her, um zu schreiben, – zu zeichnen, – zu komponieren! – Der König sollte mir Lazienki
einräumen, *da* muß es sich ganz gut leben lassen! – Oder ich
komme nach L . . .\*, komponiere in der Eil einige Opern und
retourniere zu den Akten.

Vergilt nicht gleiches mit gleichem und antworte mir bald.
– Denke an die Reise nach Italien und bleibe mein Freund, so
wie ich ewig, ewig der deinige mit ganzer Seele sein werde.
Meine Frau grüßt dich und die deinige, der ich mich auf das
angelegentlichste zu empfehlen bitte. Adieu!


## 44.

Warschau, den 16. September 1805

Mein einziger, teuerster Freund!
Wär' ich nicht überzeugt, daß deine Freundschaft für mich so
wie die meinige für dich unwandelbar ist und nicht verwech-
selt werden mag mit einer *angenehmen Bekanntschaft,* die man
irgendwo machte und durch Hin- und Herschreiben wie ein
dürftiges Feuer durch zuschüren unterhalten muß, so würde
der Entschluß, endlich einmal wieder zu dir brieflich zu sprechen, mir Mühe gekostet haben. Meine unbeschreibliche Brief-

---

\* Hippels Landgut.

faulheit kennst du, aber ebensosehr auch meine Art und Weise, mich in der Abwesenheit mit dir zu unterhalten, indem der größte Teil meiner Beschäftigungen, durch die Beziehung auf dich und unsere Pläne, sich mir unaufhörlich im Geiste darstellt. – Während des Jahr's, daß ich dir nicht schrieb, habe ich ein angenehmes künstlerisches Leben geführt, ich habe komponiert, gemalt und nebenher ziemlich gut Italienisch gelernt; dieser Winter ist dazu bestimmt, es im Sprechen zur Fertigkeit zu bringen und auch die verschiedenen Dialekte (Venetianisch, Neapolitanisch usw.) zu erlernen, allein die Russen werden es wohl nicht erlauben, daß ich hier bleibe. – Dabei habe ich durch vieles Zeichnen nach der Natur aus dem Stegreif eine recht fertige Faust bekommen, und so denke ich Euer würdige Gefährte zu sein. – Die temporelle Anwesenheit des Geh. Rat Uhden, vormals Residenten in Rom, wie du weißt, und des griechischen Reisenden Bartholdy, mit denen ich viel lebte, hat mich in Feuer und Flammen gesetzt, und meine Sehnsucht nach dem Lande »wo die Zitronen blühn!« stieg bis zu einem Grade, daß es wirklich der bleiernen Gewichte meines Geschäftslebens bedurfte, um mich davon abzuhalten, den Stab zu ergreifen und zu wandern –

Hier hast du den Zyklus meines schaffenden Künstlerlebens! – Im Dezember v. J. komponierte ich eine äußerst geniale Oper von Clemens Brentano: die lustigen Musikanten, welche im April d. J. auf das hiesige deutsche Theater gebracht wurde. Der Text mißfiel; – es war Kaviar für das Volk, wie Hamlet sagt, von der Musik urteilten sie günstiger, sie nannten sie feurig und durchdacht; nur zu kritisch und zu wild; – in der eleganten Zeitung wurde ich, dieser Kompositionen wegen, ein kunstverständiger Mann genannt!! Vorzüglich nahm man daran einen Ärger, daß sich die komischen Masken der Italiener darin herumdrehen, Truffaldin, Tartaglia und Pantalone. Aber, – heiliger Gozzi, was für Mißgeburten wurden hier auch aus den anziehenden Gestalten des jovialen Mutwillens! – Der

Frühling gab mir eine herz- und geiststärkende Muße, ich arbeitete nichts, sondern lag träumend unter den hohen Buchen von Lazienki und Willanow oder zeichnete höchstens Studien nach der Natur. – Im Sommer brach eine Flut von Geschäften und häuslichen Sorgen ein, meine Frau gebar mir im Julius eine Tochter, ich ließ sie Cecilia taufen, und legte die letzte Hand an eine Messe, welche ich bis jetzt für mein bestes Werk halte und welche, wenn der Krieg uns nicht vertreibt, am Cezilientage bei den Bernhardinern aufgeführt werden soll. – Eben jetzt habe ich eine kleine Oper aus dem Französischen in der Arbeit, in der sich der freie Geist der Franzosen, ihr komischer graziöser Genius, ganz ausspricht, sie heißt: die ungeladenen Gäste oder der Kanonikus von Mailand. Ich gedenke sie auf das Berliner Theater zu bringen,* da ich anfange, etwas bekannter zu werden.

Hier hast du, mein einziger Freund, meine Lebensweise, und du wirst finden, daß die Kunst noch immer wie eine schützende, schirmende Heilige mich durch's Leben geleitet; ihr habe ich mich ganz ergeben, und sie zürnt nicht, wenn unabänderliche Verhältnisse oft nur wenige selige Momente übriglassen, wo ich meinen Geist zu ihr wenden kann. – Oft, nur zu oft, ist es Künstlers Erdenwallen, welches mich *niederdrückt*, aber nicht *erdrückt*. Umgebungen wie in Plozk konnten auf mein besseres Ich wirken und ihm Zerstörung drohen; *hier* ist das anders. Mitten unter wüstem unkünstlerischem Pöbel findet der Geist doch Nahrung. – Erwidere nur bald meine Herzensergießung mit einer ähnlichen, schreibe mir insonderheit, ob und wann unsere Reise vor sich geht, bricht *hier* der Krieg aus, so wird es doch in Italien ruhig sein. – Der Bankier E. erzählte mir, du seist – – – – – geworden; ist dieses richtig und schadet es in casu quod sic deiner Freiheit nicht? – Du weißt, daß wir jetzt Revision haben; mich kümmert das wenig,

* Es ist nicht geschehen.

da ich keine Reste habe und gehabt habe; ich muß ja wohl frisch von der Hand wegarbeiten, um nur die Akten mit Partituren verwechseln zu können. Der Revisor hat ein gar grimmiges Gesicht, scheint aber schon ein guter Mann zu sein, warum kriecht ihm die Peinlichkeit und Langeweile in der Gestalt des – – nach? – Das dritte Glied der Revisions-Dreizahl ist ja ein Verwandter von Scheffner und bei diesem im Hause gewesen.

Scheffner hat an Werner geschrieben, daß – –

Ad vocem Werner fällt mir ein, daß ich oben eine ganze Periode meines Künstlerlebens ausließ, wahrscheinlich, weil ich nie ohne Mißbehagen daran denke! – Du wirst in öffentlichen Blättern gelesen haben, daß Werner an einem Trauerspiel, »das Kreuz an der Ostsee«, für die Berliner Bühne arbeitete. In dem ersten Teil kommen Chöre der alten Preußen und vorzüglich eine Szene vor, die der Unterstützung der Musik bedurften; diese Szene war folgende.

Stelle dir einen großen Rittersaal in der Feste Plozko vor, in dem Hintergrunde die Kapelle des heiligen Adalbert, an der Seite eine Treppe, die zum Wachtturm führt. Die alten Preußen stürmen die Burg, man hört die Töne ihrer Hörner und ihren Schlachtgesang sowie die Trompeten der belagerten Polen und der deutschen Ritter, die, unter der Anführung Conrads von Landsberg, ihnen zu Hilfe gekommen sind. In der Kapelle liegen der Bischof Christian und die Priester auf den Knien und flehen in eintönigem Choral um Hilfe:

> Hochbedrängt sind wir in Nöten,
> Feind und Hölle will uns töten,
> Wollust uns vor Gott vertreten,
> Hochgelobter Adalbert!

Der Wächter ruft vom Turm, in abgesetzten Pausen, die Begebenheiten der Schlacht herunter und bringt so das Gemälde derselben vor Augen.

In dem Vorgrunde des Rittersaals ist ein Zitherspielmann, der die deutschen Ritter nach Plozko geleitete, beschäftigt, Malgona, die Tochter Conrads von der Masow, welche den gefangenen Sohn Waidewuths, Samo, geheiratet hat, in einen Pilgersmann einzukleiden und sie vor den Feinden zu retten, während Agaphia, Conrads Gemahlin, die Belagerten aufmuntert usw. (Jener Zitherspielmann ist der Geist des ermordeten Bischof Adalbert), – die Feinde dringen ein, alles scheint verloren! – Da erscheint der Zitherspielmann, – den Pilger auf dem Rücken tragend, – es umstrahlt ihn ein blendender Glanz, die Heiden stürzen erschrocken von der Mauer, – werden verfolgt, – die Burg ist gerettet. Diese ganze Szene mußte in Musik gesetzt werden, die Choräle der Priester – die Hörner und Trompeten der beiden Heere schallten auf dem Theater, während das Orchester, in abgebrochenen Pausen, die Schlacht malt. – Die dumpfe Sturmglocke tönt unausgesetzt fort, bis sich der ganze Sturm in einen sanften choralmäßigen Marsch der heimkehrenden Ordensritter auflöst. So hatte ich, da Werner mich anging, die Komposition zu übernehmen, die Szene behandelt und außerdem noch eine starke Ouverture sowie die Chöre der Preußen gesetzt. Werner ist unerträglich ängstlich, lag mir immer auf dem Halse und quälte mich, daß ich Tag und Nacht arbeiten mußte, um zu einem bestimmten Termin fertig zu werden. Als die Partitur denn nun zum Absenden fertig war, schrieb Iffland einen langen, langen Brief an Werner, dessen kurzer Inhalt war:

das Stück sei für jede Aufführung zu kolossal. Werner hatte nämlich schon früher den ersten Teil seines Ostsee-Kreuzes, betitelt: die Brautnacht, auf Andringen Ifflands, der die Zeit nicht erwarten konnte, nach Berlin zur Aufführung geschickt. Sanders Preßbengel arbeiten schon an der Brautnacht, und du wirst finden, daß viele geniale Züge darin enthalten sind, das Ganze aber ein ziemlich rohes, hin und her geschmackloses Produkt ist, welches den Thals-Söhnen nicht gleichkommt.

Der erste Akt ist unerträglich; – vielleicht gewinnt aber auch das Werk, wenn man es liest, – ich habe es nur (ein wenig zu oft) von Werner vorlesen gehört, welcher unsinnig schreit und sich abmartert, um nur alle Assonanzen, Alliterationen, alle Terzinen, Sonettformen usw. hören zu lassen, welches eben nicht angenehm ist. Überhaupt wirst du finden, daß Werners Kreuz einen wirklich mit allen nur möglichen Formen der neuen Schule kreuzigt! – Tieck bedient sich auch dieser Formen; wenn es aber so geschieht wie in der Genoveva und im Octavian, so ist das freilich etwas anders. – Hast du schon Sternbalds Wanderungen von Tieck gelesen? In casu quod non, – lies so bald als möglich dies wahre Künstlerbuch! –

Aus allem diesem wirst du sehen, daß ich mit Wernern nicht ganz zufrieden bin, und aufrichtig gesagt, Werner ist mir ein trauriger Beweis, wie die herrlichsten Anlagen durch eine alberne Erziehung ertötet werden können und wie die regste Fantasie kriechen lernen muß, wenn sie von niedrigen Umgebungen heruntergezogen wird. – – – Nächstens, mein lieber Freund, da ich nun einmal in den Zug gekommen bin, mehr von hiesigen interessanten Erscheinungen. Mein liebes herziges Weib grüßt dich und die Deinigen sehr, erlaube mir deiner Frau die Hand zu küssen.

## 45.

### *An Hitzig*

Warschau, den 20. April 1807

Bald nachdem Sie abgereiset waren, wurde ich wieder kränker und mußte die Stube hüten; am Ende fuhr mir der Krankheitsstoff überall heraus, so daß ich abends einen phosphorischen Glanz um mich verbreitete, weshalb der Doktor anfing, mit allerlei Mitteln mein Blut zu reinigen, womit er noch jetzt beschäftigt ist. Darüber hat sich der Bestand meiner Kasse so verringert, daß ich an eine Reise nicht denken kann und um so mehr sitzenbleiben muß, als ich außerstande bin, hier Geld aufzutreiben, ungeachtet der Justizrat K., der leider selbst kein Bargeld hat, sich erboten, jeden Schuldschein von mir als Selbstschuldner zu unterschreiben. – Hier haben Sie, mein teuerster Freund, in einem Atemzuge alle Odiosa, welche mich in Warschau festhalten, und ob ich demungeachtet alle Segel aufspannen soll, um fortzukommen, soll ganz von Ihrem freundschaftlichen Rat abhängen, da Sie jetzt sich selbst überzeugt haben werden, inwiefern es mir möglich sein dürfte, in Berlin den Anfang zu einem weitern Fortkommen zu machen; – ganz vorzüglich aber, ob ich auf diese oder jene Art in Berlin meinen notdürftigen Unterhalt finden würde; von Ihrer Freundschaft, die sich so oft für mich geäußert hat, erwarte ich hierüber gütige *genaue* Auskunft, um meine bestimmte Maßregeln danach ergreifen zu können! –

Mit erneuter Kraft und mit einem Humor, der mir selbst unbegreiflich ist, arbeite ich jetzt an einer Oper, von der ich wünschte, sie wäre die *erste*, die von mir auf irgendeinem großen Theater erschiene, denn ich fühle es zu sehr, daß sie alle meine übrigen Kompositionen hinter sich lassen wird! – Der Text ist kein anderer als Calderons: die Schärpe und die Blume. – Der Himmel hat mich bis jetzt mit einer ganz unglaublichen Blindheit gestraft, daß ich die gebornen Arien, Duetts, Terzetts etc. in dem herrlichen Stück nicht gesehen habe, in der Krankheit ist mir ein Licht darüber aufgegangen. Mit ganz geringen Abänderungen, Abkürzungen und fast unbemerkbaren Einschiebseln hat sich das Schauspiel von selbst unter meinen Händen zur Oper geformt. – Das Komische des Stoffs ist so höchst poetisch, daß die Musik dazu nur so gegriffen werden kann wie in Mozarts Così fan tutte und Figaro, und das ist mir denn nun gerade recht. Seit der Zeit, daß ich komponiere, vergesse ich oft meine Sorgen, – die ganze Welt, denn *die*

*Welt* aus tausend Harmonien geformt auf meiner Stube, an meinem Klavier, verträgt sich mit keiner andern außerhalb, – in dieser andern außerhalb regnet es eben jetzt so ganz erschrecklich, daß wir in Warschau bald mit Gondeln durch die Straßen fahren werden, welches der Protonotarius K. nie tun wird, nicht aus Furcht zu ersaufen, sondern aus angeborner Scheu, etwas Ungewöhnliches zu tun. –

Wegen des Canonicus von Mailand tun Sie nur keine weitere Schritte, denn es würde nicht der Mühe belohnen, und die Musik hat viele schwache Stellen.

Schreiben Sie mir um's Himmelswillen, was ich tun soll, ich begebe mich ganz unter Ihre Kuratel, denn ich weiß, Ihr Rat ist besser als alle meine Entschlüsse in's Blaue hinein. Ihrer ganzen Familie empfehlen Sie mich auf das angelegentlichste. –

Sydow reiset heute mit der Post ab, – Löst wird auf der Reise nach Paris nächstens in Berlin eintreffen. Adieu!

### Beilage zum 45. Brief
#### Ein in die Form gebrachtes Quintett

LISIDA, CLORIS, NISA *treten auf*.
> Wie so lieblich steht's im Freien,
> Dieser Blumenhof des Lenzen,
> Bunte Farben, frisches Glänzen,
> Sieh't man schon die Hand des Maien
> Allen Gegenständen leihen!

PONLEVI.
> Herr, fürwahr recht holde Dame; –
> Treten wir ein wenig näher;

ENRICO.
> Durch die Schleier brennen Späher,
> Die den Sinn gefangen nahmen. –

*(näher tretend)* Schöne Damen! –

CLORIS.
> Weh mir! ach!
> Ist das nicht *Enrico?* – ja!

| | |
|---|---|
| LISIDA. | Augen! was ist's, das ihr seh't, |
| | Er ist's, doch eu'r Sehnen späh't |
| | Hoffnungslos: warum nicht ruh'n |
| | Laß't ihr mich? Mein Herz mag nun |
| | Mir der blinde Gott entseelen. |
| ENRICO. | Augen, was ist's, das ihr seh't, |
| | Ist sie's hier von mir erspäh't? |
| | Liebe läßt mich nimmer ruh'n, |
| | Den verwirrten Sinn wird nun |
| | Zweifel, Furcht und Hoffnung quälen. |
| PONLEVI. | Liebe läßt ihn nimmer ruh'n, |
| | Den verwirrten Sinn wird nun |
| | Zweifel, Furcht und Hoffnung quälen. |
| CLORIS. | Liebes Glut, warum nicht ruh'n, |
| | Läßt du mich, mein Herz mag nun, |
| | Nur der blinde Gott entseelen. |
| NISA. | Geh'n wir fort, um zu verheelen, |
| | Wer wir sind? |
| LISIDA, CLORIS. | Das woll'n wir tun! |

(LISIDA, CLORIS, NISA *treten an die andere Seite des Theaters,*
PONLEVI, ENRICO, *bleiben entfernt stehen.*)

| | |
|---|---|
| ZU FÜNFEN | Wie so lieblich steh't im Freien |
| | Dieser Blumenhof des Lenzen, |
| | Bunte Farben, frisches Glänzen, |
| | Sieh't man schon die Hand des Maien |
| | Allen Gegenständen leihen. |

## 46.

*An Hitzig*

Warschau, den 28. April 1807

Recht herzlichen Dank, mein teuerster Freund! für Ihren lieben Brief vom 17. d. M., der mir bewiesen hat, daß Ihre Freundschaft für mich fortdauert! – Gerade meinen Wünschen angemessen ist es, daß der Canonicus die Berliner Bühne nicht betreten hat; die Partitur kann bei Ihnen in deposito bleiben, nur lassen Sie sich noch den Text, den ich, von Rohrmann geschrieben, beigelegt habe, herausgeben! –

Wahrscheinlich werden Sie jetzt meinen Brief, den ich Ihnen einige Tage vor der Ankunft Ihres Briefes schrieb, erhalten haben und sich mit mir wundern, daß Ihr Brief schon gewissermaßen eine Antwort auf meine dringende Anfrage wegen meiner Reise nach Berlin enthält; ich bitte indessen, in Ihrem nächsten Briefe dies Thema noch etwas auszuführen. Ihre Äußerung wegen des Anerbietens eines Asyls hat mich mit freudigen Hoffnungen erfüllt, und ich begebe mich, Rücksicht meines Anfanges, gänzlich unter Ihre Kuratel.

Mein Werk rückt stark vor*, und der Gedanke, etwas sehr Gutes zu liefern, hebt mich hinweg über manche Bedrängnisse der Gegenwart. – Wie gern würde ich mich mit Ihnen und Werner recht aussprechen über den herrlichen poetischen Stoff, über die Gemütlichkeit, die sich vorzüglich im ersten Akt bei dem Erscheinen der Damen über das Ganze verbreitet; indessen werde ich, will's das Schicksal, das alles künftig nachholen können, und zwar mit der fertigen Partitur auf dem Klavier. Ganz herrlich ist es auch, daß ich keine gewöhnliche Liebhaberrolle im Stück habe, denn Enrico ist es durchaus

---

* Die Schärpe und die Blume. Brief 45. – Er hat der Oper den Titel gegeben: Liebe und Eifersucht.

nicht, – Ottavio zu unbedeutend eingreifend, – er ist nur da, um sich zu ärgern und sich mit Enrico zu schlagen. – Des Herzogs Sonett habe ich komponiert, Lisida's Sonett hingegen ausgelassen, weil ein Wagstück selten zweimal gelingt.

Sagen Sie Werner, daß ich noch immer darauf rechne, daß er, wenn ich erst einigen Ruf haben werde, mir den Faust machen wird; wenn er es auch nicht tun will, so mag ich doch die Lieblingsidee nicht aufgeben, indem ich in mancher Stunde schon am Klavier für den Faust komponiere. – Gewisse Fantasien werden nämlich von einer gewissen unbekannten Stimme, die ich sehr deutlich höre, so rubriziert: für den Faust! – Da habe ich Ihnen nun viel, viel von meinem Werk und meiner Kunst geschrieben, indessen: wovon das Herz voll ist etc. Nun setze ich noch hinzu, daß wir jetzt das schönste Frühlingswetter haben und daß ich darauf hoffe, daß es bald grün werden wird, damit ich wieder in den schönen Lazienker Alleen auf neue Melodien sinnen kann! –

Wie es doch nur in Dresden, Leipzig, überhaupt in Sachsen aussehen mag, ob man wohlfeil lebt, ob man Aussichten hat, etwas mit der Kunst zu machen usw.?

Der Himmel gebe nur, daß ich Warschau erst verlassen kann.

Schreiben Sie mir bald wieder und grüßen Sie recht herzlich Ihre Familie und meine Freunde Groote und Werner.

Meine Frau befindet sich wohl in Posen und ist zuweilen stärker in der Hoffnung als ich; es freut mich auch über alle Maßen, daß sie in *starker* und nicht in *guter* Hoffnung ist. Nochmals Addio, mein Herzensfreund! und denken Sie an

Ihren

H.

## 47.

### *An Hitzig*

Warschau, den 14. Mai 1807

Ihr letzter Brief vom 30. April, mein teuerster Freund! ist mir
ein voller Beweis, daß Sie sich für mein Wohl und Weh ernstlich interessieren, was aber das sonderbare bei der Sache ist:
wäre der Brief einige Tage später gekommen, so hätten Sie
einen Brief von mir erhalten mit der dringenden Bitte um
Adressen nach Wien, und so wäre zum zweitenmal Ihr Brief
schon eine antizipierte Antwort auf meinen Brief gewesen. –
Ohne das Günstige des Lokals so zu kennen, wie Sie es mir nun
geschildert haben, ging schon mein ganzes Sinnen und Trach-
ten nach Wien; es war eine Art Inspiration, die mich wachend
und träumend nur immer nach Wien versetzte und mich da
meine Künstlerlaufbahn betreten ließ. Leider ist indessen noch
eine Hauptschwierigkeit zu überwinden, die mir in manchen
trüben Stunden unüberwindlich scheint und die mich am Ende
im Schlamme festhalten wird, bis ich darin ersticke! – Von
meinen dürftigen Umständen und deren Veranlassung schrieb
ich Ihnen gleich in meinem ersten Briefe, ich müßte daher jetzt,
so wie Sie es mir auch raten, wenigstens 500 Rthl., wenn auch
größtenteils in Papieren, borgen, um mich in mein Eden zu
versetzen, und das ist eine fast unausführbare Sache. – K. ist
der einzige, der meine Königsberger Verhältnisse, über die ich
übrigens kein Papier besitze, kennt, und dieser hat sich, da er
selbst ohne Geld zum Verleihen ist, erboten, jeden Schuldschein von mir als Selbstschuldner zu unterzeichnen, und doch
gelang es mir vor etwa 4 Wochen nicht, auch nur 200 Rthl.
Bargeld anzuleihen. –

Es ist ein einziger Mann hier, dem ich es zutraue, daß er mir
aus der Verlegenheit helfen würde, allein eine besondere Scheu

und eine nicht unbegründete Furcht, durch eine Bitte dergleichen Art in den ersten Wochen der Bekanntschaft wider die
Delikatesse zu verstoßen, verschließen mir den Mund. Sie
erraten leicht, daß dieser Mann der J. R. K. ist und daß
irgendeine Mittelsperson, dergleichen der alte L. ein vortrefflicher war, der Sache den Ausschlag geben würde; aber so sitze
ich nun und brüte und brüte vergebens über meinen Plänen! –
Nach Königsberg habe ich dreimal geschrieben, aber keine
Antwort erhalten; wahrscheinlich sind die Briefe gar nicht
hingekommen. – Schon zum zweitenmal in meinem Leben
geht es mir so, daß ich, im Begriff einzutreten, von der Tür
abgewiesen werde, und es gehört wahrlich Mut dazu, nicht für
immer zu verzagen! – Vielleicht ist es Ihnen, der Sie offenbar
in dergleichen Sachen mir an Einsicht weit, weit überlegen
sind, möglich, mir mit gutem Rat beizustehen und mir durch-
greifende Maßregeln an die Hand zu geben. Bin ich nur erst in
Wien, so habe ich den guten Glauben, daß, vorzüglich bei den
so sehr kräftigen Empfehlungen, es mir nicht fehlschlagen
wird, meinen Künstlerruf zu begründen; sollte ich auch nur
zum Anfange Sachen von kleinerem Umfange in's Publikum
bringen. – Mit Ihrem Briefe und den Adressen habe ich mich
wie ein Kind! – ich trage sie beständig bei mir, ziehe sie heraus,
lese sie auf dem Wege nach Lazienka, im Krarinskischen Garten etc. – sie sind jetzt mein einziger Schatz, mein Heiligtum!
Ach, Freund! wenn ich diesmal wieder im Käfig bleiben muß,
so ist es um meine Kunst, um mich geschehen!

Gebe der Himmel, daß Ihre Pläne recht bald ausgeführt sein
mögen, und ich freue mich herzlich, daß so gute Aussichten
dazu da sind; wie glücklich werden Sie sich fühlen, endlich einmal das Relatio ex actis in C. etc. ganz vergessen zu können.*

---

* Hitzig beschäftigte sich nämlich damals, bei der Schwierigkeit, eine Wiederanstellung zu erhalten, mit Erlernung des Buchhandels, in der Absicht, die er
auch 1808 ausführte, ein buchhändlerisches Etablissement in Berlin zu begründen.

Meine Oper rückt vor, und es wäre herrlich, wenn ich sie vollendet nach Wien mitnehmen könnte; indessen sind meine Ouverturen, meine Symphonie und meine Messe hinlänglich, mich bei der kompetenten Behörde als Komponist auszuweisen. –

Von politischen Ereignissen schweige ich natürlicherweise ganz still; sie affizieren mich auch nicht mehr sonderlich. Antworten Sie mir sobald als möglich, mein einziger Herzensfreund! Ihre Briefe gewähren mir Trost und Aufheiterung! – Meine Lage ist wirklich ganz verdammt. Ewig, ewig,

Ihr aufrichtiger Freund und Bruder
H.

# BERLIN
### 1807-1808

Etwa im Juli 1807 traf Hoffmann in Berlin ein. Das
Jahr, welches er jetzt daselbst zubrachte, mag leicht das
unglücklichste seines Lebens genannt werden. Alles,
was er selbst anfing oder was wohlwollende Freunde für
ihn unternahmen, mißlang. Er hatte Zeichnungen mitgebracht: es wollte sich niemand damit befassen; er
suchte Gelegenheit zur Porträtmalerei; es fand sich keiner, der ihm zu sitzen Lust hatte; man gab sich Mühe,
eine Verbindung mit Iffland[18] herbeizuführen, und
Hoffmann erklärte sich bereit, sich von diesem Aufga-
ben stellen zu lassen, um seine Anlagen zur dramatisch-
musikalischen Komposition zu prüfen; es war nichts zu
erreichen, obgleich Ifflands beste Freunde sich in der
Sache tätig zeigten; für seine fertige Musik war kein
Verleger aufzutreiben. Dazu kam, daß bald nach seiner
Ankunft ihm in dem Gasthofe, wo er wohnte, während
der Mittagsessenszeit mittelst Durchsägung der Hinter-
wand des Sekretärs, in welchem er seine kleinen Habseligkeiten hatte, den Rest seiner Barschaft, 6 Friedrichsdor, entwendet wurde. Er geriet nun in die drückendste
Geldverlegenheit; der Müßiggang peinigte ihn; von den
Seinigen in Posen erhielt er die traurigsten Nachrich-
ten\*; er schien fast zu erliegen, bis ihm der Gedanke
kam, durch eine Bekanntmachung im Reichs-Anzeiger

---

\* 48. Brief.

die Stelle eines Musikdirektors bei irgendeinem Theater nachzusuchen. Hitzig, der ihn kannte, wußte wohl, daß nur ein wirklicher Schritt zur Verfolgung irgendeines sichtbaren Zieles die Folge haben könnte, den Freund zu beruhigen, und besorgte das Nötige, worauf denn auch endlich der gewünschte Erfolg eintrat und auf das durch den Anzeiger verbreitete Inserat Vorschläge von der damaligen, unter den Auspizien des Grafen von Soden stehenden Verwaltung des Theaters zu Bamberg eingingen, die Hoffmann aufforderten, vom 1. September 1808 bei dem erwähnten Theater als Musikdirektor einzutreten. Beigefügt war eine freundliche Einladung des Grafen selbst, schon im Frühjahr 1808 auf sein Gut Sassanfarth, 3 Stunden von Bamberg, zu kommen und die Zeit bis zum Antritt seines Amts dort zuzubringen.

Wer war froher als Hoffmann, der, ungeachtet des wenig Lockenden der äußern Bedingungen, sich nun mit einem Male in die Sphäre versetzt sah, von welcher er seit seiner frühesten Jugend allein sein Glück erwartet hatte; in eine Künstlerlaufbahn! Er komponierte, zu seiner Legitimation, vom 23. Januar 1808 an eine Oper des Grafen von Soden: der Trank der Unsterblichkeit, in 4 Akten, und sandte die fertige Partitur schon am 27. Februar nach Bamberg ab.

Außerdem gelang es ihm, in dieser Periode, nur bei Verlegern unterzubringen, – zwei Sonaten und ein Harfenquintett, die Nägeli in Zürich nahm, und eine Reihe von Zeichnungen polnischer Uniformen, die bei Gräff in Leipzig erschienen sind.

Mit der freudigsten Hoffnung verließ er Berlin, holte
seine Frau von Posen ab und kam im Sommer 1808 mit
ihr in Bamberg an.

*Beilagen*
*zum*
*siebenten Abschnitt*

48.

*An Hitzig*

Berlin, den 22. August 1807

Mein lieber teuerster Freund!

Sie fanden mich bei Ihrem letzten Hiersein* in einer etwas fatalen Stimmung, – indessen müssen Sie diese dem äußersten Druck der Umstände zuschreiben, – ich bin in einer Lage, über die ich selbst erschrecke, und die heutigen Nachrichten aus Posen sind nicht von der Art, mich zu trösten. – Meine liebe kleine Cecilia ist gestorben, und meine Frau ist dem Tode nahe! – Aus einem dumpfen Hinbrüten bin ich denn nun wieder so weit erwacht, um daran denken zu können, was ich tun muß, um nicht in bona pace zu verderben; – am liebsten wünschte ich ein Unterkommen als Musikdirektor bei irgendeinem Theater, und da wäre es wohl auch ersprießlich, mich im Reichs-Anzeiger anzubieten, – wo kommt der Reichs-Anzeiger heraus, was muß man tun, um das Einrücken zu bewirken? – Geben Sie mir, bester Freund, hierüber Auskunft und sagen Sie mir, ob die anliegende Anzeige genügt oder was noch mehr zu sagen oder wegzulassen sein würde? Wie soll ich die Adresse bezeichnen? u.s.w. Darf ich Sie bald in – besuchen? – Wie wohltätig würde mir Ihre Gesellschaft jetzt sein! u.s.w.

---

* Hitzig lebte damals für einige Zeit in der Nähe von Berlin.

Gestern morgen glaubte K., ich würde sterben, ich bin aber am Leben geblieben. Bleiben Sie der Freund

Ihres

H.

*Beilage zum 48. Brief*
*Anzeige*

Jemand, der in dem theoretischen und praktischen Teil der Musik vollkommen unterrichtet ist, selbst für das Theater bedeutende Kompositionen geliefert und einer bedeutenden musikalischen Anstalt als Direktor mit Beifall vorgestanden hat, wünscht als Musikdirektor bei einem womöglich stehenden Theater unterzukommen. Außer den genannten Kenntnissen ist er mit dem Theaterwesen und seinen Erfordernissen völlig vertraut, versteht sich auf die Anordnung der Dekorationen und des Costums und ist außer der deutschen auch der französischen und italienischen Sprache gewachsen. Sollte der Unternehmer irgend eines Theaters eines solchen Subjekts benötigt sein, so bittet man ihn, sich in postfreien Briefen an – – – – – – zu wenden, wo der die näheren Bedingungen, welche auf jeden Fall billig sein werden, erfahren kann.

# BAMBERG
## 1808-1813

In Bamberg fand sich Hoffmann auf das unangenehmste getäuscht; indem die Verhältnisse beim Theater ganz anders erschienen, als er es nach den Briefen des Grafen Soden erwartet hatte. Von diesem war nämlich nicht nur die Regie, sondern die ganze Entreprise des Theaters einem gewissen Heinrich Cuno übertragen worden, und er selbst hatte sich nach Würzburg zurückgezogen. Der Entrepreneur, von welchem Hoffmann nicht die vorteilhafteste Schilderung entwirft, war aber bei der Organisation des Theaters so übereilt zu Werke gegangen, daß es sich zu Ende des Jahres 1808 schon seiner Auflösung näherte. »Wie schlecht ich unter solchen Umständen«, – schreibt er unterm 1. Januar 1809 dem Herausgeber, – »mit meinem Enthusiasmus für die wahre Kunst und mit meinen Vorschlägen und Plänen, das Ganze nur zu irgendeinem Grade der Vollkommenheit zu erheben, angekommen bin, können Sie sich wohl denken. Dies hat denn auch zur Folge gehabt, daß ich bereits seit zwei Monaten mein Musikdirektorat gänzlich aufgegeben und mich nur dazu verstanden habe, die etwa vorkommenden Gelegenheitsstücke, z. B. Märsche, Chöre in Schauspielen u. dgl. zu komponieren, wofür ich monatlich 30 Gulden erhalten soll, aber nicht erhalte, weil die Theaterkasse, bei der grenzenlosen Unordnung des Direktors, fortwährend in den erbärmlichsten Umständen

ist. Um so unangenehmer sind mir jene Theaterverhält-
nisse, als es hier ein Publikum gibt, wie es sich nur ein
Schauspieldirektor, der wahre Ausbildung mit Geschmack und Talent verbindet, wünschen kann. Z. B.
die lustigen Musikanten, gut gegeben, würden hier recht
sehr gefallen; doch davon nachher ein mehreres. – Das
war das Schlechte, nun zu angenehmern Dingen. – Ich
stand, da Soden in Würzburg ist und der einzige, an den
ich sonst empfohlen war, der Präsident Graf von
Seckendorf, sich gar nicht um mich bekümmert hat,
ganz allein hier; indessen ein glücklicher Zufall wollte
es, daß ich schon im zweiten Monate dem besten Teil des
Publikums bekannt wurde. An der Spitze *dieses* Publikums steht der General-Kommissar Freiherr von Stengel, ein äußerst humaner und in der Kunst ganz ausge-
bildeter Mann. Sie können denken, wie ich erstaunte, als
er, bei der ersten Visite, die ich ihm machte, so tief in die
Theorie der Musik hineingeriet, daß ich glaubte, mit
einem tüchtigen Kapellmeister zu sprechen; nun gelang
es mir bald, meine musikalischen Kenntnisse geltend zu
machen, und ich erhielt in den ersten Häusern als Singe-
meister Zutritt, so daß meine Existenz wenigstens ge-
sichert ist, indem ich überall gut und prompt bezahlt
werde. – Recht erfreulich ist es mir gewesen, hier im
südlichen Deutschland so viel Empfänglichkeit für das
wahre Schöne zu finden. Überall, wo ich hinkomme, ist
Tieck ein gefeierter Name, auch unser Freund Werner
hat hier sein Publikum; im Gräflich Rothenhanschen
Hause, wo ich *fünf* Comtessen im Gesange unterrichte,
habe ich (mit welchen sonderbaren Empfindungen, können Sie sich denken) den Attila gesehen, und als ich

meiner Verhältnisse mit Werner erwähnte, mußte ich
erzählen, was ich nur wußte aus seinem frühern Leben
und von dem Gange, den seine Ausbildung genommen
hat. Den andern Tag rollte ich sein Crayon-Bild auseinander und sagte: so sieht er aus.[19] Das Bild wurde gleich
in Beschlag genommen, und eben jetzt kopiert es Gräfin
Gabriele, ein recht liebenswürdiges sechzehnjähriges
Mädchen. – Hört das Theater nun hier ganz auf, so
erwerbe ich doch durch Unterricht und Komponieren
mein notdürftiges Brot und werde das schöne Bamberg
nicht verlassen, bis ich etwa ein fixiertes Unterkommen
bei einer fürstlichen oder königlichen Kapelle finde,
wozu sich vielleicht, nach den Versicherungen meiner
hiesigen Gönner, eine Aussicht öffnen könnte. Unter
andern (lachen Sie mich tüchtig aus, liebster Freund!)
habe ich auch fürs hiesige Theater Verse gemacht. Es
hatte mit ihnen folgende Bewandtnis. Die Tochter des
hier residierenden Herzogs von Bayern, Prinzessin von
Neufchâtel, deren Gemahl bekanntlich in Spanien ist, ist
hier. Herr Cuno beschloß, ihren Namenstag im Theater
zu feiern, und übertrug mir die Ausarbeitung eines Pro-
logs. Ich warf so ein recht gemein-sentimentales Ding
zusammen, komponierte ebensolche empfindsame Musik dazu, – es wurde gegeben, – Lichter, Hörner, Echos,
Berge, Flüsse, Brücken, Bäume, eingeschnittene Namen, Blumen, Kränze nicht gespart; es gefiel ungemein,
und ich erhielt, mit sehr gnädigen Ausdrücken, von der
Prinzessin Mutter *für die verschaffte Rührung* 30 Carolin,
die gerade hinreichten, mich hier so ziemlich auf reinen
Fuß zu setzen. – Bei einer gewissen Stelle im Prolog:
»Ich ging – ich flog – ich stürzt' in ihre Arme!« (ein

ungemein schöner Klimax) umarmten sich in der herzoglichen Loge weinend Mutter und Tochter; nun hatte der Prolog auch dem Publikum gefallen und wurde für den andern Tag begehrt. Die herzoglichen Personen erschienen in der Loge und umarmten sich richtig weinend wieder bei jener Stelle, worüber das Publikum, viel in die Hände klatschend, seine Zufriedenheit äußerte. Mir schien es, als ob dadurch sich das Ganze, Theater und Publikum, auf eine höchst vortreffliche Weise zu *einer* Aktion verband und so das fatale Verhältnis zwischen Darstellen und Zusehen ganz aufgehoben wurde; mir lachte das Herz im Leibe usw.«

Die Theater-Entreprise schleppte sich von der Zeit, wo dieser Brief geschrieben ist, an noch einige Wochen fort; aber »schon im Februar«, – so meldet Hoffmann seinem Freunde ferner unter'm 25. Mai 1809, – »erklärte Herr Cuno mit einem Male der ganzen Gesellschaft, daß er insolvent sei und das Theater abgeben müsse; den Regisseur des Schauspiels, Herr Opel an der Spitze, movierte sich die Gesellschaft gegen dies Verfahren, und es kam zu gerichtlichen Verhandlungen, die den saubern Herrn Direktor nötigten, die Vorstellungen fortzusetzen und die Administration der Kasse einem aus der Gesellschaft gewählten Committé zu überlassen. Daß hiebei auch nicht viel Gescheites herauskam, können Sie sich denken, – das Ganze kam wieder seiner völligen Auflösung ganz nahe, und nun traten die drei Hauptgläubiger des Herrn Cuno auf und sprachen also: wir müßten, koste was es wolle, Herrn Cuno und sein Theater erhalten, denn nur auf diese Weise können wir noch zu unserm Gelde kommen, wir übernehmen daher die Direktion und garantieren die Gagen den Sommer über mit 30 Prozent Abzug. Die armen Schauspieler und Ihr Freund, der Musikdirektor in dieser unglücklichen Zeit, wo die großen Opern mit obligaten Kanonen alles übertäuben, sagten ja, und das Ding ging aufs neue los. Die neuen Direktoren zeigten sich indessen bald dem ganz getreu, was sie sind, knauserten und knickten, machten tolle Streiche, wurden grob; so daß, wer noch auf eine andere Art ein Stück Brot erwerben konnte, das Theater ganz verließ, wie ich es denn auch tat, so daß mein Kontrakt, in dem glücklicherweise sechswöchentliche Aufkündigung bedungen war, vorigen Montag sein Ende erreicht hat und ich nichts weiter von meinem Amte übrigbehalte als den Titel Musikdirektor, den ich für künftige Fälle konservieren will. Die neue Direktion besteht aus einem Zuckerbäcker, einem Liqueursieder und einem jüdischen Seidenhändler!! – Und damit Sie einen Begriff von dem Geiste des neu organisierten Theaters bekommen, lege ich Ihnen ein Stück Komödienzettel bei mit der Szenerie von der Teufelsmühle.«*

* Die Beilage lautet wörtlich so:

Verwandlung.

1. Akt. 1. Szene. Herberge an der Straße des Wienerbergs. 9. Sz. Gemach auf Staufenburg, zuletzt sieht man einen schwarzen hellbeleuchteten Saal, mitten liegt auf einem Paradebett Agnes von Boodheim tot; über sie schwebt ein Toten-Genius.

2. Akt. 1. Szene. Zimmer im Wirtshause am Wienerberge. 8. Sz. Gemach auf der Feste Staufenburg. 13. Sz. Wald. Nacht. Mondschein. 15. Sz. das innere der Teufelsmühle, wo sich alle Geister in der 12. Stunde versammeln, der Tisch, worauf Kasperle sitzt, verwandelt sich in einen Mülleresel. Kasperle reitet unter schrecklichem Gepolter durch's Fenster.

3. Akt. 1. Szene. Herberge am Wienerwald. 10. Sz. Gemach in der Herberge. 14. Sz. Burgverlies, in der Mitte hängt eine brennende Lampe. Verwandelt sich dann im Kampfplatz, wo Otto bleibt.

4. Akt. 1. Szene. Herberge wie oben. 4. Sz. Gemach auf der Staufenburg. 6. Sz.

Ungeachtet dieses traurigen Anfangs der so lange ersehnten Künstlerlaufbahn und obgleich die Wirkungen des Krieges damals in der Nähe von Bamberg grade sehr fühlbar waren, mehrere der ersten dortigen Familien den Ort verlassen hatten, woher ein von Hoffmann zu unternehmendes Sing-Institut, wozu er bereits die obrigkeitliche Erlaubnis erhalten, nicht zustande kam und er mehrere Schüler verlor; obschon endlich er sein Einkommen vom Theater ganz eingebüßt hatte und es ihm schwer wurde, sich nur von einem Tage zum andern hinüberzufristen; ruft er doch, in dem schon erwähnten Briefe, freudig aus: »es muß gehn, und es geht auch, da ich nun und nimmermehr Relatio ex actis u.s.w. schreiben darf und so die eigentliche Quelle alles Übels versiegt ist!«

Hauptsächlich erzeugte aber diese heitere Stimmung die Muße, die ihm jetzt seine gänzliche Entfernung vom Theater und dessen Geschäften gestattete und die er zu seinen ersten artistisch-literarischen Versuchen benutzte, aus denen späterhin, zum Teil, die Fantasiestücke in Callots Manier zusammengesetzt worden sind.

Er hatte nämlich in dieser Zeit an Rochlitz in Leipzig, den damaligen Herausgeber der trefflichen musikalischen Zeitung einen Brief in seiner launigen Manier geschrieben, um eine Verbindung mit ihm und seinem Institute anzuknüpfen und sich dadurch einen Weg in das Publikum zu bahnen. Er erzählte darin seine Ge-

Herberge. 8. Sz. Wald mit Einsiedlerhütte. 10. Sz. Unterirdische Höhle. 13. Sz. Ländliche Gegend mit Haus und Brunnen, der Blitz zerschlägt den Müller, der Brunnen stürzt mit ihm ein. Zum Schluß verwandelt sich die Bühne in ein Wolkentheater. Ein Regenbogen im Hintergrund, in einer Schleierwolke Iriel, alles versammelt.

schichte, dann seine letzten Fata und auf eine sehr lustige
Weise seine gegenwärtige Lage; wie er eben gar nichts
sei, gar nichts habe, aber alles wolle, er wisse nur nicht
was. Das hoffe er denn nun von seinem neuen Korre-
spondenten zu erfahren; aber es müsse, wenn irgend
möglich, sogleich geschehen, denn Hunger tue ihm
weh, wenn auch nicht seiner, doch der seiner Frau, und
nur eines, das er etwa zu befahren, würde ihm noch
weher tun; – Geld zu empfangen ohne Arbeit. Arbeiten
wolle er; müsse es sein, selbst schreiben; – entweder in
dem Fache, welches das Volk »dummes Zeug« nenne,
oder auch in musikalischen Angelegenheiten, die am
Ende denn auch wenigstens daran grenzten. Zum Beweise, daß er im letztern etwas vermöge, legte er ein
Requiem bei, welches er, nachdem er Mozarts Requiem
auf das genaueste sich zu eigen gemacht, bloß zu seiner
weitern Bildung, Übung und Befestigung in früherer
Zeit komponiert hatte.*

Es wurde ihm sogleich geantwortet. Man drang in
ihn, zu schreiben, wie er seinen Brief geschrieben habe;
man bot ihn zur Bekanntmachung die musikalische Zeitung und von dem Verleger, was möglich, an; man tat
ihm, um sein Verlangen genauer zu erfüllen und auch um
ihn selbst von verschiedenen Seiten kennen- und beurteilen zu lernen, folgende bestimmtere Vorschläge: eine

---

* Rochlitz urteilt darüber a.a.O.:

Es ist fast so lang als das Mozartsche, in ähnlichem Sinne gedacht und, soweit
dieses Hoffmann vermochte, in ähnlichem Stile verfaßt.

Wie nahe es auch an das Vorbild erinnert, nach welchem es gearbeitet worden,
so fehlt es ihm doch nicht an Originalität der Erfindung und noch weniger an
Innigkeit und Kraft des Ausdrucks; die Ausführung des Technischen aber, –
bedenkt man, daß es eines Dilettanten erstes Probestück in diesem Stile ist, –
muß man bewundern.

Erzählung oder Charakterschilderung von einem Musiker auszuarbeiten, der, in späten Jahren, ungefähr bis
auf den Grad, wohin es der tiefsinnige Friedemann Bach
gebracht, verrückt, dabei aber in seiner Kunst, wie eben
jener auch, zwar verworren und launenhaft, aber groß
und kühn und nun durch die fixe Idee in seiner Einbildung, er sei Mozart oder Händel oder solch ein Heros,
teils glücklich und näher individualisiert wäre, teils gewissermaßen komisch und überhaupt den Lesern interessanter würde. Zugleich sandte man ihm die eben in
den Händen der Notenstecher befindliche große, herrliche Symphonie von Beethoven, aus C-Moll, in Partitur, mit dem Gesuch, darüber zu schreiben;[20] möchte es
nun eine eigentliche Rezension werden, – deren es aber
bei solch einem Werke und solch einem Meister kaum
bedürfe, oder eine Betrachtung darüber, eine Fantasie
über die Fantasie, ein Kunstwerk über das Kunstwerk
u.s.w. In zehn Tagen schon ging beides ein; – Johannes
Kreisler u.s.w. und der Aufsatz über Beethovens Instrumentalmusik*.

So war denn nun Hoffmann mit einem Male auf der
Bahn, auf welcher er bald ganz Deutschland bekannt
und wert werden sollte, und freudig schreibt er selbst in
sein Tagebuch: »meine literarische Karriere scheint beginnen zu wollen.« Von nun an lebt und webt er auch
ganz in der Ausübung aller Kunst. Er singt in den
herzoglichen Konzerten und in der Kirche in Haydnschen Messen, komponiert bald ein Miserere für den
Großherzog von Würzburg, bald für das Theater, auf
Bestellung des Entrepreneurs, die Kotzebuesche Oper:

---

* Siehe Fantasiestücke in Callots Manier. [Hoffmann, Bd. 1, S. 233 ff.]

das Gespenst\*, bald die Gesänge aus Genoveva des Maler Müller; ein Melodram des Grafen Soden; Dirna\*\*, ein Trio aus E-Dur und Canzonetten für Nägeli u.s.w.; er macht fleißig Rezensionen für die musikalische Zeitung, von Witts Symphonien\*\*\*, Fioravantis Virtuosi ambulanti, Rombergs Pater noster, Pustkuchens Chorälen u. s. w.; schreibt die Theaterartikel aus Bamberg für die Zeitung für die elegante Welt, zeichnet Gruppen des dortigen Bürgermilitärs und malt große Familienbilder in Häusern, in welchen ihn der Musikunterricht bekannt gemacht hatte. Diesen erteilte er mit großem Beifall, – im Gesange und auf dem Fortepiano, – man ergötzte sich dabei an seiner pikanten Individualität; wie z. B. Frau von Redtwitz, eine sehr geistreiche Dame, gegenwärtig Oberhofmeisterin der Kronprinzessin von Baiern, einst äußerte: er verdiene, daß man ihm, neben dem Honorar für seine Lektionen, ebensoviel für seine Unterhaltung zahle. Doch fehlte es auch nicht an Steinen des Anstoßes für ihn auf dieser Bahn. Die Beschäftigung mit talentlosen Schülerinnen war ihm ein Greuel, und er pflegte von einem Hause zu erzählen, daß, wenn er zur gesetzten Stunde vor dessen Pforte trete und schon im Begriff sei, die Glocke zu fassen, es ihn krampfhaft packe und gewaltsam zurückziehe, in-

---

\* »Was *soll* und was *will* ich nicht alles! Nur Mut und Ausdauer!« ruft er bei dieser Gelegenheit in seinem Diarium aus. Übrigens bemerkt er später: »Das Gespenst aufgeführt, – total mißratene Darstellung, – dem Auspfeifen nahe.«

\*\* Dies wurde am 11. Oktober 1809 aufgeführt und fand so großen Beifall, daß das Publikum nach beendigter Vorstellung den Komponisten herausrief. Er zeigte sich im Orchester auf der Erhöhung des Direktors und dankte mit einer Verbeugung.

\*\*\* »Opus 1. dieser Art«, heißt es im Tagebuch; »es ging besser, als ich gedacht hatte.«

*Franz von Holbein.*
*Stahlstich von Benedetti.*

dem ihm alle Qualen deutlich vor die Seele träten, die der
Unterricht der stumpfen und geistlosen Kinder in dieser
Familie ihm verursache.

So verstrich ihm das Jahr 1809.

In dem folgenden, 1810, begann für ihn eine neue
Tätigkeit. Holbein, sein alter Bekannter aus Glogau,*
kam nach Bamberg, um die Leitung des Theaters zu
übernehmen. Sein Personal, sowohl für das Schauspiel
als für die Oper, war vorzüglich. Es genügt z. B. die
Renner, die damals noch in ihrer Blüte stand, und unter
den Sängern Bader, jetzt in Berlin, Röckel und Madame
Köhl zu nennen. Was konnte dem neuen Unternehmer
erwünschter sein, als einen Gehilfen in den Direktions-
geschäften wie Hoffmann zu finden! Holbein selbst, ein

* Siehe 2. Abschnitt Teil 1. S. 102.

*Bühnenbild von Hoffmann zu Kleists »Käthchen von Heilbronn«*
*( Beginn des Burgbrandes )*

sehr geschickter Maschinist, unterrichtete ihn in den
Geheimnissen dieser Kunst praktisch, während Hoffmann aus allen Büchern, die er nur zusammenbringen
konnte, die Theorie mit dem Feuereifer, den man an ihm
schon kennt, studierte, und so war er bald bei der neu
organisierten Bamberger Bühne Theaterkomponist, Dekorateur und Architekt*, wobei ihm noch ein großer
Teil der Last der ökonomischen Einrichtung und der
Leitung in Beziehung auf das Repertoire zufiel. Doch
dies alles, weit entfernt, ihn zu erdrücken, gab ihm einen

---

\* Von der Fülle seiner Kompositionen für das Theater ist schon gesprochen
worden; aber auch von seiner Tätigkeit als Architekt und Dekorateur finden sich
in seinem Nachlaß die schönsten Spuren vor. Übungen in der Perspektive, um
sich in dieser schweren Kunst festzusetzen, und sauber in Farben ausgeführte
Entwürfe zu Dekorationen, von denen er, hauptsächlich zu Kleists Kätchen von
Heilbronn, Calderons Andacht zum Kreuz, zum standhaften Prinzen, der Brücke
von Mantible u.s.w. ausgezeichnet schön ausgeführt hat.

Schwung, wie er ihn bis dahin noch nicht genommen. Wirklich begann auch mit Holbeins Erscheinen eine wahrhaft glänzende Periode für das Theater zu Bamberg. Alle klassische Opern, besonders Mozartische, setzte man in Szene, und in dem rezitierenden Schauspiel wurde bald gewagt, wovon man sich früher dort hatte kaum etwas träumen lassen.

Es hatte sich nämlich eine Art von Kunstverein gebildet, welcher an Hoffmann, dem Direktor Marcus, Professor Klein, Professor Lichtenthaler, Doktor Weiß, Doktor von Erzdorff-Kupfer, Buchhändler Kunz* u.s.w., sehr tätige und einsichtsvolle Mitglieder besaß und auf das Urteil des Publikums sehr günstig einwirkte.[21] Dieser Verein wußte Holbein dazu zu bestimmen, die Calderonschen Stücke zu einer Zeit auf die Bühne zu bringen, wo man nur erst in Weimar mit dem standhaften Prinzen einen solchen Versuch gemacht hatte.

Das neue Beginnen gelang über alle Erwartung und durch die ausgezeichneten Leistungen des vorzüglichen Schauspielers Brandt und Holbeins; durch das, was diese und Hoffmann in neuen Dekorationen, Maschinerien, Musikbegleitungen vorbereitet hatten sowie durch die Aufmunterungen des Kunstvereines wurde erreicht, daß jene Calderonsche Stücke, namentlich die Andacht zum Kreuz, oft bei überfülltem Hause und mit dem höchsten Beifall gegeben werden konnten.

---

* Dieser sehr gebildete Freund aller Kunst, zugleich Wein- und Buchhändler, hat für Hoffmann während der Zeit seines Aufenthalts zu Bamberg ungemein viel getan und wurde auch Verleger seiner frühesten Geisteserzeugnisse, der Fantasiestücke in Callots Manier.

*Der Buch- und Weinhändler Kunz, Hoffmanns erster Verleger.*
*Zeichnung von Hoffmann*

Auch das gesellige Leben Hoffmanns gestaltete sich in diesem Abschnitte seines Bamberger Aufenthalts auf das angenehmste. In der Rose, einem Gasthause, worin das Theater, versammelte sich jeden Abend nach dem Schauspiele ein sehr interessanter Kreis vorzüglicher Männer, worunter Holbein, Bader, Brandt, Dittmaier, Bode u. a. Es wurde über Kunstgegenstände gesprochen, man ergötzte sich durch Musik und Gesang, gab oft Soupés, an denen ausgezeichnete Künstler, z. B. die vortreffliche Sängerin Köhl, teilnahmen. Die Seele dieser Gesellschaft war aber Hoffmann, stets übersprudelnd von Geist, Witz und Laune, alles erheiternd und

*Die zum Einsturz bestimmte Brücke.*
*Hoffmanns Dekoration für »Das Käthchen von Heilbronn«*

belebend. Häufig wurden auch Landpartien, besonders nach dem beliebten Lustort Buch, unternommen. Hoffmann fehlte nirgends, und Buch sah ihn fast jeden Tag.

Das folgende Jahr 1811 verstrich ihm auf gleiche Weise in künstlerischer Tätigkeit aller Art. Was seine äußere Stellung betraf, so war er nunmehr von Holbein als wirklicher Theaterarchitekt mit 50 Gulden monatlichen Gehalts in Sold genommen und dadurch seine Lage fixiert worden; an vollständigen Kompositionen lieferte er in diesem Jahre eine Oper Aurora, vom Grafen von Soden, und dessen Melodrama Saul; außerdem eine beträchtliche Zahl von einzelnen Musikstücken zu Schauspielen und Balletten, die im Theater gegeben wurden. Ferner entwarf er die Cartons zur Ausmalung eines Turms in der von dem Direktor Marcus erkauften, bei Bamberg gelegenen herrlichen Altenburg, eine Vorbereitung zu einer Arbeit, die er späterhin mit Liebe ausführte. Nichtsdestoweniger war seine Lage von manchem Drückenden nicht frei. Er konnte, bei seinem mäßigen Einkommen und da sowohl er als seine Frau öfters von Kränklichkeit heimgesucht wurden, es nicht vermeiden, Schulden zu machen, und es mochte ihm wohl nichts Erwünschteres haben begegnen können, als daß er am Schlusse des Jahres die Nachricht erhielt, daß der in Königsberg verstorbene, aus dem ersten Abschnitte wohlbekannte Onkel Otto, der Justizrat, ihn zum Universalerben eingesetzt, und dieser Nachricht, auf Abschlag der Erbschaft, bald ein Wechsel über 500 Taler folgte, der ihm die Mittel gab, sich seiner Verbindlichkeiten gegen seine Gläubiger zu entledigen.

Für die Geschichte seines Herzens ist aber der März des Jahres 1811 von besonderer Wichtigkeit. Am 3. lernte er in Bamberg Carl Maria von Weber kennen, der bis an sein Ende sein Freund geblieben ist, später seine Undine in der allgemeinen musikalischen Zeitung liebevoll gewürdiget und mit Hoffmann wohl zuletzt zusammengetroffen ist, als er im Jahre 1821 seinen Freischütz den entzückten Berlinern brachte; – am 30. März aber besuchte er Jean Paul* in Bayreuth, der ihn freundlich empfing und in dessen Gattin er eine alte Bekannte, die der Familie seines Oheims in Berlin sehr nahegestanden, wiederfand.

---

* Wie Jean Paul Hoffmann durch die herrliche Vorrede zu den Fantasiestücken dem deutschen Lesepublikum aufführte, ist bekannt. Er hat ihn auch später nicht aus den Augen verloren, und was er dem Herausgeber im Herbst 1822 in Bayreuth über ihn sagte, war diesem aus der Seele gesprochen; bewundern mußte er insbesondere, wie unendlich richtig der wahrhaft große Seher sich den Menschen Hoffmann, den er nur wenig gesehen, aus seinen Büchern konstruiert hatte.[22]

Das nächstfolgende Jahr 1812 kündigt sich in Hoffmanns Tagebüchern als ein sehr buntes an.

Bald zu Anfange desselben wurde er zu einem Festmahle bei den Kapuzinern geladen, wo ihn die Erscheinung des Priors, eines interessanten Mannes, der lange in Rom gelebt, anregte und er sich durch die religiöse Umgebung, – so sagt er wörtlich: – »in eine gemütlich exaltierte Stimmung«, versetzt sah. Er hat, wie er dem Herausgeber später oft erzählte, die hier erhalt'nen Eindrücke in den Elixieren des Teufels und im Kater Murr bei den Schilderungen aus der Klosterwelt zum Grunde gelegt.*

Nachdem er ferner in diesem Winter viel – getanzt, was weder früher noch später sonderlich sein Fall war, machte er im März über Erlangen eine Reise nach Nürnberg, deren Spuren im Meister Martin und seinen Gesellen** u.a.a.O. leicht wiederzufinden sind.

Auch die Jagd fing an, ihn zu beschäftigen. Er blieb hier, wie überall, kein Stümper, und triumphierend verzeichnet er am 25. Oktober in seinem Diarium: »ein Reh geschossen und mich gefreut.«

Im Juni zog er für einige Zeit auf die herrliche Altenburg, und das Eremitenleben in dieser reizenden Umgebung wäre ihm noch behaglicher gewesen, wenn ihn nicht das übelste Wetter hinauf verfolgt hätte.

Im Juli nahm es mit seinem Schicksal von neuem eine traurige Wendung. Holbein entsagte dem Theater, und dadurch verlor auch Hoffmann sein festes Einkommen.

* Im Tagebuch steht bei einer solchen Veranstaltung: »herrliche, patriarchalische Köpfe der Kapuziner. Wanduhr: mors certa, hora incerta, una ex his. Fantasien; aber auf der Redoute ganz aus dieser Stimmung herausgekommen!«
** Serapionsbrüder Bd. 2 [it 631, S. 550 ff.].

Die Erbregulierung in Königsberg zog sich in die Länge, und es blieb die erwartete Hilfe von dort aus; die frühere Geldnot trat bald wieder ein und stieg, Schritt vor Schritt, bis auf einen so hohen Grad, daß sich unterm 26. November das betrübte Notat findet: »den alten Rock verkauft, um nur essen zu können.«[23] In all diesem Druck erscheint die Tätigkeit Hoffmanns um so bewundernswürdiger. Außer der nicht erhaltenen Komposition einer Oper, mehrerer Arien, Duettinen, eines großen Harfenquintetts u. s. w. lieferte er bedeutende Rezensionen für die allgemeine musikalische Zeitung, z. B. von Beethovens Trios und Messe, der Chasse von Mehul u. s. w., schrieb im Juni Johannes Kreislers Gedanken über den hohen Wert der Musik und im September den Don Juan*, übernahm für den Verlag von Breitkopf und Härtel die schwierige Übersetzung einer damals neuen französischen Violinschule, die, nach seinem Urteil, neben vielem Guten viel Widersinniges enthält, und malte vor allen Dingen eine Unzahl der heterogensten Gegenstände, z. B. einen ägyptischen Tempel, 17 Fuß hoch, zur Verzierung des Casinos bei einer feierlichen Gelegenheit, und mehrere Familienbilder, die Kinder seiner Freunde vorstellend; die Dekorationen zur Entdeckung von Amerika, – wahrscheinlich Klingemanns Columbus, – einen Genius der Kunst, für den Vorhang des Theaters zu Würzburg; einen Saal im Hause des Direktor Marcus u. dergl. mehr. Diese letztere Arbeit, verbunden mit einer Wandzeichnung, auf welcher sich alle merkwürdige Figuren Bambergs präsentieren, sowie der früher erwähnte Turm in der Alten-

* Beides in dem ersten Bande der Fantasiestücke.

burg, in welchem die Geschichte der Gefangennehmung des Grafen Adalbert von Babenberg dargestellt ist und wo man ihn selbst unter der Zahl der den Gefangenen umgebenden Ritter leicht erkennt, sind jetzt noch wohlerhalten.[24] Auch beschäftigte er sich um diese Zeit ernstlich mit dem Entwurfe zu den mehrmals im Meßkatalog unter den künftig zu erwartenden Schriften angekündigten »lichten Stunden eines wahnsinnigen Musikers«, in welchen er seine Ansichten der Musik, vorzüglich aber der innern Struktur der Tonstücke auszusprechen beabsichtigte. Ebenso war es in diesem Jahre, im Julius, wo er auf der Altenburg von der Idee erfaßt wurde, daß in der Fouquéschen Undine ein herrlicher Stoff zu einer Oper liegen müsse. Er schrieb deshalb an seinen Freund Hitzig in Berlin und forderte dessen Meinung. Dieser antwortete, vollkommen seiner Ansicht beipflichtend, und mit umgehender Post erfolgte mit Hoffmannscher Hast die Aufforderung: »sollte sich denn unter Ihren gemütvollen poetischen Freunden nicht einer finden, der zu überreden wäre, die Bearbeitung der Undine für mich zu übernehmen? Meine Ideen würde ich schriftlich in extenso mitteilen, ohne den Dichter im mindesten zu genieren; aber ich müßte nicht gar zu lange auf den Text warten dürfen. In Gedanken komponiere ich jetzt nichts wie die Undine. Der kräftige, wunderbare, warnende Oheim Kühleborn ist keine üble Baßpartie; so wie der alte Fischer sich bei der Exposition in einer ganz gemütlichen Romanze vernehmen läßt. Sie kennen mich, wie sehr mich eine Idee ergreifen und begeistern kann.«

Hitzig, dem Fouqué seit lange als ein vertrauter

Freund nahestand, war es leicht, diesen selbst zur Bearbeitung des Operntextes zu bewegen. Das hatte Hoffmann nicht zu erwarten gewagt; sein Entzücken darüber war unaussprechlich. »Ihr letzter Brief«, schreibt er an den Vermittler, »Ihre Nachrichten von Fouqué und Undine haben mir eine wahrhaft kindische Freude verursacht. Zu allen meinen Freunden bin ich gelaufen, mit Ihrem Briefe in der Tasche, und in dem edelsten Rheinwein hat Freund K. mir die Vereinigung mit Fouqué zu *einem* Kunstprodukt zugetrunken. – Mach' ich keine gescheite Komposition, so bin ich ein Esel, und es soll forthin nicht mehr von mir die Rede sein unter gemütlichen Menschen und Freunden. – Wie sehr, wie gar sehr habe ich Ihnen, mein lieber, teuerster Freund, für Ihre Bemühungen zu danken; ich fühle es ganz, welch seltenes Glück mir dadurch beschieden, daß ein Dichter wie Fouqué für meine Noten arbeitet! – Ich schicke Ihnen den offnen Brief an ihn nebst Opernplan. Haben Sie die Güte, *ihm* (dem etc. Fouqué nämlich, nicht dem Opernplan), zu insinuieren, daß vorzüglich gedrängte Kürze bei Opernsujets nötig sei; ich habe nichts sagen mögen, um nicht anmaßend zu scheinen. Seine Verse sind übrigens so musikalisch, daß ich nicht die mindeste Sorge fürs Komponieren trage; hat er Bedenken rücksichts der Terzette, Quartette etc., so ist jedes Schikanedersche Opernbuch zum Orientieren am besten, weil gerade dieser homuncio das für den Komponisten Vorteilhafte in der Form am besten weg hat.«

Im Oktober sandte ihm der Dichter die ersten Proben seiner Arbeit. Wie zufrieden Hoffmann damit war, geht aus einem Briefe an Hitzig hervor. »Daß Fouqué, meinem Plane entgegen, mit einem Terzett anfängt, ist mir darum ganz recht, weil es so kurz und rund gehalten ist, daß es der größern musikalischen Masse, die sich mit dem Anfange des Unwetters bildet, keinen Abbruch tut; dagegen ist es mir, wie Sie wohl denken können, auf eine überraschende Art angenehm gewesen, Fouqués Verse so ganz zur Komposition geeignet, so ganz sich in die Formen der Musik schmiegend, zu finden. So wie ich das Terzett las, habe ich es gesungen und gesetzt.«

Im November ging das vollständige Manuskript zur Oper Undine in Bamberg ein. »Die Undine erhalten«, schreibt Hoffmann, unterm 14. in sein Tagebuch, – »höchst vortreffliches Meisterwerk; sie den Freunden vorgelesen; höchst glückliche Stimmung!!«

Leider hielt diese, in der gedrückten äußern Lage, in welcher er sich damals befand, nicht vor. In der Silvesternacht macht er den traurigen Vermerk: »ekel, schal und oberflächlich.«

So schleppte es sich in das nächstfolgende Jahr hinüber.

Der erste Januar 1813 beginnt mit dem Ausruf: »unter den schlechtesten Auspizien, im höchsten Druck der Umstände, ist das neue Jahr angegangen; – wie wird das werden!«

Bald aber wird die Luft heiterer. Hoffmann möge mit eigenen Worten berichten.

»9. Januar. Seit lange der erste frohe Tag; nämlich 36 Rthl. Honorar aus Leipzig erhalten.«

»10. Februar. Neue Anregung durch den Titus, dessen Aufführung ich beigewohnt. Chöre. Selbstgefühl: anch' io son pittore!«

*Wilhelmine Kunz, Frau des Buchhändlers Kunz.*
*Tuschzeichnung von Hoffmann*

»17. Februar. Mit Glück am Berganza\* gearbeitet.«

»25. Februar. Endlich ganz unerwartet aus Königs-
berg 485 Rthl. sächsisch bekommen. Aller Kummer ein
Ende. Abends auf dem Maskenball als Masetto in dem
Zuge des Don Juan.«

»27. Februar. Ganz unerwartet Brief von Leipzig erhalten, worin mir Joseph Seconda die Musikdirektorstelle in Dresden anbietet.«\*\*

---

\* Nachricht von den neuesten Schicksalen des Hundes Berganza. Fantasiestücke.

\*\* Nach dem mehrerwähnten Aufsatze von Rochlitz in der allgemeinen
musikalischen Zeitung hatten Hoffmanns Bekannte in Leipzig es wohlwollend
eingeleitet, daß Secondas Wahl auf ihn fiel und statt seiner einen beträchtlichern
Gehalt unterhandelt, als er selbst verlangte.

»11. März. Den Brief erhalten, der meine Anstellung bei Seconda richtig macht. Große Freude!«

»13. März. Brief aus Leipzig von Rochlitz, der meinen Entschluß, Musikdirektor bei Seconda zu werden, bestimmt.«

Nur bis zum 21. April blieb er noch in seinen alten Verhältnissen; an diesem Tage verließ er Bamberg.

Wirft man nun einen Rückblick auf sein dortiges Leben, dessen äußere Umrisse bisher gegeben worden, so wird manches in der Entstehungsgeschichte seiner ersten schriftstellerischen Versuche deutlich; zur vollen Klarheit gelangt man jedoch darüber nur, wenn man eine heftige Gemütsanregung, die er in den letzten Jahren seines Bamberger Aufenthalts dort gefunden, näher ins Auge faßt.

Dies war eine, ob wahre, ob eingebildete, – wer sollte dies zu entscheiden wagen, da er es selbst nicht vermochte, – unwiderstehliche Leidenschaft für eine seiner Schülerinnen im Gesange, die er in seinem Aufsatze, ombra adorata, in dem Berganza und an mehreren Orten als Cäzilie u.s.w.* sich zu verherrlichen bemüht hat. Das interessante Mädchen wurde einem ihrer durchaus unwürdigen Gatten zuteil, und dies, indem es seine Neigung mit Eifersucht – bei seinem Charakter ein doppelt fressendes Gift, – versetzte, fachte seine Glut in seinem Innern zu einer wahren Hölle an. Seine Tagebücher sind voll der extravagantesten Selbstanschauungen und Selbstquälereien aus dieser Zeit; vorzüglich schien er in manchen Augenblicken sich selbst völlig objektiv geworden, das Lächerliche tief zu fühlen, welches in dem

---

* Siehe Kreisleriana und Berganza. Fantasiestücke a.d.a.O.

Kontraste seiner ganzen Erscheinung mit der Rolle des unerhört schmachtenden Anbeters einer Schönheit im ersten jugendlichen Alter liegen mußte. Fast alle seine Notaten aus dieser Periode beweisen, wie schwer er an dem Joche trug, welches ihm eine, ihm sonst so verhaßte, Sentimentalität auflegte; z. B. »sehr komische Stimmung; Ironie über mich selbst, ungefähr wie im Shakespear, wo die Menschen um ihr offenes Grab tanzen.« – »Am 11. März, Punkt 8 ½ Uhr, war ich ein Esel;« – »ganz schrecklich gestimmt, weil ich mich zu überzeugen glaubte, daß ich am 21., 26., 28., 30., 31. und 1. ein großer Affe gewesen;« – »ich fühle mich kindisch und ekelhaft, und das von Rechts wegen;« – »göttliche Ironie, herrliches Mittel, Verrücktheit zu bemänteln und zu vertreiben, stehe mir bei! Jetzt wird es Zeit, in litteris zu arbeiten!« – »Abends mich mit Mühe heraufgeschraubt durch Wein und Punsch; es ist merkwürdig, daß beständig sich K. und Musik im Kopfe drehn.« – »Wenn ich mich selbst fantasmatisiere, so hat niemand 'was dreinzureden.« – »Innerer Wurmfraß u.s.w.« – »Exaltierte Stimmung – Ahndungen seltsamer Ereignisse, die dem Leben eine Richtung geben, oder – es enden. Inkrustierter Gedanke, – eine Pistole. (diese ist dabei gezeichnet). – Ich habe Ursache, mit mir zufrieden zu sein, indem ich planmäßig mit Überlegung gegen eine Stimmung ankämpfe, die nichts als Verderbliches herbeiführen kann u.s.w.«

Ob dies nun alles so tief gegangen oder nicht, darüber möge dem Urteil der Leser nicht vorgegriffen werden; die Akten, aus denen sie es zu sprechen haben, sind folgende Stellen des Diariums.

*Julia Mare im Alter von 48 Jahren. Nach dem Gemälde von*
*Wilhelm von Kaulbach*

Am Verlobungstage:* »Il colpo é fatto! Ella é diventata la sposa di questo maledetto M., e mi pare, che tutta la mia vita musicale e poetica ésmorzata; bisogna prender una risoluzione degna d'un uomo, com' io credoessere; questo era un giorno del diavolo!«**

Am nächstfolgenden Tage. »Mit den Verlobten gewesen. Heitere Stimmung. E già passato, ed' io credo, che l'immaginazione fece molto.«***

* Diese Bemerkungen stehen im Tagebuche in italienischer Sprache wörtlich so, wie sie hier mitgeteilt werden.

** Es ist geschehen. Sie ist die Braut des verwünschten – geworden, und dadurch scheint mir mein ganzes musikalisches und poetisches Leben ausgelöscht. Jetzt kommt es darauf an, einen Entschluß zu fassen, würdig eines Menschen, wie ich einer zu sein glaube. Das war ein teuflischer Tag!

*** Es ist schon vorüber, und ich glaube, die Einbildung hat viel getan.

Am dritten Tage. »Herrlicher Brief von Hitzig. Fouqué selbst bearbeitet Undine. Künstlerisch-exaltierte Stimmung.«

Am vierten Tage. Mit den Verlobten. »Die Stimmung ist in ein decrescendo übergegangen, und ich sehe ein, daß ein großes Fantasma mich täuschte.«

Vier Monate nachher. » –'s Hochzeitstag. Mittags Monats-Diner in der Rose; sich bechampagnert un poco mit H. – Abends in der Rose geblieben; ma senza exaltazione! Die alberne Periode in Rücksicht – 's ist ganz vorüber.«

Acht Jahre nachher*. – Hoffmann hat von der grenzenlos unglücklichen, damals in der Auflösung begriffenen Ehe –'s gehört und schreibt an einen Freund, der Hoffnung hatte, sie zu sehen: »sagen Sie ihr in einem Augenblick des heitern Sonnenscheins, daß ihr Andenken in mir lebt; darf man das nämlich nur Andenken nennen, wovon das Innere erfüllt ist, was, im geheimnisvollen Regen des höhern Geistes uns die schönen Träume bringt von dem Entzücken, dem Glück, das keine Arme von Fleisch und Bein zu erfassen, festzuhalten vermögen. Sagen Sie ihr, daß das Engelsbild aller Herzensgüte, aller Himmelsanmut wahrhaft weiblichen Sinns, kindlicher Tugend, das mir aufstrahlte in jener Unglückszeit acherontischer Finsternis, mich nicht verlassen kann beim letzten Hauch des Lebens; ja, daß dann erst die entfaltete Psyche jenes Wesen, das ihre Sehnsucht war, ihre Hoffnung und ihr Trost, recht erschauen wird im wahrhaftigen Sein!«[25]

* Zwei Jahre vor seinem Tode.

*Beilagen*
*zum*
*achten Abschnitt*

*Über die Aufführung*
*der Schauspiele des Calderon de la Barca*
*auf dem Theater in Bamberg*

Als die Schauspiele des Calderon de la Barca durch die mei-
sterhafte Schlegelsche Übersetzung in Deutschland bekannter
wurden, erregten sie eine nicht geringe Sensation, wiewohl in
ihre tiefe Romantik nur die wenigen eingehen konnten, welche
mit wahrhaft poetischem Gemüt sich zu der unsichtbaren
Kirche bekennen, die mit göttlicher Gewalt gegen das Ge-
meine wie gegen den Erbfeind kämpft und die triumphierende
sein und bleiben wird. Die mehrsten und vorzüglich die An-
hänger des jetzt herrschendn Bühnengeschmacks konnten
zwar den gewaltigen Geist, der in den Calderonschen Schauspielen mit grauenerregendem Kontrast sich ihrer Kleinlich-
keit entgegenstellte, nicht wegdemonstrieren, betrachteten sie
aber als eine Rarität aus der Zeit, wo nach ihren Begriffen die
Schauspielkunst noch in der Wiege lag, und um so weniger ist
es zu bewundern, daß kein Bühnendirektor die Bereicherung
des Repertoires durch Schlegels Meisterwerk auch nur ahndete. – Die Weimarer Bühne, die schon seit geraumer Zeit es
sich recht ernstlich angelegen sein läßt, unser Theater aus der
tiefen Erniedrigung, in die es versunken, zu erheben und
schon oft die Möglichkeit und Wirkung irgendeiner scheinbar
ganz außer der Sphäre unser's Theaters liegenden Produktion
den in Sinn und Geist beengten Direktoren größerer Bühnen
praktisch bewiesen hat, gab bekanntlich zuerst den standhaften

Prinzen mit Beifall, und nicht lange darauf wagte es die noch kleinere Bühne in Bamberg mit der Andacht zum Kreuz und dann auch mit dem standhaften Prinzen und der Brücke von Mantible hervorzutreten. Unter kenntnisreichen gemütvollen Freunden des Theaters in Bamberg wurde, als die Aufführung der Calderonschen Schauspiele im Werke war, lange die Frage debattiert: ob man wohl auf ihre Einwirkung auf das Publikum rechnen könne, und welches von jenen Schauspielen am mehrsten dazu geeignet sei. Gerade die Andacht zum Kreuz, welche bestimmt war, zuerst auf die Bühne gebracht zu werden, erregte den größten Zweifel, und gerade dieses sprach in der Folge das *große* Publikum, von dem doch bei dem Urteil über Theatereffekt nur die Rede ist, am mehrsten an. – Ein Publikum, das Schauspiele wie die des Calderon in ihrer vollen Schönheit und Stärke auffaßt, das in das Ganze und Einzele tief eingeht, dürfte wohl nicht so leicht gefunden werden, indessen möchte doch eins vor dem andern fähiger und williger sein, die Idee, die Tendenz des Stücks zu begreifen und sich von der Gewalt der Sprache, von dem Fluge der kühnen, phantastischen Bilder fortreißen zu lassen; und eben diese größere Fähigkeit, vorzüglich aber den bessern Willen glaubte man bei dem Bamberger Publikum voraussetzen zu können, weil es nicht verbildet, von dem theatralischen Genuß noch nicht übersättigt und – katholisch fromm ist. Eben dieses letztere, der in Bamberg herrschende Katholizism, war die Ursache, daß die Galerie ebensogut wie Logen und Parterre gleich bei der Exposition, vorzüglich nach der Herz und Gemüt gewaltsam ergreifenden Erzählung des Eusebio von den Wundern des Kreuzes, die der Andacht zum Kreuz zum Grunde liegende echt katholische Idee verstand und mit steigendem Interesse den Faden des Stücks sich entwickeln sah. Unter dem Kreuze wurden Eusebio und Julie geboren, das Kreuz flehte die Mutter in der angstvollen Stunde der Geburt um Hilfe an, und sichtbar empfingen sie das Zeichen der Gnade in der

Gestalt des blutroten Kreuzes auf der Brust. Nun war das Leben mit seinen feindseligen Verwicklungen nur der finstere Weg zu der Sonnenhelle, die ihnen entgegenleuchtete. Vergebens kämpfte der Feind und stürzte sich überall in Not und Gefahr; dem Kreuze blieben sie treu, und ihre Verklärung aus allem Tod und Leiden war der Sieg, der Triumph des Kreuzes. Ist diese Idee des Stücks verstanden, so tritt auch dem großen Publikum seine Einheit, sein innerer Zusammenhang und sein hohes historisches Interesse lebhaft hervor, und es behauptet auch in dieser Hinsicht seinen über so manches moderne Machwerk, das vor lauter Effekt effektlos wird, so hoch erhabenen Rang. Um dem Schauspiel einen desto gewisseren Eingang zu verschaffen, mußte für äußern Schmuck gesorgt werden, der jener Idee, in der sich das ganze Stück konzentriert, nicht allein angemessen sein, sondern dieselbe auch noch mehr herausheben sollte. Wie beschränkt kleine Theater sind, wo der Platz und das Geld so zu Rate gehalten werden muß, weiß wohl jeder Kenner der Bühne, indessen erreicht das Anständige, wodurch jede Störung der Illusion vermieden wird, und manche sinnige Einrichtung oft mehr den Zweck der theatralischen Erhebung und Täuschung bei dem Zuschauer als prächtige Dekorationen und Maschinerien, die nicht am Orte stehen oder der Tendenz des Stücks nicht entsprechen. – Auf jene Weise wurde der Tod des Eusebio, seine Beichte und Absolution sowie seine und Julias Verklärung dem Zuschauer durch folgende Einrichtung versinnlicht. Eusebio erscheint in der rauhen felsigen Gegend, zu deren Muster dem Dekorateur eine Partie aus der Sierra Morena gedient hatte, von den Landleuten verfolgt auf der Spitze eines Felsen, der, im Mittelgrunde des Theaters angebracht, beinahe dessen Höhe erreichte, und stürzt hinab. Die Landleute finden den zerschmetterten Leichnam und begraben ihn unter dichten Zweigen, aus denen das dumpfe angstvolle: »Alberto!« hervortönt. – Als Alberto die Zweige weggenommen, richtete sich mittelst einer durchaus nicht bemerkbaren Maschinerie Eusebio langsam in die Höhe und sank ebenso, nachdem er die Absolution erhalten, in sein Grab zurück. Die Wirkung dieser einfachen Idee war nach der tiefen Totenstille, die jedesmal im Theater bei dieser übrigens stummen Szene herrschte, zu berechnen. – Als Julia zuletzt das Kreuz, welches in dem Hintergrunde des Theaters angebracht war, umfaßte, verschwand ihr männlicher Anzug, und man sah sie in Nonnentracht an dem Kreuze knien, das sich mit ihr in die Lüfte erhob. Die Wolken teilten sich, und wie in einer Strahlenglorie erschien Eusebio mit sehnsuchtsvoll nach Julia ausgestreckten Armen. Um so zweckmäßiger und so wirkungsvoller war diese im Schauspiel nicht angedeutete Einrichtung, als der eigentliche Schluß desselben, nämlich Eusebios und Julias Verklärung als ein Mirakel sinnlich dargestellt wurde, und es ganz in dem Geist des Katholizism liegt, die Sinne bei der symbolischen Darstellung des Übersinnlichen in Anspruch zu nehmen. – Merkwürdig war es gewiß, wie der Ruf von dem heiligen Schauspiel sich nach jeder Aufführung mehr verbreitete und ein Publikum in das Theater zog, das man sonst nie darin gesehen hatte. Alte Bürger mit ihren Frauen, die es sonst für sündlich geachtet hätten, das Theater zu besuchen, entschlossen sich hineinzugehen, wobei sie nicht vergaßen, den Rosenkranz mitzunehmen, und mehrere Bänke des Parterres waren oft mit Geistlichen besetzt. Überhaupt fand bei jeder Aufführung eine sichtbare Rührung und Erhebung statt, und um so mehr ist dies nur dem Schauspiel und nicht vielleicht der glanzvollen Darstellung der Schauspieler zuzuschreiben, als außer dem Eusebio, der trefflich ausgeführt wurde, die übrigen Partien, vorzüglich der Gil, gar viel zu wünschen übrig ließen. Kurz, die Andacht zum Kreuz erregte eine wahre Andacht, und dies möchte zur Zeit wohl eine seltene Erscheinung im Theater sein. Unter den neuen sogenannten gangbaren Stücken findet dieses Schauspiel gar keinen Maßstab, nach dem es gemessen werden könnte: die Personen sind nicht mit Stand und Charakter individualisiert und erhalten dadurch eine gewisse Allgemeinheit; um so weniger wird aber der Zuschauer zerstreut und von der Haupttendenz zur Betrachtung des Einzelnen hingezogen. Darin mag es eben liegen, daß die Tendenz des standhaften Prinzen nicht so allgemein, nicht so klar von dem großen Publikum aufgefaßt wurde. Hier erscheinen Fürsten, Könige; – der Zuschauer (es ist immer von der *Masse* des Publikums die Rede,) denkt an ein Ritterstück, und sein Urteil ist befangen. Manche fanden es für einen Prinzen und Helden wie Don Fernando nicht anständig, sich so tief vor dem Könige zu erniedrigen, und bewiesen dadurch, daß sie die Idee des Stücks, das Märtyrertum Don Fernandos, der standhaft im Glauben jede Schmach erduldet, nicht aufgefaßt hatten. Übrigens fand indessen auch dieses Schauspiel bei dem Publikum den besten Eingang und wurde mehrmals bei besetztem Hause wiederholt. Dekorationen und Maschinerien, die im Stücke nicht vorgeschrieben, aber im Geist des Ganzen angeordnet waren, dienten dem Zuschauer zum bessern Verständnis, denn auch hier wurde Don Fernandos Verklärung sinnlich dargestellt. Dem Sarg entschwebte, sobald er, von den Mauern von Tanger herabgelassen, sich in den Händen der Christen befindet, Fernandos Luftgestalt: gleich darauf rötet sich der Himmel, und man sieht die Gestalt des auf Wolken thronenden Christus, vor dem Fernando kniet. Diese Erscheinung war ganz luftig und durchsichtig, so daß man die Gegenstände hinter ihr (Mauern, Türme etc. von Tanger,) wie im Nebel gewahr wurde, und so schien das Ganze nur der Reflex eines himmlischen Schauspiels, das die Mohren zu Boden schlug, von den Christen aber in knieender Anbetung betrachtet wurde. So wie bei Julias Emporsteigen mit dem Kreuze ertönten auch hier feierliche Akkorde aus weiter Ferne. Weniger interessierte die Brücke von Mantible, und das wohl aus dem Grunde, weil der Geist der Chevalerie, den dieses Schauspiel atmet, dem großen Publikum ganz entfremdet ist. Unsere Bühnenritter, die sich gar unziemlich gebärden, sind wohl nichts weniger als jene romantische Chevaliers, die sich so keck und mutig in Liebe und Krieg bewegen, und der Ritterzug Kaiser Karls gegen den prahlenden Mohren Fierabras, der grüne Fluß, die magische Brücke, alles kommt dem Zuschauer vor, wie es wirklich ist, nämlich – spanisch. Dieses herrliche romantische Schauspiel mit seinen Maschinen und Dekorationen erfordert ein großes Theater, aber hier dürfte es seinen Effekt nicht verfehlen. Selbst auf der kleineren Bühne in Bamberg wirkte, unerachtet des beschränkten Raumes, die entstehende und verschwindende Brücke, die Erscheinung des riesenhaften Fierabras in dem Kastell, das auf dem ungeheueren Kopf eines bronzenen Zwerges aus dem Wasser hervorragt und den Schluß der Brücke macht, imposant und dürfte im großen nachgeahmt zu werden verdienen.

Die Bahn ist nun einmal gebrochen, und es wäre ein verstocktes Beharren bei dem gewöhnlichen Theaterschlendrian, wenn mehrere Bühnen sich nicht entschließen sollten, den in Bamberg mit glücklichem Erfolg gemachten Versuch zu wiederholen. Jedes kleinere Theater, dem auch nicht außerordentliche Kräfte zu Gebote stehn, wird die Andacht zum Kreuz mit Glück ausführen können, sobald es nur dahingebracht wird, daß die Schauspieler ihre Rollen nicht konversationsmäßig, sondern mit Verstand, Gemüt und Beachtung des rhythmischen Verhalts sprechen; daß die ganze Darstellung ineinander greift und daß der äußere Schmuck des Stücks anständig und sinnig angeordnet ist. Der standhafte Prinz ist für das Personal offenbar eine schwerere Aufgabe, und die Brücke von Mantible erfordert ein Publikum, dem die höhere Ausbildung, die Aneignung des romantischen Geschmacks, ein Auffassen des Geistes der Chevalerie *das* ersetzt, was bei den früher genannten Schauspielen in einem katholischen Publikum schon die Erziehung und der Glaube von selbst hervorbringt. Eben

deshalb dürfte sich die Brücke von Mantible für das Theater
einer großen Stadt eignen, welches, statt mancher sinnlosen
Mißgeburt, für die Neugierde des Volks erfunden, dieses geniale Meisterwerk als Spektakelstück geben und so den Kenner und das Volk befriedigen und sich um die Verbesserung des
Bühnengeschmacks verdient machen könnte. In Bamberg
wurde bei dem Schluß des Schauspiels, nach der Besiegung des
Fierabras, die durch höllische Künste gebaute Brücke gesprengt, und dies ist nachzuahmen, denn mancher geht vielleicht bloß dieser Explosion zu Ehren in das Theater und
bekommt nebenher Dinge zu hören und zu sehen, die ihn am
Ende ansprechen und erfreuen, so wie manche geistig Er-
starrte bei fortdauernder schöner Musik aus ihrer Erstarrung
erwachen.

*Randbemerkungen*
aus den Tagebüchern für 1809 und 1810

1809

Sonderbarer Einfall auf dem Ball vom 6. Ich denke mir mein
Ich durch ein Vervielfältigungsglas; – alle Gestalten, die sich
um mich herum bewegen, sind Ichs, und ich ärgere mich über
ihr Tun und Lassen etc.

1809
Merkwürdige Arten des Wahnsinns

1. Ein wahnsinniger Mensch saß Tag und Nacht am Hause
meines Schwiegervaters und klopfte mit einem Stein auf den
andern, – nichts konnte dies Geschäft unterbrechen, – der
dumpfe Ton, den dies Klopfen in der Nacht verursachte, hatte
etwas Schauerliches, Schreckbares.

2. Ein wahnsinniger Mensch in Posen bildete sich ein, er sei

*Hoffmann und Kunz hatten einem Hochzeitsfest beigewohnt, auf dem den
»Stempelamtskontrolleur« Eckardt beim Tanz mit der Braut der Schlag
getroffen hat – er war vom vorherigen schnellen Laufen noch ganz außer Atem
gewesen. Die Zeichnung bildet Hoffmanns Kommentar zu diesem Vorkommnis.*

die Sonne. – Auf dem Geländer der Fontäne auf dem Markte
stand er und *schien*. Er machte sich oft den Spaß, die Leute zu
blenden, und wenn manche, die seinen Wahnsinn kannten, so
taten, als träfen sie wirklich Sonnenstrahlen, so lächelte er
zufrieden und wandte sich nach einer andern Seite. Oft bildete
er sich des Nachts ein, er sei der Mond und *schien* ebenso als am
Tage als Sonne.

Es müßte spaßhaft sein, Anekdoten zu erfinden und ihnen den
Anstrich höchster Authentizität durch Zitate u.s.w. zu geben,
die durch Zusammenstellung von Personen, die Jahrhunderte
auseinander lebten, oder ganz heterogener Vorfälle gleich sich
als erlogen ausweisen; – denn mehrere würden übertölpelt
werden und wenigstens einige Augenblicke an die Wahrheit

*Hoffmann und Kunz. Stich nach einer Zeichnung Hoffmanns*

glauben. – Gäbe man ihnen einen Stachel, desto besser, z. B. eine (ohne Stachel) wäre folgende.

Als Friedrich, der große König, nach dem Abschluß des Hubertsburger Friedens nach Potsdam zurückgekehrt war, bemerkte er aus den Fenstern des Schlosses einen zerlumpten Jungen, der auf ein Stück Schiefer emsig schrieb und dann das Geschriebene mit lauter Stimme und lebhafter Gestikulation deklamierte. – Er schickte seinen Leibpagen hinunter, der dem Könige die Schiefertafel hinaufbrachte, – weinend und schreiend lief ihm der Bube bis ins Zimmer des Königs nach. Der König las zu seinem Erstaunen wohlgeordnete poetische Verse, und es fand sich, daß der Bube ein Küchenjunge des spanischen Gesandten war. Von Stunde an schickte der König den Jungen nach Berlin ins Joachimtalsche Gymnasium, wo er auf königliche Kosten Unterricht erhielt, dann auf der Universität Halle studierte und endlich schon in seinem zwanzigsten Jahre Justiz-Bürgermeister in Stargard in Pommern wurde

*Kreisler im Wahnsinn, Hoffmann lehnt am Flügel. Zeichnung von Hoffmann*

und sich die Liebe seiner Mitbürger sowie das Vertrauen des ihm vorgesetzten Collegiums erwarb. Seiner Amtsgeschäfte unerachtet, setzte er doch das Studium der Dichtkunst fort, und vorzüglich beschäftigte er sich mit der Ausarbeitung von Theaterstücken, die auch von der Döbbelinschen Gesellschaft mit Beifall des Publikums aufgeführt wurde. Ein Verwandter in Madrid starb und hinterließ ihm sein Vermögen, und nachdem er sich vom Großkanzler einen dreimonatlichen Urlaub ausgebeten hatte, ging er nach Spanien. – Hier wartete aber seiner eine andere Karriere, denn als er nunmehr in seiner Muttersprache dichtete und ein Stück aufs Theater brachte, erweckte er den Enthusiasmus der Spanier so sehr, daß sie ihn nicht mehr losließen. – Jahrelang hat er das Theater mit den herrlichsten Stücken bereichert, und niemand anders war unser Justiz-Bürgermeister als der berühmte Calderon, den die Spanier vergöttern und der auf diese Weise seine Ausbildung dem großen Könige von Preußen zu danken hat.

Siehe Meyboms Brandenburgische Annalen. Teil 2. Seite 63.

1810

Warum denke ich schlafend oder wachend so oft an den Wahnsinn? – Ich meine, geistige Ausleerungen könnten wie ein Aderlaß wirken.

# DRESDEN UND LEIPZIG
## 1813-1814

Die Reise Hoffmanns von Bamberg nach Dresden war
nicht ohne Abenteuer. In Reichenbach, in Wiese und an
noch einigen andern Orten mußten er und die Frau mit
Kosaken und Kalmücken auf einer Streu übernachten.
Am 25. April 1813 kam er in Dresden an. Er fand
Seconda nicht; sein Geld war ihm auf der Reise ausgegangen, die trübste Stimmung bemächtigte sich seiner;
da ging er am nächstfolgenden Morgen in die katholische Kirche, und ein herrliches Requiem von Hasse gab
ihm neuen Mut; am Nachmittage aber führte ihn sein
Glücksstern in das Linksche Bad, wo er mit dem Geheimen Staatsrat von Stägemann aus Berlin ganz unerwartet seinen Hippel, nun als Staatsrat, beide in Begleitung
des Staatskanzlers von Hardenberg, fand. Sein Entzücken ist leicht zu ermessen. Im Umgange so trefflicher
Freunde, zu denen sich auch Bartholdy* gesellte, ver-
flossen ihm ein paar der glücklichsten Tage. Am 1. Mai
erhielt er einen Brief von Seconda, der ihn nach Leipzig
beschied; er zögerte, auf Hippels Rat, wegen der Kriegs-
unruhen und der Unsicherheit der Straßen mit seiner
Abreise, und schon am 7. Mai sah er sich auf die unangenehmste Weise von dem kaum wiedergefundenen
Freunde seiner Jugend von neuem getrennt. Am Morgen dieses Tages nämlich hatte ein Geschäft Hippeln von

* S. Teil 1. S. 199 und 218.

der Neustadt, – Hoffmann wohnte in der Altstadt, – entfernt und gestattete ihm erst in der Nacht die Rückkehr. Am 8. wollten beide Freunde zueinander eilen; allein die Brücke war nur für Truppenzüge noch zugänglich, für Fußgänger gesperrt. Hippel folgte dem Staatskanzler, und Hoffmann sah ihn, für jetzt, nicht wieder. Von nun an bis zum 19. enthalten die Tagebücher des letztern die buntesten Kriegsszenen; er war überall, wo es etwas zu sehen gab, mitten inne und wäre am 9., dicht am Schloßtor, wo fünf bis sechs Kugeln zischend an die Mauer anprallten und wieder zurückschlugen, beinahe getötet worden. Mitunter arbeitete er auch, z. B. die Rezension einer Wilmschen Symphonie für die allgemeine musikalische Zeitung. Am 19. früh erhielt er endlich das längst erwartete Reisegeld von Seconda. Er machte sogleich Anstalten zur Abreise, packte ein, sah abends einen seiner Dresdner Freunde bei sich und – so beweglich war nur Hoffmann, – schrieb noch den Anfang seines Magnetiseurs\*, wie es in den Notaten für diesen Tag heißt, »mit großem Glück«.

Am 20. früh reiste er von Dresden mit der Leipziger Postkutsche in der gemütlichsten Stimmung ab, ohne Ahnung von dem entsetzlichen Schauspiel, dessen Zeuge er bald werden sollte. Auf dem Wagen befand sich nämlich nebst mehreren französischen Offizieren ein neuvermähltes Ehepaar, Appellationsrat Graf F., mit seiner jungen Gemahlin, die nach ihrem bei Meißen belegenen Gute reisten. Sie hatten die Post gewählt, weil

---

\* Fantasiestücke Teil 2. Die erste Anregung dazu mochte er in Bamberg erhalten haben. Am 21. Dezember 1812 hat er in seinem dortigen Tagebuche verzeichnet: »zum erstenmal im Hospital eine Somnambule gesehen. Zweifel!«

**Se. Majestät der König haben mit Sr. Majestät dem Kaiser aller Reußen ein Off= und Defensiv=Bündniß abgeschlossen.**

## An Mein Volk.

So wenig für Mein treues Volk als für Deutsche, bedarf es einer Rechenschaft, über die Ursachen des Kriegs welcher jetzt beginnt. Klar liegen sie dem unverblendeten Europa vor Augen.

Wir erlagen unter der Uebermacht Frankreichs. Der Frieden, der die Hälfte Meiner Unterthanen Mir entriß, gab uns seine Segnungen nicht; denn er schlug uns tiefere Wunden, als selbst der Krieg. Das Mark des Landes ward ausgesogen, die Hauptfestungen blieben vom Feinde besetzt, der Ackerbau ward gelähmt so wie der sonst so hoch gebrachte Kunstfleiß unserer Städte. Die Freiheit des Handels ward gehemmt, und dadurch die Quelle des Erwerbs und des Wohlstands verstopft. Das Land ward ein Raub der Verarmung.

Durch die strengste Erfüllung eingegangener Verbindlichkeiten hoffte Ich Meinem Volke Erleichterung zu bereiten und den französischen Kaiser endlich zu überzeugen, daß es sein eigener Vortheil sey, Preußen seine Unabhängigkeit zu lassen. Aber Meine reinsten Absichten wurden durch Uebermuth und Treulosigkeit vereitelt, und nur zu deutlich sahen wir, daß des Kaisers Verträge mehr noch wie seine Kriege uns langsam verderben mußten. Jetzt ist der Augenblick gekommen, wo alle Täuschung über unsern Zustand aufhört.

Brandenburger, Preußen, Schlesier, Pommern, Litthauer! Ihr wißt was Ihr seit fast sieben Jahren erduldet habt, Ihr wißt was euer trauriges Loos ist, wenn wir den beginnenden Kampf nicht ehrenvoll enden. Erinnert Euch an die Vorzeit, an den großen Kurfürsten, den großen Friedrich. Bleibt eingedenk der Güter die unter ihnen unsere Vorfahren blutig erkämpften: Gewissensfreiheit, Ehre, Unabhängigkeit, Handel, Kunstfleiß und Wissenschaft. Gedenkt des großen Beispiels unserer mächtigen Verbündeten der Russen, gedenkt der Spanier, der Portugiesen. Selbst kleinere Völker sind für gleiche Güter gegen mächtigere Feinde in den Kampf gezogen und haben den Sieg errungen. Erinnert Euch an die heldenmüthigen Schweizer und Niederländer.

Große Opfer werden von allen Ständen gefordert werden: denn, unser Beginnen ist groß, und nicht geringe die Zahl und die Mittel unserer Feinde. Ihr werdet jene lieber bringen, für das Vaterland, für Euren angebornen König, als für einen fremden Herrscher, der wie so viele Beispiele lehren, Eure Söhne und Eure letzten Kräfte Zwecken widmen würde, die Euch ganz fremd sind. Vertrauen auf Gott, Ausdauer, Muth, und der mächtige Beistand unserer Bundesgenossen, werden unseren redlichen Anstrengungen siegreichen Lohn gewähren.

Aber, welche Opfer auch von Einzelnen gefordert werden mögen, sie wiegen die heiligen Güter nicht auf, für die wir sie hingeben, für die wir streiten und siegen müssen, wenn wir nicht aufhören wollen, Preußen und Deutsche zu seyn.

Es ist der letzte entscheidende Kampf den wir bestehen für unsere Existenz, unsere Unabhängigkeit unsern Wohlstand; keinen andern Ausweg giebt es, als einen ehrenvollen Frieden oder einen ruhmvollen Untergang. Auch diesem würdet Ihr getrost entgegen gehen um der Ehre willen, weil ehrlos der Preuße und der Deutsche nicht zu leben vermag. Allein wir dürfen mit Zuversicht vertrauen: Gott und unser fester Willen werden unserer gerechten Sache den Sieg verleihen, mit ihm einen sichern glorreichen Frieden und die Wiederkehr einer glücklichen Zeit.

Breslau den 17. März 1813.                    Friedrich Wilhelm.

*Der Text des Aufrufs von König Friedrich Wilhelm ist von Hippel, Hoffmanns Freund, aufgesetzt worden. Friedrich Wilhelm hat nur zögernd unterschrieben. So begannen die sogenannten »Freiheitskriege« gegen Napoleon.*

sie für ihre eigenen Pferde, bei den streifenden Truppen, Gefahr fürchteten und scherzten noch miteinander über die in ihrem Stande so ungewöhnliche Art, eine Reise von einigen Meilen zu machen. Die Gesellschaft unterhielt sich eben auf das heiterste, als die Postkutsche, kurz vor Meißen von einem Hindernisse gehemmt, umschlug; die Passagiere, mehr oder minder schwer verwundet, krochen mühsam unter den Poststücken, die über sie hingestürzt waren, hervor; nur die junge Gräfin fehlte, und es währte nicht lange, so entdeckte man ihren zerschmetterten Leichnam, nachdem man eine große Kiste davon hinweggewälzt hatte. Diese furchtbare Begebenheit würde ohne Zweifel einen noch tiefern Eindruck auf Hoffmanns reizbares Gemüt gemacht haben, als es der Fall war, hätte ihn nicht eine ihm noch näher liegende Sorge zurückgedrängt; seine Frau hatte nämlich eine tiefe Kopfwunde erhalten und schien im ersten Augenblick tödlich verwundet. Man holte eine Portechaise aus dem ganz nahe gelegenen Meißen, wo sie eine ihnen völlig fremde Familie, die des Senators Goldberg, freundlich aufnahm und mit Wein erquickte; – Hoffmann selbst war, wenngleich nicht verwundet, doch am ganzen Körper zerschlagen; – er führte sodann seine Frau in einem Tragsessel in den Gasthof zur Sonne, und hier wurde ihr der erste chirurgische Verband angelegt. »Was werd' ich noch alles erleben!« schreibt er am Abend dieses Tages in sein Journal: »Gott sei nur Dank, daß meine Frau lebt und außer Gefahr ist, wie mir die Chirurgen versichern.«

Nach einem Aufenthalt von einigen Tagen in Meißen wurde die Reise nach Leipzig fortgesetzt.

Hoffmann traf mit der noch immer sehr leidenden Frau am 23. Mai, nachmittags um 3 Uhr, dort ein, und am 24. früh hält er schon am Flügel die erste, am 25. aber die Orchesterprobe einer neuen Oper und ist völlig als Musikdirektor des ihm ganz fremden Theaters eingerichtet. Doch will es mit der Secondaschen Entreprise in Leipzig jetzt nicht fort, der Direktor sieht sich genötigt, die Erlaubnis nachzusuchen, nach Dresden zurückzukehren, um auf dem dortigen Hoftheater zu spielen; er erhält sie, und vier Wochen später, am 24. Juni, sitzt Hoffmann schon wieder auf einem elenden Leiterwagen, um nach Dresden zurückzukehren. Dort angekommen, mietete er sich in der Allee ein, kämpfte von neuem mit großer Geldnot, tröstete sich, was ihm nie fehlschlug, indem er Hand an ein neues Werk legte, nämlich am 1. Juni die Komposition der Undine anfing, und ging so der großen Katastrophe entgegen, die in den letzten Tagen des August über Dresden hereinbrach.

Es ist nur nötig gewesen, dies alles in flüchtigen Strichen aus seinem Tagebuch anzudeuten, da sich ein Brief aus dem Juli an Doktor Speyer in Bamberg vorfindet, der mit liebenswürdiger Laune ein ausgeführteres Gemälde dieses kurzen Lebensabschnittes gibt.

»So wie Sie in Bamberg« – schreibt er dem Freunde – »im tiefsten Frieden leben, so habe ich in Leipzig, wie mitten im Kriege selbst, jetzt während des Waffenstillstandes gelebt und zum ersten Male in meinem Leben ein nicht unbedeutendes blutiges Gefecht aus geringer Entfernung, vertrauend auf meine Schnellfüßigkeit, angesehen; es war die Affaire, welche am 7. Juni, vormittags 9 Uhr, vor den Toren von Leipzig

*Hoffmanns Skizze des »Vorwärts«-Blücher im Spielkasino, 1814*

stattfand. Die späteren Auftritte zwischen den Preußen und
Franzosen, die durch ganz eigene Mißverständnisse erzeugt
wurden, Leipzigs Belagerungszustand u.s.w. übergehe ich, da
sie aus den Zeitungen bekannt sein werden. – Ich komme zu
meinen Dienstverhältnissen. – Den Seconda habe ich ganz so
gefunden, wie ihn mir Rochlitz schilderte – ein lieber, ehrli-
cher, dummer Mann, der 25 Jahre hindurch die Maschine
gedreht hat wie der Esel die Walkmühle; er strich seine 4 bis
5000 Rthl. monatlich ein und gab sie wieder aus; – so wie aber
das Ding etwas aus dem Gleise kommt, verliert er den Kopf
und weiß sich nicht zu helfen. – In jener so unruhigen Zeit
blieb natürlicherweise das Theater leer, ja wir konnten nicht
einmal spielen, da oft plötzlich vor der Theaterzeit der Gene-
ralmarsch geschlagen und die Tore gesperrt wurden. Herr
Seconda erklärte daher am 8. Juli ganz kaltblütig: er müsse das
Theater schließen, und wir könnten alle hingehen, wohin wir
wollten. Sie können denken, daß uns alle dies wie ein Donner-
schlag aus heiterer Luft traf, da wir überzeugt waren, daß es so
weit durchaus nicht mit dem Theater gekommen war und sich
allerdings Auswege finden müßten, die böse Zeit zu überstehen und die Sache zu erhalten; alle Vorstellungen, ja selbst das
durch die Vermittelung unseres Komikers, Herrn Kellers, –
eines in Leipzig durchaus geschätzten Mannes, – von einem
Kaufmann angebotene Darlehn von 1000 Rthl. fruchteten
nichts. Herr Seconda blieb bei seinem Vorhaben. – Nun trat die
Gesellschaft zusammen und beschloß, nach möglichster Ver-
ringerung des Ausgabe-Etats wenigstens 14 Tage hindurch auf
eigene Rechnung zu spielen und Herrn Seconda die Buchfüh-
rung über Einnahme und Ausgabe zu überlassen. Der Leipziger Rat erlaubte dies nicht nur, sondern war so billig, die Miete
des Hauses merklich herabzusetzen. Die hohen Gagen wurden
beinahe auf die Hälfte reduziert, und so fingen wir getrost an,
in der Hoffnung, uns vielleicht den Sommer durchzubringen,
da gar keine Aussicht vorhanden, im Linkschen Bade in Dres-

den, außerhalb der Verschanzungen, spielen zu können. – Das Glück wollte uns wohl; denn mit den beiden nichts weniger als neuen Opern: Sargines und Figaro, die aber exzellent gingen und mit rauschendem Beifall aufgenommen wurden, so daß jede dreimal bei vollem Hause wiederholt werden konnte, nahmen wir so viel ein, daß alle Ausgaben, – diese betragen nach der Herabsetzung jeden Tag 123 Rthl.!! – bestritten und unsere herabgesetzten Gagen ohne weitern Abzug gezahlt werden konnten. – Schon präparierten wir uns auf die Fortsetzung unseres Unternehmens und gedachten keck und kühn die Vestalin einzustudieren, als Herrn Seconda ganz unerwartet ein Glücksstern aufgegangen war. Durch die Vermittelung seines Bruders Franz hatte er nämlich die Erlaubnis erhalten, in Dresden auf dem Hoftheater, und zwar auch *sonntags* spielen zu dürfen; – etwas in Dresden ganz Unerhörtes und nur seit der Zeit möglich, da der – – – einen großen Hut mit Federbusch und Sturmband trägt. Nun übernahm Herr Seconda natürlicherweise das Steuer wieder in die Hand, und wir richteten unsern Lauf am 24. Juni in neun Halbwagen gen Dresden. – Eine lächerliche Reise, die mir Stoff zu der humoristischsten Erzählung geben würde. – Vorzüglich war ein Hamburger Stuhlwagen, auf dem sich der Unterstab nebst überflüssigen Mägden, Kindern und Tieren befand, mir so merkwürdig, daß ich nie versäumte, mich beim Ein- und Ausladen gegenwärtig zu finden. Nach richtiger Schätzung und Zählung befanden sich darauf: ein Theaterfriseur, zwei Theatergehilfen, fünf Mägde, neun Kinder, worunter zwei neugeborene, und drei noch säugende; ein Papagei, der unaufhörlich und sehr passend schimpfte, fünf Hunde, worunter drei abgelebte Möpse, vier Meerschweinchen und ein Eichhorn. – Ich hatte mit meiner Frau einen Halbwagen für mich, den mir Herr Seconda, meiner verwundeten Frau wegen, großmütigerweise gemietet, und war immer weit voraus, konnte aber nicht unterlassen, an jedem Frühstücks- und Mittagsort auf die Karawane zu warten. In Oschatz wurde übernachtet, und da es, Gott sei es gedankt, bei unserer Gesellschaft recht gebildete und dabei joviale Menschen gibt, die von dem Komödiantentick nicht heimgesucht werden, so können Sie denken, daß der Abend recht angenehm zugebracht wurde; ich schlug vor, ob es nicht ratlich sei, des augenblicklichen Imponierens wegen eine Art Triumphzug zu veranstalten, worin jener Hamburger Stuhlwagen die Hauptrolle spielen sollte; das wurde mit großem Beifall aufgenommen, und die Rollenverteilung gab Anlaß zu manchem Scherz. Herr Seconda selbst, – er war nicht zugegen, sondern schon in seine Stube gekrochen, – sollte in römischer Tracht, – er ist ein kleiner alter gebückter Mann mit einem entsetzlich dicken Kopfe und hervorstehenden Glasaugen, – als Triumphator auf dem Bocke seines Halbwagens stehen und durch eine von den Theatergehilfen zu besorgende künstliche Vorrichtung der Papagei über seinem Kopfe schweben, wie der Adler über dem Germanicus. Möpse und Meerschweinchen sollten, wie aus fernen Landen mitgebracht; seltene Tiere mit köstlichen Blumen geschmückt, von den Mohrensklaven aus dem Axur nachgetragen werden als Präsent an den König für die erhaltene Erlaubnis u. s. w. Genug von diesen Allotriis!!«

»Herr Seconda hat nun nicht allein das Hoftheater, sondern auch den freien Gebrauch der Dekorationen, Requisiten und der königlichen Garderobe; Sie können daher denken, liebster Doktor! daß es unsern Darstellungen an äußerm Glanz nicht fehlt. Wir haben bis jetzt Don Juan, den Wasserträger, Iphigenia in Tauris, die Entführung aus dem Serail, Joseph, Cendrillon, Helene von Mehul, Sargino gegeben. Vorzüglich waren die Dekorationen zum Joseph in dem edelsten Stil, und obwohl nicht dazu besonders bestimmt, sehr passend, da sich ein ganz herrlicher ägyptischer Saal vorfand, der vielleicht 15 Jahre alt und, wie mir der Hofdekorateur Winkler sagte, höchstens zweimal gebraucht worden ist. Die Chöre werden von dreißig Choristen und Kreuzschülern gar rein und fest gesungen, und daß das Orchester sehr brav ist, können Sie wohl denken, wiewohl mir, was insonderheit die Violinen betrifft, das Leipziger Orchester besser gefällt. In Leipzig gibt es aber auch bei der ersten Violine die gefeierten Namen: Campagnoli, Matthäi, Lange etc. Wir wechseln mit den Italienern, die zweimal spielen, ab, und nur dann und wann läßt der Kaiser von seinen Schauspielern, – Talma, die Georges etc. sind hier, – für sich und die eingeladenen Zuschauer eine Vorstellung geben. Bei den Italienern haben wir, so wie sie bei uns, freien Zutritt, und bei den Franzosen öffnet sich auch dem *artiste allemand* die Theatertüre. – Ich habe die Phädra und den Barbier von Sevilla gesehen; – um mich darüber auszusprechen, müßte ich den Brief zur Broschüre und Ihnen Langeweile machen; nur soviel, daß im Barbier von Sevilla der Kaiser oft und recht innig gelacht hat. Unsere Vorstellungen werden mehr besucht wie die der Italiener, welches darin liegt, daß diese mit vier, höchstens fünf Opern beständig wechseln und wir immer Neues auftischen. Das richtige Urteil des französischen und italienischen Publikums ist, daß bei den Italienern im einzelnen besser gesungen würde, bei uns hingegen Chöre und Ensembles, worauf die Italiener weniger Fleiß verwenden, besser gingen. Wir leben überhaupt mit den Italienern auf einem freundschaftlichen Fuß, und seit der Zeit, daß die Sandrini mit Benelli ein kleines Duett von mir gesungen hat, – in der Scelta dello Sposo, – hat sich Morlachi in den Kopf gesetzt, eine deutsche Arie für unsern Krahmer zu komponieren, welches er nimmermehr zustande bringt, da er so gut deutsch versteht wie ich chinesisch und sich bei Gerardi auslachen läßt, wenn er ein »Klasken süßkemaktes Brandewein« trinken will. Es ist mir nicht wenig merkwürdig, daß ich hier den Sargines an demselben Platz, auf demselben rotbeschlagenen Lehnstuhl, vor demselben Pianoforte dirigiert habe, wo Paer ihn, als er zum ersten Male gegeben wurde, dirigierte.

_____

– – – – – – Secondas Gesellschaft war vor meiner Ankunft
sehr brav, hat aber durch den Abgang von drei Sängerinnen,
von denen sich zwei in Leipzig an Kaufleute verheirateten und
die dritte eine ehrbare Organistenfrau wurde (Schneiders
Frau), einen bedeutenden Stoß erlitten. Unsere prima donna,
Mad. Krahmer, hält das Mittel zwischen der Köhl und der
Heunisch. Die zweite Sängerin singt mit einer dünnen Stimme
und ohne alles Gefühl wie ein Haubenstock alles, auch das
schwierigste, prima vista, vom Blatt, spielt aus der Partitur
u.s.w. und ist, von 16 Jahren und bei ziemlich hübscher Bildung, mir doch höchst odiös; die übrigen helfen aus. – Mit
zwei ganz besonders guten, ja vortrefflichen Tenoristen sowie
mit einem ganz herrlichen Bassisten hat uns der Heiland geseg-
net, und unter den übrigen gibt es nur zwei, die nur schwach
musikalisch sind; sonst wird gut und fertig vom Blatt gesungen, und Sie können daher denken, daß mein Amt eben nicht
schwer ist. Der Umstand, daß wir bis jetzt nur schon einstu-
dierte Opern geben, setzt uns in den Stand, merklich vorzuar-
beiten und für den Herbst und Winter ein ganz neues Repertoire zu schaffen. – Auch dies habe ich alles genau so gefunden,
wie Rochlitz mir es schrieb! – Zu andern Dingen!« –

»Sie haben in der Tat recht, liebster Doktor! daß ich aus dem
stillen friedlichen Lande in Tumult und Krieg gezogen und in
gewisser Art damit geeilt, ja mich, auf den ersten Blick, übereilt habe. Allein so froh, so gemütlich ich mich in manchem
glücklichen Augenblick unter meinen lieben Freunden befand,
so selten ich mich an irgendeinem andern Orte auf diese herzliche, innige Weise angesprochen fühlte, so war ich doch im
Innersten überzeugt, um nicht auf immer verloren zu sein,
Bamberg so schnell als möglich verlassen zu müssen. – Erinnern Sie sich nur lebhaft an mein Leben in Bamberg vom ersten
Augenblicke meiner Ankunft, und Sie werden gestehen, daß
alles wie eine feindliche dämonische Kraft wirkte, mich von

der Tendenz oder besser von der Kunst, der ich nun einmal mein ganzes Dasein, mein Ich in allem Regen und Bestreben geweiht habe, gewaltsam wegzureißen. – Meine Lage bei Cuno, selbst das aufgedrungene fremde Fach bei Holbein, welches noch dazu so viel Verführerisches hatte, aber vorzüglich die nie zu vergessenden und zu verwindenden Auftritte mit –, die armseligen kümmerlichen Platitüden des alten Mannes; in anderer Hinsicht, aber doch verderblich wirkend, die fatalen Auftritte mit –, und ganz zuletzt mit dem –, der mir wie ein ganz neugebackenes, aber mißratenes Teufelchen vorkam; – kurz, die ganze Opposition gegen alles bessere Tun, Wirken und Treiben in dem höhern Leben, wo der Mensch sich mit regem Fittich über den stinkenden Pfuhl seines armseligen Brotbettellebens erhebt, erzeugte in mir eine innere Entzweiung, einen inneren Krieg, der mich viel eher vernichten konnte als jeder Tumult um mich von außen her. – Jede unverdiente harte Kränkung, die ich erleiden mußte, vermehrte meinen innern Groll, und indem ich, mich immer und immer mehr an Wein als Reizmittel gewöhnend, das Feuer nachschürte, damit es lustiger brenne, achtete ich das nicht, daß auf diese Art nur aus dem Untergange das Heil ersprießen könne. Mögen Sie in diesen wenigen Worten, in dieser Andeutung den Schlüssel zu manchem finden, was Ihnen, wo nicht rätselhaft, doch widersprechend schien! – Übrigens transent cum caeteris!« –

»Eine größere Antipolarität in wissenschaftlicher und künstlerischer Hinsicht als Bamberg und Leipzig kann es wohl in der Welt nicht geben. Ja, ich möchte sagen: ist in Bamberg des Guten zu wenig, so ist in Leipzig beinahe des Guten zu viel. Aber soviel ist doch gewiß, daß man sich wie ein Fisch im Wasser, im rechten Elemente, froh und frei bewegen kann. Mein Empfang war überall über alle Maßen herzlich und gemütlich; Rochlitz und Härtel begrüßten mich wie einen alten Freund, und die Herren des Orchesters behandelten mich mit einer Artigkeit, ja mit einer Art von Submission, die mich in gewisser Art verlegen machte. Ich sah wohl ein, daß das kleine Samenkorn, was ich gestreuet, (ich meine in der musikalischen Zeitung,) hier aufgeschossen und geblüht hat. – Die ganz eigene Empfindung hierbei kann ich nicht beschreiben, da mir alle Eseleien in Bamberg einfielen. – Das Leben in Leipzig ist sehr angenehm und gar nicht so teuer, wie man es ausgeschrieen. Man würde noch wohlfeiler leben, wenn nicht eine ganz fatale Einrichtung stattfände, die manchen Gulden kostet. Auf dem Markte und in der Petersstraße gibt es nämlich sogenannte italienische Keller: Mainoni, Treiber, Rossi u. a. m. Geht man nun vorüber, so ist die Straße vor der Türe so abschüssig, daß man ganz unversehens die Treppe hinunterstolpert; ist man unten, so befindet man sich zwar in einem sehr artig meublierten Zimmer, – aber die verdammte Kellerluft, – gegen diese muß man ein Glas Bischof oder Burgunder trinken und einen Sardellensalat mit Muscheln, Cervelatwurst, Oliven, Kapern, Luccheseröl u. s. w. essen; ja, diese Einrichtung kostet manchen Gulden!«

»In Dresden wohne ich auf dem Lande, d. h. vor dem schwarzen Tore, auf dem Sande, in einer Allee, die nach dem Linkischen Bade führt. Aus meinem mit Weinlaub umrankten Fenster übersehe ich einen großen Teil der herrlichen Elbgegend, d. h. jenseits des freundlichen Stroms, einen Teil der sächsischen Schweiz, Königstein, Lilienstein a. s. w. Gehe ich nur zwanzig Schritte von der Türe fort, welches ich so oft ich will, in Mütze und Pantoffeln, mit der Pfeife im Munde, tun kann, so liegt das herrliche Dresden mit seinen Kuppeln und Türmen vor mir ausgebreitet, und über denselben ragen die fernen Felsen des Erzgebirges hervor. Will ich weiter gehen, so wende ich mich nach der bretternen Saloppe, der stillen Musik, dem lustigen Winzer, dem spanischen Kragen; lauter possierliche Namen von nahgelegenen Weinbergen an der Elbe, wo man Erfrischungen bekommt und Gesellschaft findet. Diese große Annehmlichkeit muß ich mit der Beschwerde erkaufen, wöchentlich dreimal eine Meile und viermal eine halbe Meile zu wandern, denn so weit habe ich hin und her zur Vorstellung, nämlich ½ Stunde jeder Gang. Das tue ich aber gern, es ist gesund, und Essen und das Glas Landwein schmecken trefflich. – Das Bier ist seit einiger Zeit nicht mehr trinkbar, da läge ein Frosch darin, Sie ihn unmöglich entdecken würden.« –

»Erst hier in Dresden ist die bedeutende Kopfwunde meiner Frau zugeheilt; sehr lange wird sie aber wohl eine schmerzliche Empfindung und lebenslang die Narbe behalten. Übrigens ist sie sehr heiter und froh.«

»Für Kunz lege ich ein Briefchen nebst Manuskript bei. Es ist die erste Abteilung einer Erzählung, betitelt: der Magnetiseur. – Wie ich glaube, wird Ihnen dieser Aufsatz nicht uninteressant sein, da er eine noch unberührte neue Seite des Magnetismus entwickeln soll; wenn Sie wollen, so lesen Sie das Manuskript u. s. w.« –

Am 22. August bezog Hoffmann ein Logis in der Stadt, weil außerhalb derselben keine Sicherheit mehr war; schon vom 15. an aber hatte er angefangen, unter dem Titel »drei verhängnisvolle Monate!« Auszüge aus seinen Tagebüchern für seine Freunde zusammenzustellen, die wörtlich hier folgen mögen, leider aber nur bis zum 29. August reichen.

»Dresden, den 15. August 1813. Schon seit der Feier des Napoleons-Festes am 10. waren täglich Truppen und Geschütz herausgegangen, heute verließ der Kaiser mit den Garden die Stadt und zog fort auf der Straße nach Schlesien, man spricht von einer nahen entscheidenden Schlacht.«

»16., 17., 18., 19. Gänzliche Totenstille. – Man spricht ganz heimlich, daß Österreich den Verbündeten beigetreten.«

»20. Es sollen sich Preußen und Russen der Stadt nähern.«

»21. Augenscheinliche Retirade der Franzosen von der schlesischen Seite her; eine zahllose Menge Verwundeter auf Wagen, – Kavallerie ohne Pferde, – Infanteristen ohne Gewehr etc. etc.«

»22. Frühmorgens ein ungewöhnliches Hin- und Hertreiben in der Stadt, – das Militär ist in voller Bewegung, – und mit Mühe gelang es, die schwierige Hauptprobe der Iphigenia in Tauris, die den Abend gegeben werden sollte, zu beendigen; denn während derselben kam die Nachricht, daß Tore und Schläge gesperrt sind, weil die Russen und Preußen ganz in der Nähe stehen. Polnische Offiziere, die des Morgens in einem Kaffeehause dicht vor dem Freyberger Tore Billard spielten, wurden von Kosaken überfallen, und gefangen abgeführt. Gegen Abend wurde es ruhiger, und Iphigenia wurde wirklich gegeben. – Übrigens zog ich in aller Eil vom Sande hinein auf die Moritzstraße.«

»23. Größere Unruhe als gestern. Man hört ganz in der Nähe Kanonendonner, und vor dem Sandtor ganz deutlich das Tirailleurfeuer. Auf den Straßen sieht man Verwundete, noch unverbunden, blutig zurückkommen. Zum Teil werden sie auf Schubkarren hineingebracht; in dieser Art begegnete ich auf der Seegasse einem Offizier, dem beide Augen ausgeschossen waren.«

»24. Die Unruhe steigt; Kanonen, Pulverwagen werden im Galopp zu den Toren hinausgeführt, immerwährendes Schießen; das schwarze Tor war offen, und ich eilte nach dem Linkschen Bade, wo man die französische und feindliche Batterien von Pirna ganz deutlich arbeiten sehen konnte. – Abends wurde in der Stadt vom Walle bei dem Theater Victoria geschossen, des Sieges bei Löwenberg wegen, den auch ein öffentlicher Anschlag verkündete. Es hieß darin: die Kavallerie habe sehr schöne Angriffe gemacht.«

»25. Vormittags alles ganz still und ruhig. Nachmittag hörte man sehr nahe tiraillieren; ich ging mit dem Schauspieler Keller zum Pirnaer Schlage heraus, der geöffnet war, und so weit, daß die Linie der französischen Tirailleurs nur 50 Schritt vor uns stand. 300 Schritt weiter ritten einzelne Kosaken ganz ruhig hin und her und nahmen gar keine Notiz von den Plänkern der Franzosen. Ich sah, wie einer abstieg und den Gurt des Pferdes fester schnallte. Plötzlich brachen russische Tirailleurs aus einem Gebüsch hervor, und nun wurde das Plänkern hitziger und hitziger, – viele Franzosen fielen tot, und andere kamen blutig und schreiend zurück. Französische Bataillone formierten sich, und es wurde eine Batterie von vier Kanonen aufgestellt; noch ehe diese anfing zu spielen, kamen aber schon feindliche Kugeln von einer Batterie, die ich nicht bemerkt hatte, und nun sah ich auch, wie eine schwarze Linie sich von den Bergen herabbewegte. Da die Kugeln bis dicht vor den Schlag niederfielen, hielten wir es für ratsam, mit vieler Schnelligkeit durch das Wilsdruffer Tor zu Hause zu eilen. – Die Nacht hat dem Gefecht (dem ersten, das ich so in der Nähe angesehen) ein Ende gemacht. Die Franzosen meinen, es sei nur ein Streifkorps, das sich Dresden genähert, das ist aber nicht wahr, denn von dem Boden des hohen Nebenhauses, auf den ich stieg, sieht man ringsumher eine unzählige Menge Wachtfeuer, auf jeden Fall ist es also eine starke Armee, die Dresden umschließt.«

»26. Frühmorgens 7 Uhr wurde ich durch den Donner der Kanonen geweckt; ich eilte sogleich auf den Boden des Nebenhauses und sah, wie die Franzosen in geringer Entfernung vor den Schanzen mehrere Batterien aufgestellt hatten, die mit feindlichen Batterien, welche am Fuße der Berge standen, auf das heftigste enpagiert waren. Mit Hilfe eines sehr guten Glases konnte ich bemerken, daß sehr starke russische und österreichische Kolonnen, (an der weißen Uniform sehr kenntlich), sich von den Bergen herab bewegten. Eine Batterie nach der andern rückte näher, die Franzosen retirierten bis in die Schanzen, und nun wurde sogar von den Stadtwällen aus grobem Geschütz gefeuert; der Kanonendonner wurde so heftig, daß die Erde bebte und die Fenster zitterten. Die Russen hatten den großen Garten erstürmt sowie die Preußen die Schanzen von der Friedrichsstadt, – ersteres konnte ich sehen. Die Nachricht kam, daß der Kaiser eintreffen würde, ich eilte daher auf die Terrasse des Brühlschen Gartens an der großen Brücke. Um 11 Uhr kam der Kaiser auf einem kleinen falben Pferde über die Brücke schnell geritten, – es war eine dumpfe Stille im Volk, – er warf seinen Kopf heftig hin und her und hatte ein gewisses Wesen, was ich noch nie an ihm bemerkte, – er ritt bis vors Schloß, stieg aber nur wenige Sekunden ab, und ritt wieder an die Elbbrücke, wo er, umgeben von mehreren Marschällen, stillhielt, – die Adjutanten sprengten ab und zu und holten Ordres, die er allemal in kurzen Worten, aber sehr laut, erteilte, – er nahm sehr häufig Tabak und schaute noch häufiger durch ein kleines Taschenperspektiv die Elbe herab. Die Garden kamen mit Doppelschritt über die Brücke und eilten, nachdem sie eine sehr kurze Zeit auf dem Platz vor dem Kaiser gehalten, zu den Toren heraus. Ich mußte fort, weil der Brühlsche Garten besetzt wurde, und ging wieder auf mein Observatorium. Zwischen 4 und 5 Uhr donnerten die Kanonen am heftigsten, – Schlag auf Schlag, – man konnte die Kugeln sausen hören, ich bemerkte es zuerst, man wollte mir es aber nicht glauben, gleich darauf stürzte aber in einer Entfernung von höchstens 25 Schritt eine Feuermauer, von einer Kugel getroffen, ein, und nun war es klar, daß Geschütz auf die Stadt gerichtet worden. – Wir gingen herab, da unser Aufenthalt oben jetzt lebensgefährlich wurde. Eben wollte ich in meine Haustüre treten, als zischend und prasselnd über meinen Kopf eine Granate wegfuhr und nur 15 Schritte weiter vor der Wohnung des General Gouvion St. Cyr *zwischen vier gefüllten Pulverwagen*, die eben zur Abfahrt bereitstanden, niederfiel und sprang, so daß die Pferde bäumend Reißaus nahmen. – Wenigstens dreißig Personen standen daneben auf der Gasse, und *außerdem daß die Pulverwagen verschont blieben,* deren Explosion das ganze Stadtviertel vernichtet hätte, *wurde kein Mensch, kein Pferd beschädigt,* es ist unbegreiflich, wo die Stücke der Granate geblieben sind, da in unserm Hause nur ein ganz unbeträchtliches gefunden wurde, welches die Fensterladen des untern Stocks zerschlagen und in ein unbewohntes Zimmer gefallen war. Wenige Minuten darauf kam eine zweite Granate und riß ein Stück vom Dache des gegenüberstehenden Cagiorgischen Hauses weg und drückte drei Fenster der Mezzane zusammen, daß das Holzwerk und die Ziegelsteine prasselnd auf die Gasse stürzten, – bald darauf fiel eine dritte in der Rebengasse in ein Haus, und es war mir klar, daß eine Batterie gerade auf unser Stadtviertel spielte. – Alle Bewohner des Hauses, – Frauen, – Männer, – Kinder, versammelten sich auf der gewölbten steinernen Treppe des ersten Stocks, die aus der Richtung der Fenster lag! – Da gab es bei jeder Explosion der jetzt häufigen, doch in großer Entfernung hineinfallenden Granaten ein Jammern und Wehklagen! – Nicht einmal ein Tropfen Wein oder Rum zur Herzstärkung, – ein verdammt ängstlicher Aufenthalt, – ich schlich leise zur Hintertür heraus und durch ein Hintergäßchen zum Schauspieler Keller, der auf dem Neumarkt wohnt, – wir sahen ganz gemütlich, mit einem Glase Wein in der Hand, zum Fenster heraus, als eine Granate mitten auf dem Markte niederfiel und platzte; – in demselben Augenblick fiel ein westfälischer Soldat, der eben Wasser pumpen wollte, mit zerschmettertem Kopfe tot nieder, – und, ziemlich weit davon, ein anständig gekleideter Bürger; – dieser schien sich aufraffen zu wollen, – aber der Leib war ihm aufgerissen, die Gedärme hingen heraus, er fiel tot nieder,* – noch drei Menschen wurden an der Frauenkirche von derselben Granate

---

* (Zu bemerken: »fünf Minuten später ritt der Kaiser über den Neumarkt, gerade wo der Bürger getroffen, nach dem Pirnaer Tor.«)

hart verwundet, – der Schauspieler Keller ließ sein Glas fallen, – ich trank das meinige aus und rief: was ist das Leben! Nicht das bißchen glühend Eisen ertragen zu können, schwach ist die menschliche Natur! – Gott erhalte mir die Ruhe und den Mut in Lebensgefahr, so übersteht sich alles besser! – Es gelang mir, den Kaufmann Schmidt aus seinem verschlossenen Gemach hervorzutreiben, der belud mich mit Wein und Rum für mich und meine Hausgenossen. Ich trat wieder ein wie eine Erscheinung des Trostes und der Beruhigung. – Eine der Frauen (Mad. Stein), die gerade im obersten Stock wohnte, hatte den Mut gehabt, allerlei nützliche Lebensmittel herabzubringen. – Das war alles bonum commune, und uns allen, die wir keinen Mittag gegessen, schmeckte es im Bivouac auf der Treppe herrlich, das Kelchglas ging fleißig herum, und unter dem Donner der Kanonen, unter dem Prasseln der Granaten ging uns allen ein fröhlich guter Humor auf, der immer der Nachklang einer durch Gefahr exaltierten Stimmung ist. Erst als es ganz finster war, ließ das Schießen nach. Die Garden hatten, wie man nun erfuhr, die genommene Schanzen wieder erstürmt, und die verbündete Armee sich auf die Höhen zurückgezogen. – Das Kammermädchen der Gräfin Breza trat vor die Haustüre, vor welcher der Wagen stand, der die Gräfin in Sicherheit in ein anderes Stadtviertel bringen sollte, in eben demselben Augenblick wurde sie aber von einer Granate, im strengsten Sinne des Worts, *zerrissen*. Einer Hebamme auf der Pirnaer Vorstadt wurde, als sie zum Fenster hinausschaute, der Kopf weggerissen; ebenso verlor ein Handlungscommis, der im Comptoir saß, den Arm. Noch mehrere Bürger sind teils verwundet, teils getötet.«

»27. Die Nacht verging ruhig. Erst um 8 Uhr morgens ging eine lebhafte Kanonade an, daß die Fenster bebten, – es fiel unaufhörlich Regen, man konnte daher nicht viel bemerken. Nachmittags entfernte sich das Schießen, und man erfuhr, daß die russische und österreichische Armee 5 Stunden weit zurückgedrängt worden. Abends kamen ungefähr 2 bis 300 russische und preußische und wohl an 10 000 österreichische Gefangene wie auch 4 österreichische Fahnen und 6 Kanonen.«

»28. Die Russen und Österreicher stehen auf den Höhen von Kesselsdorf, man hört sehr deutlich Kanonen- und Peloton-feuer. Über die Elbbrücke bemerkte ich eine augenscheinliche Retirade der Franzosen, und die Nachricht, daß bei Berlin die Franzosen geschlagen sind, ist daher wahr.« –

»29. Heute ging ich vor den Moszynskischen Garten und sah zum erstenmal in meinem Leben *ein Schlachtfeld.* – Erst heute hatte man angefangen aufzuräumen, und zwar wurden, wie ich bemerkte, zuerst die gebliebenen Franzosen nackt ausgezogen und in große Gruben zu 20, 30 verscharrt. – Hier hatten die russischen Jäger unter dem wütenden Feuer der französischen Kanonen gestürmt. Das Feld war daher bedeckt mit Russen, zum Teil auf die schrecklichste Weise verstümmelt und zerrissen. – So z. B. sah ich einen, dem gerade die Hälfte des Kopfs weggerissen, – ein scheußlicher Anblick, – Pferde, – Menschen, – daneben Gewehre, – Säbel, – gesprengte Pul-verwagen, – Tschakos, – Patrontaschen, – alles in wilder Unordnung durcheinandergeworfen. – Auf manchem unver-stümmelten Gesicht sah man noch die Wut, – den Grimm des Kampfes; – einer hatte gerade in die Patrontasche gegriffen, um frisch zu laden, und so hatte ihn der Tod getroffen. – Ein russischer Offizier, ein herrlicher, schöner Jüngling (höch-stens 28 Jahr), hielt noch den Säbel über den Kopf geschwun-gen in der rechten Hand und war so zum Tode erstarrt. – Eine Kanonenkugel hatte ihn gerade auf der Brust am linken Arm getroffen, diesen weggerissen und die Brust zerschmettert, – sein Tod war leicht! – Mir schien es, als bewege sich etwas im Grase in einiger Entfernung; ich teilte es meinem Begleiter, dem Advokaten Conradi, mit, wir gingen darauf zu; und siehe da, ein Russe, dem beide Füße auf das jämmerlichste zerschos-sen waren, so daß alles von geronnenem Blut klebte, saß ganz gemütlich aufrecht und zehrte an einem Stück Kommisbrot. *So lag der Mensch seit dem 26. August nachmittags* und war, der starken Verwundung unerachtet, frisch und munter. Er zeigte uns seine leere Feldflasche, und Conradi eilte, sie mit Wasser zu füllen.«

Aus Hoffmanns Tagebuche ist nächst diesem noch folgendes zu bemerken.

»Den 30. Fortdauernde dumpfe Stille. Dem Kaiser begegnet; mit einem furchtbaren Tyrannenblick und Löwenstimme brüllte er: Voyons! einem ihn begleitenden Adjutanten zu.«

»Den 22. Oktober. Der Kaiser ist geschlagen und retiriert nach Erfurt u. s. w. So habe ich gegründete Hoffnung zum besten, fröhlichsten Leben in der Kunst, und alle Not wird geendet sein.«

»Den 22. November. Heut nachmittag einen österreichischen und russischen Offizier in vollem Gala gesehen; ganz eignes herrliches Gefühl. Ja, es ist wahr, – *Freiheit!*«

Endlich dient zum Überblick folgende nicht uninteressante Stelle aus einem Briefe an Hitzig, datiert: Dresden, 21. Dezember 1813:

»Hier habe ich nun alles erlebt, was man in der nächsten Nähe des Krieges erleben kann; ich habe Scharmützel, eine bedeutende Schlacht (am 26. August) deutlich angesehen, habe das Schlachtfeld besucht; kurz, meine Erfahrungen sind in dieser Art nur zu sehr bereichert worden. Hungersnot und eine Art Pest (die zum Teil noch herrscht und nur noch vorige Woche 280 Personen bürgerlichen Standes weggerafft hat,) mußte ich auch ausstehen, aber unerachtet aller in der Tat entsetzlichen Ereignisse, von denen Sie wahrscheinlich schon durch die öffentlichen Blätter unterrichtet sein werden, habe

ich nie den Mut verloren; ja, als die Kanonen rings um Dresden
donnerten, so daß der Boden bebte und die Fenster zitterten,
ist mir ein besonderes vorahnendes Gefühl gekommen, daß
der so lange ersehnte Augenblick der wiedererlangten Freiheit
nicht mehr fern sein könne! – Schon am 11. Oktober hatte ich
die Freude, mit eignen Augen, ziemlich nahe (ich konnte es
nicht lassen, hinauszulaufen und mich auf einen Hügel zu
stellen) zu sehen, wie die Franzosen aus ihrem verschanzten
Lager dicht vor den weißen Schanzen von Dresden herausge-
trieben wurden, ihre Baracken anzündeten und mit einer
Schnelligkeit davonliefen, die ich der Nation immer zutraute.
Ein gleiches Schauspiel erfreute mich am 13. Oktober, 16.
Oktober und später am 6. November, wo ich mittelst eines
sehr guten Glases vom Turm der Kreuzkirche sah, wie der
Herr Graf von der Lobau, der sich mit 12 bis 15.000 Mann nach
Torgau durchschlagen wollte, von den Boksdorfer Höhen
herab und bis unter die Kanonen von Dresden getrieben
wurde. – Die Anstalten waren übrigens seit dem 4. November
von der Art, daß man hätte glauben sollen, die Franzosen
würden jede Straße verteidigen und sich bis auf den letzten
Mann wehren. Denn nachdem sie die äußeren Schanzen verlassen müssen, sperrten sie die Schläge und Tore und verschanzten die Hauptstraßen der Vorstädte hauptsächlich mittelst mit
Sand gefüllter Kisten und Tonnen. Um so drückender war uns
Einwohnern das alles, weil wir, trotz aller Vorsicht der französischen Behörden, von den glorreichen herrlichen Siegen bei
Leipzig und Erfurt sehr gut unterrichtet waren. – Schon am
10. erfuhren wir den Abschluß der Kapitulation, und mein
Gefühl war wirklich unbeschreiblich, als ich die stolzen, über-
mütigen Franzosen schmachvoll ohne Waffen abziehen sah! –
Wie die – – – das herrliche Dresden auf wirklich sinnreiche
Weise verwüstet und ruiniert haben, davon haben Sie keine
Idee. Beinahe alle Lustörter (der große Garten, der Moszyns-
kische Garten, das Feldschlößchen u. s. w.) sind bis auf den

Grund verwüstet, und zwar meistens ohne Not, die herrlichen Alleen meistens umgehauen u. s. w. – Jetzt, teurer Freund, atmet man wieder frei, und ich denke, die bessere Zeit liegt uns ganz nahe! – Nächst der Komposition und meinem Treiben in der Musik bewege ich mich auch fleißig in litteris, das heißt: es ist so ein Stück Autor aus mir geworden; es ist nämlich zum Anfange ein kleines Werk, sub titulo: Fantasiestücke in Callots Manier, wozu Jean Paul Friedrich Richter eine Vorrede geschrieben, von Kunz verlegt worden; bekommen Sie es zur Hand, so bin ich auf Ihr Urteil begierig. Nächst manchen schon in der musikalischen Zeitung abgedruckten enthält es zwei Aufsätze, die vielleicht Ihr Interesse erwecken werden, nämlich: Nachricht von den neuesten Schicksalen des Hundes Berganza und der Magnetiseur. Bis zur Ostermesse sollen noch zwei Bändchen erscheinen. – Undine ist vollendet\*, und ich warte nur den günstigen Augenblick ab, sie würdig auf die Bühne zu bringen; ich tue mir auf diese Oper etwas zugute und glaube vorzüglich, in der Undine selbst und dem prächtigen Kühleborn den Sinn des herrlichen Dichters getroffen zu haben.«

Am 9. Dezember 1813 ging Hoffmann mit Seconda und der Truppe nach Leipzig zurück. Die erste Arbeit, die dieser dort unternahm, war die Vision auf dem Schlachtfelde bei Dresden\*\*, und am 31. Dezember, in der Sylvesternacht, beendete er die Abschrift des goldenen Topfes. »Von neuem gefunden, daß es gut ist«, – schreibt er in sein Tagebuch, und – »so hätt ich denn ein höchst

---

\* Man erinnere sich, daß sie vor noch nicht 6 Monaten, am 1. Juli, erst angefangen war. Siehe oben S. 277.

\*\* Erschien Bamberg 1814. Während des Kanonendonners hatte er in Dresden das schöne Gespräch »der Dichter und der Komponist«, Serapionsbrüder, Bd. 1, [it 631, S. 102 ff.], geschrieben sowie den »goldenen Topf«, Fantasiestücke [Hoffmann Bd. 1, S. 126 ff.].

merkwürdiges Jahr beschlossen; – was wird das neue bringen? Ich will hoffen, Gutes!!«

Doch fing es unter trüben Auspizien an.

Am Neujahrstage erkrankte er an einer Brustentzündung und gichtischen Anfällen, den Folgen einer ungeheuren Erkältung im Theater, und quälte sich, oft dem Tode nahe, bis zum Frühjahr mit diesen Übeln. Mitten in der Krankheit verließ ihn aber nicht die Lust zur angestrengtesten und vielseitigsten Tätigkeit*. Er schrieb im Januar Milos Brief und die Automate**; am 24. feierte er seinen Geburtstag mit seiner Frau allein. »Gemütlicher Abend«, steht in seinem Tagebuch, »sich in eigner Glorie gesonnt, und was auf sich gehalten.« Im Februar wurde ihm die Musikdirektorstelle in Königsberg angetragen, die er aber ablehnte. Am 25. März fing er die Elixiere des Teufels an, und am 22. April hatte er schon das Manuskript zum 1. Bande vollendet. Dabei rezensierte er unaufhörlich für die allgemeine musikalische

---

* Rochlitz erzählt, in Bezug hierauf, folgendes in dem mehrerwähnten Aufsatz über Hoffmann in der allgemeinen musikalischen Zeitung:

»Während seiner Krankheit suchte ihn einer seiner Freunde auf. Er fand ihn in einem der geringsten Zimmer eines der geringsten Gasthöfe, auf einem schlechten Bette sitzend, wenig gegen die Kälte verwahrt, die Füße von Gicht krummgezogen. Er hatte ein Brett vor sich liegen, und darauf schien er beschäftigt. Mein Gott, rief jener, was machen Sie denn? Karikaturen, sagte Hoffmann lachend, Karikaturen auf die verwünschten Franzosen. Ich erfinde, zeichne und koloriere sie. Und wirklich sind die meist geistvollen, sehr possierlichen Blätter, die damals gestochen erschienen, von ihm. Guten Mutes und mit den schnurrigsten Einfällen gespickt, gab er nun die Erzählung zum Besten, wie es ihm in den letzten Wochen ergangen; es war eine Geschichte, welche in dem Innern des Zuhörers Bewunderung und Mitleid, Schmerz und Freude, nicht sowohl wechselweise als miteinander, erregen mußte. Es wurde, so gut es damals möglich, das Nötigste für ihn getan: er ließ es geschehen, ohne eben viel daraus zu machen, was denn auch ganz folgerecht war.«

** Fantasiestücke Bd. 2. »Nachricht von einem gebildeten jungen Manne« und Serapionsbrüder Bd. 2.

Brief von Hoffmann an Kunz, 4. März 1814

Zeitung und zeichnete sehr geistreiche Karikaturen für
Baumgärtner und Joachim, die ihm pro Stück mit 4 und
5 Rthl. bezahlt wurden*. Im Mai verfaßte er die Blandine
und den Ignatz Denner**. Vom 8. bis 10. komponierte
er auf Bestellung für Baumgärtner ein großes Musik-
stück »Die Schlacht bei Leipzig« unter dem angenom-
menen Namen Arnulph Vollweiler u. s. w.

Mit allem diesen konnte er jedoch einer gewissen
Unlust an diesen Beschäftigungen nicht entgegenarbei-
ten, die ihn vorzüglich zu Ende des August gedrückt zu
haben scheint. »Untätigkeit«, registriert er einmal in sein
Tagebuch, »entstanden aus seltsamen Träumen; der innere Poet arbeitet und überflügelt den Kriticus und
äußern Bildner.«

Auch war es nur das Bedürfnis, das ihn darauf hingewiesen. Denn durch seine Krankheit und durch einen
unangenehmen Vorfall mit Seconda, den Hoffmann das

* Drei von diesen liegen dem Herausgeber vor. Eine in Querfolio mit der
Unterschrift: »Feierliche Leichenbestattung der Universalmonarchie« (bei Joachim), stellt Napoleon dar, von seinen Marschällen begleitet, wie er dem Sarge,
der die Reste der Universalmonarchie birgt und von Soldaten der verbündeten
Armeen zu Grabe getragen wird, folgt u. s. w. Die beiden andern sind in
Quartformat. Die erste mit der Unterschrift »Die Dame Gallia bezahlt, nachdem
sie wieder genesen, ihren Ärzten die Rechnung« zeigt österreichische, preußische, russische und englische Krieger, denen von der stattlichen Gallia ganze
Körbe voll Geschütz und Festungen angewiesen werden, die sie frohlockend
einpacken, (der Engländer hat auch ein Linienschiff mit der dreifarbigen Flagge
unter dem Arm); auf der dritten endlich »Die Exorzisten« wird der Teufel,
welcher die Dame Gallia so lange besessen, (Napoleon in voller Uniform, mit
Flügeln, Pferdefüßen, Pferdeschweif und Hörnern auf dem Hut) durch verbündete Kraft (Soldaten der Alliierten, die sehr handgreiflich manipulieren) endlich
ausgetrieben und fährt in die Gergesener Herde, (Säue, mit französischen Sturm-
hüten, die im Sturmschritt vom Schauplatz rennen.) Sie sind allerliebst ausgeführt.

** Fantasiestücke: Der Ignatz Denner steht in den Nachtstücken. [it 589,
S. 49 ff.]

Subordinierte in seiner Stellung zu diesem als Direktor ganz unfähigen Manne fühlbar machte, bewogen, hatte letzterer Hoffmann schon am 26. Februar seine Stelle aufgekündigt, worauf dieser denn augenblicklich vom Theater abging und nun mit einem Male wieder so ganz ohne allen äußern Halt dastand, als nur jemals früher.

Recht wie ein Engel des Trostes für ihn erschien daher am 6. Juli sein Hippel auf einer Durchreise in Leipzig. »Er ist noch immer der alte, er sagte mir eine Anstellung in Berlin augenblicklich zu; er schenkte mir seine goldene Repetieruhr u. s. w.« steht mit Ausrufungszeichen des Entzückens im Tagebuch.

Wirklich bot Hippel auch gleich nach seiner Rückkehr nach Berlin alles auf, um seinem Freunde eine Wiederanstellung in preußischen Staatsdiensten zu verschaffen. Teils Bescheidenheit, da er sich nach so langer Unterbrechung nicht mehr fähig glaubte zu andern als subalternen Geschäften; teils die Rücksicht, nicht in zu viel Dienstarbeiten verstrickt zu werden, um Zeit zu behalten, für die Kunst fortwährend zu wirken, ließen Hoffmann den Wunsch nähren, ein Unterkommen als Expedient bei irgendeinem Ministerio zu finden; eine Lage, in welcher man sich bei mäßiger Arbeit völliger Verantwortungslosigkeit erfreut; aber es wollte ihm nicht gelingen. Vielmehr wurde ihm von Seiten des Justizministerii die Proposition gemacht, auf ein halbes Jahr ohne Gehalt beim Kammergericht in Berlin zu arbeiten, um sich mit den Fortschritten der Legislation in der Zeit, in welcher er vom Dienst entfernt gewesen war, bekannt zu machen, demnächst aber wiederum nach seiner Anciennität als Rat einzurücken; – und wie er jetzt stand, durfte er kein Bedenken tragen, jedes Anerbieten anzunehmen, das ihm einigermaßen Aussichten für eine gesicherte Zukunft eröffnete. Er erklärte sich daher beifällig und reiste gegen Ende des September 1814 von Leipzig nach Berlin, wo er am 27. ankam.

# BERLIN
## 1814-1822

Keinen ihm näherstehenden Freund fand Hoffmann jetzt in Berlin als Hitzig, den, wunderbar genug, sein Schicksal ganz einen ähnlichen Weg wie ihn geführt. Durch die Katastrophe in Warschau seiner Anstellung bei der Regierung beraubt, wie jener; von einem unwiderstehlichen Hange zu einem literarischen Treiben gezogen, wie Hoffmann zu einem künstlerischen, hatte er im Jahre 1808, als Hoffmann die Musikdirektorstelle in Bamberg annahm, eine Buchhandlung in Berlin errichtet, sie mit großem Glück in den Schwung gebracht; aber durch ein schmerzliches Ereignis, welches ihn im Frühling 1814 betraf, dem Verlust seiner Gattin, bewogen, den Entschluß gefaßt, seine Handlung aufzugeben und nach jetzt beendetem Kriege, wo sich neue Aussichten im Staatsdienst eröffneten, zu demselben zurückzukehren. Es war ihm von dem Justizministerio die gleiche Bedingung dabei gestellt worden als Hoffmann; nämlich für einen Zeitraum von 6 Monaten als Hilfsarbeiter beim Kammergericht einzutreten, und beide Freunde, die eine gewisse Scheu, einander wechselseitig als wankelmütig zu erscheinen, verhindert hatte, sich früher von der veränderten Richtung ihrer äußeren Verhältnisse in Kenntnis zu setzen, sahen sich nun, nach acht erfahrungsschweren Jahren, am Gerichtssitzungstische einander wieder als Kollegen gegenübersitzen wie ehedem

*Chamisso begleitete als Naturforscher eine Expedition.*
*Karikatur von Hoffmann*

in Warschau. Daß dies sie noch enger aneinander knüpfen mußte, liegt in der Natur der Sache, und wirklich lebte Hoffmann in der ersten Zeit seines jetzigen Aufenthalts in Berlin nur für den engsten Kreis seines alten Freundes. Zu diesem gehörten Fouqué, Chamisso, der nachmalige Weltumsegler, Contessa, der Dichter des Rätsels u. s. w., und alle diese gaben sich Hoffmann mit der Liebe hin, die er damals im vollsten Maße verdiente.[26] Er war durch die mannigfaltigen Leiden der vergangenen Jahre milder geworden als je, in hohem Grade bescheiden, mitteilend und von einer Gemütlichkeit, daß die Kinder Hitzigs sich des neu angekommenen Freundes ihres Vaters nicht genug erfreuen konnten. So lebten sie z. B. damals grade in der Hoffnung, ihren Liebling, Undine, mit leiblichen Augen auf der

*Hitzigs Sohn Fritz, der Held von »Nußknacker und Mausekönig«.*
*Aquarell von Hoffmann*

Bühne zu sehen, und Hoffmann, um ihnen einen Vor-
schmack von dieser Seligkeit zu geben, malte ihnen zum
Weihnachtsabend mit der größten Sorgfalt die Burg
Ringstetten, baute sie ihnen auf und erleuchtete sie
prachtvoll von innen; für sie schrieb er ferner die Märchen Nußknacker und Mäusekönig, in denen sie, zu
ihrer höchsten Freude, unter ihren Namen erschienen,
und das fremde Kind; – in seinem Tagebuche aber bemerkte er, sich eines so reinen Lebens bewußt, nichts als
»fröhlich und guter Dinge.« Für die Abende hatte Hitzig, der wohl wußte, daß es Hoffmann, wenn er den Tag
über gearbeitet hatte, – und das tat er redlich, – unmöglich war, sie zu Hause zuzubringen, und daß er dann
nirgends lieber sein mochte, als an einem öffentlichen
Orte, wo er unaufhörlich Neues bemerkte, ein an-

spruchsloses Kaffeehaus gewählt, das den Vorzug gewährte, sich darin von den Gästen, mit denen man keinen nähern Verkehr wünschte, absondern zu können, und hier bildete sich bald um Hoffmann und seine nächsten Freunde als Zentrum ein größerer, lebendiger und in sich höchst zufriedener Zirkel, dessen spätere Auflösung keiner der dazu gehörigen Teilnehmer mit Gleichgültigkeit trug.

In seiner Amtsführung hatte Hoffmann dabei bald die Aufmerksamkeit auf sich zu ziehen gewußt. Man schien es erst nicht zu begreifen, daß der Mann, welcher noch vor kurzem die Battute im Orchester geführt, jetzt in dem ernsten Kriminalgericht, dem er als Mitglied zugeteilt worden, seinen Platz vollständig ausfüllen und die Feder, der die Fantasiestücke in Callots Manier entflossen, die regelrechtesten Relationen schreiben könne, und doch mußte selbst der Neid zugestehn, daß seine juristischen Arbeiten auch nicht eine Spur der schöngeisterischen Halbbildung an sich trugen, die Schwächlinge so gern überall durchblicken lassen, um zu zeigen, daß sie höher stehen als andere; sondern daß sie vielmehr, wie alles wahrhaft Gediegene, ganz einfach und schmucklos auftraten.*

* Nur in einzelnen Gattungen seiner kriminalistischen Arbeiten mag Hoffmann vielleicht der Vorwurf treffen, von seiner Individualität auf Irrwege geleitet worden zu sein; z. B. in Sachen, wo es auf einen Beweis durch künstlich ineinandergreifende Anzeigen von Verbrechen oder auf Beurteilung zweifelhafter Gemützustände ankam. Dort gefiel er sich hin und wieder in Kombinationen, die mehr von Scharfsinn und zugleich von Fantasie, als von ruhiger Überlegung zeigten; – hier in Erörterungen, die nur in das Gebiet der psychischen Arzeneikunst und nicht in das der Rechtswissenschaft gehörten. Seine Darstellungen der Tatsachen waren aber immer untadelig und von einer nicht genug zu lobenden Präzision. Ein Beispiel seiner Art zu referieren, möge das in der ersten Beilage zu diesem Abschnitt abgedruckte Gutachten geben. Der

*»Der graue Mann« aus dem Peter Schlemihl. Hoffmanns Illustration zu*
*Chamissos Erzählung*

An schriftstellerischen Arbeiten lieferte Hoffmann bis
zu Ende des Jahrs 1815 den zweiten Band der Elixiere des
Teufels, ein Werk, auf das er selbst keinen Wert legte. Er
war zwischen der Ausarbeitung des ersten und zweiten
Teils durch die Veränderung seiner Lage aus dem Zusammenhang gekommen, den er künstlich wieder herzustel-
len suchte, und das wollte ihm immer nicht gelingen.

Ferner schrieb er in dieser Zeit für den vierten Teil der
Fantasiestücke die Abenteuer der Sylvesternacht, angeregt durch Chamissos Peter Schlemihl und die Bekanntschaft mit dem Dichter, den er darin selbst sehr treffend
dargestellt hat; ferner die Korrespondenz des Kapell-

Herausgeber hat es zu diesem Zwecke mit Vorbedacht ausgewählt und mehrere
viel glänzendere Ausführungen zurückgelegt, weil bei einem Geiste wie Hoffmanns die Fähigkeit, so natürlich Maß zu halten, offenbar bewunderungswür-
diger ist als die kunstreichste Eleganz des Vortrags.

*Johann Erdmann Hummels Gemälde »Gesellschaft in einer italienischen Lokanda« inspirierte Hoffmann zu der Erzählung »Die Fermate«*

meisters Kreisler mit dem Baron Wallborn oder Kreisleriana Nr. IX.*

Dieser letztere Aufsatz verdankt einem anmutigen Ereignisse seine Entstehung. Zu Hitzigs Bekannten gehörte nämlich ein Schwesternpaar ausgezeichneter Sängerinnen, »zwei im Wettgesang kämpfende Nachtigallen, aus deren tiefster Brust hell und glänzend die herrlichsten Töne auffunkelten,«** wie Kreisler sie Wallborn schildert. Nichts war natürlicher, als daß Hitzig wünschte, seinem Freunde bald den Genuß zu verschaffen, die Schwestern zu hören; aber bei ihrer großen Bescheidenheit würden sie es nicht gewagt haben, sich vor dem Dichter der Fantasiestücke zu produzieren, die

* Beides in den Fantasiestücken in Callots Manier.
** Kreisleriana Nr. IX.

damals in allen musikalischen Kreisen Berlins von sich sprechen machten. Hoffmann wurde daher dem eben von seinen Gütern angekommenen Fouqué als ein gleichgültiger Doktor Schulz aus Rathenow beigeordnet, und so gelang es, die Schwestern an das Instrument zu bringen; aber kaum hatte der Gesang begonnen, er mit seinen klugen Augen dareingeschaut und sein Wort dazu gegeben, als es einer der Sängerinnen aufging, wen sie vor sich habe, und es nun nicht mehr verborgen werden konnte, – jedoch ohne störenden Erfolg; »man hatte des Kreislers tollen Spleen gescheut; aber der Doktor Schulz war in dem musikalischen Eden, das ihm die Schwestern erschlossen, mild und weich und voll Entzücken, und die Schwestern waren versöhnt mit dem Kreisler, als in *ihn* sich der Doktor Schulz plötzlich umgestaltete.«

So verging das Jahr 1815 für Hoffmann auf eine im Ganzen höchst angenehme Weise, jedoch auch nicht ohne drückende Sorgen, indem sich noch immer keine Gelegenheit zu seiner Anstellung mit einem fixen Gehalt fand. Aber eben diese Sorge war, wie dies schon aus den frühern Abschnitten klar geworden sein wird, die notwendige Bedingung, ihn in dem Gleise eines mäßigen und, wie sehr er oft das Gegenteil zu glauben schien, seinem Körper und Geiste allein zuträglichen Lebens zu erhalten.

Das folgende Jahr 1816 führt zwei sehr einflußreiche Ereignisse für ihn herbei, die, wie sie auf der einen Seite sein äußeres Glück beförderten, auf der andern sein inneres allmählich zu untergraben dienten. Am 1. Mai nämlich rückte er bei einer im Kammergerichte entste-

*Johanna Eunicke, als Undine der Liebling der Berliner Gesellschaft und Freundin Hoffmanns. Carl Graf von Brühl, Generalintendant der Königlichen Schauspiele*

henden Vakanz als Rat, nach seiner bedeutenden Anciennetät, in dies Kollegium ein, welches Verhältnis, verbunden mit den ansehnlichen Honoraren, die er nun schon erhielt, ihm, der außer für sich nur für die Bedürfnisse einer in ihren Ansprüchen über alle Begriffe bescheidenen Frau zu sorgen hatte, die Mittel gab, mehr als gemächlich zu leben; und im nämlichen Sommer noch wurde seine Undine mit großer Pracht auf die Berliner Bühne gebracht und mit Beifall aufgenommen, wodurch er eine Lokalzelebrität und mit ihr Einladungen über Einladungen in Berliner Gesellschaftskreise erhielt.

Geld aber, über seinen Notbedarf, und gesellschaftlicher Wirrwar waren die zwei Klippen, die Hoffmann nie zu umschiffen verstand. Durch ersteres ließ er sich zu allen Zeiten zur Schwelgerei, namentlich im Trunk, durch letzteren zur Umkehrung aller Regel im Leben verleiten; so daß er aus Tag Nacht und aus der Nacht Tag machte. In diesen zwei Verkehrtheiten, die zuletzt in eine große zusammenflossen, ist die Quelle von Hoffmanns nachmaligem körperlichem und leider auch geistigem Verfall zu suchen und darum erforderlich, etwas ausführlicher über diesen Gegenstand zu sein, wobei einige Worte über eine Spielart des sozialen Verkehrs in Berlin nicht am unrechten Orte stehn mögen. Es leuchtet hierbei zuvörderst ein, daß in der angegebenen Beziehung von den Gesellschaften nicht die Rede sein kann, die aus Leuten bestehen, welche zusammenkommen, um zu essen, zu trinken und in Ruhe ihre Partie Whist zu spielen. Diese sehen sich aller Orten gleich, und zu solchen lädt man auch keine Dichter, wenigstens nicht in dieser Qualität ein.

Es handelt sich vielmehr von gewissen sogenannten gebildeten Kreisen, deren Richtung es ist, alles, was sich in irgendeiner Gattung Ausgezeichnetes darbietet, an sich zu ziehn, um sagen zu können, daß man es auch *bei sich gehabt habe*, für welches *haben* denn, nach advenant, wie der Wandsbecker Bote sagt, der Ehrensold in Tee und Butterbrot bis hinauf zu Austern und Rheinwein bezahlt wird. Dieser Unterschied muß ausdrücklich hervorgehoben werden, denn es ist der einzig wesentliche; – abgesehen davon und von dem, was genau damit zusammenhängt, nämlich bescheidenes Boudoir oder Eufilade von Zimmern, eine Magd in Putz oder Lakaien in Livree, alttestamentarische oder altadelige Wirte, Talglichter oder Wachskerzen (wachsplattierte liegen in der Mitte) u. s. w., – sieht eine dieser Gesellschaften auf

*Federzeichnung von Hoffmann*

ein Haar der andern ähnlich; man kommt nämlich zusammen, um entweder Musik zu machen oder zu andern Kunstleistungen höchstens in einer Vollkommenheit, wie man sie an öffentlichen Orten für Geld mit Leichtigkeit finden kann; oder zu einem laulichen Hin- und Herreden über Theater, neue schöne Literatur u. dergl.; – public spirit fehlt in Berlin in der angeblich bessern Societät gänzlich, daher gedeiht dort kein tieferes Gespräch über Angelegenheiten der Welt oder des Vaterlandes, wogegen freilich alles Persönliche, als in das Gebiet der Männerklatscherei gehörig, seine Stelle findet. Kommt nun ein Fremder an, den man in die beschriebenen Kreise zieht, so ist er entweder interessant oder nicht; ist er es, so kann er Künste machen, spielen, singen, dichten, und dann wird er eingeladen, um sich

*Federzeichnung von Hoffmann*

hören und sehen zu lassen; ist er es nicht, so soll er da sein, um zu hören und zu sehen und in der Stadt zu erzählen, daß er da und dort den und den gehört und gesehn, damit nicht verborgen bleibe, daß auch der und der den und den *bei sich gehabt habe.*

Hoffmann schien nun für Zirkel dieser Gattung ein unerhörter Fund. Was konnte der Mann nicht alles! – Bücher schreiben, die in ganz Deutschland von sich reden machten, auf dem Piano fantasieren, Opern komponieren, Karikaturen zeichnen, Witz sprudeln, wie er den Mund öffnete; der Ruf war ihm vorangegangen, und mit Recht erwartete man nun von ihm, daß er, dankbar für die gütigen Einladungen, erst der Gesellschaft ein noch ungedrucktes Manuskript vorlesen, dann die Tochter vom Hause akkompagnieren, dann eine alte Großmutter oder einen vornehmen Beschützer der Künste mit schönen Redensarten unterhalten werde u. s. w., worauf man Gäste genug gebeten und vorbereitet hatte. – Aber wie sah man sich getäuscht, wenn er die furchtbarsten Gesichter zu schneiden anfing, sobald er sich langweilte, und dies geschah immer, wenn sich nicht wenigstens ein ihn anregendes Prinzip in der Gesellschaft entdecken ließ; wenn er laut zu sprechen begann, während man sich mit Musikstücken abquälte, die man sorgfältig ausgesucht, weil er sich in seinen Schriften darüber ausgesprochen, wenn er endlich plötzlich und absichtlich das unsinnigste Zeug redete, sowie er merkte, daß man es darauf angelegt, etwas von ihm abzubekommen.

Wie mochte es aber bei einer Natur wie Hoffmanns sich auch anders gestalten! Um mit dem Strome eines so nichtigen Treibens als das dargestellte, schwimmen zu können, muß man entweder eine sehr kleinliche Eitelkeit, die mit Weihrauch jeglicher Gattung zufrieden ist, oder eine Art von Gutmütigkeit besitzen, die sich an einigem guten Willen, der doch hie und da nicht fehlt, genügen läßt und bei der einem, indem man sieht, daß man Wohlgefallen um sich verbreitet, selbst am Ende wohl und bis auf einen gewissen Punkt gemütlich wird. Von beiden, sowohl von jener Eitelkeit der kleinen Sorte, als von der beschriebenen Gutmütigkeit, war aber niemand ferner als eben Hoffmann. Wie alles, so war auch die Eitelkeit bei ihm in großem Stil; er strebte überall, wo es Genuß galt, – und Eitelkeit gab ihm den höchsten, – nach dem Vollen, Ganzen; abgestandene Beifallsphrasen, wie sie die feine Sozietät heute über einen neuen Tänzer, morgen über das neueste Werk von

Goethe und übermorgen etwa über den blutigen Kampf
einer unterdrückten Nation aus einem Beutel auszuge-
ben pflegt, konnten ihm keine Freude machen; dabei
forderte er, wenn er unterhalten sollte, daß man sich von
nichts anderem unterhalten lassen sollte als von ihm,
und daß man ihm nicht allein ausschließlich zuhören,
sondern mit Geist zuhören sollte, und zwar nicht nur mit
eignem Geist, sondern mit seinem Geist, das heißt, mit
einem, der entweder fantastisch fliegen oder witzig
nachspringen konnte, wie er mit der Taktrolle des
schnell dahinsprudelnden Wortes den Ton angab. Welche Ansprüche an einen armen Berliner Tee! Und war
dieser nur wenigstens nicht an allem arm, fand sich
irgend etwas, was ihn schadlos halten konnte; zwar
dumme Männer, aber hübsche Frauen; oder dumme
Männer und häßliche Frauen, aber ausgesuchter Wein;
ungemütliche Stimmung der Gesellschaft, aber eine fratzenhafte Erscheinung, die ihm Stoff zu irgend einer poetischen Figur gab; so ging es noch an mit ihm; fehlte es
aber an alledem und hielt sich das Ganze in den Grenzen
der gewöhnlichen Mittelmäßigkeit, von der die meisten
eben meinen: je ne demande pas mieux, so war es mit
seiner Laune nicht auszuhalten. Hier erschien denn auch
der Mangel an geselliger Gutmütigkeit, von welchem
oben gesprochen worden, im vollsten Lichte. War einmal durch das Alltägliche der Dämon der Langeweile –
für ihn die furchtbarste der Plagen, – in ihm erwacht, so
bemeisterte sich seiner, ohne alle Übertreibungen gesprochen, eine wahre Wut, die charakteristisch in seinen
Gesichtsmuskeln spielte und die er, wenn er nicht die
Gelegenheit fand, ihr in der Gesellschaft noch Luft zu

*Gesellschaftskarikaturen von Hoffmann*

machen, entweder durch einige gallbittere Sarkasmen
oder durch Äußerungen, die er wie Wahnwitz gestaltete,
um verlegene Gesichter um sich her zu sehen, auch
selbst dann nicht verleugnen konnte, wenn er schon
wieder heimgekehrt war, wo er in sein Tagebuch niederzuschreiben pflegte: »schändlich ennuyiert« u. dergl.; ja
die ihn oft nach mehreren Tagen noch erfaßte, wenn er
seinen Freunden die ausgestandene Qual schilderte. Einmal auf diesem Wege, konnte er nicht zurückgebracht
werden, mochten Wirt und Wirtin oder Gäste mit feinem Blick aus dem besten Herzen alles aufbieten, ihn
umzustimmen; vielmehr reizte jeder Versuch, ihn in die
allgemeine Fröhlichkeit hineinzuziehen, wenn sich eine
solche entwickelt hatte, zu größerm Unmut, und in der
Regel wandte er sich dann nicht zu einem, der ihn

freundlich angeredet, sondern zu einem Dritten, um diesem eine Art von Antwort auf die Frage des Anredenden zu sagen.

Daß nun die zahme Sozietät, wo solche Erscheinungen nicht häufig vorgekommen sein mochten und in der jeder seine Rechnung für einen verlorenen Abend vollständig saldiert zu haben glaubt, wenn es ihm verstattet gewesen, die Langeweile, welche er empfunden, mit der, die von ihm ausgegangen, zu bezahlen, wenig Behagen an einem so stachelichen Mitgliede fand, ist leicht zu begreifen, und nur sehr selten ist der Fall vorgekommen, daß Hoffmann mehr als ein, höchstens einigemal in diese Art von anständigen Teegesellschaften gebeten wurde.

Nunmehr dieser Art der Zerstreuung ledig, wäre er vielleicht gern in den bescheidenen Kreis seiner alten Freunde zurückgekehrt, die, an ein häusliches, zurückgezogenes Leben gewöhnt, doch jahraus, jahrein in einem lebendigen und gedeihlichen geistigen Verkehr standen; der eine ergänzend, wo es dem andern fehlte, und der andere dankbar dafür und liebevoll-empfänglich. Aber, – mochte es sein, daß die Freunde sich verletzt fühlten durch die Leichtigkeit, mit welcher Hoffmann sie auf die erste Lockung der Welteitelkeit der eiteln Welt verlassen; oder sei es, daß er bloß aus dem Gleise gekommen; oder endlich, daß ihm bei glücklich veränderten äußern Umständen die frühern mäßigen Genüsse mit den Freunden nicht mehr ausreichend schienen; – kurz, es machte sich nicht mehr wie sonst, und, Freund aller Extreme, ging er aus der Gesellschaft wohlerzogener Leute, welche, Krämer in Kunst und

Leben, beide in kleinen Portionen vertreiben, recta unter die Schar der Großhändler, die, auf die Gefahr des
Bankerotts hin, den Genuß des Lebenskapitals allein in
dessen möglichst schnellem Umschwung suchen, – aus
den Teesalons in das Weinhaus, wo er sein Hauptquartier
definitiv aufschlug, sich den Grundsatz aufstellend, daß,
wenn man Kunstgenüsse haben wolle, man sie an öffentlichen Orten für sein Geld besser finde als in Privatzir-
keln für beschwerliche Kratzfüße und daß die Gesellschaft in der Weinstube vor allen übrigen den Vorzug
habe, daß, wenn sie einem nicht gefiele, man weggehen
könne, wenn man wolle, ohne daß es der Wirt übel-
nehme; – Argumente, gegen welche, wenn man an eine
gewisse Freiheit gewöhnt ist, wirklich eben nicht viel
möchte zu erinnern sein.

So wäre denn der Punkt bezeichnet, von welchem aus
Hoffmanns Versinken begann, und, nach den mechani-
schen Gesetzen des Falles, am Ende leider mit furchtba-
rer Schnelle. Es darf ein Dritter dies unverhohlen aussprechen, denn er selbst hat es auf seinem Sterbebette
nicht allein mit der Klarheit, mit der er alles durch-
schaute, eingesehn, sondern auch in die Hand des Herausgebers freiwillig und feierlich das Versprechen nie-
dergelegt, sein ganzes Leben ändern zu wollen, wenn
Gott ihm die Gesundheit wiederschenkte. Es hat nicht
sein sollen; aber schon der Vorsatz dient ihm zur Ehre!

Seine Lebensordnung in den letzten sechs Jahren von
1816 bis 1822 war die. Am Montage und Donnerstage
brachte er die Vormittage in den Sitzungen des Kammergerichts, an den andern Tagen zu Hause arbeitend,
die Nachmittage in der Regel schlafend, im Sommer

*Hoffmann und Devrient (als Falstaff) in Lutters Keller*

auch spazierengehend zu; die Abende und Nächte in
dem Weinhause. War er, was häufig, in manchen Perioden täglich geschah, mittags oder abends oder mittags
und abends in Gesellschaft, – denn nicht aus aller Gesellschaft, bloß aus der seiner Freunde und aus den feinern
Tees war er geschieden; dagegen unter Männern und bei
Trinkgelagen immer ein willkommener Gast, – oft
abends in zwei Zirkeln von sieben bis neun und von
neun bis zwölf gewesen*; so ging er, es mochte so spät
sein, als es wollte, wenn alle anderen sich nach Hause
begeben, noch in das Weinhaus, um dort den Morgen zu

---

* »Von sieben bis acht«, schrieb er einmal dem Herausgeber, »bin ich bei *
gewesen, wo vernünftige Leute Tee mit Rum tranken, und von acht bis elf bei **,
wo wieder vernünftige Leute Rum mit Tee tranken«, – und beide Kreise waren
hiedurch vollkommen charakterisiert.

erwarten; früher in seine Wohnung zurückzukehren, war ihm nicht gut möglich.

Man denke hiebei aber nicht etwa an einen gemeinen Trinker, der trinkt und trinkt aus Wohlgeschmack, bis er lallt und schläft; gerade das Umgekehrte war Hoffmanns Fall. Er trank, um sich zu montieren; dazu gehörte anfangs, wie er noch kräftig war, weniger; später natürlich mehr; – aber war er einmal montiert, wie er es nannte, in exotischer Stimmung, die, oft bei einer halben Flasche Wein, auch nur *ein* gemütlicher Zuhörer hervorrufen konnte, so gab es nichts Interessanteres als das Feuerwerk von Witz und Glut der Fantasie, das er dann unaufhaltsam, oft fünf, sechs Stunden hintereinander vor der entzückten Umgebung aufsteigen ließ. War aber auch seine Stimmung nicht exaltiert, so war er im Weinhause nie müßig, wie man so viele sitzen sieht, die nichts tun als nippen und gähnen; er schaute vielmehr mit seinen Falkenaugen überall umher; was er an Lächerlichkeiten, Auffallenheiten, selbst an rührenden Eigenheiten bei den Weingästen bemerkte, wurde ihm zur Studie für seine Werke oder er warf es mit fertiger Feder auf das Papier\*; kurz, er sprach selten seine Freunde, ohne daß er ihnen neue und pikante Curiosa aus dieser seiner Welt zu erzählen wußte.

Unter solchen Umständen hätten auch die, die es am besten mit ihm meinten, ihm diese Erholung gern gönnen können, – oft war der geistreiche Kreis um ihn

---

\* Die Weinhandlung von Lutter und Wegener in Berlin, – Hoffmann besuchte nur diese eine, – besitzt noch ein ganzes Portefeuille voll dieser zum Teil sehr charakteristischen Blätter; eine Art von Stammbuch, wo die Karikaturgäste, unfreiwillig und unbemerkt, eingeschrieben wurden.

*Gäste bei Lutter*
*(am Flügel, der in diesem Weinkeller stand, verkleinert Hoffmann)*

versammelt, und Fremde, die nach Berlin kamen und
ihn gern sehen wollten, suchten ihn, da seine Lebensweise bekannt war, immer in seinem Weinhause auf, –
wäre nur der zerstörliche Einfluß zu beseitigen gewesen,
den das unausgesetzte Nachtschwärmen, verbunden mit
geistiger Anstrengung aller Art am Tage, – da er mit
seinen Dienstarbeiten nie im Rückstande blieb und Bücher über Bücher schrieb, – unausbleiblich auf seine
Gesundheit äußern mußte. Auch ist nicht zu leugnen,
daß der immerwährende Umgang mit einer Gesellschaft,
wie sie sich in öffentlichen Häusern zusammenzufinden
pflegt, nach und nach die Fähigkeit in ihm untergrub,
sich unter edleren Umgebungen würdig zu benehmen,
und ein gewißer Zynismus aus seinem Betragen hervor-
blickte, der solche, die ihn nicht genauer kannten und
wußten, welchen Kern die oft rauhe Schale berge, leicht
von ihm abzustoßen geeignet war. Endlich hatte das
gesteigerte Bedürfnis des Weines, vielen Weines, des
besten und allerbesten Weines die Folge, daß er leichte-
ren Erwerb vorzog und Lieblingspläne, die er sein ganzes Leben hindurch in sich getragen hatte, unausgeführt
ließ, sie immer auf bessere Zeiten verschiebend. So
wollte er nach der beifälligen Aufnahme der Undine
noch eine leichte, ans Komische streifende, jedoch sich
in einem romantischen Gebiete bewegende Oper komponieren. Hitzig hatte ihm zu diesem Ende das Sujet des
Calderonschen galan fantasma, als alle jene Bedingungen
erfüllend, empfohlen; er ergriff, nachdem er mit dem
Inhalt bekannt gemacht worden, – er selbst verstand
nicht spanisch, und damals existierte noch keine Übersetzung, – auf das bloße, ihm mitgeteilte Szenarium die

Idee mit einer solchen Liebe, daß er Contessa, der die
Bearbeitung des Textes übernommen hatte und dem die
Lösung dieser Aufgabe wundervoll gelungen ist, nicht
genug antreiben konnte, die Oper zu vollenden; aber als
sie fertig war, hat er in Jahren nichts daraus gesetzt als
ein paar Lieder. Dies Werk sollte sein höchstes sein, und
dabei blieb es. Ebenso ging es mit dem mehrerwähnten
Werke von tiefer Intention: lichte Stunden eines wahnsinnigen Musikers; dem dritten Bande des Kater Murr,
zu dem der Plan auf das grandioseste angelegt war und
den er im Kopfe schon ausgearbeitet hatte, so daß es nur
des Niederschreibens bedurfte u. a. m. Dann kamen aber
immer Bestellungen von Taschenbuch-Erzählungen mit
Anerbietungen von sechs, acht, zehn Friedrichsdor für
den Bogen; das gab Aussichten auf neue, gute Weinern-
ten; einmal lief selbst für die Scuderi von den Gebrüdern
Wilmans in Frankfurt am Main nächst dem Honorar als
Captatio benevolentiae für folgende Jahre eine große
Kiste köstlicher Weine in natura ein; und so durch die
vorherrschende Neigung überall verstrickt in sklavische
Bande, ging die freie Tätigkeit eines so herrlichen Geistes allmählich unter.

Eine Oase voll duftender Blumen tauchten, in den
ersten Jahren des wüsten Weinhauslebens, die Serapions-Abende aus demselben auf. Hitzig nämlich, dem
es am wehesten tat, Hoffmann seinen wahren Freunden
um des Umgangs mit Zechbrüdern willen ganz entfremdet zu sehen, hatte die Einrichtung begründet, daß man
einmal in der Woche in Hoffmanns Wohnung zusammenkam, um sich mit einander zu besprechen und das
etwa Gearbeitete mitzuteilen, wobei, um den Charakter

*Carl Wilhelm Salice-Contessa*

dieser Gesellschaft nicht zu verletzen, die höchste Mä-
ßigkeit als Hauptgesetz angenommen war, ein Grundsatz, von welchem auch, so lange jene Zusammenkünfte
bestanden, nicht abgewichen wurde.

Die Grundpfeiler dieses Vereins bildeten nächst Hoffmann Contessa, Koreff, ein ausgezeichneter Arzt[*] und
Hitzig. Ein vortrefflicher ineinandergreifendes Quatuor
mochte nicht leicht zu finden sein. Koreff war der einzige Mensch, dem Hoffmann geduldig zuhörte, weil er
ihn in der Unterhaltung an sprudelndem lebendigem
Witze oft und an Kenntnissen immer überbot, auch
dabei gutmütig genug war, ihn reden zu lassen, so oft er
wollte; Contessa, selbst wenig redend, horchte auf alles,

---

[*] Sprechend sind beide gezeichnet, Serapionsbrüder, Bd. 2. Contessa, als
Sylvester [it 631, S. 341 f.], und Koreff, als Vinzenz [S. 342].

was die Freunde an Witz ausgehen ließen, mit dem beredtesten Beifallslächeln, das ihm unaufhörlich um die Mundwinkel spielte, von Zeit zu Zeit ein kleines, aber entscheidendes Wörtchen zugebend, und Hitzig, der mit Contessa das Publikum bildete und alle drei übrigen länger und besser als sie sich unter einander kannte, verstand darum die Kunst, Lücken im Gespräch auszufüllen, und wo es matt wurde, es wieder anzuregen, sich willig jedes Anspruchs auf Solopartien begebend.

Am Abende eines Tages, der nach dem von Hoffmanns Gattin herbeigebrachten polnischen Kalender den Namen des heiligen Serapion führte, wurde die Gesellschaft eingeweiht, nach jenem Heiligen benannt und gedieh fröhlich, bis sie durch den Umstand, daß Contessa seinen Wohnort von Berlin verlegte und in Koreffs Person begründete Hindernisse, zum großen Leidwesen aller, ihr Ende erreichte; denn wirklich wurde in einer solchen Zusammenkunft ein Maß von Witz und Geist konsumiert, daß ein gewöhnlicher Tee durch die ganze Lebenszeit des Teegebers davon hätte bestehn und noch auf seine Erben ein gutes Teil übergehen können.*

Auch an erfreulichen Besuchen fehlte es den Serapionsbrüdern nicht. Ein richtiger Takt sagte den Mitgliedern schon, wen sie mitbringen durften, wen aber nicht, und gewiß ist keiner der Zugezogenen unbefriedigt aus dem heitern Kreise geschieden.

Kehren wir nun nach dieser langen Abschweifung über Hoffmanns geselligen Verkehr zu den Ereignissen

---

* Man vergleiche mit dieser ganzen Erzählung Serapionsbrüder Bd. 1. [it 631, S. 22, 74, 132] u. a. a. O.

seines Lebens und seinen literarischen Arbeiten zurück,
so findet sich von dem Jahre 1816 zuvörderst nur seine
Bekanntschaft mit Oehlenschläger* und ein seltsamer
Besuch seines Neffen, eines Sohnes seines oben erwähnten Bruders** nachzutragen, worüber sich das Fragment
eines Briefes an diesen seinen Bruder vorgefunden hat,
das zu charakteristisch ist, um der Versuchung widerstehen zu können, es in den Beilagen mitzuteilen. Von
seinen Werken ist keines mit der Jahreszahl 1816 bezeichnet, doch schrieb er in diesem Jahre mehreres, was
in dem ersten Band der Serapionsbrüder aufgenommen
wurde.

In dem nächstfolgenden, 1817, erschienen die Nachtstücke. Von diesem sind in Berlin gearbeitet: der Sandmann und das Majorat, in denen königsbergsche Figuren nach den in der ersten Jugendzeit erhaltenen

---

* Wie freundlich sich Oehlenschläger später noch jener Bekanntschaft erinnert, möge nachstehender Empfehlungsbrief beweisen:

Kopenhagen, den 26. März 1821

Hochzuverehrender Freund!
Ich labe mich noch immer in der Erinnerung an den herrlichen Kardinal, den
Ew. Ehrwürden mit eigner gelehrter Hand verfertigten und den die dichterische
Tria juncta in uno †) zusammen genossen, wodurch unsre Seelen, Gedanken,
Phantasien, Klugheiten und Tollheiten zusammenflossen und einen vollständi-
gen Papst ausmachten.
   Vergeben Sie meinen Stil, ich bin der humoristischen und deutschen Sprache
nicht so gewohnt wie Sie.
   Hier schicke ich Ihnen einen jungen gelehrten, sehr gutmütigen und bescheid-
nen Dänen, der bei euch Fremden Mores u. s. w. lernen soll.
   Tunken Sie ihn auch ein wenig in die Zaubersee Ihrer Laune, mein Wertester!
Und lehren Sie ihn, wie man im ironischen Tollhausmantel ein Philosoph und
Weltweiser sein kann; und was mehr ist, ein sehr liebenswürdiger Mann.

Der ich ewig verharre ihr wahrer Freund<br>
und Verehrer<br>
*A. Oehlenschläger*<br>
»Serapionsbruder.«

†) Nämlich er, Fouqué und Hoffmann.

** Teil 1. S. 16.

*Der Vater heißt Coppelius willkommen. Federzeichnung von Hoffmann*

Eindrücken aufgefaßt, auftreten; die Jesuiterkirche und das steinerne Herz, in denen glogauische Erinnerungen verarbeitet sind; ferner das Gelübde, nach einer Geschichte, die Hoffmanns Frau ihm aus ihrer Vaterstadt Posen erzählte; endlich das Sanctus und das öde Haus. Zu dem ersten hatte ihm das Ereignis die Veranlassung gegeben, daß eine der oben* erwähnten Sängerinnen, nachdem sie in der Kirche gesungen, plötzlich unter den in der Erzählung angegebenen, wirklich merkwürdigen Umständen für einige Zeit die herrliche Stimme verlor und Hoffmann neckend behauptete, es sei die Strafe dafür, weil sie beim Sanctus die Kirche verlassen; zu letzterem aber der Eindruck, den ein unter den Linden belegenes Haus auf ihn machte, dessen Fenster nach

* Teil 2. S. 306.

vorn hinaus nie geöffnet erschienen und hinter denen
seine Fantasie ihn allerlei Spukhaftes sehen ließ. Zu
dem vor seinem letzten Aufenthalt in Berlin geschriebenen Ignatz Denner hatte er den Stoff in Bamberg erhalten.

1818 erschien von ihm kein größeres Werk; 1819 aber
zuerst der Dialog: seltsame Leiden eines Theaterdirektors, sodann Klein Zaches. Die Entstehungsgeschichte
des erstern erzählt er auf eine allerliebste Weise in der
dem Leser des gegenwärtigen Buches wohl erst vollkommen verständlichen Vorrede folgendergestalt.

»Vor etwa zwölf Jahren ging es dem Herausgeber
dieser Blätter beinahe ebenso wie dem bekannten Zuschauer, Herrn Grünhelm, in Tiecks verkehrten Welt.
Das düstere Verhängnis jener ereignisreichen Zeit
drängte ihn mit Gewalt heraus aus dem Parterre, wo er
seinen bequemen, behaglichen, Platz gefunden, und nötigte ihn, einen Sprung zu wagen, der zwar nicht bis aufs
Theater, wohl aber bis ins Orchester auf den Platz des
Musikdirektors reichte.

Auf diesem Platz schaute er nun das seltsame Treiben
der wunderlichen kleinen Welt, die sich hinter Coulisse
und Gardine regt und bewegt, recht in der Nähe an, und
diese Anschauung, vorzüglich aber die Herzensergießungen eines sehr wackern Theaterdirektors, dessen Bekanntschaft er im südlichen Deutschland machte, gab
Stoff zu dem Gespräch zweier Theaterdirektoren, das er
schon damals aufschrieb, als er noch nicht in das Parterre
zurückgesprungen war, wie er es in der Folge denn
wirklich tat u. s. w.«

Klein Zaches ist eines von Hoffmanns Werken, wel-

*Ein Blatt aus Hoffmanns Manuskript »Der Sandmann«*

ches ihm die meisten Mißdeutungen zugezogen, und doch gab es nichts Unschuldigeres als die Art, wie dies Märchen entstanden.

Im Frühjahr 1819 war er nämlich schwer erkrankt an einem Unterleibsübel mit gichtischen Zufällen. Hitzig besuchte ihn täglich und mußte dann immer zuerst hören, welche Fantasien des Fiebers, die Hoffmanns Kopf jederzeit mit neuen Bildern füllten, zunächst die Oberhand bei ihm gewonnen. So kam er eines Nachmittags, und Hoffmann, ihm die glühende Hand vom Krankenlager herüberreichend und noch im heftigsten Fieberanfalle, rief ihm gleich in kurzen raschen Absätzen, wie sie die Hitze ausstößt, entgegen: »Denken Sie, was für ein paar verwünschte Ideen mir eben gekommen sind. Ein häßlicher, dummer kleiner Kerl, – fängt alles verkehrt an, – und wie was Apartes geschieht, hat er's getan. – Wird z. B. ein schönes Gedicht in einer Gesellschaft von einem andern verlesen, – er wird als Verfasser geehrt und empfängt dafür das Lob, und so durchweg. – Dann wieder ein andrer, der einen Rock hat, – wenn er ihn anzieht, – werden die Ärmel zu kurz, – und die Schöße zu lang. – Sobald ich wieder gesund werde, muß aus den Kerls ein Märchen gemacht werden.« Hitzig konnte nicht umhin, den Gedanken drollig zu finden, und bei Hoffmanns beflügelter Eil, war er auch kaum wieder auf den Beinen, als der kleine Zaches schon fertig dalag, den er vielleicht in nicht 14 Tagen gearbeitet. Hatte er nun darin eine im Orte bekannte Karikaturgestalt dem Leser vor die Augen gestellt, wie er es nicht unterlassen konnte, im Weinhause jede lächerliche Figur auf das Papier zu werfen oder in der Gesellschaft alles, was in das Gebiet des Komischen fiel, laut zu bemerken; so lag darin eben so wenig eine prämeditierte Bosheit, die ihm oft zur Last gelegt worden ist, als *darin* eine strafbare politische Gesinnung, wenn er in seinem letzten Werke die Erzählung mit Ausdrücken staffierte, die er aus mit Recht geheimgehaltenen, ihm nur durch sein Amt zugänglich gewordenen Akten geschöpft; vielmehr war, in dem einen und dem andern Falle, nichts eben das Motiv seines Handelns als eine völlige Rücksichtslosigkeit in Beziehung auf die Folgen, wenn es galt, einem witzigen Einfalle Luft zu machen. Daß mit dieser Bemerkung der Vorwurf des keineswegs zu billigenden Leichtsinns, der dort den Menschen, hier den Geschäftsmann trifft, nicht zu beseitigen ist, versteht sich ohne weitere Ausführung.[27]

Übrigens ist sowohl der Umschlag zum kleinen Zaches sowie zu seinen spätern Werken, den beiden Bänden des Katers Murr und des Meister Floh, von Hoffmann selbst erfunden und gezeichnet. Er war durch Hitzig auf Hensels ähnliche Arbeiten auf dem Einbande der Arndtschen Märchen aufmerksam gemacht worden, hatte Wohlgefallen daran gefunden und die Idee gleich in seinem Geiste benutzt.

Im Sommer 1819 machte Hoffmann auf Verordnung seines Arztes eine Reise in die schlesischen Bäder, die ihm ungemein wohlbekam. Er traf dort mit Contessa zusammen, machte die Bekanntschaft von Schall, Weisflog und andern geistreichen Leuten und kehrte so gestärkt und heiter zurück, als ihn seine Freunde lange nicht gesehen. Nie wird der Herausgeber, der während seiner Abwesenheit die Korrektur des ersten Bandes vom Kater Murr besorgt hatte, die Gemütlichkeit vergessen, mit welcher Hoffmann am frühen Morgen nach seiner Rückkunft in seinem Hause erschien und ihm einen kristallenen Prachtpokal feierlich überreichte, in welchen er den Kater nach einer sehr gelungenen, von ihm in Warmbrunn entworfenen Zeichnung hatte schneiden lassen mit der Umschrift: »Der junge Autor seinem vielgeliebten Korrektor.«

Bald nachher wurde Hoffmann in ein ihm wieder ganz neues Feld der Tätigkeit berufen, nämlich zum Mitgliede einer Immediat-Untersuchungs-Kommission zur Ermittelung geheimer staatsgefährlicher Verbindungen ernannt und soll auch hier sehr brauchbare und vorzüglich elegant redigierte Arbeiten geliefert haben.

Endlich gab er bis zum Schlusse dieses für ihn in so vielfältiger Beziehung reichen Jahres den ersten und zweiten Band der Serapionsbrüder heraus, deren dritter 1820 und vierter 1821 erschien.

Der Verleger dieses Werkes hatte ihn nämlich, wie er in der Vorrede zu demselben berichtet, aufgefordert, seine in Journalen und Taschenbüchern verstreuten Erzählungen und Märchen zu sammeln und mit neuen zu vermehren, und hierdurch sowie durch den Umstand, – so bemerkt er ferner, – daß er mit seinen herzgeliebten Freunden nach langer Trennung (durch die unternommene schlesische Reise,) an einem Serapionstage wirklich wieder zusammentrat, war er bestimmt worden, jener Aufforderung Raum zu geben. Man findet hiernach in dem genannten Buche teils jene Erzählungen, teils einen fortlaufenden, zur Vereinigung derselben in ein Ganzes dienenden Dialog, in welchem er sich vorge-

*Beethoven. Zeichnung von J. P. Lyser*

setzt, ein möglichst treues Bild des Zusammenseins der gleichgesinnten Serapionsbrüder aufzustellen, wie sie sich einander die Schöpfungen ihres Geistes mitteilen und ihr Urteil darüber aussprechen.

Im Frühjahr des nächstfolgenden Jahres 1820 hatte Hoffmann eine große Freude. Ein Reisender brachte ihm einen herzlichen Brief von Beethoven. Man muß seine Verehrung dieses Meisters gekannt haben, um beurteilen zu können, wie dieser Gruß aus der Ferne auf ihn wirkte.*

---

* Er möge, in seiner großartigen Einfachheit, hier stehen:

Wien, den 23. März 1820

Ich ergreife die Gelegenheit, durch Herrn N. mich einem so geistreichen Manne, wie Sie sind, zu nähern. Auch über meine Wenigkeit haben Sie geschrieben, auch unser Herr N. N. zeigte mir in seinem Stammbuche einige Zeilen von Ihnen über mich. Sie nehmen also, wie ich glauben muß, einigen Anteil an mir. Erlauben Sie

Im Sommer dieses Jahres kam Spontini, nach Berlin gerufen, dort an. Auch diesen Komponisten achtete Hoffmann im höchsten Grade. Er fand sich veranlaßt, ihn in der Zeitung mit einem Willkommen zu begrüßen, ein Schritt, der ihm, wie manche andere spätere Annäherung an den interessanten Mann, vielfältig verargt worden ist, weil man darin eine seiner unwürdige Kriecherei zu finden meinte. Von keinem Fehler war er aber wohl mehr entfernt als von diesem. Leicht kann es sein, daß die große Auszeichnung, die Spontini ihm, als einem der gewandtesten Schriftsteller, dem er also mit Recht einen Einfluß auf die öffentliche Meinung zutrauen durfte, bewies, seiner Eitelkeit schmeichelte und ihn auch geneigt machte, die Übersetzung des ursprünglich französischen Textes der Olympia, – eine Arbeit, die sonst nicht ganz passend für ihn war, – zu übernehmen; aber es ist in die Augen fallend, wie verschieden dies Motiv, selbst wenn man es voraussetzen könnte, und das soll keineswegs behauptet werden, von einer Schmeichelei wider bessere Überzeugung sein würde. Soviel ist gewiß, daß er die Bearbeitung der Olympia mit der größten Lust betrieb und von der Schönheit und Wirkung dieser Musik seinen Freunden nicht genug zu rühmen wußte.

Endlich erschien 1820 noch der erste Band der Lebensansichten des Kater Murr, dem 1822 der zweite

mir, zu sagen, daß dieses von einem mit so ausgezeichneten Eigenschaften begabten Manne Ihresgleichen mir sehr wohl tut. Ich wünsche Ihnen alles Schöne und Gute und bin

Ew. Wohlgeboren
mit Hochachtung ergebenster
*Beethoven*

*Johannes Kreisler, der Held des »Kater Murr«. Zeichnungen von Hoffmann*

folgte und der mit dem dritten, leider auf dem Papier nicht angefangenen, aber im Kopfe schon ganz vollendeten schließen sollte. Zu der äußern Form dieses Buches war Hoffmann durch einen ausgezeichnet schönen Kater veranlaßt worden, den er auferzogen hatte und der ihm wirklich mehr als gewöhnlichen Tierverstand zu haben schien; wenigstens war er unerschöpflich in Erzählungen von den Klugheiten, welche von diesem Liebling, der in der Regel in dem Schubkasten des Schreibtisches seines Herrn, den er sich mit den Pfoten selbst aufzog, und auf dessen Papieren ruhte, ausgegangen sein sollten. Der Held der Dichtung, Johannes Kreisler, schon aus den Fantasiestücken der lesenden Welt bekannt und wert geworden, war aber eine Personifizierung seines humoristischen Ichs, weshalb auch in keinem seiner Werke soviel auf Wahrheit gegründete Beziehungen auf sein eigenes Leben zu finden sind als in diesem. Der dritte Band sollte Kreislern bis zu der Periode führen, wo ihn die erfahrnen Täuschungen wahnsinnig gemacht, und unmittelbar an diesen Band sich die schon mehrmals erwähnten lichten Stunden eines wahnsinnigen Musikers anschließen*.

* Hierzu hat sich folgender Croquis im Nachlaß vorgefunden:

*Lichte Stunden eines wahnsinnigen Musikers.*
Ein Buch für Kenner.

*Die Liebe des Künstlers.*
Der kühle Augenblick.
Klang aus dem Norden.
Klang aus dem Süden.
Mystik der Instrumente.
Musikalisches Helldunkel.
Ton-Arten.
Zerstreutheit des Künstlers (grade entgegengesetzt) (nach dem Takt gehn – Rollen der Räder – Anekdoten.)

*Aus den »Tänzen« von Jacques Callot*

Auf den Kater Murr legte Hoffmann fast unter allen seinen Werken den höchsten Wert, und in dem letzten Teile desselben glaubte er zu leisten, was er früher noch nicht vermocht.

Zu seinem Geburtstage in diesem Jahre hatte ihm Koreff übrigens ein Heft mit echten Callotschen Blättern geschenkt. Diese gaben ihm die Idee zu der Prinzessin Brambilla, die im nächstfolgenden, 1821, erschien

Ahnungen der Musik des Himmelreichs.
Die Noten.
Das Geheimnis der Fuge. (Frage und Antwort. Zwei Worte oder die Herberge im Walde)
*Piano – forte – crescendo – fortissimo – decrescendo – ritardando – dolce a tempo – smorzando.*
Bewußtloses Empfangen – unerachtet der Komponist zur klaren Erkenntnis gekommen – er macht so selbst seinen Kritiker – zerteilt in zwei geistige Prinzipe, die der Moment scheidet.
Mozart als Kind erinnere mich daran, daß ich den Hörnern recht viel zu tun gebe.

und zu der er mehrere jener Blätter mit Gegenständen, die in den Gang der Handlung eingreifen, abbilden ließ.

In der Vorrede bezeichnet er seinen Zweck bei diesem Märchen dahin, daß es eine aus einer philosophischen Ansicht des Lebens geschöpfte Hauptidee versinnlichen sollte, und die hier zum Grunde liegende war die Verbindung des Humors mit der Fantasie. Er glaubte das Werk gelungen und übergab es, wie seine früheren, seinem Freunde Hitzig, dessen Urteil darüber fordernd. Dieser, der ihn stets mit der größten Offenheit behandelte, verhehlte ihm nicht, daß er ihn hier auf einem schon oft, aber noch nie so entschieden betretenen Abwege zu erblicken glaube, nämlich dem des Nebelns und Schwebelns mit leeren Schatten, auf einem Schauplatz ohne Boden und ohne Hintergrund, und empfahl ihm, um ihm zu zeigen, was bei dem Publikum jetzt mit Recht anfange, das höchste Glück zu machen, etwas von Walter Scott zu lesen, – (denn ohne ausdrücklich darauf hingewiesen zu werden, las Hoffmann nichts Neues;) – unmaßgeblich den Astrologen.

Schon am nächsten Morgen erhielt er folgende Antwort, die eine sehr merkwürdige Selbstanschauung enthält.

»Gestern abend war Koreff bei mir und hatte die Güte, mir auf mein Bitten noch ganz spät den Astrolog zu schicken, den ich nächstens lesen werde, da ich ihn in diesem Augenblick – verschlinge. Ein ganz treffliches – treffliches Buch, in der größten Einfachheit reges lebendiges Leben und kräftige Wahrheit! – Aber! – fern von mir liegt dieser Geist, und ich würde sehr übel tun, eine Ruhe erkünsteln zu wollen, die mir, wenigstens zur Zeit

noch, durchaus gar nicht gegeben ist. Was ich jetzt bin
und sein kann, wird pro primo der *Kater*, dann aber,
will's Gott, auf andere Weise noch der *Jacobus Schnellpfeffer*[28], der vielleicht erst 1822 erscheinen dürfte, zeigen.« –

Der Frühherbst dieses Jahres 1821 führte zwei sehr
angenehme Ereignisse für Hoffmann herbei. Sein geliebtester Jugendfreund Hippel erschien wieder für län-
gere Zeit in Berlin, und ferner rückte er, bei seiner
Anciennität und nachdem sich unlängst sein Gehalt auch
noch bedeutend vermehrt hatte, in den Oberappella-
tionssenat des Kammergerichts als Mitglied ein.

Diese Lage hatte er längst gewünscht, denn sie befreit
von allen juristischen Geschäften außer dem Hause und
beschränkt diese bloß auf das Anfertigen schriftlicher
Relationen, die dann, wenn sie nach Muße fertigge-
macht worden, an einem bestimmten Tage in der Woche
vorzutragen sind. Dies paßte vortrefflich zu Hoffmanns
schriftstellerischen Beschäftigungen, in denen er, durch
seine frühere Situation, die es mit sich brachte, daß er
wenigstens zweimal wöchentlich in die Gerichtssitzung
erscheinen und vorher Arbeiten machen mußte, die an
diesen Sitzungstagen zum Vortrag kamen, sich häufig
unterbrochen sah. Er nannte sein jetziges Leben treffend
ein doppeltes Autorleben, indem er in seinem Geschäfts-
verhältnisse nur Manuskripte für die Registratur wie als
Dichter Manuskripte für die Presse zu liefern hatte.
Dazu war sein Finanzzustand durch die Gehaltsvermeh-
rung dergestalt verbessert, daß er daran dachte, sich in
jeder Art mehr auszudehnen, einige Zimmer zu seinem
Quartier zumietete, um in dem einen eine sich nach und

nach anzuschaffende Bibliothek aufzustellen, in dem andern aber nur die Arbeiten, die zu seiner Erholung dienten, vorzunehmen u. dergl. mehr; kurz man konnte keinen mit größerer Freudigkeit in die Zukunft blickenden Mann sehen als Hoffmann im Oktober 1821.

Aber wie es oft im Leben zu geschehen pflegt, daß die gewitterschwangere Wolke dem schon über dem Haupte steht, der sie nicht erschaut, weil er den Blick nicht von der Erde hebt, so sollte es auch mit dem armen Hoffmann sein. Nur noch monatelang sollte er das ihm nun in jeder Beziehung so teuer gewordene Leben fortsetzen dürfen, und, – welch ein Leben!

Der erste Vorbote der Leiden, die ihm bevorstanden, war, – man lache nicht, – der Tod seines Katers.

Am 30. November 1821 erhielt der Herausgeber früh am Morgen folgende Karte:

»In der Nacht vom 29. zum 30. November entschlief nach kurzem, aber schwerem Leiden zu einem bessern Dasein mein geliebter Zögling, der Kater Murr, im vierten Jahre seines hoffnungsvollen Alters, welches ich teilnehmenden Gönnern und Freunden ganz ergebenst anzuzeigen nicht ermangle. Wer den verewigten Jüngling kannte, wird meinen tiefen Schmerz gerecht finden und ihn – durch Schweigen ehren.          Hoffmann«

Dieser Spaß konnte dem auffallen, der Hoffmann nicht kannte, nicht ahndete, wie nahe oft bei ihm Scherz an Schmerz zu grenzen pflegte. Der Herausgeber wußte, wie er es zu nehmen hatte. Am Abende führte ihn ein Geschäft aus seinem Hause und an der Weinstube vorbei, in welcher Hoffmann seinen Wohnsitz aufgeschlagen. Wenige Schritte davon gewahrte er diesen, langsam und gebückten Hauptes einhergehend. Hoffmann ward auch seiner im Augenblicke ansichtig und »haben Sie meine Karte erhalten?« fragte er mit Heftigkeit. Es wurde bejaht. »Nun, so tun Sie mir die einzige Liebe«, so fuhr er fort, »und treten mit mir in dies Kaffeehaus (vor dem sie eben standen), wir können da ungestört mit einander sprechen.« Es geschah, wie er gesagt, er riß den Freund mit Ungestüm in ein Hinterzimmer, sah sich um, ob sie auch allein wären, und nun begann er, mit vorausgeschickter Bitte, ihn nicht zu verkennen; aber es sei doch nun einmal so, – das Bekenntnis, wie ihn der Tod des Tieres ergriffen, (welches zu retten, er Ärzte aus der Tierarzneischule hatte holen lassen), zugleich aber auch eine Schilderung der Qual des Sterbens, daß sich dem entsetzten Zuhörer die Haare in die Höhe richteten.

»In der Nacht«, so erzählte er unter andern, »winselte der Murr gar zu erbärmlich, meine Frau schlief fest; ich stand sachte von ihrer Seite auf, schlich in die Kammer, wo er lag, hob die Decke auf, die über ihn gebreitet war, und nun sah er mich an, mit ordentlich menschlichen Blicken, wie bittend, daß ich ihm doch das Leben schenken möchte, und hörte für einen Augenblick auf zu jammern, als ob er Trost in meinen Mienen läse. Da konnte ich es nun nicht länger ertragen, ließ das Tuch wieder über ihn hinfallen und kroch ins Bett zurück. Gegen Morgen starb er, und nun ist mir das Haus so leer und auch meiner Frau. Ich wollte heute früh gleich zu Fiocati und ihr einen sprechenden Papagei kaufen; aber sie will keinen Ersatz, und ich auch nicht. Nicht wahr, Freund, Sie halten auch nichts von Surrogaten für geliebte Gegenstände? u. s. w.«

Der Freund war so ergriffen von der Stimmung, in welcher er Hoffmann fand, und so gerührt von seinem Vertrauen, da er, der jeden Anstrich von Sentimentalität auf das höchste scheute, sich gewiß nur gegen ihn, den seit langen Jahren mit seinen innersten Gefühlen Bekannten, so auszusprechen wagte, daß er seine Hand ergriff und ihm sagte: »Ihre Karte liegt schon bei den Papieren, die ich über Sie gesammelt, und auch diese Herzensergießung soll unvergessen sein. Wenn ich Sie überlebe, so schreib ich Ihre Biographie, und beides soll darin nicht fehlen.« »Ach! sie werden mich gewiß überleben«, erwiderte er wehmütig, und tief erschüttert schieden die Freunde.

Wie hätte es aber der Überlebende damals ahnen sollen, daß er sein Versprechen so bald werde zu lösen haben! Noch stand Hoffmann in völliger Kraft der Gesundheit vor ihm; aber bald darauf befiel ihn die Krankheit, die, eine gänzliche Erschöpfung der Lebenskraft und zuletzt eine Lähmung der Extremitäten herbeiführend, ihn in dem reifsten Mannesalter unerbittlich dahinraffte.

Vor deren Ausbruch hatte er noch sein letztes Werk, Meister Floh, geschrieben.

Eine Aufforderung der Buchhandlung Gebrüder Wilmans in Frankfurt am Main, die ihm seit dem großen Erfolg, den die Scuderi ihrem Taschenbuch für Liebe und Freundschaft gegeben, unaufhörlich anlag, ein Werk für ihren Verlag zu schreiben und ihn durch die glänzendsten Anerbietungen in Hinsicht des Honorars köderte, mag ihm die Veranlassung gegeben haben, dies Märchen aus längst verbrauchten Materialien im Laufe

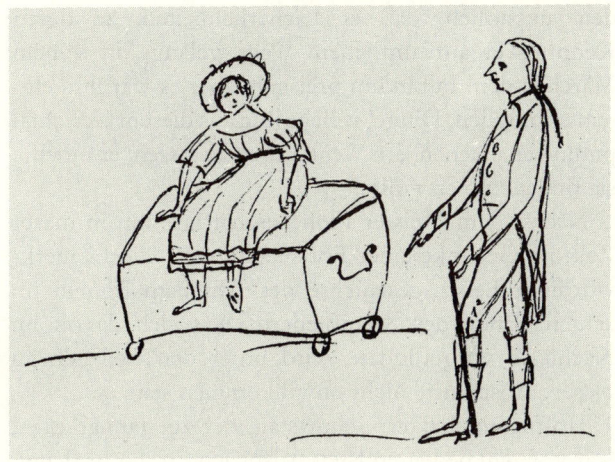

*Hoffmanns Federzeichnung, von Kugler mit dem Zusatz versehen: »Von der
Widersetzlichkeit gegen obrigkeitliche Beamte – ob Niedersetzlichkeit auch
Widersetzlichkeit?« (Das Mädchen widersetzt sich dem Befehl, die Truhe
durchsuchen zu lassen)*

von wenigen Wochen zusammenzuwürfeln; aus irgendeinem innern Antrieb ist es, wie man auf den ersten Blick
gewahrt, nicht hervorgegangen. Auch die durch die
bekannte Verstümmelung desselben daraus verschwun-
dene Episode würde ihm keinen erhöhten Reiz gegeben
haben.[29] Sie enthielt Anspielungen, die nur ein sehr
bedingtes, zum Teil lokales Interesse hatten, und wäre
Hoffmann nicht so unvorsichtig gewesen, vorher davon
zu sprechen, daß er dies und jenes in dem Buche persi-
flieren wolle, so würde kein Leser bei der Ungründlich-
keit des Publikums, das solche Schriften liest, gemerkt
haben, wohinaus er gezielt. Übrigens war es, wie schon
oben bei Gelegenheit des kleinen Zaches erwähnt wor-

den, unpaßlich, daß er Lächerlichkeiten, zu deren
Kenntnis er auf amtlichem Wege gelangt, in seinem
Märchen dem Publikum preisgab; aber es war ihm einmal unmöglich, Dinge, welche ihm aus diesem Gesichtspunkte erschienen, am Wege liegen zu lassen, er mochte
sie finden, wo er wollte.

Nächst dem Meister Floh beschäftigte ihn in dieser
Zeit der Gedanke einer Fortsetzung von Tiecks merkwürdiger Lebensgeschichte des Abraham Tonelli im
achten Bande der Straußfedern. Was sich davon im
Nachlasse vorgefunden, wird unter den Beilagen zu
diesem Abschnitte nicht unwillkommen sein.

Hoffmanns letzter Geburtstag, der 24. Januar 1822,
war von den bedeutendsten Auspizien für ihn begleitet.
Was seit den Jünglingsjahren nicht der Fall gewesen; er
konnte ihn mit seinem ältesten Freunde Hippel, der
noch in Berlin verweilte, feiern, und von seinen späteren
liebsten Freunden fehlte auch kein einziger als Contessa,
der sich auf dem Lande befand. Aber schon hatte die sich
entwickelnde Krankheit ihm die Flügel gelähmt. Er
trank Selterser Wasser, während er seiner Gesellschaft
die köstlichsten Weine vorgesetzt, und wenn er sonst bei
solchen Gelegenheiten mit der unermüdlichsten Beweglichkeit den Tisch umkreiste, um einzuschenken und die
Unterhaltung anzufachen, wo sie stockte, so saß er heute
den ganzen Abend an seinem Lehnstuhl gefesselt. Nach
Tische nahm die Unterhaltung zwischen Hippel und
Hoffmann eine Wendung, die, wie sie Erinnerungen aus
ihrer Jugendzeit herbeirief, auch des Todes und Sterbens
erwähnen ließ. Der Herausgeber, mit unter den Gelade-
nen, warf, vielleicht ihm selbst unbewußt, ein Wort

dazwischen, dessen Sinn ungefähr das bekannte »das Leben ist der Güter höchstes nicht« war; aber Hoffmann fuhr ihm mit einer Heftigkeit, die so den ganzen Abend nicht zum Ausbruch gekommen war, entgegen: »Nein, nein, leben, leben, nur leben, – unter welcher Bedingung es auch sein möge!« Es lag etwas Entsetzliches in der Art, wie er diese Worte herausstieß, und sein Wunsch ist später auf eine furchtbare Weise in Erfüllung gegangen.

Denn er lebte zwar von da ab wirklich noch fünf Monate; – aber unter welchen Bedingungen! Mit jedem Tage, möchte man sagen, versagte ein oder das andere Glied seines Körpers mehr und mehr den Dienst; Füße und Hände, Folge der sich ausbildenden Rückenmarksdarre (tabes dorsalis) starben ganz ab, ebenso einzelne Teile des innern Organismus, und den Tag vor seinem Tode, wo die Lähmung bis hinauf an den Hals getreten war, glaubte er sich völlig genesen, weil er nirgend Schmerz mehr fühlte.

In diesem über allen Begriff jammervollen Zustande, der jedem, der ihn sah, durch die Seele ging, verleugneten sich bei ihm keinen Augenblick die höchste Liebe zu dem Leben, der unerschütterliche Glaube, daß es ihn nicht lassen könne, und eine in Vergleichung mit seinen gesunden Tagen fast noch gesteigerte Heiterkeit, ja großenteils Ausgelassenheit. Der ernste Richter, der es ihm zum Verbrechen machen mag, daß er über manche Staatseinrichtungen oder ähnliche Gegenstände seinem Scherz freien Lauf gelassen, hätte nur einmal Zeuge sein sollen, welch eine unerschöpfliche Quelle der launigsten Einfälle er sich selbst in seiner Hilfslosigkeit wurde. Daß sein Stiefelputzer ihn mit nervigten Fäusten ins Bad warf, wie man ein Stück Holz ins Wasser schleudert; daß eine sorgsame Magd ihn dann, wenn er wieder angekleidet, – was leider bei seiner Zusammengeschrumpftheit leicht möglich war, – oft wie ein Kind auf die Arme nahm und ihn ins Bette trug, und tausend kleine Ereignisse dieser Gattung wurden ihm zu Festen, und er fühlte sich glücklich, wenn er seinen Freunden täglich Neues in diesem Geschmack erzählen und ausmalen konnte.* Alle seine Umgebungen trugen besondere Namen; sein Abschreiber z. B. hieß der Domicellar, weil er mit einem solchen, den er in Bamberg gekannt, Ähnlichkeit hatte u. s. w.

Eines Tages im März erfuhr der Herausgeber, daß Hoffmann am frühen Morgen eine Deputation begehrt, um sein Testament zu errichten. Da er hierin eine Über-

---

* Eine solche Geschichte hat er auch noch im letzten Monate seines Lebens in der Berliner Zeitschrift: der Zuschauer: No. 71 von 13. Juni abdrucken lassen. Sie lautet folgendergestalt:

*Naivität.* Ein Kranker, der an einer beharrlichen Schlaflosigkeit litt, sah sich genötigt, jede Nacht jemanden um sich zu haben, mit dem er nicht allein sprechen konnte, sondern der ihm auch in seinem gelähmten Zustande die nötige Hilfe leistete. So sollte ein junger Mann bei dem Kranken wachen. Statt aber zu wachen, verfiel derselbe in einen Schlaf, aus dem er nicht zu erwecken. Der Kranke war in dieser Nacht von einem besondern Geist fröhlicher, und zwar musikalischer Laune ergriffen, besann sich auf alle mögliche Canzonen und Canzonetten, die er sonst gesungen, und sang sie mit heller Stimme ab. Endlich, als er in das schlafende Antlitz seines Wächters schaute, kam ihm dasselbe sowie die ganze Situation gar zu drollig vor. Er rief seinen Wächter laut bei Namen und fragte, als dieser sich aus dem Schlafe rüttelte, ob ihn vielleicht das Singen in seiner Ruhe störe?

»Ach Gott!« erwiderte der junge wachsame Mann ganz naiv und trocken, indem er sich dehnte, »ach Gott! nicht im mindesten. Singen Sie doch in Gottes Namen, Herr*** Rat; ich habe einen festen, gesunden Schlaf!« Und damit schlief er wieder ein, indem der Kranke mit heller Kehle anstimmte:

Sul margine d'un rio etc.

*Hffmnn.*

zeugung von der Verschlimmerung des Zustandes des Kranken zu erblicken glaubte, so eilte er zu ihm, fand ihn aber ganz fröhlich und ließ sich erzählen, wie er nur testiert habe, weil die Gefahr gewiß vorüber sei und er es doch nicht darauf ankommen lassen wolle, vielleicht wieder in eine solche Lage zu kommen, daß er dann nicht mehr letztwillig verfügen könne. Es wäre ja aber auch leicht möglich, daß seine Frau vor ihm sterbe, und dann beuge das wechselseitige Testament allen Weiterungen mit ihren Verwandten vor. So raisonierte er auch später über sich, als die Freunde den Tod ihm schon auf den Lippen sitzen sahen. Das Testament übrigens, da dessen Fassung Hoffmann gewiß Ehre macht, scheint der Aufbewahrung nicht unwürdig und ist darum in den Beilagen mit abgedruckt worden.

In der Mitte des April traf ihn ein harter Schlag. Hippel, der wie Hitzig fast keinen Tag vorübergehen ließ, ohne ihn zu sehen, – (seine Weinhausgenossen hatten ihn zum Teil verlassen, seitdem er an das Krankenlager geheftet war; zum Teil waren sie ihm zuwider geworden, und er hatte, wie bereits früher bemerkt, freiwillig gelobt, den schlechten Umgang zu meiden, sobald er wieder genesen) – Hippel war genötigt, in seine Heimat zurückzukehren. Schon mehrere Abende hintereinander hatte er Hoffmann besucht, um ihn mit der Nähe des Scheidens bekanntzumachen, aber nicht den Mut dazu fassen können. Seine Mißstimmung war dem Kranken aufgefallen und fast jeden Abend der Gegenstand seines Tadels gewesen; am meisten den letzten vor der Abreise, den 14. April 1822. Hippel konnte Hoffmann die Wahrheit nun nicht länger verbergen. Er geriet darüber außer sich. Es schien, als ob der Schmerz ihm die längst verlorenen Kräfte wiedergegeben. Krampfhaft warf er sich im Bette hin und her mit dem Ausruf: »Nein, nein, es kann nicht sein, Du kannst nicht reisen, Du kannst mich nicht verlassen!« und dabei verweigerte er die schon halb erstorbene Hand zum Abschiede. Endlich gelang es Hippel, ihn von der Notwendigkeit seiner Reise zu überzeugen; Hoffmann ward ruhiger, reichte ihm die Hand, sprach von Wiedersehen, weinte – was bei ihm eine seltene Erscheinung – bitterlich, und Hippel ging – um den Freund nie wieder zu umarmen.

Bald nach diesem für ihn so schmerzlichen Ereignisse richtete sich Hoffmann jedoch an der Kraft des eigenen Geistes wieder auf. Er fing nämlich an, die vielen Stunden, die er ohne Gesellschaft und zum Teil in der Nacht ohne Schlaf zubringen mußte, damit auszufüllen, daß er einem Schreiber, der zugleich Krankenwärterdienste versah und deshalb immer um ihn war, diktierte, da nun eine totale Lähmung der Hände sich eingefunden hatte; und diese Beschäftigung ergötzte ihn so sehr, daß er eines Tages gegen Hitzig äußerte: »Er wolle es sich schon gern gefallen lassen, daß er an Händen und Füßen gelähmt bliebe, – wenn er nur die Fähigkeit behielte, fort und fort dictando zu arbeiten.« Sowie etwas vollendet war, wurde es dem erwähnten Freunde zur Durchsicht übergeben, und wenn dieser es loben mußte, triumphierte der arme Kranke darüber, daß noch ein so kräftiger Geist in dem Scherben von Körper wohne und schöpfte aus der Gesundheit des einen neue Hoffnung auch für die Genesung des andern.

Was Hoffmann übrigens in den letzten Monaten und
Wochen diktiert, ist zuerst: Meister Wacht, sodann des
Vetters Eckfenster, ferner die Genesung*, endlich den
Feind, – Fragment; da er fast im Diktieren dieser No-
velle gestorben.

Diese Produkte mögen selbst für die Geisteskraft
ihres Verfassers reden. Nach dem Ermessen des Herausgebers gehört einiges darunter zu dem Besten, was Hoffmann je geleistet.

Einen noch merkwürdigeren Beweis seiner nicht zu
erschöpfenden Seelenstärke mögen aber folgende Umstände geben.

Etwa vier Wochen vor seinem Tode wurde der entsetzliche Versuch gemacht, ob nicht durch das Brennen
mit dem glühenden Eisen an beiden Seiten des Rück-
grats herunter die Lebenskraft wieder zu erwecken
wäre. Hitzig, durch unabwendbare Geschäfte verhindert, der Operation beizuwohnen, eilte nach deren Be-
endigung voller Angst zu dem Patienten und kam etwa
eine halbe Stunde nachher an. »Riechen Sie nicht noch
den Bratengeruch?« rief ihm Hoffmann entgegen, erzählte mit der umständlichsten Genauigkeit die fürchter-
liche Prozedur, fand es ganz natürlich, daß bei einem so
exotischen Subjekte wie er die Ärzte auch die exotische-
sten Mittel versuchten und setzte hinzu: »Während des
Brennens sei ihm eingefallen, daß der *** ihn plom-

---

* Zu dieser Erzählung »Die Genesung« hatte Hoffmann die unbeschreibliche Sehnsucht veranlaßt, die er nach dem Grünen, was ihm in gesunden Tagen
ziemlich gleichgültig war, empfand, und in dem Monate seines Todes einigemal
befriedigte. Ganz entzückt kehrte er immer von diesen Jammerfahrten, wobei
vier Menschen ihn in den Wagen tragen mußten und er oft die heftigsten
Schmerzen litt, heim.

bieren lasse, damit er nicht als Contrebande durchschlüpfe.«[30]

Noch später, in den allerletzten Wochen seines Lebens, hatte die Schlesingersche Musikhandlung, auf
Veranlassung eines in Wien von einem gewissen Leidesdorff veranstalteten Klavierauszuges aus dem Weberschen Freischützen, seine Vernehmung als Sachverstän-
diger über die Frage in Antrag gebracht, »ob jener
Klavierauszug als ein Nachdruck der Schlesingerschen
Originalausgabe zu betrachten sei,« und das Kammergericht hatte Hoffmanns Freunde Hitzig dessen Abhörung
übertragen. Dieser, der seinen zuzeiten schon der Ago-
nie ähnlichen Zustand am besten kannte, wollte ihn mit
der Sache verschonen, erzählte ihm aber gesprächsweise
von der Berufung auf sein Gutachten. Er ergriff den
Gegenstand mit vollem Eifer, erklärte, daß er sein Zeugnis nicht versagen möge und gab sein Urteil über die
zweifelhafte Rechtsfrage mit einer Besonnenheit ab, wie
sie ihm in den gesündesten Tagen eigen war. Zum Beweise dessen und da die Frage an und für sich Interesse
hat, ist es nicht für unangemessen erachtet worden,
einen Auszug aus dem betreffenden Protokolle in den
Beilagen beizufügen.

Etwa den 20. oder 21. Juni zeigten sich die Vorboten
des nahen Todes in der Unfähigkeit, etwas zu genießen,
einer größeren Neigung zum Schlaf als früher stattge-
funden, und einer Unlust an den gewohnten Beschäftigungen. Am 24. abends war er, wie früher bereits erwähnt, schon erstarrt bis zum Halse und fühlte bis in
diese Region des Körpers keinen Schmerz mehr. »Nun
werde ich wohl bald durch sein,« rief er dem ihn besu-

chenden Arzte entgegen: »mir tut nichts mehr weh.«
»Jawohl,« erwiderte ihm jener, mit anderer Deutung,
»nun werden Sie bald durch sein!«

Am frühen Morgen des 25. Juni fingen die Wunden
seines zerfleischten Rückens an, heftig zu bluten. Seine
Umgebungen ahnten, was bevorstehe. Er rief den
Schreiber und Wärter und sagte ihm etwas, was dieser
nicht mehr verstand. Darauf trat die Frau an das Bette;
er forderte, daß sie ihm die gelähmten Hände ineinan-
derlegen sollte, und sie will ihn dabei die Blicke gen
Himmel richten gesehen und gehört haben, daß er die
Worte gesprochen: »Man muß doch auch an Gott denken!«[31] Alles erwartete jetzt seine Auflösung; aber noch
einmal flammten die Lebensgeister auf; er sagte später
noch, er fühle sich wohl, wolle heut abend an der Erzählung der Feind weiterdiktieren, was er seit mehreren
Tagen nicht getan, und verlangte, man solle ihm die
Stelle vorlesen, wo er stehngeblieben.

Seine Frau suchte es ihm auszureden, er ließ sich im
Bette umdrehen, mit dem Gesicht gegen die Wand gekehrt, verfiel in Todesröcheln, und als zwischen 10 und
11 Uhr morgens nach Hitzig geschickt wurde, der sich
in der Gerichtssitzung befand, und dieser herbei stürzte,
– fand er schon den Freund nicht mehr!

Hoffmanns sterbliche Reste ruhen auf dem neuen Kirchhofe vor dem Hallischen Tor zu Berlin. Die Stätte bezeichnet ein einfaches, aber geschmackvolles Denkmal
mit der Aufschrift:

E. T. W. HOFFMANN

geb. Königsberg den 24ten Januar 1776

gest. Berlin den 25ten Juny 1822

Kammer-Gerichts-Rath

Ausgezeichnet

im Amte

als Dichter

als Tonkünstler

als Maler

Von seinen Freunden

*Beilagen*
*zum*
*zehnten Abschnitt*

*Ein im Namen des Kammergerichts zu*
*Berlin von Hoffmann entworfenes*
*Gutachten in der Untersuchunggssache*
*wider den Kaufmann S.*
*wegen versuchter Vergiftung seiner Ehegattin*

(Zu Seite 304)

Wilhelm S. . ., Sohn des in B. . . verstorbenen Justiz- und
Polizei-Bürgermeisters S. . ., 37 Jahr alt, katholischer Religion, erlernte die Handlung, heiratete vor elf Jahren in D. . .
die Agathe H. . ., welche jetzt 39 Jahr alt ist, und etablierte dort
einen Kramladen. Er wurde indessen in der Folge genötigt,
sich mit seinen Gläubigern außergerichtlich zu setzen und die
mit einem Billard verbundene Handlung dem Kaufmann P. . .
zu überlassen, dessen Gehilfe er wurde. So geschah es, daß
P. . . mit den S. . .schen Eheleuten in einem Hause zusammen
lebte und gewöhnlich nachmittags mit ihnen Kaffee trank, zu
welchem Zweck er denn auch am 12. Dezember v. J. nachmittags halb vier Uhr in ihre Wohnstube kam. Er fand den Kaffee-
tisch bereitet, die S. . . schenkte ein, und der S. . . saß, den
Kopf in die Hand gestützt, in nachdenkender Stellung am
Fenster. P. . ., nachdem er zwei Tassen Kaffee getrunken, ging
in die Billardstube, um seine Tabakspfeife zu holen, und die
S. . . begab sich nach der Küche, um Wasser zum Aufgießen zu
besorgen. Als P. . . zurückkam, war die S. . . auch wieder da
und trank eben aus der Untertasse Kaffee. Bei dem zweiten

Schluck, den sie nehmen wollte, klagte sie aber, daß der Kaffee ihr den Mund zusammenziehe und spuckte ihn mit ängstlichen Gebärden wieder aus. Sie empfand Übelkeiten sowie Schmerzen in der Brust und trank, Verdacht schöpfend, daß sie etwas Schädliches genossen, Milch, um die Wirkung zu hindern. Brustschmerzen und Krämpfe fanden sich noch den folgenden Tag ein, ließen aber bald nach, so daß sie sich den vierten Tag ohne weitere ärztliche Hilfe völlig wohl befand. – In dem Augenblicke, als die S... den genossenen Kaffee wegspie, sprang der S... auf, nahm ihr mit den Worten »Liebes Kind, was hast du vor, in dem Kaffee ist nichts,« die Untertasse aus der Hand, rührte den Kaffee um und goß ihn in den Spucknapf aus. Er versicherte, daß er aus Versehen Tabaksasche in die Tasse geschüttet habe, P... und die S... bemerkten indessen etwas Schwärzliches auf dem Boden der Untertasse; P... nahm sie daher fort und verschloß sie in seinen Pult. Später, und zwar am dritten Tage, fand es sich unter Umständen, die weiter unten näher erörtert werden sollen, daß der S... Grünspan besessen und fortzubringen gesucht hatte; eben auch für Grünspan erkannte der Apotheker H... die Materie, womit die Untertasse beschmiert war, und dies veranlaßte den P..., jenen Vorgang dem Polizeimagistrate anzuzeigen, zugleich auch die aufbewahrte Tasse sowie den aufgefundenen Grünspan einzureichen. Das Stadtgericht in D... leitete dann die förmliche Untersuchung ein, welche von dem Kriminalgericht in M... fortgeführt und beendigt wurde.

Gegen die Form der Untersuchung läßt sich manches erinnern. Das dem Angeschuldigten zur Last gelegte Vergehen und seine Strafbarkeit mußte nach §. 865. Teil 2. Titel 20. des allg. Landrechts beurteilt werden, es war daher von zehnjähriger bis lebenswieriger Festungs- oder Zuchthausstrafe die Rede; demunerachtet ist kein artikuliertes Verhör abgehalten, das hier, wie es sich zeigen wird, bei den vagen Ausflüchten des Angeschuldigten besonders nötig gewesen wäre: – Kriminalordnung §. 423, 427 – und ebensowenig ist die Verzichtleistung auf die Zuordnung eines Verteidigers in der Form, wie sie der §. 436 der Kriminalordnung vorschreibt, geschehen.

Der Kriminalsenat des O.L.G. von W...n hat wider den Angeschuldigten auf sechsjährigen Festungsarrest erkannt, nach unserer später zu entwickelnden Ansicht der Sache, würde wider den Angeschuldigten auf die ordentliche Strafe des Verbrechens zu erkennen, mithin jene Entsagung der Verteidigung gar nicht zulässig gewesen sein; wir würden indessen, da übrigens der Angeschuldigte auf alle Momente, die zur Sprache kamen, gehörig aufmerksam gemacht worden ist, doch die Sache durch Nachholung des zu berichtigenden Defensionspunktes nicht länger aufhalten.

Es kommt zuvörderst darauf an, inwiefern in dem Kaffee, den die S... am 12. Dezember v. J. in Gegenwart des Angeschuldigten und des P... trank, wirklich eine der Gesundheit und dem Leben gefährliche Substanz enthalten war.

Beide, der Kaufmann P..., unerachtet er Angeber, die S..., unerachtet sie die Gattin des Angeschuldigten ist, sind, nach dem Verhältnis, worin sie sich mit dem Angeschuldigten, rücksichts der ihm angeschuldigten Tat, befinden, als völlig glaubwürdig zu betrachten, welches bei der schwer beleidigten Ehefrau um so weniger Zweifel leidet, da die Akten deutliche Spuren enthalten, daß es dem Manne nach seiner Verhaftung gelungen ist, ihr Mitleid rege zu machen. Auf ihrer Aussage beruht der oben erzählte Hergang der Sache, P... überlieferte die Tasse, woraus die S... getrunken hatte, dem Magistrat, der Magistrat dem Stadtgerichte, dieses dem Kriminalgerichte zu M...; jedesmal geschah die Überlieferung wohlversiegelt, der Angeschuldigte hat selbst die Tasse vor dem Kriminalgericht für dieselbe anerkannt, die ihm in D... vorgezeigt worden, und hiernach ist es nicht zu bezweifeln, daß die Tasse, woraus die S... den Kaffee genossen, dieselbe ist, welche von dem Inquirenten wohlversiegelt dem Doktor R... und dem Apotheker S... zur chemischen Prüfung überliefert wurde. Der Grünspan ist als gewöhnliche Malerfarbe schon nach dem äußeren Ansehen auch vielen in der Chemie ganz Unerfahrenen bekannt; um so weniger konnte daher der Apotheker H... in D... sich täuschen, der nach der Anzeige des P... das, womit die Tasse beschmiert war, sogleich für Grünspan erkannte. Bei der sorgfältigen chemischen Untersuchung ergab sich denn auch mit entscheidender Gewißheit der Kupfergehalt der grünlichen, noch an der Untertasse klebenden Materie, welche, nach der Versicherung der obengenannten Sachverständigen, Grünspan, mithin ein ätzendes mineralisches Gift war, auf dessen Genuß, auch nur in geringer Quantität, häufiges Erbrechen, heftiger Leibschmerz, Entzündung des Magens und des Darmkanals und endlich der Brand und der Tod erfolgt. Mit diesem Urteil über den Charakter und die Wirkung des Grünspans stimmt auch *Metzger* überein, der die Kupferkalche, wozu der Grünspan gehört, zur ersten Klasse der ätzenden oder fressenden Gifte (venena acria, inflammatoria, corrosiva) zählt, die, im ersten Grade genossen, den Vergifteten in 6 bis 24 Stunden unter den heftigsten Symptomen; im zweiten Grade unter minder heftigen Symptomen in 5 bis 9 Tagen töten; aber im dritten Grade auch schon Kolik und Nervenzufälle verursachen, deren Heilung jedoch möglich, wiewohl meistens vergeblich ist, indem wenigstens außer der Schwäche leicht Hautausschläge und andere Hautübel zurückbleiben.

Metzger System der gerichtlichen Arzneiwissenschaft, Abschnitt II. Cap. VII. §. 215 u. f.

Die S... hat, nach dem eben erzählten Verlauf der Sache, nur äußerst wenig von dem Gift genossen, da sie nur einen Schluck Kaffee nahm, den zweiten wegspie und noch Kaffee in der Tasse blieb, welchen Angeschuldigter umrührte und in den Spucknapf ausgoß. Nur der geringen Masse des Giftes, die die S... verschluckte, sowie auch wohl dem schnellen Genusse der Milch ist es zuzuschreiben, daß die S... nur an vorüber-

gehenden Leibschmerzen, Übelkeiten und Krämpfen, eben
den Folgen, wie die Sachverständigen und mit ihnen Metzger
sie feststellen, litt und nach vier Tagen vollkommen genesen
war. Als völlig festgestellt ist daher anzunehmen:

daß in der mit Kaffee angefüllten Untertasse, aus der am
12. Dezember v. J. die S... trank, sich Grünspan, mithin ein
ätzendes Gift erster Klasse befand, welches der S... aber nur
eine vorübergehende Kränklichkeit verursachte.

In dem Gefäß, woraus der Kaffee in die Tassen gegossen
wurde, konnte nichts Schädliches enthalten sein, denn P...
hatte schon Kaffee getrunken, ohne üble Folgen zu spüren;
ebensowenig war in dem Gefäß, worin das Wasser zum Auf-
brühen des Kaffees gekocht wurde, etwas Schädliches; denn
ehe die S... hinausging, hatte sie sich schon die Tasse eingeschenkt, und zwar so, daß sich in der Unter- und Obertasse
Kaffee befand. Die Obertasse trank sie nachher aus, ohne
etwas Widriges zu spüren, nur der Kaffee in der Untertasse,
den sie für sich eingeschenkt hatte, zog ihr den Mund zusammen und erregte ihr Leibschmerzen und Übelkeiten; in der
Untertasse war also allein das Gift befindlich.

Daß schon vorher, ehe sie sich den Kaffee einschenkte, in
dieser Untertasse Grünspan befindlich gewesen sein sollte, ist
unmöglich, da die S..., bei der auffallenden Farbe des Grünspans, es bemerkt haben müßte, und Grünspan mit andern
unschädlichen Dingen, die man wohl in den Kaffee tut, wie
z. B. weißer Arsenik mit gestoßenem Zucker, nicht verwech-
selt werden kann. Hieraus folgt:

daß in der Zwischenzeit, als P... und die S... das Zimmer
verlassen hatten, der Angeschuldigte aber allein zurückblieb,
der Grünspan in die Tasse der S... gekommen sein muß.

Es ist nicht zu leugnen, daß schon nach dem, was über die
Tat und die Zeit, in der sie verübt worden, feststeht, der
Angeschuldigte verdächtig wird. Er hat sich so schwankend
ausgelassen, daß es jetzt, wo es darauf ankommt, die Bezie-

hung des Täters zur feststehenden Tat zu bestimmen, zweckmäßig ist, den Inhalt seiner Vernehmungen wörtlich einzurücken.

Als er zuerst durch den Stadtrichter P... mit Zuziehung
zweier vereideter Schöppen vernommen werden sollte, fing er
heftig zu weinen an und äußerte eine innige Reue über seine
Tat und die Beleidigung gegen seine Frau. Nachdem er über
sein eheliches Verhältnis überhaupt gesprochen, sagte er:

»was nun die letzte von mir gegen meine Frau verübte
Handlung anbetrifft, so muß ich, bei aller sorgfältiger Prüfung, die ich deshalb angestellt, gewissenhaft versichern, daß
ich nicht zu erklären weiß, wie ich dazu gekommen, warum ich
es tat, und wie ich gerade das Mittel wählte. Ich war eben auf
dem Billard gewesen und hatte ein Glas Rum getrunken,
welches mir nicht diente. Ich ging daher herunter in mein
Vorstübchen und wollte etwas schlafen, ich konnte es aber
nicht und weiß meinen Zustand nicht anders als den eines
Berauschten zu erklären. Erst den andern Tag erinnerte ich
mich lebhaft dessen, was ich getan, doch wußte ich nicht, daß
P... die Tasse verwahrt und was ich eigentlich gemacht hatte.
An dem Tage, wo die Vermischung des Grünspans mit dem
Kaffee geschah, hatte ich 3 oder 4 Gläser Rum getrunken, und
da ich nicht viel vertragen kann: so hatten mich diese berauscht, so daß ich, wie schon gesagt, nicht imstande bin, über
die Umstände, die vor, bei und nach der Vermischung des
Grünspans mit dem Kaffee geschehen, eine zusammenhängende Erzählung zu machen: ich weiß nicht, wie ich den
Grünspan vermischte, ob gestoßen oder ganz; kurz, ich weiß
gar nicht, wie ich dazu gekommen. – Ich kann mich, wie ich
bereits gesagt, nicht auf die Art und Weise erinnern, wie ich die
Vermischung des Grünspans mit dem Kaffee gemacht; daß es
geschehen ist, ist wohl klar, aber sonst weiß ich auch darüber
gar nichts zu sagen. – Ob meine Frau mir Vorwürfe gemacht,
daß ich sie habe vergiften wollen, erinnere ich mich nicht; nur

soviel stand mir den Tag darauf lebendig vor Augen, daß ich die Tat begangen hatte. Nie ist mir gegen sie ein böser Gedanke in den Sinn gekommen, und ich kann es nicht begreifen und es bloß dem trunkenen Zustande, in dem ich an dem Tage war, beimessen, mich einer Handlung schuldig gemacht zu haben, die ich bei vollem Bewußtsein auch nicht zu denken gewagt habe. Diesem Zustande muß ich einzig und allein den ganzen Vorgang beimessen, und einzig ist dies meine Entschuldigung.« – Bei seiner Vernehmung in M. . . sagte der Angeschuldigte, nachdem er anfangs versichert hatte, seiner frühern Auslassung nichts hinzufügen zu können, noch besonders:

»Ich beteure, daß ich noch niemals vorher daran gedacht hatte, daß ich meiner Ehefrau Grünspan oder sonst was Schädliches beibringen wollte. Am 12. d. M., wo dieses geschehen ist, bin ich im berauschten, meiner Sinne gar nicht mächtigen Zustande gewesen. Ich hatte vier Gläser Rum kurz hintereinander getrunken, der Marqueur wird dies bezeugen, ich bin aber nur schwächlich, kann nicht viel vertragen und erlitt einen Rausch. Kurz ich war in einem Zustande, von welchem ich selbst nicht Rechenschaft zu geben weiß. Ich weiß mich nur durch nachheriges anhaltendes Nachdenken zu entsinnen, daß ich in jenem Zustande mit meiner Frau und dem P. . . Nachmittag in der Stube saß und Kaffee trank. Alles übrige, was dort vorgegangen ist (der Angeschuldigte wiederholt den erzählten Hergang der Sache), weiß ich durchaus nicht aus eigener Kenntnis, nicht aus eigener Erinnerung, sondern lediglich nur daher, daß meine Ehefrau und der P. . . alles dieses, als geschehen, mir am folgenden Tage vorhielten.« Nachdem Angeschuldigter die Umstände rücksichts des noch im Kramladen aufbewahrten Grünspans, deren weiter unten noch gedacht werden soll, erwähnt hat, sagt er: »Ich hatte den Grünspan aber manchmal, wenn ich etwas suchte, wieder zu Gesicht bekommen. In jener unglücklichen Geistesabwesenheit muß mir dies in die Gedanken gekommen sein und ich ihn aus dem Kram

geholt haben.« – Auch in der folgenden und in letzten Vernehmung blieb der Angeschuldigte bei diesen Angaben, ungeachtet
aller Vorhaltungen des Richters über ihre Unwahrscheinlichkeit,
stehen, sie konzentrieren sich in der Behauptung:

Ich kann weder zugestehen noch ableugnen, daß ich in böser
Absicht Grünspan in den Kaffee meiner Frau geschüttet habe,
weil ich mich zu der Zeit, als meine Frau und der P . . . Kaffee
tranken, in einer durch Trunk veranlaßten Bewußtlosigkeit
befand und keiner Wahrnehmung eigener oder fremder Handlungen fähig war. Den ganzen Vorgang habe ich erst nachher
durch meine Frau und den P . . . erfahren.

Liegt daher auch in den Worten des Angeschuldigten, vorzüglich bei seiner ersten Vernehmung, allerdings ein Geständnis der Tat, so fügt er doch diesem Geständnis eine Bestimmung hinzu, die die Eigenschaft des Verbrechens ganz auf-
hebt, indem er während der Zeit, als es geschah, sich in völlig
bewußtlosem Zustande, der jede Zurechnung irgend einer Tat
ausschließt, befunden haben will. Es kommt darauf an, was
über jenen vorgeschützten Zustand ausgemittelt worden ist. –
Kriminalordnung §. 373. –

Daß der Angeschuldigte wider seine Gewohnheit mehrere
Gläser Rum getrunken hat, ist möglich, daß er aber davon bis
zur Bewußtlosigkeit trunken geworden sein sollte, ganz unbe-
dingt gelogen.

Der Friedrich S . . ., als Marqueur bei dem P . . . in Diensten,
sowie die G . . ., ebenfalls bei dem P . . . in Diensten, befanden
sich an dem Tage der Tat mehrenteils im Billardzimmer, wo die
spirituösen Getränke aufbewahrt wurden, und beide haben,
nach ihrer eidlichen Aussage, nicht bemerkt, daß der Angeschuldigte mehrere Gläser Rum trank. Der Angeschuldigte
sucht dem zu begegnen, indem er anführt, daß es ihm erlaubt
gewesen sei, sich selbst Rum einzuschenken, und wie schon
gesagt, wäre es allerdings möglich, daß er unbemerkt doch
mehrere Gläser schnell hinuntergestürzt haben könnte; aller

physischen und psychischen Erfahrung zuwider ist es aber, daß eine bis zur gänzlichen Bewußtlosigkeit gesteigerte Trunkenheit unbemerkt bleiben sollte. Sämtliche Personen, die sich an gedachtem Tage in seiner Nähe befanden, der S. . ., die G. . ., die W. . ., der P. . ., die S. . ., bekunden indessen einstimmig, daß sie auch nicht im mindesten an dem Angeschuldigten irgendeinen exaltierten Zustand wahrnahmen. Sein Betragen vor, bei und nach der Tat, als er seiner Frau die Tasse aus der Hand nahm, den Kaffee weggoß, als er den Grünspan aus dem Kram fortzuschaffen suchte, wie es weiter unten näher erörtert werden soll, zeugt von vollkommener Besonnenheit. Eine Viertelstunde nach dem Vorfall spielte der Angeschuldigte auch, wie der P. . . und die G. . . bezeugen, eine Partie Billard mit aller ihm eigenen Beurteilungskraft und war ganz ruhig und vergnügt.

Alles dies widerlegt das Vorgehen des Angeschuldigten rücksichts der Trunkenheit hinlänglich; der Zustand, in dem sich der Angeschuldigte zur Zeit des Kaffeetrinkens befunden haben will, würde, wie er ihn beschreibt, auch mehr dem eines somnambulen Nachtwandlers gleichen, der Dinge unternimmt, die Überlegung und Geschicklichkeit im Handgriff erfordern und von denen er bei dem Erwachen doch nichts weiß, so daß selbst Verbrechen, die er in jenem Zustande beging, ihm nicht zugerechnet werden können. (Kleins Gr. d. v. R. §. 133.) Aber auch dieser Zustand hat solche auffallende äußere Kennzeichen, indem er Blick, Gang, Stellung und Sprache gänzlich ändert, daß er jedem auch nicht sachverständigen Beobachter nicht entgehen kann, und so würden P. . . und die S. . . ihn unbedenklich wahrgenommen haben. Behauptet der Angeschuldigte, unerachtet es ihm nachgewiesen ist, daß er vor und gleich nach der Tat völlig besonnen war, dennoch, daß er von dem, was in dem Augenblick der Vermischung des Grünspans mit dem Kaffee geschah, nichts weiß, so stellt er dadurch die Tatsache auf:

daß er in dem Augenblick, als ihn der P... und die S...
verlassen hatten, in einen Zustand verfiel, der die Wahrnehmung eigener Handlungen aufhob und daraus, als die genannten Personen wiederkehrten, sofort wieder erwachte.

Das völlig Unglaubliche und Abgeschmackte dieser Behauptung fällt in die Augen und bedarf keiner Widerlegung.
Ist hiernach der von dem Inkulpanten behauptete Zustand als
ein falsches Vorgehen dargetan, so gibt es keinen Grund,
warum der Angeschuldigte das, was während des Kaffeetrinkens und vorzüglich in dem Augenblick, als er sich allein im
Zimmer befand, geschah und sogar eigene Handlungen wahrzunehmen nicht imstande gewesen sein sollte, und warum er
die ihm angeschuldigte Tat, nämlich daß er es war, der den
Grünspan in die Untertasse, die seine Frau für sich eingeschenkt hatte, schüttete, falls er sich unschuldig oder vielmehr
frei von jedem bösen Vorsatz wider seine Frau fühlt, nicht
geradezu abzuleugnen vermag. Schon deshalb würde der Angeschuldigte beinahe für überführt zu achten sein; es sind aber
noch durch die Untersuchung Umstände ausgemittelt, die in
ihrem Zusammenhange mit der dem Angeschuldigten zur Last
gelegten Tat auf das überzeugendste wider ihn sprechen.

1) Bis zur völligen Gewißheit ist dargetan, daß der Angeschuldigte wirklich Grünspan besaß. Den andern Tag nach
dem Vorfall sah die W..., als sie den Deckel der im Hofe
eingegrabenen Tonne abhob, um das Wasser auszuschöpfen,
ein Tütchen obenauf schwimmen, welches sie mit dem eiser-
nen Haken der Peede herauslangte und dessen Inhalt sie für
Kraftmehl hielt. Der Angeschuldigte, dem sie es zeigte, nahm
es ihr weg und ging damit in den Stall. Auf Veranlassung des
P... suchte die W... im Stalle nach, fand zuerst ein kleines
Tütchen, dann das Papier, welches sie aus dem Wasser gelangt
hatte, und brachte beides dem P..., der es dem Magistrat
übergab, von dem es, gleich der Tasse, dem Stadtgericht, von
diesem dem Kriminalgericht in M... und dann den Sachver-

ständigen zur chemischen Prüfung des Inhaltes zugesendet wurde, der sich ganz unbezweifelt als Grünspan dartat. Der Angeschuldigte gesteht ausdrücklich ein, daß in einem unteren Schubladen im Kram noch aus der Zeit, als er die Handlung besessen hatte, ungefähr zwei Lot Grünspan lagen, die er dem P. . . bei der Übernahme der Handlung nicht mit übergab oder verkaufte, weil es, nach seinem Ausdruck, eine Kleinigkeit war. Rücksichts des von der W. . . aufgefundenen, in drei Päckchen befindlichen Grünspans, wovon eins, das augenscheinlich im Wasser gelegen hatte, mit der Handschrift des Angeschuldigten beschrieben war, sagt der Angeschuldigte:

dasjenige Papier mit meiner Handschrift ist mit dem Grünspan gleich am 12. Dezember, nämlich an demselben Tage des Vorfalls beim Kaffeetrinken und gleich nach diesem von mir in die Wassertonne auf dem Hofe geworfen worden. Ich weiß mich jedoch nicht mehr zu besinnen, woselbst ich jenes obenerwähnte Papier mit Grünspan damals, als ich es in die Tonne warf, gehabt, namentlich nicht, ob ich solches in meiner Tasche gehabt habe. Als nun aber am darauffolgenden Tage durch die Magd jenes Papier mit Grünspan in der Wassertonne gefunden wurde und ich ihr solchen abgenommen hatte, da beschloß ich, auch den übrigen noch im Kram befindlichen Grünspan zugleich mit jenem aus der Tonne fortzuschaffen. Ich holte ihn aus dem Kram und warf ihn zusammen in den Blindbrunnen, daher denn zwei Papierchen mit Grünspan nicht im Wasser gelegen haben.

Die Identität des aufgefundenen, chemisch geprüften Grünspans mit dem, den der Angeschuldigte im Kram aufbewahrt hatte, ist daher keinem Zweifel unterworfen.

2) Ferner ist das Verhältnis des Angeschuldigten mit seiner Frau in der Art ausgemittelt, daß sich daraus das Motiv zum Verbrechen mit hoher Wahrscheinlichkeit entnehmen läßt. Nach der Behauptung des Angeschuldigten hat sich seine Frau durch ein Wochenbett einen unheilbaren Krebsschaden zuge-

zogen, der Warnung der Ärzte unerachtet, Befriedigung verlangt, und dadurch ist ein Widerwille gegen sie in dem Angeschuldigten angeregt worden. Darin stimmen beide, der Angeschuldigte und seine Frau, überein, daß oftmals Zänkereien
unter ihnen vorfielen, die in Tätlichkeiten ausarteten, weshalb
auch die Frau wenige Wochen vor der Tat bei dem Stadtgericht
auf Scheidung klagte. Der Grund jener Zänkereien lag hauptsächlich in der gegründeten Eifersucht der Frau, die das ver-
trauliche Verhältnis ihres Mannes mit der N... nicht dulden
wollte. Diese N... ist eine Frau von 34 Jahren, an den Bürger
und Höker N... in D... verheiratet und Mutter mehrerer
Kinder. Nach ihrer Versicherung hat sie der S... mit Liebesan-
trägen verfolgt, die sie erst standhaft abwies; zuletzt geriet sie
aber doch mit ihm in ein Verhältnis, das, nach ihrem eigenen
Ausdruck, vertrauter war, als es sich für eine verheiratete Frau
paßt. Der Angeschuldigte gesteht auch selbst ein, daß er mit
der N... in einem Liebesverkehr gestanden hat, das bis zu
einem gewissen Grade von Vertraulichkeit gediehen war;
beide, der Angeschuldigte und die N..., behaupten indessen,
daß nie etwas wirklich Strafbares unter ihnen vorgefallen sei.
Nach der Schilderung der N... war die Neigung des Angeschuldigten zu ihr bis zur höchsten Leidenschaft gediehen, und
hierin stimmt ihr auch die verwitwete K... bei, in deren Hause
die N...schen Eheleute wohnen und in deren Zimmer die
Frau mit dem Angeschuldigten zuweilen zusammenkam. So
wie sie – die K... – erzählt, hatte sich der S... um die N...
zuweilen wie närrisch, die ihn dann ermahnte, sich vernünftig
zu betragen und ihren Umgang zu meiden. Immer wußte aber
der S... das Verhältnis wieder anzuknüpfen und stellte sich
zuweilen, als wenn er abwesend im Geiste sei. Als die K...
einst mit der N... an der Weichsel spazierenging, saß S... auf
dem steilen Ufer, mit den Füßen im Wasser hängend, und
weinte. Er schien Lust zu haben, sich zu ersäufen. Es hat ferner
die N... zwei Briefe überreicht, die der Angeschuldigte ge-

ständlich an sie schrieb und die seine überspannte Leidenschaft
in hohem Grade dartun. Er erscheint darin, trotz seiner Jahre,
wie ein unreifer, von romanhaften Ideen erhitzter Jüngling.
Im ersten Briefe nennt sich der Angeschuldigte den von allem
verlassenen unglücklichsten Menschen, weil die N . . . ihn
nicht gegrüßt habe, ihr Haß daher aufs neue ihn treffe. Er
erklärt, niemals von ihr lassen zu können, unerachtet er leider
ein Weib habe, an die er, Umstände wegen, nicht halten könne.
Im zweiten Briefe wird die N . . . mit dem vertraulichen *Du*
angeredet und ihr versichert, daß Wilhelm ihr ewig gut sein
und an keine Trennung denken würde. Bei dieser Tendenz des
Angeschuldigten, ja selbst bei der Wahrheit des Umstandes, –
die K . . . unterstützt ihn, – daß der Angeschuldigte rücksichts
des letzten Genusses unbefriedigt blieb und daß die N . . . ihn
wiederholt wegen seines Verhältnisses als Mann einer andern
zurückwies, drängt sich der Gedanke von selbst auf, daß der
Angeschuldigte, von toller Leidenschaft getrieben, wohl den
Entschluß fassen konnte, auf verbrecherische Art sich von dem
Bande loszumachen, das ihn von dem bis zum Wahnsinn geliebten Gegenstande zurückzog. – Sehr eingreifend ist endlich

3) das Benehmen des Angeschuldigten vorher und nachher,
als seine Frau den vergifteten Kaffee genossen hatte, welches
durch die eidliche Aussage der darüber vernommenen Zeugen
ausgemittelt ist. Als P . . . hineintrat, saß der Angeschuldigte
am Fenster, den Kopf in die Hand gestützt, in nachdenkender
Stellung, mithin wie jemand, dessen Inneres irgendein Gedanke von Wichtigkeit erfüllt. Als die Frau über den Geschmack des Kaffees und über Übelkeiten klagte, sprang er
schnell auf, nahm ihr die Tasse mit den Worten aus der Hand:

»Liebes Kind, was hast Du vor? Im Kaffee ist nichts.«

oder wie der P . . . später sagt:

»Liebes Kind, wo wird Gift in dem Kaffee sein! – Es ist
Tabaksasche, die durch das Ausklopfen meiner Pfeife in die
Tasse gefallen ist,«

rührte den in der Untertasse noch befindlichen Kaffee um
und goß ihn in den Spucknapf aus. Ein Tütchen mit Grünspan
wirft er gleich darauf in die Wassertonne. Dann ist er ganz
heiter und spielt mit aller Beurteilungskraft und Besonnenheit
eine Partie Billard. Den andern Tag findet die W... in der
Wassertonne ein Tütchen mit Grünspan und zeigt es dem
Angeschuldigten, der nimmt es ihr aber weg, sprechend:

»Was suchst du hervor; du weißt ja, die Frau ist so empfind-
lich«

und befiehlt ihr, die Schürze, woran beim Abwischen der
Hände etwas Grünes klebengeblieben, abzunehmen und aus-
zuspülen. Als dies nicht gehen will, legt sie die Schürze in den
Gang und findet sie nicht wieder. Der Angeschuldigte verbirgt nun allen noch im Kram befindlichen Grünspan im
Stalle. Als die W... den Grünspan im Stall aufgefunden und
dem P... übergeben hat, droht ihr der Angeschuldigte:

»Du Schinderkröte, was hast du geredet, wenn du es noch
einmal tust, so breche ich dir die Knochen im Leibe morsch
entzwei.«

Überhaupt ist er jetzt unruhig, auf alles aufmerksam; er will
es nicht leiden, daß die Dienstboten untereinander sprechen; er
geht im Zimmer umher, seufzt, stützt den Kopf in die Hand;
er ergreift endlich abends eine Flinte und geht damit fort,
geständlich, um sich zu erschießen, kehrt aber wieder zurück.
Als nach 10 Uhr der Stadtwachtmeister kommt, um ihn zu
bewachen, ruft er: »Was habt ihr mit mir vor, was will der
Mann da? Ich weiß ja von nichts!« – Den Tag darauf läßt er den
P... rufen; er gesteht sein Unrecht gegen seine Frau ein, er
bittet, ihm Rettungsmittel an die Hand zu geben, er liebkost
seine Frau, er versichert, bitterlich weinend, Treue und Ände-
rung seines Betragens. Insbesondere beschwört er den P...,
ihm die Tasse zurückzugeben, damit er sie von dem darin
befindlichen Gifte säubern und sie dem P... gereinigt wieder
zustellen könne. Er sagte:

»Erbarmet euch und macht mich nicht unglücklich; ich kann es nicht leugnen, es getan zu haben, es ist nun einmal nicht zu ändern. Gebt mir die Tasse heraus, daß ich sie reinigen kann, ihr könnt ja hernach sagen, daß ihr euch geirrt habt.«

P. . ., an des Angeschuldigten Verhältnis mit der N. . . denkend, sagte:

»Seht da, wohin euch der Umgang mit einem solchen Weibe, wie die N. . . ist, geführt hat«,

und er entgegnete darauf:

»Ja, jetzt sehe ich es ein; es ist aber nicht mehr Zeit, diese Sache zu redressieren. Ja, das Weib ist schuld an allem. Wenn ich nur diesmal gerettet werden könnte, würde ich gewiß nicht mehr mit ihr verkehren.«

Sowohl dem P. . . als seiner Frau gestand er die gegen diese wenigstens geleugnete Tat ein, als sie zur Kenntnis der Obrigkeit gekommen war.

Merkwürdig ist auch der Brief, den er am 17. Dezember um 8 Uhr dem Stadtrichter P. . . zuschickte und in welchem es heißt:

»Die Gefühle meines Herzens halten mir stets die Greueltat, zu der mich Abwesenheit meiner selbst, ich möchte beinahe sagen Wahnsinn verleitete, vor Augen und martern mich auf das schrecklichste etc. Den Vorsatz zu dem Übel, welches ich beging, gebar eine totale Zerrüttung meines Gehirns etc.; ich war sehr weit davon entfernt, in meinen gesunden Tagen ihr, – der Frau, – den Tod zu wünschen, noch weniger, ihr das Leben zu nehmen etc.; meine böse Tat ist vor den Augen der Richter und der Welt entdeckt etc.«

Bei den Vernehmungen vor Gericht sagt Inkulpat ferner selbst:

»Alles, was bei dem Auffinden des Grünspans geschah, schwebt mir nicht ganz klar vor Augen, da ich immer wie berauscht und meiner nicht bewußt war. Ich schreibe diesen Zustand der Gewissensangst zu etc.; ich faßte am folgenden

Tage, nämlich am 13. Dezember, den Entschluß, mich zu erschießen, weil ich über das, was ich, nach der Erzählung meiner Frau und des P. . ., getan hatte, in großer Gewissensangst war. Ich hatte aber kein Herz dazu, die Tat auszuführen etc.«

Aus allem diesem ergibt sich hinlänglich:

daß der Angeschuldigte mit Besonnenheit erst alles zu vertilgen suchte, was als Beweis des von ihm begangenen Verbrechens dienen konnte; daß er aber dann, als ihm dies nicht gelungen war, von Angst und Furcht vor Strafe sichtlich gefoltert wurde.

Um nun alles das, was wider den Angeschuldigten feststeht, zu einem Resultat zusammenzufassen, ist es nötig, alle durch die Untersuchung ausgemittelten Umstände, insofern sie wieder eigene Resultate geben, zu wiederholen.

Es steht demnach fest:

1. daß in dem Kaffee, den die S. . . am 12. Dezember v. J. aus der Untertasse, die sie für sich eingeschenkt hatte, trank, Grünspan befindlich war.

2. Die Vermischung des Grünspans mit dem Kaffee geschah in der Zeit, als der Angeschuldigte sich allein im Zimmer befand.

3. In den verschiedenen Auslassungen des Angeschuldigten liegt das Geständnis der Tat; der Umstand, welcher die Kraft dieses Geständnisses aufheben soll, nämlich der bewußtlose Zustand des Angeschuldigten, der ihn verhindert, von eigenen Handlungen aus eigener Wahrnehmung zu sprechen, ist als falsch widerlegt. (Krim. Ord. §. 373.)

4. Alle übrigen Umstände stehen in genauer Verbindung mit der dem Angeschuldigten angeschuldigten Tat, und zwar:

a, besaß der Angeschuldigte eben solches Gift, wie es in der Untertasse befindlich war,

b, ist das Motiv zur Tat, bis zur höchsten Wahrscheinlichkeit, ausgemittelt, c, charakterisiert das Benehmen des Angeschuldigten nach der Tat ihn als den von Gewissensbissen und Furcht vor Strafe geängsteten Verbrecher.

Hat der Angeschuldigte wirklich Grünspan in den Kaffee, von dem er voraussetzen konnte, daß ihn seine Frau trinken würde, geschüttet, so ist seine böse Absicht um so mehr klar, als man den Sachverständigen recht geben muß, die noch die Entwicklung des Kupferkalches in der Untertasse wahrnehmen und daraus schließen, daß, da die S... einen Schluck genommen und der Angeschuldigte das übrige weggegossen hatte, überhaupt so viel Grünspan in der Tasse gewesen sein muß, daß die S..., hätte sie allen Kaffee genossen, gestorben oder wenigstens in eine gefährliche Krankheit gefallen wäre.

Nach allem diesem ist, unsers Ermessens,

der Angeschuldigte der ihm angeschuldigten Tat für überführt zu achten und der Tatbestand des Verbrechens dahin als feststehend wider ihn anzunehmen, daß er in böser Absicht seiner Ehegattin Gift beigebracht, dieses Gift aber nur eine vorübergehende heilbare Krankheit verursacht hat,

wodurch die Anwendung des §. 865. Teil 2. Titel 20. des Allg. Landrechts unbedenklich wird, der das vom Angeschuldigten begangene Verbrechen mit zehnjähriger bis lebenswieriger Zuchthaus- oder Festungsstrafe ahndet. Die Krankheit der S... war unbedeutend, sie wurde in kurzer Zeit ganz hergestellt, und dies würde den niedrigsten Grad der in der angeführten Gesetzstelle bestimmten Strafe motivieren, wenn es nicht die Ehegattin des Angeschuldigten wäre, die er zu vergiften versuchte, weshalb ihn eine härtere Strafe treffen muß.

Wir sind daher der rechtlichen Meinung,

daß der Angeschuldigte wegen versuchter Vergiftung seiner Ehegattin mit zwölfjährigem Festungsarrest zu belegen auch sämtliche Kosten der Untersuchung zu tragen schuldig.

(Zu Seite 324)

Berlin, Taubenstraße Nr. 31, den 10. Juli 1817

Geliebtester Bruder!

Dein Brief vom 21. Junius d. J. überraschte mich auf ganz besondere Art, weil ich Dich – für *tot* hielt und Deinen Verlust auf das innigste betrauert hatte. – Das hängt nämlich so zusammen. Im Anfang des vorigen Winters erschien bei mir ein junger Mensch von etwa 17, 18 Jahren, von ziemlichem Ansehen, halb militärisch gekleidet, welcher mich sogleich pathetischerweise anredete: »Ich bin Ihres Bruders Sohn!« (Ich bin Deines Vaters Geist! – wie im Hamlet.) Du kannst es denken, daß ich sogleich nach Dir frug, was Du machtest, wo Du lebtest, wie es Dir ginge u.s.w. Darauf sprach der junge Mensch mit gesenkter Stimme, indem er mit einem Taschentuch sich was weniges über die Augen fuhr: »Mein armer Vater ist gestorben!« – Nun kannst Du es Dir wieder denken, daß mich diese Nachricht um so mehr erschütterte, als ich mir Vorwürfe machte, mich nicht mehr nach Deinem Aufenthalt erkundigt und so wenigstens noch einige Worte von Dir erhalten zu haben. Ich brach daher das Gespräch kurz ab, indem ich es dem jungen Menschen freistellte, mich ferner zu besuchen. Dies tat er denn auch, indessen zu unbequemen Stunden, in denen er mich nicht sprechen konnte. Endlich wandte er sich schriftlich an mich, sprach mich um Geld an und legte, wie er sagte, zu seiner Legitimation ein Porträt von mir bei, auf eine Spielmarke gemalt, mit grünen Haaren und etwas dem Kaiser Hadrian ähnlich, das ich aber, wie ich mich erinnere, selbst vor langer Zeit verfertigt. Bedeutende Unterstützungen zu reichen, das läßt meine Lage durchaus nicht zu; indessen packte ich einige Taler ein, und schrieb ihm zugleich, daß ich bereit wäre, für sein Unterkommen auf irgendeine Weise zu sorgen, nur müsse er sich über sein bisheriges Wohlverhalten durch glaubhafte Atteste legitimieren. – Seit der Zeit hat er nichts mehr von sich hören lassen. Er nannte sich *Ferdinand Hoffmann*, und Du wirst vielleicht am besten den näheren wahren Zusammenhang der Sache wissen oder wenigstens erraten können.

Es ist wahr, liebster Bruder! daß Jahre hindurch uns das Schicksal ganz auseinandergeworfen hat, und es scheint auch, als wenn Dir meine Denkungsart ganz fremd geworden ist, denn sonst würdest Du nicht von dem Mantel des Hochmuts sprechen, den ich mir umgehängt haben soll und der, wie ich wohl versichern kann, nach meiner Art zu sein, mir ein durchaus unbequemes ungewohntes Kleidungsstück sein würde, in dem ich mich nicht zu regen und zu bewegen wüßte. Ferner, liebster Bruder, würdest Du irren, wenn Du glaubtest, daß ich durch die Beerbung meiner Erzieher in irgendeine günstigere Lage, als sie sich gerade aus meinen Dienstverhältnissen ergibt, gekommen sein sollte. Vielleicht wäre dies der Fall gewesen, wenn nicht der unglückselige Krieg mich im Jahre 1806 dienstlos gemacht hätte. Ich weiß nicht, ob es Dir bekannt ist, daß ich seit dem Jahre 1807 mich im südlichen Deutschland, in Bamberg, als Theatermusikdirektor notdürftig nährte; daß ich dieselbe Stelle später in Dresden hatte, auch hier alles Elend des Krieges überstehen mußte und erst im Jahre 1815 wieder eintreten konnte in das Kammergericht, wiewohl nach der Anciennetät, die mir mein Ratspatent vom 2. Februar 1802 gab, welches denn nun wohl gar keine Entschädigung sein kann. Das bis zum Tode des sehr wackern, uns wohl bekannten Justizrats bis zur Unbedeutendheit geschmolzene Vermögen, das noch überdies mancherlei Legate zersplitterten, reichte gerade hin, mich hier anderthalb Jahre hindurch, die ich *ohne Gehalt* hinbringen mußte, zu ernähren und mich dann häuslich einzurichten. Jetzt lebe ich in dem überteuern Berlin lediglich von meinem Gehalt und dem, was ich sonst etwa durch Schriftstellerei verdiene. – Vielleicht ist der literarische Ruf des Verfassers der Fantasiestücke in Callots Manier, der Elixiere des Teufels, der Nachtstücke u.s.w. bis nach B. oder gar bis nach C. gedrungen, und es ist vielleicht sogar möglich, daß man wenigstens in B. von dem Komponisten der Fouquéschen Oper Undine, die mit vorzüglicher Pracht (Dekorationen und Kostüm kosteten gegen 12.000 Rthl.) auf dem hiesigen Theater seit Jahresfrist oft gegeben wurde, etwas weiß. Solch ein Verfasser und Komponist bin ich nun selbst, und Du siehst, liebster Bruder, daß ich, trotz der finstern und sattsam langweiligen Juristerei, auch meine künstlerischen Anlagen tüchtig zu kultivieren nicht unterlasse. Das Dichten ist bekanntlich Familiensünde väterlicherseits; aber in der Musik haben, so viel ich weiß, unsere Altvordern nicht sonderlich viel geleistet. Soviel ich mich erinnere, spielte Papa Viola di Gamba, worüber ich einmal als drei- oder vierjähriger Knabe in ein entsetzliches Weinen ausbrach und nicht zu beschwichtigen war, nisi durch einen schicklichen Pfefferkuchen. Papa hatte aber keinen Takt, und böse Verleumdung behauptete, er habe einmal ein Menuett nach einer Polonaise getanzt, die der schlaue Justizrat auf dem wohlbekannten rotlackierten Flügel spielte, den wir, wenn Du Dich noch daran erinnerst, in späterer Zeit einmal mit dem hohen Bücher-, Kleider-, Stiefel- etc. Schrank des Justizrats, den wir umstülpten, beinahe eingeschmissen hätten.

(Hier endet der Brief, der nicht fortgesetzt und abgesandt worden zu sein scheint.)

*Neueste Schicksale*
*eines abenteuerlichen Mannes*
Mitgeteilt von
E. T. A. Hoffmann
(Zu Seite 340 f.)

*Vorwort*

Nicht gar zu lange ist es her, als in dem hiesigen Gasthofe, das
Hôtel de Brandenbourg geheißen, ein Fremder eingekehrt
war, der, rücksichts seines Äußern, seines ganzen Betragens,
mit Recht ein wenig seltsam zu nennen. – Sehr klein und dabei
beinahe magerer als mager, die Knie merklich einwärts gebogen, ging oder hüpfte er vielmehr mit einer kuriosen, man
möchte sagen unangenehmen Geschwindigkeit durch die Straßen und trug Kleider von auffallender Farbe wie keiner; z. B.
Lilas, Zeisiggrün etc., die aber, seiner Magerkeit unerachtet,
ihm viel zu knapp zugeschnitten, und dazu saß ihm ein kleines
rundes Hütchen mit einer blinkenden Stahlschnalle ganz schief
nach dem linken Ohr zu auf der Frisur. Frisieren und pudern
ließ sich der Kleine nämlich jeden Tag auf das schönste und
einen amönen Studentenzopf aus den neunziger Jahren einbin-
den, von dem Genre, das aufstrebende Genies bezeichnet (man
sehe Lichtenberg über Studentenzöpfe und etc.) Der Kleine
war ferner ein ganz außerordentlicher Schmecker; er ließ sich
die leckersten Schüsseln bereiten und aß und trank mit dem
ungemessensten Appetit. Hatte er sich dann satt gegesssen und
getrunken, so ging ihm der Mund wie eine Windmühle oder
wie ein Feuerrad. In einem Atem schwatzte er von Naturphi-
losophie, seltnen Affen, Theater, Magnetismus, neu erfundnen
Haubenstöcken, Poesie, Kompressionsmaschinen, Politik und
tausend andern Dingen, so daß man wohl bald merkte, wie er
ein sattsam gebildeter Mann sein und in literarisch ästhetischen
Tees hinlänglich geglänzt haben müsse. – Überhaupt verstand

sich der Fremde ganz ungemein auf das, was man feine Konversation nennt, und hatte er ein Gläschen Muskat (ein Wein,
den er allen übrigen vorzog) mehr getrunken als dienlich, so
ließ er ein liebes herrliches Gemüt verspüren und auch erstaunlich viel deutschen Sinn, wiewohl er versicherte, sich deswegen etwas cachieren zu müssen wegen China, wo er voriges
Jahr ein Paar Stiefeln stehen lassen, das er mit Artigkeit wieder
zu erlangen hoffe. Wollte er auch sonst nicht recht mit der
Sprache heraus, wes Glaubens, Namens und Standes er eigentlich sei, so entschlüpfte ihm doch in solch gemütlicher Laune
manch bedeutsames Wort, das freilich nun wieder unauflösli-
chen Rätseln anzugehören schien. Er gab nämlich zu verstehen, daß er sonst als bedeutender Künstler sich reichlich genährt, dann aber auf geheimnisvolle Weise zu einem sehr
hohen Stande gelangt, der jedem weit mehr gewähre als das
liebe tägliche Brot. – Dabei fuhr er mit beiden Armen auseinander, welche Pantomime, die beinahe anzusehen, als wolle er
jemanden das Maß nehmen, er überhaupt sehr liebte und öfters
wiederholte und zeigte dann mit geheimnisvollem Lächeln in
die Mohrenstraße hinein, meinend, wenn man da so hinab-
ginge und so immer fort und fort, so würde man doch wohl
endlich in den kleinen, von beiden Seiten mit Brombeerstrauch
eingefaßten Feldweg kommen, der gleich hinter Cochinchina
links ab weiter auf die große Wiese führe, über die hinweg man
in ein großes, ganz propres Reich gelange. Und er wisse wohl,
wer dort zu seiner Zeit als ein berühmter Kaiser geherrscht
und prächtige Goldstücke habe schlagen lassen. Dabei klap-
perte der Fremde mit Goldstücken in der Tasche und sah so
ganz besonders pfiffig aus, daß man auf den Gedanken geraten
mußte, jener Kaiser hinter der großen Wiese sei am Ende
niemand anders gewesen als er, der kleine Fremde selbst.

  Wahr ist es, sein Gesicht, das sonst gewöhnlich zusammen-
geschrumpft wie ein naß gewordener Handschuh, konnte sich
manchmal ausglätten zu hellem Sonnenschein, und er hatte

dann den gewissen *gnädigen Blick*, mit dem hohe Herrschaften öfters ein ganzes Rudel armer Leute sattfüttern lange Zeit hindurch, und mit den Goldstücken, die er in Hülle und Fülle besaß, hatte es auch eine ganz eigne Bewandtnis. Das Gepräge war nämlich von der Art, daß die Stücke durchaus in keine Rubrik alles nur erdenklichen fremden Geldes zu bringen. Auf der einen Seite stand eine Inschrift, die beinahe Chinesisch schien. Auf der Kehrseite befand sich aber in dem mit einer turbanähnlichen Krone bedeckten Wappenschilde ein kleiner, niedlicher geflügelter Esel. – Der Wirt des Hauses wollte daher auch diese gänzlich unbekannte Münze nicht eher in Zahlung nehmen, bis auf Befragen der Generalmünzwardein Loos ihm versichert, wie das Gold besagter Stücke so überaus fein sei, daß es ordentlicher Übermut gewesen, daraus Geld zu prägen.

Wollte man aber nun auch wirklich ahnen, daß der wunderliche Kleine ein inkognito reisender asiatischer Potentat, so stand damit wieder manches in seinem Betragen in dem grellsten Widerspruch. Mit hoher kreischender Stimme pflegte er nämlich öfters Lieder zu singen, die eben nicht in der vornehmen Welt vorzukommen pflegen, wie z. B. Am Sonnabend, am Sonnabend, da ist die Woch' zu Ende, oder In Berlin, in Berlin, wo die schönen Linden blühn oder: Der Schneider muß nach Pankow schnell heraus etc. etc.

Dann hatte er auch einen unwiderstehlichen Drang, gewisse Tanzböden zu besuchen, wo sich das Handwerk zu vergnügen pflegt mit sattsam geputzten Mägden. Gewöhnlich wurde er mit Schimpf und Schande herausgeworfen, weil er im Dreher nicht in den Takt kommen konnte und der gewandtesten Köchin den eiergelben Schnürstiefel aus der Façon trat. Was aber eigentlich jeder guten Meinung von ihm den Hals brach, war, daß er auf dem Gensdarmes-Markt gerade an einem Marktmorgen plötzlich wie vom bösen Teufel erfaßt, in eine Heringstonne griff und den ergriffenen Salzmann, auf einem Beine tanzend, verzehrte. Half's, daß er das tobende Weib mit einem geflügelten Esel großartig belohnte? – Jeder schalt ihn einen sittenlosen Menschen, der Gott nicht vor Augen. Hin war die gute Meinung, und die rettet kein Esel. –

Wenige Tage darauf hatte auch der wunderliche Fremdling Berlin verlassen. Zu nicht geringem Erstaunen der Wirtsleute und aller derer, die gerade aus den Fenstern guckten, war er in einer ganz und gar silbernen Kutsche davongefahren im brausenden Trott.

Vor wenigen Tagen war an der Wirtstafel im Hôtel de Brandenbourg die Rede von diesem seltsamen Manne, und Herr Krause erwähnte, daß man auf dem Sekretär in der Stube, die er bewohnt, ein Röllchen beschriebenes Papier gefunden, das er aufbewahre. Auf Verlangen erhielt ich dieses Röllchen. Wer schildert aber mein Erstaunen, meine Freude, mein Entzücken, als ich auf den ersten Blick ins Manuskript wahrnahm, daß der Fremde niemand anders gewesen als der berühmte, zum Kaiser von Aromata avancierte Schneidergeselle Abraham Tonelli, dessen merkwürdige Lebensgeschichte vor mehreren Jahren in dem achten Bande der Straußfedern der Lesewelt mitgeteilt wurde. – Merkwürdig genug scheint es, daß gegenwärtige Memoires gerade da, wo jene Lebensgeschichte schließt, anfangen und sich daher derselben ziemlich genau anreihen. Es ist möglich, daß Tonelli in Berlin den Redakteur seiner früheren Lebensgeschichte (Ludwig Tieck) suchte und nicht fand. Hat mir aber nun einmal das Schicksal Tonellis ferneres Manuskript in die Hände gespielt, so finde ich darin einen Beruf, mich sogleich der Redaktion desselben zu unterziehen, und weder Herr Abraham Tonelli noch Herr Ludwig Tieck können dies ungütig aufnehmen.*

* Den geneigten Lesern, die etwa den achten Band der zuerst von Musäus herausgegebenen Straußfedern, eines Buchs, das sich sehr selten gemacht hat, nicht gleich zur Hand haben sollten, dient folgendes zur kürzlichen Nachricht. A. Tonelli, von armen Schneidereltern geboren, selbst zu dieser Profession erzogen, aber Hohes im Sinne tragend, begibt sich auf die Wanderschaft, verirrt sich, entrinnt mit Mühe Räubern, die er aus dem Walde heraus verirrt, und

Hier ist also die

*Fortsetzung von Abraham Tonellis merkwürdiger*
*Lebensgeschichte*

*Vierte Abteilung*

1.

Lügen ist ein großes Laster, hauptsächlich deshalb, weil es der
Wahrheit entgegen, die eine große Tugend. Hab auch nimmer
gelogen, als wenns mein Vorteil. Possedier überhaupt ein pas-
sabel starkes Gewissen, das mich zuweilen derb in den Rücken
stößt. Treibt auch jetzt mich an, zu gestehen, daß gelogen, als
der Welt schrieb, wie ich alt und grau und doch immer glücklich und wie die idealischen Träume meiner Jugend in Erfüllung gegangen. War, als das schrieb, noch ein junger hübscher
Mann mit roten Backen, hatte mich aber stark pudern lassen.

kommt, nachdem er viel Elend erlitten, endlich zu einem polnischen Baron.
Dieser lehrt ihn die Kunst, sich mittelst einer Wurzel in alle nur mögliche Tiere
zu verwandeln, welches ihm viel Vergnügen macht. Er läuft indessen davon, als
der Baron ihn, der sich gerade in einen kleinen Hund verwandelt hat, als
Elephant derb abgeprügelt, und kommt, von einem ungeheuren Vogel als Maus
übers Meer getragen, zum König von Persien, dann aber zum türkischen Kaiser,
der, vor Freude über den seltnen Künstler, sich kreuzigt und segnet und ihn
leben läßt in Pracht und Freude. Arglistige Diener rauben ihm indessen die
Zauberwurzel, und er wird, da er sich nun nicht mehr verwandeln kann, von dem
Kaiser mit Schimpf und Schande fortgejagt. Er bettelt sich durch bis nach
Sibirien, wo ihn in der Schlafkammer eines Wirtshauses eine verwünschte Katze
besucht und ihn um ihre Befreiung bittet, wogegen sie ihn zu einem Schatz
verhelfen will. Endlich, nach langem Widerspruch, gibt er den Bitten und
Tränen der Katze nach, läßt sich von ihr die Hand reichen und faßt Zutrauen, als
sie ihn nicht kratzt. Er erhält den Schatz und einen Stein, dessen Eigenschaft, den
Teufel ihm unterwürfig zu machen, er erst dann entdeckt, als alles Gold verschwunden und er auf's neue in Not und Elend geraten ist. Er zwingt nun den
Teufel, ihm so viel Schätze zuzutragen, als er nur mag, gewinnt die Gunst des
Königs von Monopolis durch einen Schmaus, den er ihm in dem Gasthofe gibt,
baut ein Schloß, Tunellenburg genannt, und heiratet die Tochter eines Kauf-
manns. Diese stirbt, das Schloß brennt ab, der Stein ist verloren, und Tonelli
wird als Hexenmeister aus dem Lande gejagt. Er muß aufs neue sich durchbet-

Aß gerade einen böhmischen Fasan mit Apfelmus und trank Muskatwein dazu. Hielt das für die idealischen Träume meiner Jugend. Wollte mich damit brüsten, daß alles durchgesetzt, was mir vorgenommen, und nun glücklich bis an mein Lebensende. Hatte mein ganzes bißchen alte Geschichte verschwitzt. Dachte nicht an Krösus, war überhaupt ein eingebildeter Narr, und, wie gesagt, alles erlogen, bis auf den guten Appetit, den ich noch heute verspüre. Erlitt auch bald nachher, als ich also gelogen, großes Unglück, Not und Pein, worüber ich meine ganze Herrlichkeit im Stich lassen und vergessen mußte. O wie muß sich doch der irdische Mensch hienieden beugen den vernichtenden Launen eines stets wankenden Schicksals! – O täuschender Glanz des Glücks, wie verbleichst du so schnell, so plötzlich vor dem Gifthauch des Mißgeschicks! – Ist einmal so und nicht anders in der Welt! –

teln, trifft auf zwei Leineweber, kehrt mit ihnen in ein Wirtshaus ein, wo der Wirt ihnen ein Zimmer einräumt, das von Poltergeistern heimgesucht werden soll. Als sie spielen und zechen, kommt aus Fußboden und Decke eine ganze Gesellschaft Geister, die sich an eine Tafel setzen und auf das köstlichste schmausen. Die beiden Leineweber, die zum Mittrinken gezwungen werden, fallen tot um. Als Tonelli trinken soll, ruft er in der Verzweiflung: Pereat dem Teufel, vivat Gott dem Herrn! Sogleich verschwindet die ganze Gesellschaft, und es erscheint ein Geist in der Gestalt eines schönen großen Vogels, dem Tonelli sein Kompliment macht und ihn um Verzeihung bittet wegen des unhöflichen Gebets, das ihm in der Angst entfahren. Der Vogel erwidert, das habe nichts zu sagen, und ratet ihm, von den Kostbarkeiten auf dem Tisch einen Pokal und eine Perle zu nehmen, die alles in Gold zu verwandeln vermag. Tonelli tut es, und darauf bringt ihn ein geflügelter Esel nach dem Lande Aromata. Er gewinnt durch seine Goldmacherei die Gunst des Kaisers, der ihm, nachdem er als ein tapferer Feldherr die Feinde des Landes besiegt, gegen Auslieferung der Perle seine Tochter zur Gemahlin gibt und dem er in der Regierung folgt. Am Schlusse heißt es: »Bin jetzt alt und grau und immer noch glücklich, schreibe aus Zeitvertreib und weil ich nicht weiß, was ich tun soll, diese meine wahrhafte Geschichte, um der Welt zu zeigen, daß man gewiß und wahrhaftig durchsetzt, was man sich ernsthaft vorgesetzt hat. Habe Gottlob! noch guten Appetit und hoffe, ihn bis an mein seliges Ende zu behalten. Die idealischen Träume meiner Kinderjahre sind an mir in Erfüllung gegangen: das erleben nur wenige Menschen!« –

2.

Hatte als Kaiser von Aromata eine überaus schöne vortreffliche Kaiserin. War auch ein Engel dabei und konnte singen
und spielen, daß einem das Herz im Leibe lachte. Tanzte auch
hübsch. Dachte, als die Flitterwochen vorüber, daran, daß es
wohl nun zu meinem Part gehöre, die kostbare Perl aufzube-
wahren, bat mir sie daher aus von der Gemahlin. Schlug's mir
aber schnippisch ab. Tat den Ärger verbeißen und meinte, die
Gemahlin solle aus großer Liebe zu mir meinem Willen nicht
entgegen sein. Die Gemahlin schlug es mir aber nochmals
rund ab, wurde zornig und blickte mich an mit funkelnden
Augen. Hatte noch niemals solche Augen bei einer Weibsper-
son gesehen und mußte an die schwarze Katze denken. Ließ
drei Tage das Maul hängen und vergoß eines Mittags, als die
Kaiserin gerade ein gebratenes Spanferkel anschnitt, das zu
sehr gepfeffert, bittre Tränen des Unmuts. Das rührte die
Gemahlin, und sie sagte, ich solle mir den Verlust der Perl nicht
so zu Herzen nehmen, hätte doch das unschätzbarste Kleinod
auf Erden dafür eingetauscht und wolle sie manchmal die Perl
mir zum Spielen geben. – War doch ein schönes ehrliches
Gemüt, die Kaiserin! – (Mehr ist nicht vorhanden.)

*Hoffmanns Testament*
(Zu Seite 344)

Wir, nämlich ich, der Kammergerichtsrat Ernst Theodor
Wilhelm Hoffmann, und ich, Maria Tekla Michaelina geborne
Rohrer, haben nun bereits seit zwanzig Jahren in einer fort-
dauernd glücklichen, wahrhaft zufriedenen Ehe gelebt. Gott
hat uns keine Kinder am Leben erhalten, aber sonst uns man-
che Freude geschenkt, doch uns auch mit sehr schweren harten
Leiden geprüft, die wir mit standhaftem Mut ertragen haben.
Einer ist immer des andern Stütze gewesen, wie das denn

Eheleute sind, die sich, so wie wir, recht aus den treusten Herzen lieben und ehren.

Sollte es nun Gott gefallen, unsern Bund zu trennen und einen oder den andern aus dieser Zeitlichkeit abzurufen, so verordnen wir hiemit, letztwillig und wechselseitig, daß dem überlebenden Ehegatten der Nachlaß des Verstorbenen, nicht das mindeste davon ausgenommen, als vollkommnes freies, uneingeschränktes Eigentum, worüber er nach Willkür verfügen kann, ohne jemanden darüber Red und Antwort zu geben, erblich zufallen soll.

Ich, der Ehegatte, habe diese wechselseitige letzte Verfügung selbst geschrieben, ich, die Ehegattin, dieselbe mehrmals durchgelesen, beide bekräftigen und vollziehen wir aber diesen unsern ausgesprochenen letzten Willen durch unsere eigenhändige Namensunterschrift und Beidrückung unseres gewöhnlichen Siegels.

Berlin, den sechsundzwanzigsten März Eintausendachthundertundzweiundzwanzig.

*Ernst Theod. Wilh. Hoffmann*
Königlicher Kammergerichtsrat
    (L. S.)

      *Maria Tekla Michaelina Rohrer*
      verehlichte *Hoffmann*
        (L. S.)

*Des Vetters Eckfenster*
Mitgeteilt von
*E. T. A. Hoffmann*

Meinen armen Vetter trifft gleiches Schicksal mit dem bekannten Scarron. So wie dieser hat mein Vetter durch eine hartnäckige Krankheit den Gebrauch seiner Füße gänzlich verloren, und es tut not, daß er sich mit Hülfe standhafter Krücken,

und des nervichten Arms eines grämlichen Invaliden, der nach
Belieben den Krankenwärter macht, aus dem Bette in den mit
Kissen bepackten Lehnstuhl, und aus dem Lehnstuhl in das
Bette schrotet. Aber noch eine Ähnlichkeit trägt mein Vetter
mit jenem Franzosen, den eine besondere, aus dem gewöhnlichen Geleise des französischen Witzes ausweichende Art des
Humors, trotz der Sparsamkeit seiner Erzeugnisse, in der
französischen Literatur feststellte. So wie Scarron, schriftstel-
lert mein Vetter, so wie Scarron, ist er mit besonderer lebendiger Laune begabt und treibt wunderlichen humoristischen
Scherz auf seine eigne Weise. Doch zum Ruhme des deutschen
Schriftstellers sei es bemerkt, daß er niemals für nötig achtete,
seine kleinen pikanten Schüsseln mit Asa fötida zu würzen, um
die Gaumen seiner deutschen Leser, die dergleichen nicht
wohl vertragen, zu kitzeln. Es genügt ihm das edle Gewürz,
welches, indem es reizt, auch stärkt. Die Leute lesen gerne, was
er schreibt; es soll gut sein und ergötzlich; ich verstehe mich
nicht darauf. Mich erlabte sonst des Vetters Unterhaltung, und
es schien mir gemütlicher, ihn zu hören, als ihn zu lesen. Doch
eben dieser unbesiegbare Hang zur Schriftstellerei hat schwarzes Unheil über meinen armen Vetter gebracht; die schwerste
Krankheit vermochte nicht den raschen Rädergang der Fantasie zu hemmen, der in seinem Innern fortarbeitete, stets Neues
und Neues erzeugend. So kam es, daß er mir allerlei anmutige
Geschichten erzählte, die er, des mannigfachen Wehs, das
er duldete, unerachtet, ersonnen. Aber den Weg, den der
Gedanke verfolgen mußte, um auf dem Papiere gestaltet zu
erscheinen, hatte der böse Dämon der Krankheit versperrt.
Sowie mein Vetter etwas aufschreiben wollte, versagten ihm
nicht allein die Finger den Dienst, sondern der Gedanke selbst
war verstoben und verflogen. Darüber verfiel mein Vetter in
die schwärzeste Melancholie. »Vetter!« sprach er eines Tages zu
mir, mit einem Ton, der mich erschreckte, »Vetter, mit mir ist
es aus! Ich komme mir vor wie jener alte, vom Wahnsinn

zerrüttete Maler, der tagelang vor einer in den Rahmen ge-
spannten grundierten Leinewand saß und allen, die zu ihm
kamen, die mannigfachen Schönheiten des reichen, herrlichen
Gemäldes anpries, das er soeben vollendet; – ich geb's auf, das
wirkende, schaffende Leben, welches, zur äußern Form gestaltet, aus mir selbst hinaustritt, sich mit der Welt befreundet! –
Mein Geist zieht sich in seine Klause zurück!« Seit der Zeit ließ
sich mein Vetter weder vor mir, noch vor irgendeinem andern
Menschen sehen. Der alte grämliche Invalide wies uns mur-
rend und keifend von der Türe weg wie ein beißiger Haus-
hund. –

Es ist nötig zu sagen, daß mein Vetter ziemlich hoch in
kleinen niedrigen Zimmern wohnt. Das ist nun Schriftsteller-
und Dichtersitte. Was tut die niedrige Stubendecke? die Fantasie fliegt empor und baut sich ein hohes, lustiges Gewölbe bis
in den blauen glänzenden Himmel hinein. So ist des Dichters
enges Gemach, wie jener zwischen vier Mauern eingeschlossene, zehn Fuß ins Gevierte große Garten, zwar nicht breit und
lang, hat aber stets eine schöne Höhe. Dabei liegt aber meines
Vetters Logis in dem schönsten Teil der Hauptstadt, nämlich
auf dem großen Markte, der von Prachtgebäuden umschlossen
ist und in dessen Mitte das kolossal und genial gedachte Thea-
tergebäude prangt. Es ist ein Eckhaus, was mein Vetter bewohnt, und aus dem Fenster eines kleinen Kabinetts übersieht
er mit einem Blick das ganze Panorama des grandiosen Platzes.

Es war gerade Markttag, als ich, mich durch das Volksge-
wühl durchdrängend, die Straße hinab kam, wo man schon aus
weiter Ferne meines Vetters Eckfenster erblickt. Nicht wenig
erstaunte ich, als mir aus diesem Fenster das wohlbekannte
rote Mützchen entgegenleuchtete, welches mein Vetter in guten Tagen zu tragen pflegte. Noch mehr! Als ich näher kam,
gewahrte ich, daß mein Vetter seinen stattlichen Warschauer
Schlafrock angelegt und aus der türkischen Sonntagspfeife
Tabak rauchte. – Ich winkte ihm zu, ich wehte mit dem

Schnupftuch hinauf; es gelang mir, seine Aufmerksamkeit auf
mich zu ziehen, er nickte freundlich. Was für Hoffnungen! –
Mit Blitzesschnelle eilte ich die Treppe hinauf. Der Invalide
öffnete die Türe; sein Gesicht, das sonst, runzlicht und faltig,
einem naßgewordenen Handschuh glich, hatte wirklich einiger Sonnenschein zur passablen Fratze ausgeglättet. Er meinte,
der Herr säße im Lehnstuhl und sei zu sprechen. Das Zimmer
war rein gemacht und an dem Bettschirm ein Bogen Papier
befestigt, auf dem mit großen Buchstaben die Worte standen:

»Et si male nunc, non olim sic erit.«

Alles deutete auf wiedergekehrte Hoffnung, auf neuerweckte
Lebenskraft. – »Ei«, rief mir der Vetter entgegen, als ich in das
Kabinett trat, »ei, kommst du endlich, Vetter; weißt du wohl,
daß ich rechte Sehnsucht nach dir empfunden? Denn unerachtet du den Henker was nach meinen unsterblichen Werken
frägst, so habe ich dich doch lieb, weil du ein munterer Geist
bist und amüsable, wenn auch gerade nicht amüsant.«

Ich fühlte, daß mir bei dem Kompliment meines aufrichti-
gen Vetters das Blut ins Gesicht stieg.

»Du glaubst«, fuhr der Vetter fort, ohne auf meine Bewegung zu achten, »du glaubst mich gewiß in voller Besserung
oder gar von meinem Übel hergestellt. Dem ist beileibe nicht
so. Meine Beine sind durchaus ungetreue Vasallen, die dem
Haupt des Herrschers abtrünnig geworden und mit meinem
übrigen werten Leichnam nichts mehr zu schaffen haben wollen. Das heißt, ich kann mich nicht aus der Stelle rühren und
karre mich in diesem Räderstuhl hin und her auf anmutige
Weise, wozu mein alter Invalide die melodiösesten Märsche
aus seinen Kriegsjahren pfeift. Aber dies Fenster ist mein
Trost, hier ist mir das bunte Leben aufs neue aufgegangen, und
ich fühle mich befreundet mit seinem niemals rastenden Treiben. Komm, Vetter, schau hinaus!«

Ich setzte mich dem Vetter gegenüber auf ein kleines Tabou-
ret, das gerade noch im Fensterraum Platz hatte. Der Anblick

war in der Tat seltsam und überraschend. Der ganze Markt schien eine einzige, dicht zusammengedrängte Volksmasse, so daß man glauben mußte, ein dazwischengeworfener Apfel könne niemals zur Erde gelangen. Die verschiedensten Farben glänzten im Sonnenschein, und zwar in ganz kleinen Flecken; auf mich machte dies den Eindruck eines großen, vom Winde bewegten, hin und her wogenden Tulpenbeets, und ich mußte mir gestehen, daß der Anblick zwar recht artig, aber auf die Länge ermüdend sei, ja wohl gar aufgereizten Personen einen kleinen Schwindel verursachen könne, der dem nicht unangenehmen Delirieren des nahenden Traums gliche; darin suchte ich das Vergnügen, das das Eckfenster dem Vetter gewähre, und äußerte ihm dieses ganz unverhohlen.

Der Vetter schlug aber die Hände über den Kopf zusammen, und es entspann sich zwischen uns folgendes Gespräch.

*Der Vetter.* Vetter, Vetter! nun sehe ich wohl, daß auch nicht das kleinste Fünkchen von Schriftstellertalent in dir glüht. Das erste Erfordernis fehlt dir dazu, um jemals in die Fußstapfen deines würdigen lahmen Vetters zu treten; nämlich ein Auge, welches wirklich schaut. Jener Markt bietet dir nichts dar als den Anblick eines scheckichten, sinnverwirrenden Gewühls des in bedeutungsloser Tätigkeit bewegten Volks. Hoho, mein Freund, mir entwickelt sich daraus die mannigfachste Szenerie des bürgerlichen Lebens, und mein Geist, ein wackerer Callot oder moderner Chodowiecki, entwirft eine Skizze nach der andern, deren Umrisse oft keck genug sind. Auf, Vetter! ich will sehen, ob ich dir nicht wenigstens die Primizien der Kunst zu schauen beibringen kann. Sieh einmal gerade vor dich herab in die Straße, hier hast du mein Glas, bemerkst du wohl die etwas fremdartig gekleidete Person mit dem großen Marktkorbe am Arm, die, mit einem Bürstenbinder in tiefem Gespräche begriffen, ganz geschwinde andere Domestika abzumachen scheint, als die des Leibes Nahrung betreffen?

*Ich.* Ich habe sie gefaßt. Sie hat ein grell zitronenfarbiges

Tuch nach französischer Art turbanähnlich um den Kopf ge-
wunden, und ihr Gesicht, so wie ihr ganzes Wesen, zeigt
deutlich die Französin. Wahrscheinlich eine Restantin aus
dem letzten Kriege, die ihr Schäfchen hier ins trockne gebracht.

*Der Vetter*. Nicht übel geraten. Ich wette, der Mann verdankt irgendeinem Zweige französischer Industrie ein hübsches Auskommen, so daß seine Frau ihren Marktkorb mit
ganz guten Dingen reichlich füllen kann. Jetzt stürzt sie sich
ins Gewühl. Versuche, Vetter, ob du ihren Lauf in den verschiedensten Krümmungen verfolgen kannst, ohne sie aus
dem Auge zu verlieren, das gelbe Tuch leuchtet dir vor.

*Ich*. Ei, wie der brennende gelbe Punkt die Masse durchschneidet. Jetzt ist sie schon der Kirche nah – jetzt feilscht sie
um etwas bei den Buden – jetzt ist sie fort – o weh! ich habe sie
verloren – nein, dort am Ende duckt sie wieder auf – dort bei
dem Geflügel – sie ergreift eine gerupfte Gans – sie betastet sie
mit kennerischen Fingern. –

*Der Vetter*. Gut, Vetter, das Fixieren des Blicks erzeugt das
deutliche Schauen. Doch statt dich auf langweilige Weise in
einer Kunst unterrichten zu wollen, die kaum zu erlernen, laß
mich lieber dich auf allerlei Ergötzliches aufmerksam machen,
welches sich vor unsern Augen auftut. Bemerkst du wohl jenes
Frauenzimmer, die sich an der Ecke dort, unerachtet das Gedränge gar nicht zu groß, mit beiden spitzen Ellenbogen Platz
macht?

*Ich*. Was für eine tolle Figur – ein seidner Hut, der in
kapriziöser Formlosigkeit stets jeder Mode Trotz geboten, mit
bunten, in den Lüften wehenden Federn – ein kurzer seidner
Überwurf, dessen Farbe in das ursprüngliche Nichts zurückgekehrt – darüber ein ziemlich honetter Shawl – der Florbesatz
des gelbkattunenen Kleides reicht bis an die Knöchel – blau-
graue Strümpfe – Schnürstiefeln – hinter ihr eine stattliche
Magd mit zwei Marktkörben, einem Fischnetz, einem Mehl-

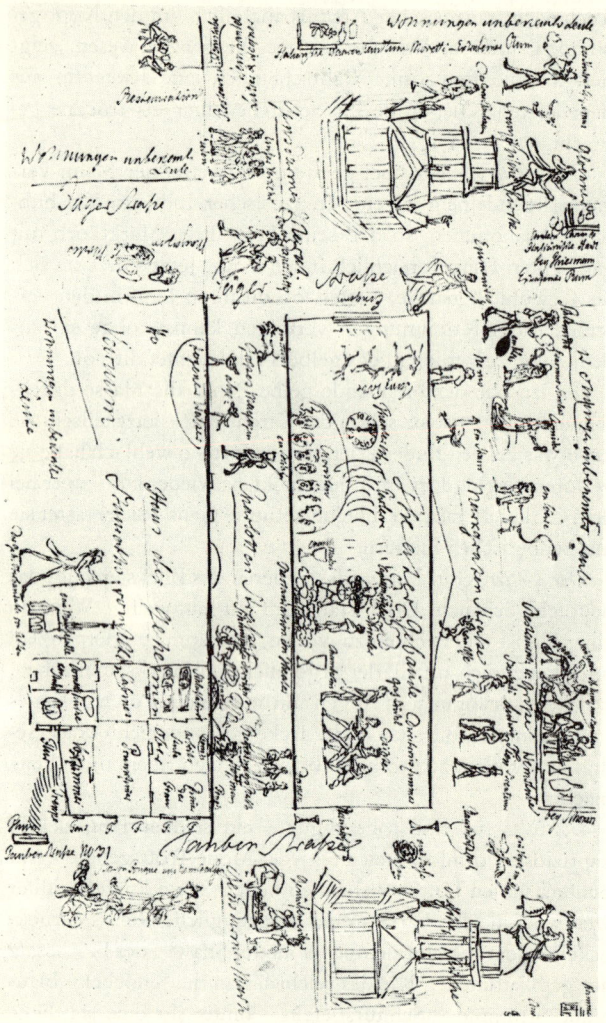

*Hoffmanns Wohnung (1815–22) am Gendarmenmarkt gegenüber dem Schau-
spielhaus, von ihm gezeichnet*

sack – Gott sei bei uns! was die seidene Person für wütende
Blicke um sich wirft, mit welcher Wut sie eindringt in die
dicksten Haufen – wie sie alles angreift, Gemüse, Obst, Fleisch
usw.; wie sie alles beäugelt, betastet, um alles feilscht und
nichts erhandelt.–

*Der Vetter.* Ich nenne diese Person, die keinen Markttag
fehlt, die rabiate Hausfrau. Es kommt mir vor, als müsse sie die
Tochter eines reichen Bürgers, vielleicht eines wohlhabenden
Seifensieders sein, deren Hand, nebst annexis, ein kleiner Geheimsekretär nicht ohne Anstrengung erworben. Mit Schönheit und Grazie hat sie der Himmel nicht ausgestattet, dagegen galt sie bei allen Nachbaren für das häuslichste, wirtschaft-
lichste Mädchen, und in der Tat, sie ist auch so wirtschaftlich
und wirtschaftet jeden Tag vom Morgen bis in den Abend auf
solche entsetzliche Weise, daß dem armen Geheimsekretär
darüber Hören und Sehen vergeht und er sich dorthin
wünscht, wo der Pfeffer wächst. Stets sind alle Pauken- und
Trompetenregister der Einkäufe, der Bestellungen, des Klein-
handels und der mannigfachen Bedürfnisse des Hauswesens
gezogen, und so gleicht des Geheimsekretärs Wirtschaft einem
Gehäuse, in dem ein aufgezogenes Uhrwerk ewig eine tolle
Sinfonie, die der Teufel selbst komponiert hat, fortspielt; ungefähr jeden vierten Markttag wird sie von einer andern Magd
begleitet.–

Sapienti sat! – Bemerkst du wohl – doch nein, nein, diese
Gruppe, die soeben sich bildet, wäre würdig, von dem Krayon
eines Hogarths verewigt zu werden. Schau' doch nur hin,
Vetter, in die dritte Türöffnung des Theaters!

*Ich.* Ein Paar alte Weiber auf niedrigen Stühlen sitzend – ihr
ganzer Kram in einem mäßigen Korbe vor sich ausgebreitet –
die eine hält bunte Tücher feil, sogenannte Vexierware, auf den
Effekt für blöde Augen berechnet, – die andere hält eine
Niederlage von blauen und grauen Strümpfen, Strickwolle
usw. Sie haben sich zueinander gebeugt – sie zischeln sich in

die Ohren – die eine genießt ein Schälchen Kaffee; die andere scheint, ganz hingerissen von dem Stoff der Unterhaltung, das Schnäpschen zu vergessen, das sie eben hinabgleiten lassen wollte; in der Tat ein Paar auffallende Physiognomien! welches dämonische Lächeln – welche Gestikulation mit den dürren Knochenärmen!–

*Der Vetter.* Diese beiden Weiber sitzen beständig zusammen, und unerachtet die Verschiedenheit ihres Handels keine Kollision und also keinen eigentlichen Brotneid zuläßt, so haben sie sich doch bis heute stets mit feindseligen Blicken angeschielt und sich, darf ich meiner geübten Physiognomik trauen, diverse höhnische Redensarten zugeworfen. O, sieh, sieh, Vetter, immer mehr werden sie ein Herz und eine Seele. Die Tuchverkäuferin teilt der Strumpfhändlerin ein Schälchen Kaffee mit. Was hat das zu bedeuten? Ich weiß es! Vor wenigen Minuten trat ein junges Mädchen von höchstens sechzehn Jahren, hübsch wie der Tag, deren ganzem Äußern, deren ganzem Betragen man Sitte und verschämte Dürftigkeit ansah, angelockt von der Vexierware, an den Korb. Ihr Sinn war auf ein weißes Tuch mit bunter Borte gerichtet, dessen sie vielleicht eben sehr bedurfte. Sie feilschte darum, die Alte wandte alle Künste merkantilischer Schlauheit an, indem sie das Tuch ausbreitete und die grellen Farben im Sonnenschein schimmern ließ. Sie wurden handelseinig. Als nun aber die Arme aus dem Schnupftuchzipfel die kleine Kasse entwickelte, reichte die Barschaft nicht hin zu solcher Ausgabe. Mit hochglühenden Wangen, helle Tränen in den Augen, entfernte sich das Mädchen so schnell sie konnte, während die Alte, höhnisch auflachend, das Tuch zusammenfaltete und in den Korb zurückwarf. Artige Redensarten mag es dabei gegeben haben. Aber nun kennt der andere Satan die Kleine und weiß die traurige Geschichte einer verarmten Familie aufzutischen, als eine skandalöse Chronik von Leichtsinn und vielleicht gar Verbrechen, zur Gemütsergötzlichkeit der getäuschten Krä-

merin. Mit der Tasse Kaffee wurde gewiß eine derbe, faust-
dicke Verleumdung belohnt.–

*Ich.* Von allem, was du da herauskombinierst, lieber Vetter,
mag kein Wörtchen wahr sein, aber indem ich die Weiber
anschaue, ist mir, Dank sei es deiner lebendigen Darstellung,
alles so plausibel, daß ich daran glauben muß, ich mag wollen
oder nicht.

*Der Vetter.* Ehe wir uns von der Theaterwand abwenden,
laß uns noch einen Blick auf die dicke gemütliche Frau mit vor
Gesundheit strotzenden Wangen werfen, die in stoischer Ruhe
und Gelassenheit, die Hände unter die weiße Schürze gesteckt,
auf einem Rohrstuhle sitzt und vor sich einen reichen Kram
von hellpolierten Löffeln, Messern und Gabeln, Fayence, por-
zellänenen Tellern und Terrinen von verjährter Form, Teetas-
sen, Kaffeekannen, Strumpfware, und was weiß ich sonst, auf
weißen Tüchern ausgebreitet hat, so daß ihr Vorrat, wahrscheinlich aus kleinen Auktionen zusammengestümpert, einen
wahren Orbis pictus bildet. Ohne sonderlich eine Miene zu
verziehen, hört sie das Gebot des Feilschenden, sorglos, ob aus
dem Handel was wird oder nicht; schlägt zu, streckt die eine
Hand unter der Schürze hervor, um eben nur das Geld vom
Käufer zu empfangen, den sie die erkaufte Ware selbst fortneh-
men läßt. Das ist eine ruhige, besonnene Handelsfrau, die was
vor sich bringen wird. Vor vier Wochen bestand ihr ganzer
Kram in ungefähr einem halben Dutzend feiner baumwollener
Strümpfe und ebensoviel Trinkgläsern. Ihr Handel steigt mit
jedem Markt, und da sie keinen bessern Stuhl mitbringt, die
Hände auch noch ebenso unter die Schürze steckt wie sonst, so
zeigt das, daß sie Gleichmut des Geistes besitzt und sich durch
das Glück nicht zu Stolz und Übermut verleiten läßt. Wie
kommt mir doch plötzlich die skurrile Idee zu Sinn! Ich denke
mir in diesem Augenblick ein ganz kleines schadenfrohes Teufelchen, das, wie auf jenem Hogarthischen Blatt unter den
Stuhl der Betschwester, hier unter den Sessel der Krämerfrau

gekrochen ist und, neidisch auf ihr Glück, heimtückischerweise die Stuhlbeine wegsägt. Plump! fällt sie in ihr Glas und Porzellän, und mit dem ganzen Handel ist es aus. Das wäre denn doch ein Fallissement im eigentlichsten Sinne des Worts.–

*Ich.* Wahrhaftig, lieber Vetter, du hast mich jetzt schon besser schauen gelehrt. Indem ich meinen Blick in dem bunten Gewühl der wogenden Menge umherschweifen lasse, fallen mir hin und wieder junge Mädchen in die Augen, die, von sauber angezogenen Köchinnen, welche geräumige, glänzende Marktkörbe am Arme tragen, begleitet, den Markt durchstreifen und um Hausbedürfnisse, wie sie der Markt darbietet, feilschen. Der Mädchen modernster Anzug, ihr ganzer Anstand läßt nicht daran zweifeln, daß sie wenigstens vornehmen bürgerlichen Standes sind. Wie kommen diese auf den Markt?

*Der Vetter.* Leicht erklärlich. Seit einigen Jahren ist es Sitte geworden, daß selbst die Töchter höherer Staatsbeamten auf den Markt geschickt werden, um den Teil der Hauswirtschaft, was den Einkauf der Lebensmittel betrifft, praktisch zu erlernen.

*Ich.* In der Tat eine löbliche Sitte, die nächst dem praktischen Nutzen zu häuslicher Gesinnung führen muß.

*Der Vetter.* Meinst du, Vetter! ich für mein Teil glaube das Gegenteil. Was kann der Selbsteinkauf für andere Zwecke haben, als sich von der Güte der Ware und von den wirklichen Marktpreisen zu überzeugen? Die Eigenschaften, das Ansehn, die Kennzeichen eines guten Gemüses, eines guten Fleisches usw., lernt die angehende Hausfrau sehr leicht auf andere Weise erkennen, und das kleine Ersparnis der sogenannten Schwänzelpfennige, das nicht einmal stattfindet, da die begleitende Köchin mit den Verkäufern sich unbedenklich insgeheim versteht, wiegt den Nachteil nicht auf, den der Besuch des Markts sehr leicht herbeiführen kann. Niemals würde ich um den Preis von etlichen Pfennigen meine Tochter der Gefahr aussetzen, eingedrängt in den Kreis des niedrigsten Volks, eine Zote zu hören oder irgendeine lose Rede eines brutalen Weibes oder Kerls einschlucken zu müssen. – Und dann, was gewisse Spekulationen liebeseufzender Jünglinge in blauen Röcken zu Pferde oder in gelben Flauschen mit schwarzen Kragen zu Fuß betrifft, so ist der Markt – Doch sieh, sieh, Vetter! wie gefällt dir das Mädchen, das soeben dort an der Pumpe, von der ältlichen Köchin begleitet, daherkommt? Nimm mein Glas, nimm mein Glas, Vetter!

*Ich.* Ha, was für ein Geschöpf, die Anmut, die Liebenswürdigkeit selbst, – aber sie schlägt die Augen verschämt nieder – jeder ihrer Schritte ist furchtsam – wankend – schüchtern hält sie sich an ihre Begleiterin, die ihr mit forciertem Angriff den Weg ins Gedränge bahnt – ich verfolge sie – da steht die Köchin still vor den Gemüsekörben – sie feilscht – sie zieht die Kleine heran, die mit halb weggewandtem Gesicht ganz geschwinde, geschwinde Geld aus dem Beutelchen nimmt und es hinreicht, froh, nur wieder loszukommen – ich kann sie nicht verlieren, Dank sei es dem roten Shawl – sie scheinen etwas vergeblich zu suchen – endlich, endlich, dort weilen sie bei einer Frau, die in zierlichen Körben feines Gemüse feilbietet, – der holden Kleinen ganze Aufmerksamkeit fesselt ein Korb mit dem schönsten Blumenkohl – das Mädchen selbst wählt einen Kopf und legt ihn der Köchin in den Korb, – wie, die Unverschämte! – ohne weiteres nimmt sie den Kopf aus dem Korbe heraus, legt ihn in den Korb der Verkäuferin zurück und wählt einen andern, indem ihr heftiges Schütteln mit dem gewichtigen kantenhaubengeschmückten Haupte noch dazu bemerken läßt, daß sie die arme Kleine, welche zum ersten Male selbständig sein wollte, mit Vorwürfen überhäuft.

*Der Vetter.* Wie denkst du dir die Gefühle dieses Mädchens, der man eine Häuslichkeit aufdringen will, welche ihrem zarten Sinn gänzlich widerstrebt? Ich kenne die holde Kleine, es ist die Tochter eines Geheimen-Oberfinanzrats, ein natürli-

ches, von jeder Ziererei entferntes Wesen, von echtem weiblichen Sinn beseelt und mit jenem jedesmal richtig treffenden
Verstande und feinen Takt begabt, der Weibern dieser Art stets
eigen – Hoho, Vetter! das nenn' ich glückliches Zusammentreffen. Hier um die Ecke kommt das Gegenstück zu jenem
Bilde. Wie gefällt dir *das* Mädchen, Vetter?

*Ich.* Ei, welch eine niedliche, schlanke Gestalt! – Jung –
leichtfüßig – mit keckem, unbefangenem Blick in die Welt
hineinschauend – am Himmel stets Sonnenglanz – in den
Lüften stets lustige Musik – wie dreist, wie sorglos sie dem
dicken Haufen entgegenhüpft – die Servante, die ihr mit dem
Marktkorbe folgt, scheint eben nicht älter als sie und zwischen
beiden eine gewisse Kordialität zu herrschen – die Mamsell hat
gar hübsche Sachen an, der Shawl ist modern – der Hut
passend zur Morgentracht, so wie das Kleid von geschmack-
vollem Muster – alles hübsch und anständig – o weh! was
erblicke ich, die Mamsell trägt weißseidene Schuhe. Ausran-
gierte Ballchaussure auf dem Markt! – Überhaupt, je länger ich
das Mädchen beobachte, desto mehr fällt mir eine gewisse
Eigentümlichkeit auf, die ich mit Worten nicht ausdrücken
kann. – Es ist wahr, sie macht, so wie es scheint, mit sorglicher
Emsigkeit ihre Einkäufe, wählt und wählt, feilscht und
feilscht, spricht, gestikuliert, alles mit einem lebendigen
Wesen, das beinah bis zur Spannung geht; mir ist aber, als
wolle sie noch etwas anderes als eben Hausbedürfnisse einkau-
fen.–

*Der Vetter.* Bravo, bravo, Vetter! dein Blick schärft sich, wie
ich merke. Sieh nur, mein Lieber, trotz der modesten Kleidung
hätten dir – die Leichtfüßigkeit des ganzen Wesens abgerechnet – schon die weißseidenen Schuhe auf dem Markt verraten
müssen, daß die kleine Mamsell dem Ballett oder überhaupt
dem Theater angehört. Was sie sonst noch will, dürfte sich
vielleicht bald entwickeln – ha, getroffen! Schau' doch, lieber
Vetter, ein wenig rechts die Straße hinauf und sage mir, wen du

auf dem Bürgersteig, vor dem Hotel, wo es ziemlich einsam ist, erblickst?

*Ich.* Ich erblicke einen großen, schlankgewachsenen Jüngling im gelben kurzgeschnittenen Flausch mit schwarzem Kragen und Stahlknöpfen. Er trägt ein kleines, rotes, silbergesticktes Mützchen, unter dem schöne schwarze Locken, beinahe zu üppig, hervorquillen. Den Ausdruck des blassen, männlich schön geformten Gesichts erhöht nicht wenig das kleine schwarze Stutzbärtchen auf der Oberlippe. Er hat eine Mappe unter dem Arm – unbedenklich ein Student, der im Begriff stand, ein Kollegium zu besuchen, – aber fest eingewurzelt steht er da, den Blick unverwandt nach dem Markt gerichtet, und scheint Kollegium und alles um sich her zu vergessen.–

*Der Vetter.* So ist es, lieber Vetter. Sein ganzer Sinn ist auf unsere kleine Komödiantin gerichtet. Der Zeitpunkt ist gekommen; er naht sich der großen Obstbude, in der die schönste Ware appetitlich aufgetürmt ist, und scheint nach Früchten zu fragen, die eben nicht zur Hand sind. Es ist ganz unmöglich, daß ein guter Mittagstisch ohne Dessert von Obst bestehen kann; unsere kleine Komödiantin muß daher ihre Einkäufe für den Tisch des Hauses an der Obstbude beschließen. Ein runder rotbäckiger Apfel entschlüpft schalkhaft den kleinen Fingern – der Gelbe bückt sich darnach, hebt ihn auf – ein leichter anmutiger Knix der kleinen Theaterfee – das Gespräch ist im Gange – wechselseitiger Rat und Beistand bei einer sattsam schwierigen Apfelsinenwahl vollendet die gewiß bereits früher angeknüpfte Bekanntschaft, indem sich zugleich das anmutige Rendezvous gestaltet, welches gewiß auf mannigfache Weise wiederholt und variiert wird.–

*Ich.* Mag der Musensohn liebeln und Apfelsinen wählen, soviel er will; mich interessiert das nicht, und zwar um so weniger, da mir dort an der Ecke der Hauptfronte des Theaters, wo die Blumenverkäuferinnen ihre Ware feilbieten, das

Engelskind, die allerliebste Geheimratstochter, von neuem
aufgestoßen ist.

*Der Vetter.* Nach den Blumen dort schau' ich nicht gerne
hin, lieber Vetter, es hat damit eine eigne Bewandtnis. Die
Verkäuferin, welche der Regel nach den schönsten Blumenflor
ausgesuchter Nelken, Rosen und anderer seltenerer Gewächse
hält, ist ein ganz hübsches, artiges Mädchen, strebend nach
höherer Kultur des Geistes; denn sowie sie der Handel nicht
beschäftigt, liest sie emsig in Büchern, deren Uniform zeigt,
daß sie zur großen Kralowskischen ästhetischen Hauptarmee
gehören, welche bis in die entferntesten Winkel der Residenz
siegend das Licht der Geistesbildung verbreitet. Ein lesendes
Blumenmädchen ist für einen belletristischen Schriftsteller ein
unwiderstehlicher Anblick. So kam es, daß, als vor langer Zeit
mich der Weg bei den Blumen vorbeiführte – auch an andern
Tagen stehen die Blumen zum Verkauf –, ich das lesende
Blumenmädchen gewahrend, überrascht stehenblieb. Sie saß,
wie in einer dichten Laube von blühenden Geranien, und hatte
das Buch aufgeschlagen auf dem Schoße, den Kopf in die Hand
gestützt. Der Held mußte gerade in augenscheinlicher Gefahr,
oder sonst ein wichtiger Moment der Handlung eingetreten
sein, denn höher glühten des Mädchens Wangen, ihre Lippen
bebten, sie schien ihrer Umgebung ganz entrückt. Vetter, ich
will dir die seltsame Schwäche eines Schriftstellers ganz ohne
Rücksicht gestehen. Ich war wie festgebannt an die Stelle – ich
trippelte hin und her; was mag das Mädchen lesen? Dieser
Gedanke beschäftigte meine ganze Seele. Der Geist der
Schriftstellereitelkeit regte sich und kitzelte mich mit der Ahnung, daß es eins meiner eigenen Werke sei, was eben jetzt das
Mädchen in die fantastische Welt meiner Träumereien versetzte. Endlich faßte ich ein Herz, trat hinan und fragte nach
dem Preise eines Nelkenstocks, der in einer entfernten Reihe
stand. Während daß das Mädchen den Nelkenstock herbei-
holte, nahm ich mit den Worten: »Was lesen sie denn da, mein

schönes Kind?« das geklappte Buch zur Hand. O! all ihr
Himmel, es war wirklich ein Werklein von mir, und zwar ***
– Das Mädchen brachte die Blumen herbei und gab zugleich
den mäßigen Preis an. Was Blumen, was Nelkenstock, das
Mädchen war mir in diesem Augenblick ein viel schätzenswer-
teres Publikum als die ganze elegante Welt der Residenz. Aufgeregt, ganz entflammt von den süßesten Autorgefühlen,
fragte ich mit anscheinender Gleichgültigkeit, wie denn dem
Mädchen das Buch gefalle. »I, mein lieber Herr«, erwiderte das
Mädchen, »das ist ein gar schnakisches Buch. Anfangs wird
einem ein wenig wirrig im Kopf; aber dann ist es so, als wenn
man mitten darin säße.« Zu meinem nicht geringen Erstaunen
erzählte mir das Mädchen den Inhalt des kleinen Märchens
ganz klar und deutlich, so daß ich wohl einsah, wie sie es schon
mehrmals gelesen haben mußte; sie wiederholte, es sei ein gar
schnakisches Buch, sie habe bald herzlich lachen müssen, bald
sei ihr ganz weinerlich zumute geworden; sie gab mir den Rat,
falls ich das Buch noch nicht gelesen haben sollte, es mir
nachmittags von Herrn Kralowski zu holen, denn sie wechsele
eben nachmittags Bücher. – Nun sollte der große Schlag geschehn. Mit niedergeschlagenen Augen, mit einer Stimme, die
an Süßigkeit dem Honig von Hybla zu vergleichen, mit dem
seligen Lächeln des wonnerfüllten Autors, lispelte ich: »Hier,
mein süßer Engel, hier steht der Autor des Buchs, welches Sie
mit solchem Vergnügen erfüllt hat, vor Ihnen in leibhaftiger
Person.« Das Mädchen starrte mich sprachlos an, mit großen
Augen und offnem Munde. Das galt mir für den Ausdruck der
höchsten Verwunderung, ja eines freudigen Schrecks, daß das
sublime Genie, dessen schaffende Kraft solch ein Werk erzeugt, so plötzlich bei den Geranien erschienen. Vielleicht,
dachte ich, als des Mädchens Miene unverändert blieb, vielleicht glaubt sie auch gar nicht an den glücklichen Zufall, der
den berühmten Verfasser des *** in ihre Nähe bringt. Ich
suchte nun ihr auf alle mögliche Weise meine Identität mit

jenem Verfasser darzutun, aber es war, als sei sie versteinert, und nichts entschlüpfte ihren Lippen, als: »Hm – so – I das wäre – wie –.« Doch was soll ich dir die tiefe Schmach, welche mich in diesem Augenblick traf, erst weitläufig beschreiben. Es fand sich, daß das Mädchen niemals daran gedacht, daß die Bücher, welche sie lese, vorher gedichtet werden müßten. Der Begriff eines Schriftstellers, eines Dichters war ihr gänzlich fremd, und ich glaube wahrhaftig, bei näherer Nachfrage wäre der fromme kindliche Glaube ans Licht gekommen, daß der liebe Gott die Bücher wachsen ließe wie die Pilze.

Ganz kleinlaut fragte ich nochmals nach dem Preis des Nelkenstocks. Unterdessen mußte eine ganz andere dunkle Idee von dem Verfertigen der Bücher dem Mädchen aufgestiegen sein; denn da ich das Geld aufzählte, fragte sie ganz naiv und unbefangen: ob ich alle Bücher beim Herrn Kralowski mache? – pfeilschnell schoß ich mit meinem Nelkenstock von dannen.

*Ich.* Vetter, Vetter, das nenne ich gestrafte Autoreitelkeit; doch während du mir deine tragische Geschichte erzähltest, verwandte ich kein Auge von meiner Lieblingin. Bei den Blumen allein ließ der übermütige Küchendämon ihr volle Freiheit. Die grämliche Küchengouvernante hatte den schweren Marktkorb an die Erde gesetzt und überließ sich, indem sie die feisten Arme bald übereinanderschlug, bald, wie es der äußere rhetorische Ausdruck der Rede zu erfordern schien, in die Seiten stemmte, mit drei Kolleginnen der unbeschreiblichen Freude des Gesprächs, und ihre Rede war, der Bibel entgegen, gewiß viel mehr als ja, ja und nein, nein. Sieh nur, welch einen herrlichen Blumenflor sich der holde Engel ausgewählt hat und von einem rüstigen Burschen nachtragen läßt. Wie? Nein, das will mir nicht ganz gefallen, daß sie im Wandeln Kirschen aus dem kleinen Körbchen nascht; wie wird das feine Batisttuch, das wahrscheinlich darin befindlich, sich mit dem Obst befreunden?

*Der Vetter.* Der jugendliche Appetit des Augenblicks frägt nicht nach Kirschflecken, für die es Kleesalz und andere probate Hausmittel gibt. Und das ist eben die wahrhaft kindliche Unbefangenheit, daß die Kleine nun von den Drangsalen des bösen Markts sich in wiedererlangter Freiheit ganz gehen läßt. – Doch schon lange ist mir jener Mann aufgefallen und ein unauflösbares Rätsel geblieben, der eben jetzt dort an der zweiten entfernten Pumpe an dem Wagen steht, auf dem ein Bauernweib aus einem großen Faß um ein billiges Pflaumenmus verspendet. Fürs erste, lieber Vetter, bewundere die Agilität des Weibes, das, mit einem langen hölzernen Löffel bewaffnet, erst die großen Verkäufe zu viertel, halben und ganzen Pfunden beseitigt und dann den gierigen Näschern, die ihre Papierchen, mitunter auch wohl ihre Pelzmütze hinhalten, mit Blitzesschnelle das gewünschte Dreierkleckschen zuwirft, welches sie sogleich als stattlichen Morgenimbiß wohlgefällig verzehren – Kaviar des Volks! Bei dem geschickten Verteilen des Pflaumenmuses, mittelst des geschwenkten Löffels, fällt mir ein, daß ich einmal in meiner Kindheit hörte, es sei auf einer reichen Bauernhochzeit so splendid hergegangen, daß der delikate, mit einer dicken Kruste von Zimt, Zucker und Nelken überhäutete Reisbrei, mittelst eines Dreschflegels, verteilt worden. Jeder der werten Gäste durfte nur ganz gemütlich das Maul aufsperren, um die gehörige Portion zu bekommen, und es ging auf diese Weise recht zu wie im Schlaraffenland. Doch, Vetter, hast du den Mann ins Auge gefaßt?

*Ich.* Allerdings! – Wes Geisteskind ist die tolle abenteuerliche Figur? Ein wenigstens sechs Fuß hoher, winddürrer Mann, der noch dazu kerzengerade mit eingebogenem Rücken dasteht! Unter dem kleinen dreieckigen, zusammengequetschten Hütchen starrt hinten die Kokarde eines Haarbeutels hervor, der sich dann in voller Breite dem Rücken sanft anschmiegt. Der graue, nach längst verjährter Sitte zugeschnittene Rock schließt sich, vorne von oben bis unten zugeknöpft, enge an den Leib an, ohne eine einzige Falte zu werfen, und schon erst, als er an den Wagen schritt, konnte ich bemerken, daß er schwarze Beinkleider, schwarze Strümpfe und mächtige zinnerne Schnallen in den Schuhen trägt. Was mag er nur in dem viereckigen Kasten haben, den er so sorglich unter dem linken Arme trägt und der beinahe dem Kasten eins Tabulettkrämers gleicht? –

*Der Vetter.* Das wirst du gleich erfahren, schau' nur aufmerksam hin.

*Ich.* Er schlägt den Deckel des Kastens zurück – die Sonne scheint hinein – strahlende Reflexe – der Kasten ist mit Blech gefüttert – er macht der Pflaumenmusfrau, indem er das Hütchen vom Kopfe zieht, eine beinahe ehrfurchtsvolle Verbeugung. – Was für ein originelles, ausdrucksvolles Gesicht – feingeschlossene Lippen – eine Habichtsnase – große, schwarze Augen – hochstehende, starke Augenbrauen – eine hohe Stirn – schwarzes Haar – das Toupet en cœur frisiert, mit kleinen steifen Löckchen über den Ohren. – Er reicht den Kasten der Bauerfrau auf den Wagen, die ihn ohne weiteres mit Pflaumenmus füllt und, ihm freundlich nickend, wieder zurückreicht. – Mit einer zweiten Verbeugung entfernt sich der Mann – er windet sich hinan an die Heringstonne – er zieht ein Schubfach des Kastens hervor, legt einige erhandelte Salzmänner hinein und schiebt das Fach wieder zu – ein drittes Schubfach ist, wie ich sehe, zu Petersilie und anderem Wurzelwerk bestimmt. – Nun durchschneidet er mit langen, gravitätischen Schritten den Markt in verschiedenen Richtungen, bis ihn der reiche, auf einem Tisch ausgebreitete Vorrat von gerupftem Geflügel festhält. So wie überall, macht er auch hier, ehe er zu feilschen beginnt, einige tiefe Verbeugungen – er spricht viel und lange mit der Frau, die ihn mit besonders freundlicher Miene anhört – er setzt den Kasten behutsam auf den Boden nieder und ergreift zwei Enten, die er ganz bequem in die weite Rocktasche schiebt. – Himmel! es folgt noch eine Gans – den

Puter schaut er bloß an mit liebäugelnden Blicken – er kann
doch nicht unterlassen, ihn wenigstens mit dem Zeige- und
Mittelfinger liebkosend zu berühren –; schnell hebt er seinen
Kasten auf, verbeugt sich gegen das Weib ungemein verbind-
lich und schreitet, sich mit Gewalt losreißend von dem verführerischen Gegenstand seiner Begierde, von dannen – er steuert
geradezu los auf die Fleischerbuden – ist der Mensch ein Koch,
der für ein Gastmahl zu sorgen hat? – er erhandelt eine Kalbs-
keule, die er noch in eine seiner Riesentaschen gleiten läßt. –
Nun ist er fertig mit seinem Einkauf; er geht die Charlottenstraße herauf mit solchem ganz seltsamen Anstand und Wesen,
daß er aus irgendeinem fremden Lande hinabgeschneit zu sein
scheint.

*Der Vetter.* Genug habe ich mir schon über diese exotische
Figur den Kopf zerbrochen. – Was denkst du, Vetter, zu
meiner Hypothese? Dieser Mensch ist ein alter Zeichenmeister,
der in mittelmäßigen Schulanstalten sein Wesen getrieben hat
und vielleicht noch treibt. Durch allerlei industriöse Unterneh-
mungen hat er viel Geld erworben; er ist geizig, mißtrauisch,
Zyniker bis zum Ekelhaften, Hagestolz, – nur einem Gott
opfert er – dem Bauche; – seine ganze Lust ist, gut zu essen,
versteht sich, allein auf seinem Zimmer; – er ist durchaus ohne
alle Bedienung, er besorgt alles selbst – an Markttagen holt er,
wie du gesehen hast, seine Lebensbedürfnisse für die halbe
Woche und bereitet in einer kleinen Küche, die dicht bei
seinem armseligen Stübchen belegen, selbst seine Speisen, die
er dann, da der Koch es stets dem Gaumen des Herrn zu Dank
macht, mit gierigem, ja vielleicht tierischem Appetit verzehrt.
Wie geschickt und zweckmäßig er einen alten Malkasten zum
Marktkorbe aptiert hat, auch das hast du bemerkt, lieber Vetter.

*Ich.* Weg von dem widrigen Menschen.

*Der Vetter.* Warum widrig? Es muß auch solche Käuze
geben, sagt ein welterfahrner Mann, und er hat recht, denn die

Varietät kann nie bunt genug sein. Doch mißfällt dir der Mann
so sehr, lieber Vetter, so kann ich dir darüber, was er ist, tut
und treibt, noch eine andere Hypothese aufstellen. Vier Franzosen, und zwar sämtlich Pariser, ein Sprachmeister, ein Fechtmeister, ein Tanzmeister und ein Pastetenbäcker, kamen in
ihren Jugendjahren gleichzeitig nach Berlin und fanden, wie es
damals (gegen das Ende des vorigen Jahrhunderts) gar nicht
fehlen konnte, ihr reichliches Brot. Seit dem Augenblick, als
die Diligence sie auf der Reise vereinigte, schlossen sie den
engsten Freundschaftsbund, blieben ein Herz und eine Seele
und verlebten jeden Abend nach vollbrachter Arbeit zusammen, als echt alte Franzosen, in lebhafter Konversation, bei
frugalem Abendessen. Des Tanzmeisters Beine waren stumpf
worden, des Fechtmeisters Arme durch das Alter entnervt,
dem Sprachmeister Rivale, die sich der neuesten Pariser
und die schlauen Erfindungen des Pastetenbäckers überboten
jüngere Gaumenkitzler, von den eigensinnigsten Gastrono-
men in Paris ausgebildet.

Aber jeder des treu verbundenen Quatuors hatte indessen
sein Schäfchen ins trockne gebracht. Sie zogen zusammen in
eine geräumige, ganz artige, jedoch entlegene Wohnung, gaben ihre Geschäfte auf und lebten zusammen, altfranzösischer
Sitte getreu, ganz lustig und sorgenfrei, da sie selbst den
Bekümmernissen und Lasten der unglücklichen Zeit geschickt
zu entgehen wußten. Jeder hat ein besonderes Geschäft, wodurch der Nutzen und das Vergnügen der Sozietät befördert
wird. Der Tanzmeister und der Fechtmeister besuchen ihre
alten Scholaren, ausgediente Offiziers von höherm Range,
Kammerherren, Hofmarschälle usw.; denn sie hatten die vor-
nehmste Praxis und sammeln die Neuigkeiten des Tages zum
Stoff für ihre Unterhaltung, der nie ausgehen darf. Der Sprachmeister durchwühlt die Läden der Antiquare, um immer mehr
französische Werke auszumitteln, deren Sprache die Akademie
gebilligt hat. Der Pastetenbäcker sorgt für die Küche; er kauft

ebenso gut selbst ein, als er die Speisen ebenfalls selbst bereitet, worin ihm ein alter französischer Hausknecht beisteht. Außer diesem besorgt für jetzt, da eine alte zahnlose Französin, die sich von der französischen Gouvernante bis zur Aufwaschmagd heruntergedient hattte, gestorben, ein pausbäckiger Junge, den die vier von den Orphelins françois zu sich genommen, die Bedienung. – Dort geht der kleine Himmelblaue, an einem Arm einen Korb mit Mundsemmeln, an dem andern einen Korb, in dem der Salat hoch aufgetürmt ist. – So habe ich den widrigen zynischen deutschen Zeichenmeister augenblicklich zum gemütlichen französischen Pastetenbäcker umgeschaffen, und ich glaube, daß sein Äußeres, sein ganzes Wesen recht gut dazu paßt.

*Ich.* Diese Erfindung macht deinem Schriftstellertalent Ehre, lieber Vetter. Doch mir leuchten schon seit ein paar Minuten dort jene hohen weißen Schwungfedern in die Augen, die sich aus dem dicksten Gedränge des Volkes emporheben. Endlich tritt die Gestalt dicht bei der Pumpe hervor – ein großes, schlankgewachsenes Frauenzimmer von gar nicht üblem Ansehen – der Überrock von rosarotem schwerem Seidenzeuge ist funkelnagelneu – der Hut von der neuesten Fasson, der daran befestigte Schleier von schönen Spitzen – weiße Glacéhandschuhe. – Was nötigte die elegante, wahrscheinlich zu einem Dejeuner eingeladene Dame, sich durch das Gewühl des Marktes zu drängen? Doch wie, auch sie gehört zu den Einkäuferinnen? Sie steht still und winkt einem alten, schmutzigen, zerlumpten Weibe, die ihr, ein lebhaftes Bild der Misère im Hefen des Volks, mit einem halbzerbrochenen Marktkorbe am Arm, mühsam nachhinkt. Die geputzte Dame winkt an der Ecke des Theatergebäudes, um dem erblindeten Landwehrmann, der dort an die Mauer gelehnt steht, ein Almosen zu geben. Sie zieht mit Mühe den Handschuh von der rechten Hand – hilf Himmel! eine blutrote, noch dazu ziemlich mannhaft gebaute Faust kommt zum Vorschein. Doch ohne

lange zu suchen und zu wählen, drückt sie dem Blinden rasch
ein Stück Geld in die Hand, läuft rasch bis in die Mitte der
Charlottenstraße und setzt sich dann in einen majestätischen
Promenadenschritt, mit dem sie, ohne sich weiter um ihre
zerlumpte Begleiterin zu kümmern, die Charlottenstraße hinauf nach den Linden wandelt.

*Der Vetter.* Das Weib hat, um sich auszuruhen, den Korb an
die Erde gesetzt, und du kannst mit einem Blick den ganzen
Einkauf der eleganten Dame übersehen.

*Ich.* Der ist in der Tat wunderlich genug. – Ein Kohlkopf –
viele Kartoffeln – einige Äpfel – ein kleines Brot – einige
Heringe in Papier gewickelt – ein Schafkäse, nicht von der
appetitlichsten Farbe – eine Hammelleber – ein kleiner Rosen-
stock – ein Paar Pantoffeln – ein Stiefelknecht – Was in aller
Welt –

*Der Vetter.* Still, still, Vetter, genug von der Rosenroten! –
Betrachte aufmerksam jenen Blinden, dem das leichtsinnige
Kind der Verderbnis Almosen spendete. Gibt es ein rührenderes Bild unverdienten menschlichen Elends und frommer, in
Gott und Schicksal ergebener Resignation? Mit dem Rücken
an die Mauer des Theaters gelehnt, beide abgedürrte Knochen-
hände auf einen Stab gestützt, den er einen Schritt vorgescho-
ben, damit das unvernünftige Volk ihm nicht über die Füße
laufe, das leichenblasse Antlitz emporgehoben, das Landwehr-
mützchen in die Augen gedrückt, steht er regungslos vom
frühen Morgen bis zum Schluß des Markts an derselben
Stelle. –

*Ich.* Er bettelt, und doch ist für die erblindeten Krieger so
gut gesorgt.

*Der Vetter.* Du bist in gar großem Irrtum, lieber Vetter.
Dieser arme Mensch macht den Knecht eines Weibes, welches
Gemüse feilhält und die zu der niedrigeren Klasse dieser Ver-
käuferinnen gehört, da die vornehmere das Gemüse in auf
Wagen gepackten Körben herbeifahren läßt. Dieser Blinde

kommt nämlich jeden Morgen, mit vollen Gemüsekörben bepackt, wie ein Lasttier, so daß ihn die Bürde beinahe zu Boden drückt und er sich nur mit Mühe im wankenden Schritt mittelst des Stabes aufrecht erhält, herbei. Eine große, robuste Frau, in deren Dienste er steht oder die ihn vielleicht nur eben zum Hinschaffen des Gemüses auf den Markt gebraucht, gibt sich, wenn nun seine Kräfte beinahe ganz erschöpft sind, kaum die Mühe, ihn beim Arm zu ergreifen und weiter an Ort und Stelle, nämlich eben an den Platz, den er jetzt einnimmt, hinzuhelfen. Hier nimmt sie ihm die Körbe vom Rücken, die sie selbst hinüberträgt, und läßt ihn stehen, ohne sich im mindesten um ihn eher zu bekümmern, als bis der Markt geendet ist und sie ihm die ganz oder nur zum Teil geleerten Körbe wieder aufpackt.

*Ich.* Es ist doch merkwürdig, daß man die Blindheit, sollten auch die Augen nicht verschlossen sein, oder sollte auch kein anderer sichtbarer Fehler den Mangel des Gesichts verraten, dennoch an der emporgerichteten Stellung des Hauptes, die dem Erblindeten eigentümlich, sogleich erkennt; es scheint darin ein fortwährendes Streben zu liegen, etwas in der Nacht, die den Blinden umschließt, zu erschauen.

*Der Vetter.* Es gibt für mich keinen rührendern Anblick, als wenn ich einen solchen Blinden sehe, der mit emporgerichtetem Haupt in die weite Ferne zu schauen scheint. Untergegangen ist für den Armen die Abendröte des Lebens, aber sein inneres Auge strebt schon das ewige Licht zu erblicken, das ihm in dem Jenseits voll Trost, Hoffnung und Seligkeit leuchtet. – Doch ich werde zu ernst. – Der blinde Landwehrmann bietet mir jeden Markttag einen Schatz von Bemerkungen dar. Du gewahrst, lieber Vetter, wie sich bei diesem armen Menschen die Mildtätigkeit der Berliner recht lebhaft ausspricht. Oft ziehen ganze Reihen bei ihm vorüber, und keiner daraus verfehlt ihm ein Almosen zu reichen. Aber die Art und Weise, wie dieses Almosen gereicht wird, hierin liegt alles. Schau' einmal, lieber Vetter, eine Zeitlang hin und sag' mir, was du gewahrst.

*Ich.* Eben kommen drei, vier, fünf stattliche derbe Hausmägde; die mit zum Teil schwer ins Gewicht fallenden Waren übermäßig vollgepackten Körbe schneiden ihnen beinahe die nervichten, blau aufgelaufenen Arme wund; sie haben Ursache zu eilen, um ihre Last loszuwerden, und doch weilt jede einen Augenblick, greift schnell in den Marktkorb und drückt dem Blinden ein Stück Geld, ohne ihn einmal anzusehen, in die Hand. Die Ausgabe steht als notwendig und unerläßlich auf dem Etat des Markttages. Das ist recht! – Da kommt eine Frau, deren Anzuge, deren ganzem Wesen man die Behaglichkeit und Wohlhabenheit deutlich anmerkt, – sie bleibt vor dem Invaliden stehen, zieht ein Beutelchen hervor und sucht und sucht, und kein Stück Geld scheint ihr klein genug zum Akt der Wohltätigkeit, den sie zu vollführen gedenkt, – sie ruft ihrer Köchin zu – es findet sich, daß auch dieser die kleine Münze ausgegangen, – sie muß erst bei den Gemüseweibern wechseln – endlich ist der zu verschenkende Dreier herbeigeschafft – nun klopft sie dem Blinden auf die Hand, damit er ja merke, daß er etwas empfangen werde, – er öffnet den Handteller – die wohltätige Dame drückt ihm das Geldstück hinein und schließt ihm die Faust, damit die splendide Gabe ja nicht verloren gehe. – Warum trippelt die kleine niedliche Mamsell so hin und her und nähert sich immer mehr und mehr dem Blinden? Ha, im Vorbeihuschen hat sie schnell, daß es gewiß niemand als ich, der ich sie auf dem Kern meines Glases habe, bemerkte, dem Blinden ein Stück Geld in die Hand gesteckt – das war gewiß kein Dreier. Der glaue, wohlgemästete Mann im braunen Rocke, der dort so gemütlich dahergeschritten kommt, ist gewiß ein sehr reicher Bürger. Auch er bleibt vor dem Blinden stehen und läßt sich in ein langes Gespräch mit ihm ein, indem er den übrigen Leuten den Weg versperrt und sie hindert, dem Blinden Almosen zu spenden; – endlich,

endlich zieht er eine mächtige grüne Geldbörse aus der Tasche, entknüpft sie nicht ohne Mühe und wühlt so entsetzlich im Gelde, daß ich glaube, es bis hieher klappern zu hören. – Parturiunt montes! – Doch will ich wirklich glauben, daß der edle Menschenfreund, vom Bilde des Jammers hingerissen, sich bis zum schlechten Groschen verstieg. – Bei allem dem meine ich doch, daß der Blinde an den Markttagen nach seiner Art keine geringe Einnahme macht, und mich wundert, daß er alles ohne das mindeste Zeichen von Dankbarkeit annimmt; nur eine leise Bewegung der Lippen, die ich wahrzunehmen glaube, zeigt, daß er etwas spricht, was wohl Dank sein mag, – doch auch diese Bewegung bemerke ich nur zuweilen.

*Der Vetter.* Da hast du den entschiedenen Ausdruck voll-kommen abgeschlossener Resignation: was ist ihm das Geld, er kann es nicht nutzen; erst in der Hand eines andern, dem er sich rücksichtslos anvertrauen muß, erhält es seinen Wert – ich kann mich sehr irren; aber mir scheint, als wenn das Weib, deren Gemüsekörbe er trägt, eine fatale böse Sieben sei, die den Armen schlecht hält, unerachtet sie höchst wahrscheinlich alles Geld, was er empfängt, in Beschlag nimmt. Jedesmal, wenn sie die Körbe zurückbringt, keift sie mit dem Blinden, und zwar in dem Grade mehr oder weniger, als sie einen bessern oder schlechtern Markt gemacht hat. Schon das lei-chenblasse Gesicht, die abgehungerte Gestalt, die zerlumpte Kleidung des Blinden läßt vermuten, daß seine Lage schlimm genug ist, und es wäre die Sache eines tätigen Menschenfreun-des, diesem Verhältnis näher nachzuforschen.

*Ich.* Indem ich den ganzen Markt überschaue, bemerke ich, daß die Mehlwagen dort, über die Tücher wie Zelte aufge-spannt sind, deshalb einen malerischen Anblick gewähren, weil sie dem Auge ein Stützpunkt sind, um den sich die bunte Masse zu deutlichen Gruppen bildet.

*Der Vetter.* Von den weißen Mehlwagen und den mehlbe-staubten Mühlknappen und Müllermädchen mit rosenroten

Wangen, jede eine bella molinara, kenne ich gerade auch etwas Entgegengesetztes. Mit Schmerz vermisse ich nämlich eine Köhlerfamilie, die sonst ihre Ware geradeüber meinem Fenster am Theater feilbot und jetzt hinübergewiesen sein soll auf die andere Seite. Diese Familie besteht aus einem großen robusten Mann mit ausdrucksvollem Gesicht, markichten Zügen, heftig, beinahe gewaltsam in seinen Bewegungen, genug, ganz treues Abbild der Köhler, wie sie in Romanen vorzukommen pflegen. In der Tat, begegnete ich diesem Mann einsam im Walde, es würde mich ein wenig fröscheln, und seine freundschaftliche Gesinnung würde mir in dem Augenblicke die liebste auf Erden sein. Diesem Mann steht als zweites Glied der Familie im schneidendsten Kontrast ein kaum vier Fuß hoher, seltsam verwachsener Kerl entgegen, der die Possierlichkeit selbst ist. Du weißt, lieber Vetter, daß es Leute gibt von gar seltsamem Bau; auf den ersten Blick muß man sie für bucklig erkennen, und doch vermag man bei näherer Betrachtung durchaus nicht anzugeben, wo ihnen denn eigentlich der Buckel sitzt.

*Ich.* Ich erinnere mich hiebei des naiven Ausspruchs eines geistreichen Militärs, der mit einem solchen Naturspiel in Geschäften viel zu tun hatte und dem das Unergründliche des wunderlichen Baues ein Anstoß war. »Einen Buckel«, sagte er, »einen Buckel hat der Mensch, aber wo ihm der Buckel sitzt, das weiß der Teufel!«–

*Der Vetter.* Die Natur hatte im Sinn, aus meinem kleinen Kohlenbrenner eine riesenhafte Figur von etwa sieben Fuß zu bilden, denn dieses zeigen die kolossalen Hände und Füße, beinahe die größten, die ich in meinem Leben gesehen. Dieser kleine Kerl, mit einem großkragigen Mäntelchen bekleidet, eine wunderliche Pelzmütze auf dem Haupte, ist in steter rastloser Unruhe; mit einer unangenehmen Beweglichkeit hüpft und trippelt er hin und her, ist bald hier, bald dort und müht sich, den Liebenswürdigen, den Scharmanten, den primo amoroso des Markts zu spielen. Kein Frauenzimmer, gehört sie nicht geradehin zum vornehmeren Stande, läßt er vorübergehn, ohne ihm nachzutrippeln und mit ganz unnachahmlichen Stellungen, Gebärden und Grimassen Süßigkeiten auszustoßen, die nun freilich im Geschmack der Kohlenbrenner sein mögen. Zuweilen treibt er die Galanterie so weit, daß er im Gespräch den Arm sanft um die Hüften des Mädchens schlingt und, die Mütze in der Hand, der Schönheit huldigt oder ihr seine Ritterdienste anbietet. Merkwürdig genug, daß die Mädchen sich nicht allein das gefallen lassen, sondern überdem dem kleinen Ungetüm freundlich zunicken und seine Galanterien überhaupt gar gerne zu haben scheinen. Dieser kleine Kerl ist gewiß mit einer reichen Dosis von natürlichem Mutterwitz, dem entschiedenen Talent fürs Possierliche und der Kraft, es darzustellen, begabt. Er ist der Pagliasso, der Tausendsasa, der Allerweltskerl in der ganzen Gegend, die den Wald umschließt, wo er hauset; ohne ihn kann keine Kindtaufe, kein Hochzeitsschmaus, kein Tanz im Kruge, kein Gelag bestehen; man freuet sich auf seine Späße und belacht sie das ganze Jahr hindurch. Der Rest der Familie besteht, da die Kinder und etwanigen Mägde zu Hause gelassen werden, nur noch aus zwei Weibern von robustem Bau und finsterm, mürrischem Ansehn, wozu freilich der Kohlenstaub, der sich in den Falten des Gesichts festsetzt, viel beiträgt. Die zärtliche Anhänglichkeit eines großen Spitzes, mit dem die Familie jeden Bissen teilt, den sie während des Marktes selbst genießt, zeigte mir übrigens, daß es in der Köhlerhütte recht ehrlich und patriarchalisch zugehen mag. Der Kleine hat übrigens Riesenkräfte, weshalb die Familie ihn dazu braucht, die verkauften Kohlensäcke den Käufern ins Haus zu schaffen. Ich sah oft, ihn von den Weibern mit wohl zehn großen Körben bepacken, die sie hoch übereinander auf seinen Rücken häuften, und er hüpfte damit fort, als fühle er keine Last. Von hinten sah nun die Figur so toll und abenteuerlich aus, als man nur etwas sehen kann.

Natürlicherweise gewahrte man von der werten Figur des
Kleinen auch nicht das allermindeste, sondern bloß einen ungeheuren Kohlensack, dem unten ein Paar Füßchen angewach-
sen waren. Es schien ein fabelhaftes Tier, eine Art märchenhaf-
tes Känguruh über den Markt zu hüpfen.

*Ich.* Sieh, sieh, Vetter, dort an der Kirche entsteht Lärm.
Zwei Gemüseweiber sind wahrscheinlich über das leidige
Meum und Tuum in heftigen Streit geraten und scheinen, die
Fäuste in die Seiten gestemmt, sich mit feinen Redensarten zu
bedienen. Das Volk läuft zusammen – ein dichter Kreis umschließt die Zankenden – immer stärker und gellender erheben
sich die Stimmen – immer heftiger fechten sie mit den Händen
durch die Lüfte – immer näher rücken sie sich auf den Leib –
gleich wird es zum Faustkampf kommen – die Polizei macht
sich Platz – wie? Plötzlich erblicke ich eine Menge Glanzhüte
zwischen den Zornigen – im Augenblick gelingt es den Gevat-
terinnen, die erhitzten Gemüter zu besänftigen – aus ist der
Streit – ohne Hülfe der Polizei – ruhig kehren die Weiber zu
ihren Gemüsekörben zurück – das Volk, welches nur einigemal, wahrscheinlich bei besonders drastischen Momenten des
Streits, durch lautes Aufjauchzen seinen Beifall zu erkennen
gab, läuft auseinander.–

*Der Vetter.* Du bemerkst, lieber Vetter, daß dieses während
der ganzen langen Zeit, die wir hier am Fenster zugebracht, der
einzige Zank war, der sich auf dem Markte entspann und der
lediglich durch das Volk selbst beschwichtigt wurde. Selbst ein
ernsterer, bedrohlicher Zank wird gemeinhin von dem
Volke selbst auf diese Weise gedämpft, daß sich alles zwischen
die Streitenden drängt und sie auseinanderbringt. Am vorigen
Markttage stand zwischen den Fleisch- und Obstbuden ein
großer, abgelumpter Kerl, von frechem, wildem Ansehn, der
mit dem vorübergehenden Fleischerknecht plötzlich in Streit
geriet; er führte ohne weiteres mit dem furchtbaren Knittel,
den er wie ein Gewehr über die Schulter gelehnt trug, einen

Schlag gegen den Knecht, der diesen wahrscheinlich auf der Stelle zu Boden gestreckt haben würde, wäre er nicht geschickt ausgewichen und in seine Bude gesprungen. Hier bewaffnete er sich aber mit einer gewaltigen Fleischeraxt und wollte dem Kerl zu Leibe. Alle Aspekten waren dazu da, daß das Ding sich mit Mord und Totschlag endigen und das Kriminalgericht in Tätigkeit gesetzt werden würde. Die Obstfrauen, lauter kräftige und wohlgenährte Gestalten, fanden sich aber verpflichtet, den Fleischerknecht so liebreich und fest zu umarmen, daß er sich nicht aus der Stelle zu rühren vermochte; er stand da mit hoch emporgeschwungener Waffe, wie es in jener pathetischen Rede vom rauhen Pyrrhus heißt:

»wie ein gemalter Wütrich, und wie parteilos zwischen Kraft und Willen, tat nichts.«

Unterdessen hatten andere Weiber, Bürstenbinder, Stiefelknechtverkäufer usw., den Kerl umringend, der Polizei Zeit gegönnt, heranzukommen und sich seiner, der mir ein freigelassener Sträfling schien, zu bemächtigen.

*Ich.* Also herrscht in der Tat im Volk ein Sinn für die zu erhaltende Ordnung, der nicht anders als für alle sehr ersprießlich wirken kann.

*Der Vetter.* Überhaupt, mein lieber Vetter, haben mich meine Beobachtungen des Marktes in der Meinung bestärkt, daß mit dem Berliner Volk seit jener Unglücksperiode, als ein frecher, übermütiger Feind das Land überschwemmte und sich vergebens mühte, *den* Geist zu unterdrücken, der bald wie eine gewaltsam zusammengedrückte Spiralfeder mit erneuter Kraft emporsprang, eine merkwürdige Veränderung vorgegangen ist. Mit *einem* Wort: das Volk hat an äußerer Sittlichkeit gewonnen; und wenn du dich einmal an einem schönen Sommertage gleich nachmittags nach den Zelten bemühst und die Gesellschaften beobachtest, welche sich nach Moabit einschiffen lassen, so wirst du selbst unter gemeinen Mägden und Tagelöhnern ein Streben nach einer gewissen Courtoisie bemerken, das ganz ergötzlich ist. Es ist der Masse so gegangen wie dem einzelnen, der viel Neues gesehn, viel Ungewöhnliches erfahren, und der mit dem Nil admirari die Geschmeidigkeit der äußern Sitte gewonnen. Sonst war das Berliner Volk roh und brutal; man durfte z. B. als Fremder kaum nach einer Straße oder nach einem Hause oder sonst nach etwas fragen, ohne eine grobe oder verhöhnende Antwort zu erhalten oder durch falschen Bescheid gefoppt zu werden. Der Berliner Straßenjunge, der den kleinsten Anlaß, einen etwas auffallenden Anzug, einen lächerlichen Unfall, der jemanden geschah, zu dem abscheulichsten Frevel benutzte, existiert nicht mehr. Denn jene Zigarrenjungen vor den Toren, die den »fidelen Hamburger avec du feu« ausbieten, diese Galgenstricke, welche ihr Leben in Spandau oder Straußberg oder, wie noch kürzlich einer von ihrer Rasse, auf dem Schaffott endigen, sind keineswegs das, was der eigentliche Berliner Straßenjunge war, der nicht Vagabond, sondern gewöhnlich Lehrbursche bei einem Meister, – es ist lächerlich zu sagen – bei aller Gottlosigkeit und Verderbnis, doch ein gewisses Point d'Honneur besaß, und dem es an gar drolligem Mutterwitz nicht mangelte.

*Ich.* O, lieber Vetter, laß mich dir in aller Geschwindigkeit sagen, wie neulich mich ein solcher fataler Volkswitz tief beschämt hat. Ich gehe vors Brandenburger Tor und werde von Charlottenburger Fuhrleuten verfolgt, die mich zum Aufsitzen einladen; einer von ihnen, ein höchstens sechzehn-, siebzehnjähriger Junge, trieb die Unverschämtheit so weit, daß er mich mit seiner schmutzigen Faust beim Arm packt. »Will Er mich wohl nicht anfassen!« fahre ich ihn zornig an. »Nun Herr«, erwiderte der Junge ganz gelassen, indem er mich mit seinen großen, stieren Augen anglotzt, »nun Herr, warum soll ich Ihnen denn nicht anfassen, sind Sie vielleicht nicht ehrlich?«

*Der Vetter.* Haha! dieser Witz ist wirklich einer, aber recht aus der stinkenden Grube der tiefsten Depravation gestiegen.

– Die Witzwörter der Berliner Obstweiber u. a. waren sonst
weltberühmt, und man tat ihnen sogar die Ehre an, sie shake-
spearesch zu nennen, unerachtet bei näherer Beleuchtung ihre
Energie und Originalität nur vorzüglich in der schamlosen
Frechheit bestand, womit sie den niederträchtigsten Schmutz
als pikante Schüssel auftischten. – Sonst war der Markt der
Tummelplatz des Zanks, der Prügeleien, des Betrugs, des
Diebstahls, und keine honette Frau durfte es wagen, ihren
Einkauf selbst besorgen zu wollen, ohne sich der größten
Unbill auszusetzen. Denn nicht allein, daß das Hökervolk
gegen sich selbst und alle Welt zu Felde zog, so gingen noch
Menschen ausdrücklich darauf aus, Unruhe zu erregen, um
dabei im trüben zu fischen, wie z. B. das aus allen Ecken und
Enden der Welt zusammengeworbene Gesindel, welches damals in den Regimentern steckte. Sieh, lieber Vetter, wie jetzt
dagegen der Markt das anmutige Bild der Wohlbehaglichkeit
und des sittlichen Friedens darbietet. Ich weiß, enthusiastische
Rigoristen, hyperpatriotische Aszetiker eifern grimmig gegen
diesen vermehrten äußern Anstand des Volks, indem sie meinen, daß mit dieser Abgeschliffenheit der Sitte auch das Volks-
tümliche abgeschliffen werde und verlorengehe. Ich meines-
teils bin der festen, innigsten Überzeugung, daß ein Volk, das
sowohl den Einheimischen als den Fremden nicht mit Grob-
heit oder höhnischer Verachtung, sondern mit höflicher Sitte
behandelt, dadurch unmöglich seinen Charakter einbüßen
kann. Mit einem sehr auffallenden Beispiel, welches die Wahrheit meiner Behauptung dartut, würde ich bei jenen Rigoristen
gar übel wegkommen.

Immer mehr hatte sich das Gedränge vermindert; immer leerer und leerer war der Markt worden. Die Gemüseverkäuferin-
nen packten ihre Körbe zum Teil auf herbeigekommene Wagen,
zum Teil schleppten sie sie selbst fort – die Mehlwagen fuhren
ab – die Gärtnerinnen schafften den übriggebliebenen Blumen-

vorrat auf großen Schiebkarren fort – geschäftiger zeigte sich
die Polizei, alles, und vorzüglich die Wagenreihe, in gehöriger
Ordnung zu erhalten; diese Ordnung wäre auch nicht gestört,
wenn es nicht hin und wieder einem schismatischen Bauerjun-
gen eingefallen wäre, quer über den Platz, seine eigne neue Be-
ringstraße zu entdecken, zu verfolgen und seinen kühnen Lauf
mitten durch die Obstbuden, geradezu nach der Türe der deutschen Kirche zu richten. Das gab denn viel Geschrei und viel
Ungemach des zu genialen Wagenlenkers. »Dieser Markt«,
sprach der Vetter, »ist auch jetzt ein treues Abbild des ewig
wechselnden Lebens. Rege Tätigkeit, das Bedürfnis des Augenblicks trieb die Menschenmasse zusammen; in wenigen Augenblicken ist alles verödet, die Stimmen, welche im wirren Getöse
durcheinanderströmten, sind verklungen, und jede verlassene
Stelle spricht das schauerliche: ›Es war!‹ nur zu lebhaft aus.« –
Es schlug ein Uhr, der grämliche Invalide trat ins Kabinett und
meinte mit verzogenem Gesicht: der Herr möge doch nun
endlich das Fenster verlassen und essen, da sonst die aufgetragenen Speisen wieder kalt würden. »Also hast du doch Appetit, lieber Vetter?« fragte ich. »O ja«, erwiderte der Vetter mit
schmerzlichem Lächeln, »du wirst es gleich sehn.«

Der Invalide rollte ihn ins Zimmer. Die aufgetragenen Speisen bestanden in einem mäßigen, mit Fleischbrühe gefüllten
Suppenteller, einem in Salz aufrecht gestellten, weichgesotte-
nen Ei und einer halben Mundsemmel.

»Ein einziger Bissen mehr«, sprach der Vetter leise und
wehmütig, indem er meine Hand drückte, »das kleinste Stück-
chen des verdaulichsten Fleisches verursacht mir die entsetzlichsten Schmerzen und raubt mir allen Lebensmut und das
letzte Fünkchen von guter Laune, das noch hin und wieder
aufglimmen will.«

Ich wies nach dem am Bettschirm befestigten Blatt, indem
ich mich dem Vetter an die Brust warf und ihn heftig an mich
drückte.

»Ja, Vetter!« rief er mit einer Stimme, die mein Innerstes durchdrang und es mit herzzerschneidender Wehmut erfüllte, »ja Vetter: ›Et si male nunc, non olim sic erit!‹«

Armer Vetter!

## Die Genesung
### Fragment aus einem noch ungedruckten Werke

Ich begab mich in den entlegenen, wildverwachsenen Teil des Waldes, wo ich den wunderlichen Baum mit seinen halb verdorrten, halb grünen Ästen und seinen malerischen Laubgruppen angetroffen hatte, um ihn so, wie er leibt und lebt, in mein Malerbuch einzutragen. Schon hatte ich meine Mappe zurechtgelegt, den Krayon gespitzt und mich in die gehörige Positur gesetzt, als durch das dicke Gebüsch ein herrschaftlicher Wagen raschelte. Mit Mühe bahnten sich die Pferde Schritt vor Schritt einen Weg durch das wilde Gestrüpp, und es schien in der Tat ein seltsamer Einfall der Fahrenden, gerade außer Weg und Steg den von hundert anmutigen Wegen durchschnittenen Wald aufs neue ohne Not durchbrechen zu wollen.

Endlich, als die Pferde weder vor- noch rückwärts kommen zu können schienen, hielt der Wagen, – der Schlag öffnete sich, und hinaus stieg ein junger, sauber in Schwarz gekleideter Mann, den ich, als er aus dem dicken Gestrüpp heraustrat, für den jungen Doktor O. . . erkannte.

Er sah aufmerksam umher und schien offenbar sich überzeugen zu wollen, daß niemand in der Nähe sei. Es wollte mich bedünken, als habe sein Wesen etwas besonders Ängstliches, als sei sein Blick seltsam wirr und unstet. Ich schäme mich jetzt meiner Torheit; der unheimliche Schauer irgendeiner Untat, deren ich in dem Augenblick den guten, harmlosen Doktor O. . . für fähig hielt, durchdrang mich, und ich kam mir stolzerweise mitsamt meinem Malerbuch voll verfehlter Skizzen vor wie die rächende Nemesis, die im Finstern schleicht, gleich mir hier unter den dickbelaubten Bäumen.

Doktor O. . . ging zum Wagen zurück – der Schlag wurde aufs neue geöffnet, und hinaus schlüpfte eine junge Dame, so schön, so schlank, so anmutig, so malerisch in einen Shawl gewickelt, als nur jemals eine junge Dame in dem zierlichsten, rührendsten Roman in der Einsamkeit aus dem Wagen geschlüpft und die Lunte eines rasselnden, zischenden, knallenden Feuerwerks von hundert wunderbaren Abenteuern entzündet hat. Du kannst denken, wie ich in der höchsten Spannung durch das dicke Gebüsch schlich, um dem Paare näher zu kommen und mir von ihrem Beginnen nicht das mindeste entgehen zu lassen. Ich hatte mich hinter ihren Rücken manövriert und hörte jetzt den Doktor sagen: »Ich habe hier einen Platz ausgemittelt, der zu unsern Zwecken nicht günstiger sein kann. Es steht hier ein wunderbarer Baum, dessen Fuß Rasen umgeben; ich selbst habe schon gestern einige Rasenstücke ausgestochen und eine ganz stattliche Rasenbank zustande gebracht. Die ausgehöhlte Stelle ist einem Grabe gleich, und so ist schon symbolisch angedeutet, was wir hier beginnen wollen: Tod und Auferstehung.«

»Ja«, wiederholte die Dame mit herzzerschneidender Wehmut, indem sie des Doktors Hand ergriff, der sie feurig an die Lippen drückte, »ja, Tod und Auferstehung!« –

Mir starrte das Blut in den Adern – unwillkürlich entfloh mir ein leises Ach! Der Satan hatte sein Spiel – die Dame drehte sich um – meine werte Figur stand dicht vor ihr! Vor Erstaunen hätte ich in die Erde sinken mögen. – Niemand anders war die Dame als das liebenswürdigste Mädchen in B. . ., das Fräulein Wilhelmine von S. . . Auch sie schien vor Schreck und Staunen sich kaum aufrecht halten zu können – sie schlug die Hände zusammen und rief ganz zerknirscht: »Um Gott! o mein Leben! wo kommen sie hierher, Theodor, an diesen ungelegenen Ort, zu dieser ungelegenen Stunde!«

Die rächende Nemesis mit der Malermappe fiel mir wieder ein, und ich sprach mit einem gewichtigen Ton, wie ungefähr Minos oder Rhadamanthus ihre Sprüche verkünden mögen: »Es kann sein, mein sehr wertes und bis zu dieser Minute hochgeachtetes Fräulein, daß ich Ihnen sehr ungelegen komme; doch vielleicht sind es die Schicksalsmächte selbst, die mich hierherbrachten, um irgendeine ruchlos −«

Der Doktor ließ mich nicht vollenden, sondern fiel mir zürnend in die Rede, indem seine Wangen sich entflammten: »Du bewährst dich wieder heute in deiner alten Rolle, nämlich als Eulenspiegel.«

Damit nahm er das Fräulein bei der Hand und führte sie zu dem Wagen zurück, an dessen geöffnetem Schlage sie stehenblieb.

Der Doktor kehrte zu mir, der ich ganz verblüfft dastand und nicht wußte, was ich sagen, was ich denken sollte, wieder zurück, indem er sprach: »Laß uns dort auf jenem abgehauenen Baumstamm Platz nehmen, denn es sind mehr als zwei Worte, die ich dir zu sagen habe.

Du bist ja in dem Hause des Geheimenrats von S... bekannt. Du besuchst seine großen Tees, wo sich hundert Personen die Köpfe zerstoßen, hin und her rennend, ohne daß ein einziger weiß, was er eigentlich will, in denen ein langweiliges, insipides Gespräch, kaum genährt von den kärgsten Mitteln, durchhilft, bis es doch am Ende, nachdem die unglücklichen Bedienten, von allen Seiten gedrängt, mehrere honette Personen mit Wein begossen und diverse Torten dagegen unversehrt die Runde gemacht haben, dennoch eines schmählichen Todes dahinstirbt.«

»Wart'«, unterbrach ich den Doktor, »wart', daß dich Lästerzunge nicht die Frau von H... hört und dich aus Rache, weil sie selbst an ihre Tees denken muß, bei der Frau von S... verklagt, die sofort den Bann über dich aussprechen und dich von ihren Tees gänzlich exkludieren würde. Und wer eilt denn,

als hinge das Glück des Lebens davon ab, zu jedem dieser
insipiden Tees? Wer benutzt sorglich jede Gelegenheit, das
S. . .sche Haus zu besuchen? – Ei, ei, mein Freund, ich merke
was, die schöne Wilhelmine –«

»Lassen wir das«, sprach der Doktor, »und bemerken wir,
daß dort im Wagen sich Personen befinden, die auf das Ende
unsers Gesprächs nur zu begierig warten. Mit zwei Worten,
die Familie des Geheimenrats von S. . . ist seit undenklicher
Zeit eine durchaus hochadelige; kein einziges Glied, vorzüglich männlicherseits, war aus der Art geschlagen. Um so entsetzlicher mußte es dem Vater des Herrn Geheimenrats S. . .
sein, als sein jüngster Sohn, Siegfried geheißen, wirklich der
erste war, der aus der Art schlug. Alles künstliche Überbauen
half nicht; ein tiefes, herrliches Gemüt machte sich Platz,
selbst unter den hochadeligen Gemütern. Man spricht allerlei. Viele sagen, Siegfried habe wirklich an einer Geistes-
krankheit gelitten; ich kann es nicht glauben. – Genug, der
Vater hielt ihn eingesperrt, und nur des Tyrannen Tod gab
ihm die Freiheit.

Dies ist nun der Onkel Siegfried, den du in der Gesellschaft
bemerkt haben mußt, wie er mit diesem oder jenem Gelehrten,
den er aufgesucht und gefunden, geistreiche Worte wechselt.
Die vornehmen Herren behandeln ihn zuweilen sichtlich als
bloß toleriert, welches er ihnen in solch reichlichem Maße
erwidert, daß sie besser täten, davon abzustehen. Wahr ist es,
daß er sich zuweilen, vorzüglich wenn sein Geist auf Dinge
geriet, in denen man guttut, die alte Mönchsphilosophie zu
befolgen, nach welcher es ratsam, die Welt gehen zu lassen, wie
sie geht, und von dem Herrn Prior nichts zu reden als Gutes,
viel zu sehr von dem Feuer wahrhaftiger Überzeugung hinrei-
ßen läßt, so daß die diplomatischen Herren nicht selten mit
angekniffenen Ohren und zugedrückten Augen erschrocken in
die entferntesten Winkel des Saales fliehen. Niemand als Fräulein Wilhelmine wußte ihn dann so geschickt zu umkreisen,

daß er sich stets nur bei den vertrautesten Freunden befand und sehr bald den Saal verließ.

Vor einigen Monaten wurde der arme alte Onkel Siegfried von einer schweren Nervenkrankheit befallen, aus der ihm eine fixe Idee zurückblieb, die, da sie feststeht, nachdem der Körper gesund ist, in wirklichen Wahnsinn ausgeartet. Er bildete sich nämlich ein, die Natur, erzürnt über den Leichtsinn der Menschen, die ihre tiefere Erkenntnis verschmähten, die ihre wunderbaren, geheimnisvollen Arbeiten nur für ein reges Spiel zu kindischer Lust auf dem armseligen Tummelplatz ihrer Lüste hielten, habe ihnen zur Strafe das Grün genommen. In ewige schwarze Nacht sei nun der sanfte Schmuck des Frühlings, die sehnsüchtige Hoffnung der Liebe, das Vertrauen der wunden Brust, wenn der junge Sonnengott die zarten Keime aus ihren Wiegen lockt, daß sie als fröhliche Kinder emporsprossen und grünen – grüne Büsche und Bäume werden, im Flüstern und Rauschen die Liebe der Mutter, die sie selbst an ihrer Brust nährt und pflegt, mit süßer Stimme preisend.

Dahin ist das Grün, dahin die Hoffnung, dahin alle Seligkeit der Erde, denn verschmachtend, weinend verschwimmt das Blau, das alles mit liebenden Armen umschloß. Alle Mittel, dieser Idee zu widerstehen, blieben vergebens, und du kannst denken, daß der Alte der trostlosen, verderblichen Hypochondrie, welche natürlicherweise diese Idee mit sich bringt, zu erliegen drohte. Ich geriet auf den Gedanken, auf ganz eigene Weise zur Heilung des Wahnsinnigen den Magnetismus anzuwenden.

Fräulein Wilhelmine ist des Alten Herzblatt, und ihr allein gelang es, in schlaflosen Nächten dadurch einigen Trost in seine Seele zu bringen, daß sie, wenn er im halben Schlummer lag, leise – leise von grünen Bäumen und Büschen sprach und auch wohl sang. Es waren vorzüglich jene schönen Worte Calderons, womit in der ›Blume und Schärpe‹ Lisida das Grün preist, und welche ein kunstfertiger, fein empfindender Freund in Musik gesetzt hat. Du kennst das Lied:

> In der grünen Farbe glänzen,
> Ist die erste Wahl der Welt,
> Und was lieblich dar sich stellt!–
> Grün ist ja die Tracht des Lenzen,
> Und man sieht, um ihn zu kränzen,
> Keimend aus der Erde Grüften,
> Ohne Stimmen, doch in Düften
> Atmend, in den grünen Wiegen
> Buntgefärbte Blumen liegen,
> Welche Sterne sind den Lüften.

Die Methode, das dem Schlafe vorhergehende Delirium, das schon an und für sich selbst dem magnetischen Halbschlafe sehr nahe verwandt, dazu anzuwenden, in die Seele des beunruhigten Kranken beschwichtigende Ideen zu bringen, ist nicht neu. Irr' ich nicht, so bediente sich schon Puysegur ihrer. Du wirst aber nun gleich sehen, von welchem Hauptschlag meiner Kunst ich die völlige Genesung des Alten zu erlangen hoffe.« –

Der Doktor stand auf, schritt auf Fräulein Wilhelmine zu und sprach ein paar Worte. Dann folgte ich dem Doktor, und schwer mußte es mir in der Tat nicht fallen, mich mit der seltsamen Ungewöhnlichkeit des Auftritts darüber zu entschuldigen, daß ich geblieben und in gewisser Art den Lauscher gemacht.

Wir gingen nun an den Kutschenschlag – ein junger Mann stieg aus, und bald trug dieser mit Hilfe des Doktors und des mitgekommenen Jägers den schlummernden Alten zu dem seltsamen Baume in der Mitte des Platzes und legten ihn sanft in bequemer Stellung auf die Rasenbank, die, wie der geneigte Leser es weiß, der Doktor mit eigner kunstgeübter Hand errichtet hatte.

Der Alte bot durchaus einen rührenden, herzerhebenden Anblick dar. Seine große, schöne Gestalt war in einen langen Überrock von silbergrauem, leichtem Sommerzeuge gekleidet, und er trug ein Mützchen von demselben Zeuge auf dem Haupte, unter dem nur sparsam ein paar weiße Löckchen hervorblickten. Sein Gesicht, unerachtet die Augen geschlossen, hatte einen unbeschreiblichen Ausdruck der tiefsten Wehmut, und doch war es, als sei er in seligen Hoffnungsträumen entschlummert.

Fräulein Wilhelmine setzte sich an das Hauptende der Rasenbank, so daß, wenn sie sich über das Antlitz des Alten beugte, ihr Atem seine Lippen berührte. Der Doktor nahm Platz auf einem mitgebrachten Feldstuhl vor dem Alten, so wie es die magnetische Operation zu erfordern schien. Während nun der Doktor sich mühte, den Alten auf die sanfteste Weise aus dem Schlafe zu bringen, sang das Fräulein Wilhelmine leise:

> »In der grünen Farbe glänzen,
> Ist die erste Wahl der Welt« etc.

Der Alte schien den Duft des Gesträuchs, der Bäume, der vorzüglich stark war, da die Linden in voller Blüte standen, mit unendlicher Wonne einzuatmen. Endlich schlug er mit einem tiefen Seufzer die Augen auf und starrte um sich, doch, wie es schien, ohne einen Gegenstand deutlich ins Auge fassen zu können. Der Doktor zog sich leise zur Seite. Das Fräulein schwieg. Der Alte lallte kaum verständlich: »Grün!«

Da ließ es die ewige Macht des Himmels geschehen, daß eine besondere anmutige Gunst des Schicksals die Liebe des Fräuleins lohnte und die Bemühungen des guten Doktors unterstützte. In dem Augenblick, als der Onkel das Wort »Grün!« lallte, fuhr nämlich ein Vogel tirilierend durch die Äste des Baums, und von dem Flattern seines Gefieders brach ein blühender Zweig und fiel dem Alten auf die Brust.

Da erwachte die Röte des Lebens auf dem Antlitze des Alten. Er erhob sich und rief begeistert mit emporgerichteten Augen: »Himmelsbote, seliger Himmelsbote, bringst du mir den Ölzweig des Friedens, bringst du mir das Grün, bringst du mir die Hoffnung selbst! Sei gegrüßt, du Hoffnung; ströme über in sehnsüchtiger Lust, blutendes Herz!« –

Plötzlich schwächer werdend, lispelte er kaum hörbar: »Das ist der Tod« und sank auf die Rasenbank, von der er sich zur sitzenden Stellung kräftig erhoben, wieder zurück. Der junge Gehülfe des Doktors flößte ihm etwas Äther ein, und während Fräulein Wilhelmine aufs neue sang:

»In der grünen« etc.

schlug der Alte die Augen auf und schaute nun mit bestimmtem Blick in der Gegend umher. »Ha«, sprach er dann mit ungewisser Stimme, »in der Tat, dieser Traum neckt mich auf besondere Weise.«

Es lag etwas von bitterm Hohn in den Worten des Alten, der nach dem, was vorausgegangen, um so entsetzlicher erschien. Tief ergriffen, stürzte Fräulein Wilhelmine bei der Rasenbank nieder, faßte beide Hände des Alten, benetzte sie mit Tränen und rief mit der schmerzlichsten Wehmut: »O! mein teuerster, bester Onkel, nicht jetzt neckt Sie ein Traum, nein, ein böses – böses Gespenst hielt Sie in entsetzlichen Träumen, wie in schweren Ketten gefangen. O Himmelsfreude! die Ketten sind gesprengt – Sie haben, bester, teuerster Vater, Ihre Freiheit wieder; o! glauben, glauben Sie daran, das heitere, rege Leben lacht Sie an, mit aller süßen Hoffnung, im schönsten Schmelz des Grüns!«

»Grün!« rief der Alte mit dröhnender Stimme, indem er starrer um sich schaute. Nach und nach schien er die Gegenstände bestimmter zu unterscheiden und seinen Blick besonders auf gewisse Bäume und Büsche zu heften.

»Onkel Siegfried hat«, lispelte mir der Doktor ins Ohr,

»Onkel Siegfried hat diesen Ort schon seit vielen Jahren besonders geliebt und in tiefer Einsamkeit besucht. Vorzüglich mag der wunderbare Baum auch seinen Hang zu wunderlichen Kombinationen naturhistorischer Erscheinungen geweckt und ihn dieser romantische Platz auch von *der* Seite besonders interessiert haben.«

Noch immer saß der Alte, um sich schauend; doch immer weicher und weicher und wehmütiger wurde sein Blick, bis ein Tränenstrom ihm aus den Augen stürzte. Er faßte mit der Rechten Wilhelminens, mit der Linken des Doktors Hand und zog sie heftig neben sich auf die Rasenbank nieder.

»Seid ihr es, Kinder!« rief er dann mit einer Stimme, deren Seltsamkeit, beinahe Schauer erregend, ein unheimlich verstörtes Gemüt zu verkünden schien, welches sich selbst bekämpft und zu sammeln versucht, »seid ihr es wirklich, meine Kinder?«

»O! mein bester gütigster Onkel«, sprach Wilhelmine beschwichtigend, »ich halte Sie ja in meinen Armen – Sie sind ja hier an einem Platz des Waldes, den Sie stets so liebten – Sie sitzen ja unter dem selt–«

Auf einen Wink des Doktors stockte Wilhelmine und fuhr dann nach beinahe unmerklicher Pause fort, den Lindenzweig erhebend: »Und dieses Zeichen des Friedens, halten Sie es jetzt nicht in Händen, teuerster Onkel?«

Der Alte drückte den Zweig an seine Brust und schaute mit Blicken umher, die jetzt erst Lebenskraft und eine gewisse unnennbare, verklärte Heiterkeit zeigten. Der Kopf sank ihm auf die Brust, und er sprach viele leise Worte, die jedem der Umstehenden unverständlich blieben. Dann aber sprang er mit wilder Vehemenz von der Rasenbank auf, breitete beide Arme aus und rief, daß der Wald von dem Tone seiner Stimme widerhallte:

»Gerechte, ewige Macht des Himmels, bist du es selbst, die mich an ihre Brust ruft? Ja, es ist das herrliche, rege Leben, das mich umgibt, das meiner Brust zuströmt, so daß alle Poren sich öffnen und Raum geben dem seligsten Entzücken.

O! Kinder, Kinder, welche Zunge singt das Lob, den Preis der Mutter würdig genug! O! Grün, Grün! mein mütterliches Grün! Nein, ich allein war es, der trostlos vor dem Throne des Höchsten lag – nie hast du der Menschheit gezürnt! Nimm mich auf in deine Arme!«

Es war, als wollte der Alte rasch vorwärts schreiten, doch knickte er im jähen Krampf zusammen und sank leblos nieder. Alle erschraken heftig; keiner aber wohl mehr als der Doktor, der befürchten mußte, daß seine gewagte Kur auf entsetzliche Weise mißlingen könne. Doch nur wenige Sekunden war der Alte mit Naphtha und Äther bedient worden, als er die Augen wieder aufschlug. Und nun begab sich das Merkwürdigste, was niemand, und am allerwenigsten der Doktor, hatte vermuten können.

Von Wilhelminen und dem Doktor umfaßt, ließ der Alte sich auf dem schönen Platze herumführen, und immer ruhiger, immer heiterer wurde sein Antlitz, sein ganzes Benehmen, und es war herrlich, wie eine klare Fantasie, ein heller Verstand immer mehr siegend hervorbrach.

Auch mich bemerkte der Baron und zog mich ins Gespräch. Endlich fand der Baron, daß für die erste Ausfahrt nach so langer Nervenkrankheit nun genug Zeit vergangen, und man begab sich auf den Rückweg.

»Es wird schwerhalten«, sprach der Doktor leise zu mir, »den Schlaf von ihm abzuwehren; aber ich werde alles anwenden, zu verhüten, daß er um des Himmels willen nicht schlafe. Wie leicht könnte dieser Schlaf einen feindseligen Charakter annehmen und dem Alten alles, was er sah und empfand, wiederum als Traum verschwinden lassen.«

Einige Zeit nachher hatte sich im Hause des Geheimenrats von S... eine große Veränderung zugetragen. Onkel Siegfried war völlig von seiner Krankheit genesen, und seltsam genug schien es, daß er zu gleicher Zeit weicher und kräftiger geworden.

Er verließ die Residenz, zur Freude des liebenden Bruders, und bezog seine schönen Güter, deren Verwaltung der Doktor O. . ., seinen Doktorhut an den Nagel hängend, übernahm. Die dringende Fürsprache einer edlen Prinzessin bewirkte es, daß der stolze Geheimerat von S. . . die Hand seiner Tochter Wilhelmine dem Doktor O. . . nicht länger verweigerte.

*Auszug aus der protokollarischen*
*Verhandlung vom 2. Juni 1822*
(Zu Seite 348)

Ich bin aufgefordert worden, meine Meinung über die vorliegende Rechtsfrage, nämlich
   ob der Leidesdorffsche in Wien erschienene Klavierauszug des Weberschen Freischützen nach dem bei Schlesinger erschienenen Original bearbeitet und als ein Nachdruck desselben zu betrachten sei
auszusprechen.

Hier muß ich aber zuvörderst den Grundsatz aufstellen, daß nach meiner Ansicht, wenn von dem Nachdruck eines musikalischen Werkes die Rede ist, die gesetzlichen Bestimmungen §. 1025 und 26. Tit. II. Teil 1. des A. L. R., welche von Auszügen aus Druckschriften handeln, nicht zur Anwendung gebracht werden können, da es unmöglich ist, musikalische Kompositionen auf die Weise zu extrahieren, wie dies bei Büchern geschieht. Ein Nachdruck einer Komposition würde nur insofern stattfinden, als eine vorliegende grade so nachgestochen oder nachgedruckt würde, daß sie identisch mit dem Original erschiene; wo eigne Geistestätigkeit des Bearbeiters eintritt, kann von Nachdruck oder Nachstich nicht mehr die

Rede sein. Ein Beispiel aus der bildenden Kunst wird dies näher erläutern.

Wenn ein Kunstverleger ein Bild in Kupfer stechen läßt und ein andrer gleichzeitig einen Kupferstich nach dem gleichen Original herausgibt, beiden Stichen aber verschiedne Zeichnungen zum Grunde liegen, so kann der zweite zwar den ersten durch seine Unternehmung in Schaden setzen; nicht aber kann man von ihm sagen, daß er dessen Rechte durch einen *Nachstich* gekränkt habe. Ganz anders verhält es sich dagegen in dem Falle, wo der Stich von dem zweiten Verleger nach einer Zeichnung bewirkt wird, die etwa durch einen Abdruck oder mittelst Durchzeichnens der ersten entnommen ist.

Hier kam es nicht darauf an, daß der zweite Zeichner selbst von seiner Kunst Gebrauch machte, sondern bloß durch mechanische Anstrengung erzeugte er die Kopie des Originals.

Dies auf die in Rede stehende Frage angewandt, ergibt es sich schon bei dem ersten Anblick des Wiener sogenannten Klavierauszuges, daß derselbe nichts weniger als ein Nachdruck des Schlesingerschen ist, ja daß letzterer ersteren nicht einmal hat zum Grunde gelegt werden können, sondern daß der Verfasser notwendigerweise die Partitur selbst hat vor Augen haben müssen.

Schon die Ouverture, von der man voraussetzen könnte, daß sie in beiden Klavierauszügen gleich wäre, wenn der eine auch nur einigermaßen als ein Nachdruck des andern sollte betrachtet werden können, zeigt eine durchaus verschiedene Behandlungsart; die Webersche Art, Klavierauszüge zu machen, hat nämlich etwas ganz Eigentümliches und Geniales, wogegen der Wiener Auszug ganz nach dem gewöhnlichen Schlendrian gearbeitet ist.

Was die Oper selbst betrifft, so könnte die Bezeichnung auf dem Titel »Vollständige Ausgabe mit Hinweglassung der Worte« einen, der nicht Sachkenner ist, vielleicht verleiten,

anzunehmen, daß auch sämtliche Singestimmen geliefert und
nur einzig und allein die Worte weggelassen wären, – und dies
würde freilich ein Nachdruck sein; indessen ein solcher möchte
wohl keine Käufer finden, indem er nur ein sehr mageres
Vergnügen gewähren würde. – Der gegenwärtige Wiener Klavierauszug hat aber nicht allein eine ganz andere Tendenz als
der Schlesingersche, sondern ist auch nach ganz andern
Grundsätzen gearbeitet. Seine Bestimmung ist nämlich, von
Musikliebhabern, die keine Stimme haben, am Instrumente
gespielt zu werden, wobei sie nicht die Melodien zu singen
brauchen, sondern sie auf dem Klavier hören. Um diesen
Zweck zu erreichen, muß aber von dem Bearbeiter einer Partitur zum Klavierauszuge die Singestimme in die Oberstimme
verlegt werden, welches eine durchaus andre Bearbeitung vor-
aussetzt.

Angenommen nun, daß der Verfasser des Wiener Klavierauszuges, der sich Leidesdorff nennt, die Absicht gehabt hätte,
sich des Schlesingerschen zu seinen Vorhaben zu bedienen, so
würde er, wie schon oben erwähnt, ihn dazu keinesweges
haben gebrauchen können, sondern er muß durchaus im Besitz
der Partitur gewesen sein, es sei denn, daß er sein Werk aus
einzelnen Orchester- und Singpartien mühsam zusammengestellt hätte. Ob er es auf die eine oder andere Weise zustande
gebracht und ob er dadurch, daß er sich in den Besitz der
Partitur gesetzt, die Rechte des ursprünglichen Verlegers des
Freischützen verletzt habe – dies sind andre Fragen, zu deren
Entscheidung alle Data fehlen; in jeden Fall aber würde durch
einen solchen Mißbrauch der Partitur oder der Stimmen der
Tatbestand eines andren Vergehens als das des Nachdrucks
begründet werden.

*Einiges aus Hoffmanns Notatenbuch für
das letzte Jahr seines Lebens*

Kammergerichtsrat Uhde, in den vierziger Jahren in Berlin,
Komponist und Sänger. Gerbers altes Künstlerlexikon. Teil 2,
S. 696.

Wie ein Arzt glaubte, die Leiden seines Patienten rührten von
einem Wurm her, den er im Leibe trage, und darauf losku-
rierte, bis der Wurm wirklich abging. Es war eine total neue
Species, ein gräuliches Ungeheuer; vielfüßig u.s.w. und erhielt
einen neuen Namen; jenem Arzt als Entdecker zu Ehren wurde
er wie er geheißen. Am Ende entdeckte es sich jedoch, daß der
Wurm – ein unverdauter Rosinenstengel war.

Zu machen: der Nachtwächter, eine geheimnisvolle Person,
die nächtliche Abenteuer erzählt. (diable boiteux?)

Traum. Die Polizei nimmt alle Uhren von den Türmen herab
und konfisziert alle Uhren, weil die Zeit konfisziert werden
soll. Die Polizei bedenkt aber nicht, daß sie selbst nur in der
Zeit existiert.

Fabel. Jedermann hat einen Beutel vor sich hängen, in welchen
er die Fehler seines Nachbars steckt, und einen andern hinter
sich, in welchem seine eignen sind.

Die Hunde bellen den Mond an aus Mißgunst, wie man sagt.
Ursache davon? (Zu erfinden.)

Cardani merkwürdige Schilderung von sich selbst. Bayle.
Verglichen damit Diderots Schilderung von Rameaus Neffen.

Berliner Bauordnung vom 30. November 1641. Darin wird den Bauern untersagt, Sauställe auf offner Straße anzulegen.

Jean-Paul-Komet. Magnetisch heilende Kraft des Körpers? – Gegenstück. Der Arzt reitet durch die Straße, und von beiden Seiten stecken aus dem obern Stock der Häuser die Patienten die Zungen heraus.

Situation eines glücklichen Autors. Er fährt in einem kleinen Einspänner nach der Leipziger Messe; hinter ihm folgen aber 6 bis 8 ungeheure Lastwagen mit Ballen; es sind seine sämtlichen Werke.

Aus Akten. Man wollte nicht glauben, daß der Inculpat so viel Geld mitgebracht; da zeigte er das Fäßchen, *worin die Papiere gewesen,* – und alles glaubte daran.

Roßtäuscher – einer der mit Rossen täuscht.

Jemand, dem der Konzertsaal im neuen Schauspielhause gezeigt wird, meint, der Orpheus sei ein Aushängeschild für wilde Tiere, die darin zu sehen.

Eine Frau, die in der Todesnot dem Manne gesteht, daß sie ihm untreu gewesen. Darauf der Mann: ein Vertrauen ist des andern wert; eben weil du mir untreu gewesen, darum stirbst du an dem Gift, das du von mir bekommen.

Die bekannte Anekdote von dem Scharlatan, der Flohpulver verkaufte, und dem Bauer (auch gut) ist noch sehr gut zu benutzen, um daraus, wie es in den gestis romanorum heißt, eine vortreffliche Moralisatio zu ziehen; z. B. was du auf kurzem, sicherm Wege erlangen kannst, sollst du nicht auf weitem, unsicherm suchen.

N.b. Die beiden sich umarmenden Juden, die Lichtenberg in Erz gegossen wünschte zum ewigen Denkmal.

Ein sehr schönes Bild ist von den sogenannten deformierten Gemälden herzunehmen. Es sind z. B. auf einer Tapete verschiedene Teile, Züge eines Bildes verstreut, so daß man nichts Deutliches wahrnimmt; aber ein besonders dazu geschliffenes Glas vereinigt die verstreuten Züge, und durch dasselbe schauend, erblickt man das Bild. (Wieglebs Magie.)

Ein alter Musikmeister sagte von einem Fräulein, die, bei großer Fertigkeit, das Fortepiano geist- und seelenlos spielte: Gott, wenn der Gnädigsten doch ein Paar Hände in die Handschuh wüchsen, womit sie über die Tasten herfährt.

Vom zu Buche tragen des Witzes. Lichtenbergs, Hippels, Voltaires Nachlaß.

Es gibt Künstler, die dem Bajazzo gleichen, wenn er einen gewaltigen Anlauf nimmt und dann plötzlich stehenbleibt, ohne den Sprung zu wagen. Das sind die Schauspieler ohne wahrhaftes Genie, im Innern hohl, nur äußern Prunk borgend vom mächtigern Gotte. Der Anlauf (das Vorteilchen, nachIfflands weltbekannter Anekdote) läßt sich allenfalls erlernen; die Kraft zum Sprunge selbst verleiht allein die Natur, deshalb bleibt es bei jenen Schauspielern denn immer beim Anlauf zum Sprunge.

Hogarths Quacksalber in der Heirat nach der Mode hat eine sehr komplizierte Maschine gebaut mit künstlichen Hebeln, Gewichten, Rädern, Wellenzügen, Schwanzschrauben u.s.w., um – einen Pfropf aus der Flasche zu ziehen. Eher wird aber die arme in die Maschine eingeklemmte Bouteille in tausend Stücke zerbrechen, als der Pfropf sich nur um ein Haarbreit heben. – Manche Kunstleistungen gleichen dieser Maschine. –

Mit dem Aufwand aller reichen Kräfte, die sich darbieten, werden ungeheuere Anstalten gemacht, die aber statt die einfache Wirkung, welche beabsichtigt, hervorzubringen, nur das Ganze rettungslos zerstören.

Die wunderbaren Sprünge und Kapriolen unserer jetzigen Tänzer erinnern sehr lebhaft an die sinnreiche Art, wie die Araber ihre Kamele tanzen lehren. Besagte Kamele werden nämlich auf einen Boden von Blech geführt, unter dem ein Feuer angezündet. So wie das Blech mehr und mehr erglüht, heben die Tiere die zierlichen Pfötchen höher und höher und immer höher und konfuser, so wie die Glut steigt, so daß sie zuletzt beinahe mit allen Vieren in den Lüften schweben! – Das ist denn recht artig anzusehen, und mancher europäische Ballettmeister mag bei dem Anblick dieser reinen Natur in ihrer vollen Anmut und Kraft zur Erfindung ganz neuer absonderlicher Pas begeistert worden sein. Man merkt's an den Balletten der neuesten Gattung.

Die pantomimischen Konvulsionen des monotonen oder ganz tonlosen Schauspielers könnte man, da der Krampf sich vorzüglich in den Händen zeigt, billigerweise *Händegeschrei* nennen. Der Zuschauer wird dabei in den beängstigenden Zustand des Tauben versetzt, der die Worte bloß *sieht*, ohne sie zu *hören* oder wenigstens zu *verstehen*.

Bei der Anpreisung des Kaleidoskops wurde rücksichts der schönen Verbindung des Angenehmen mit dem Nützlichen vorzüglich gerühmt, daß es die Fantasie der Kattundrucker und Westenfabrikanten zu den unerhörtesten Mustern beflügeln könne. Sollte ein munterer Kopf von Mechanikus nicht leichtlich ein Kaleidoskop für preßhafte Dichter zu erfinden vermögen? Die kleinsten, ordinärsten, miserabelsten, läppischsten Gedanken dürften nur hineingeworfen werden, um sich, gehörig gerüttelt und geschüttelt, zu den sonderbarsten Bildern zu fügen. Würde der Dichter nicht in frohem Staunen, in heller Begeisterung auf Gedanken geraten, an die er in der Tat selbst gar nicht gedacht? – Doch, es spukt ja wohl schon viel kaleidoskopisches Wesen auf den Bühnen?

Die verschiedenen Richtungen der Dichter, die sie nach dem Übergewicht dieser oder jener ihnen einwohnenden Kraft nehmen, könnte man mittelst einer förmlichen Windrose bezeichnen. Die entgegengesetzten Pole Nord und Süd bezeichnen Verstand und Fantasie, Ost und West Geist und Humor. Nun schaffen sich dann die abweichenden Grade wie in der Schiffsrose von selbst. Z. B. wie Nordwest, Nord Nordwest, Nordwest Nord, Verstand Humor, Verstand Verstand Humor, Geist Humor Geist etc. Das Schlimmste für die Seefahrer möchte hier das Beste sein, wenn nämlich der Wind aus allen vier Ecken bläst. Übrigens paßt diese Windrose nur für Dichter, die wirklich segeln oder zu Lande, nach dem bekannten Spruch Goethes über die den Reiter verfolgenden Kläffer, wirklich reiten. Bei den andern möchte es schwer sein, die Pole zu finden, die nur allein irgendeine Richtung bestimmen können.

Unumstößlicher Beweis, daß der Baumeister N. ein frommer, gottesfürchtiger, deutschbiederer, geistreicher, patriotisch gesinnter, der edlen Turnkunst ergebener, für die Vervollkommnung der Medizin und Chirurgie portierter Mann von großem Verstande und Ansehen ist.\*

1) Er ist fromm und gottesfürchtig, denn er ehrt das Alter und mag sogar alte Mauern nicht antasten, sind sie auch noch so schwächlich.

2) Er ist deutschbieder, denn er verläßt sich auf ein ehrliches Aussehen und *baut* darauf mit vollem Vertrauen.

3) Er ist geistreich, denn ihm fällt jeden Augenblick was ein.

---

\* Hatte für Berlin in der mündlichen Tradition Lokalinteresse.

4) Er ist patriotisch gesinnt, denn seine Einfälle treffen nicht Mitbürger, sondern nur Fremde.

5) Er ist der edlen Turnkunst ergeben, denn seine Einfälle veranlassen die gewagtesten Sprünge.

6) Er ist musikalisch ausgebildet, denn er versteht sich ganz besonders auf das richtige Einfallen.

7) Er ist auf die Vervollkommnung der Arzeneiwissenschaft und Chirurgie bedacht, denn er sorgt durch seine Einfälle dafür, daß es der Pepiniere nie an merkwürdigen innerlich oder äußerlich Beschädigten fehlt, um ihre Kunst daran zu üben.

8) Er ist von großem Verstande, denn wenn er für etwas steht, hat er sich allemal *verstanden*.

9) Er ist von großem Ansehen, denn seine sämtlichen Obern haben ihn immer für einen tüchtigen Baumeister angesehen.

Zum Katzenbuch. Till Eulenspiegel war vergnügt, wenn er bergauf stieg, weil er sich darauf freute, wenn es wieder bergab gehen würde, und traurig, wenn es bergab ging, weil er das Aufsteigen fürchtete. Was wird mir Schlimmes begegnen, da ich heute im Gemüt so heiter bin; welche Freude steht mir bevor, da mich Traurigkeit so niederdrückt? –

Ist es katzenmöglich!


*Jakobus Schnellpfeffers Flitterwochen vor der Hochzeit.**

(Einschiebsel. Dazu kann das Bild eines Spazierganges durch einen Garten gebraucht werden. Rechts und links gibts da: – Schmollwinkelchen – Lauben – Dornbüsche u.s.w.; z. B. Jasminlaube für Liebende; – Dornbusch für Rezensenten, eingebildete Autoren u.s.w. – Ob Schnellpfeffer nicht in Hefte, statt in Kapitel geteilt werden könnte?)

* Teil II. S. 337.

Einen merkwürdigen Charakter könnte der Bruder geben. Erziehung. Rektor Wannowski nicht zu vergessen\*.

Geheimnisse. Jacobus schrieb als Knabe seine Geheimnisse auf; z. B. daß er in Nachbars Tinchen verliebt ist, daß er es war, der den Porzellannapf zerbrach u.s.w. – und versiegelte das Blatt.

Die einzige vornehme Person, die zugleich als eine moralische gelten konnte, mit der er verwandt, war die Kanzlei (Kanzleiverwandter).

Solofürsten und Figurantenfürsten, wie Solotänzer und Figuranten.


*In der Krankheit, bei schon gelähmten Händen, diktiert.*


Nicht zu vergessen: Krankheitsperiode vom Januar, Februar, März, April.\*\*

Nicht zu vergessen: für ein ärztliches Journal: besondere Gefühle eines sich selbst scharf beobachtenden Kranken.

Anekdote. Authentisch. Ein robuster Kerl läßt sich in der Charité das linke Bein abnehmen, bleibt bei der Operation ganz munter und jubelt laut, als man ihm das abgenommene Bein zeigt; bin ich die verwünschte Pfote los! Als man ihm den Verband angelegt hatte, spricht er zu: Lieber Herr Chirurgus, Sie haben sich so viele Mühe mit meinem linken Bein gegeben; am rechten sind mir die Nägel so lang gewachsen; wollen Sie mir die nicht auch gleich abschneiden?

---

\* Teil I. S. 19.
\*\* Zwei Monate später war er nicht mehr.

*Einzelne Züge*
*zur Charakteristik*
*Hoffmanns*

Hoffmann war von sehr kleiner Statur, hatte eine gelb-
liche Gesichtsfarbe, dunkles, beinahe schwarzes Haar,
das ihm tief bis in die Stirn gewachsen war, graue Augen, die nichts Besonderes auszeichneten, wenn er ruhig
vor sich hinblickte; die aber, wenn er, wie er oft zu tun
pflegte, damit blinzelte, einen ungemein listigen Ausdruck annahmen. Die Nase war fein und gebogen, der
Mund fest geschlossen.

Sein Körper schien, ungeachtet seiner Behendigkeit,
dauerhaft, denn er hatte für seine Größe eine hohe Brust
und breite Schultern.

Sein Anzug war in früheren Zeiten seines Lebens
ziemlich elegant, ohne irgend ins Gesuchte zu verfallen.
Nur auf den Backenbart hielt er große Stücke und ließ
ihn sorgfältig gegen die Mundwinkel hinziehen. Später
erregte ihm seine Uniform, in welcher er etwa wie ein
französischer oder italienischer General aussah, inniges
Wohlgefallen.

In seiner ganzen äußern Erscheinung fiel am meisten
eine außerordentliche Beweglichkeit auf, die auf das
Höchste gesteigert wurde, wenn er erzählte. Seine Be-
grüßungen beim Empfang und Abschied mit wiederhol-
ten ganz kurzen, schnellen Beugungen des Nackens,
ohne daß der Kopf sich dabei bewegte, hatten etwas
Fratzenhaftes und konnten leicht als Ironie erscheinen,

wenn der Eindruck, den die seltsame Gebärde machte, nicht durch sein sehr freundliches Wesen bei solchen Veranlassungen gemildert worden wäre.

Er sprach mit unglaublicher Schnelle und mit einer etwas heisern Stimme, so daß er, vorzüglich in den letzten Jahren seines Lebens, wo er einige Vorderzähne verloren hatte, sehr schwer zu verstehen war. Wenn er erzählte, war es immer in ganz kurzen Sätzen; nur wenn die Rede auf Kunstsachen kam und er in Begeisterung geriet, ein Zustand, vor dem er sich aber zu hüten schien, bildete er lange, schöne, gerundete Perioden. Wenn er Arbeiten von sich vorlas, schriftstellerische oder amtliche, so eilte er über das Unbedeutendere dergestalt hinweg, daß der Zuhörer kaum zu folgen vermochte; die Stellen aber, die man im Gemälde die Drucker nennt, betonte er mit einem fast komischen Pathos, spitzte dazu den Mund, schaute um sich, ob sie auch faßten, und brachte dadurch oft sich selbst und sein Publikum aus der Tramontane. Er fühlte, daß er, um dieser Angewohnheit willen, nicht gut las, und hatte es ungemein gern, wenn ein anderer ihm dies Geschäft abnahm; aber das war kitzlich genug, besonders wenn von handschriftlichen Aufsätzen die Rede; denn jedes falsch gelesene Wort oder auch nur ein zögernder Blick auf ein solches, um es richtig zu lesen, war ihm ein Dolchstich, und er wußte dies nicht zu verbergen. Als Sänger hatte er eine schöne, kräftige Bruststimme, Tenor.

Es war schwer, in Bekanntschaft mit ihm zu kommen. Er selbst blieb lange verschlossen und hörte auch wenig auf Menschen, die er erst kennenlernte, wenn sie nicht ganz besonders interessant waren. Alte Bekannte gingen ihm über alles; er fühlte sich bequem mit ihnen, und mehr verlangte er nicht. »Wie mag doch Hoffmann mit dem und dem umgehen können?« Diese Frage, die man so oft machte, beantwortete sich am besten dahin: »weil er den und den schon so und so lange kannte.« Eine gleiche Gesinnung forderte er aber auch gebieterisch von seinen Freunden. Sie sollten keinen Gott haben neben ihm; er betrachtete es als eine Felonie, wenn sie sich verheirateten, mit ihren Kindern lebten u.s.w. – Den Umgang mit Frauen liebte er eben nicht. Konnte er (dies war die Regel, von der allerdings einige Ausnahmen stattfanden,) sie nicht mystifizieren oder sie in die abenteuerlichen Kreise seiner Fantasien ziehen oder entdeckte er in ihnen nicht etwa entschiedenen Sinn für das Komische, so zog er den Verkehr mit Männern, bei denen sich die letzte Eigenschaft viel häufiger entwickelt findet, bei weitem vor. Denn das Fratzenhafte wie das Verborgenste in der menschlichen Natur zogen ihn am meisten an, und auch über diese Tiefen konnte er vorzugsweise nur mit Männern sprechen. Mehr als reifere Frauen interessierten ihn noch junge Mädchen, die, besonders wenn sie hübsch waren, einen ungemeinen Zauber über ihn übten; doch hauptsächlich durch den Reiz, den ihr Anblick ihm gewährte, nicht durch die Entfaltung ihres Innern, wozu der Schlüssel ihm fehlte. Dagegen mißlang es ihm nicht, Kinder, in denen er Empfänglichkeit für das Skurrile oder Fantastische fand, wenn er sich mit ihnen abgab, an sich zu fesseln. Unter allen Erscheinungen in der Gesellschaft war ihm die gelehrter Frauen am gründlichsten zuwider. Legte es eine solche auf ihn an und ließ es sich, wie auch wohl vorgekommen ist, gar beigehen, in einer Art von Pairschaft ihm nahezutreten – etwa bei Tische, – ihren Platz neben ihm aufzuschlagen, so war er imstande, sein Couvert aufzunehmen und damit in die weite Welt zu fliehen, bis er an einem entfernten Ende sich unbemerkt irgendwo einbürgen konnte.* Künstlerinnen jeder Art, ohne ihren

* Wie könnte die Unmilde, mit welcher Hoffmann hier wie überall sein Mißfallen äußerte, wohl gerechtfertigt werden wollen? In der Sache selbst aber; – wer möchte ihm Unrecht geben? Schon finden die besten Bücher keine Leser mehr, weil fast alle Leser unter die Schreiber gegangen sind, und wenn bis vor wenigen Jahrzehnten die Empfänglichkeit für das, was andere gedacht und empfunden, wenigstens noch bei Leserinnen anzutreffen war, so mindert sich deren Zahl auch von Tag zu Tag, weil die der Schreiberinnen wächst wie der Sand am Meere. Daß hierdurch die Autoren offenbar beeinträchtiget werden, die sonst ihre schönsten Kränze von den Frauen erwarteten, und daß die Flut mittelmäßiger Bücher am Ende die Literatur zu verschlingen drohen wird, ist noch der geringste Nachteil gegen den, daß der schönste Schmuck des Weibes, die Weiblichkeit, bei dem gerügten Unwesen mehr und mehr in die Brüche geht. Es soll hiermit gerade nicht über die Rezensentinnen, Kunstkorrespondentinnen, Kriminal-Richterinnen oder Verteidigerinnen, Mystikerinnen u.s.w. insbesondere der Stab gebrochen werden; (ebensowenig aber auch ist es auf *ihre* Apologie abgesehen,) sondern es sind alle Schriftstellerinnen als solche gemeint, die das stille Heim ihres weiblichen Berufs (worunter nicht der Kochherd verstanden wird,) verlassen, um sich *öffentlich* vor der Welt mit ihren Gedanken, Empfindungen, Stärken und Schwächen zu produzieren. In dieser *Öffentlichkeit* liegt das Übel. Wäre es nicht grausam und ungerecht, von einem Weibe, dem der Himmelsfunke der Dichtkunst geschenkt ist, zu fordern, sie solle ihn ersticken und sich und andre nicht an ihrem Feuer wärmen? Aber, – daß eine heutige Dichterin kein noch so heiliges Gefühl in ihrem Busen hegen darf, ohne es Morgenblatt und Abendzeitung brühwarm anzuvertrauen, daß Klagen um ihre verlornen Lieben wie um ihre verkannte Treue in allen Kaffeehäusern auf den Tischen umherliegen und von den Gästen zu den Zigarren eingenommen werden müssen; daß manche eher keine Ruhe findet, als bis selbst alles das, was sich ein wirkliches Weib kaum recht zu gestehen wagt, schwarz auf weiß vor ihr daliegt, um an irgendeine Redaktion zum Druck abgesandt zu werden; – solches Treiben hätten die Frauen unsrer Zeit billig den Männern, die es freilich auch nicht besser machen, von denen man indessen auch weniger Zartheit zu fordern berechtiget ist, überlassen sollen. Das und dann die beliebte Universalität in dem Streben literarischer Frauen, die selbst den Casanova in den Kreis ihres Urteils ziehen zu müssen meinen, – weil es ein Buch ist, gibt aber dem Manne, dem

gewöhnlichen Tick, waren ihm angenehmer. Für sittli-
che Würde des Menschen äußerte er, durch die Wahl
seines Umgangs, wenig Sinn. Gesinnung galt ihm in
geselliger Beziehung nichts. Als höchste Empfehlung
diente bei ihm die Fähigkeit, sich durch ihn ansprechen
zu lassen; (er hatte sich gegen seine Freunde gesetzt wie
etwa ein Buch, wenn man es sich personifiziert dächte,

Weiblichkeit im Weibe über alles geht, in der Regel den Abscheu vor der Zunft
der Schreiberinnen; nicht etwa Neid oder Monopolgeist, wie Törinnen hie und
dort wohl gemeint haben. »Wenn du betest, so geh in dein Kämmerlein, schließ
die Tür zu und bete zu deinem Vater im Verborgenen«, hat unser Heiland gesagt;
es soll gewiß mit dem Tiefsten, was die Menschenbrust bewegt, sein wie mit dem
Gebet. Frauen, die ewig gedruckt lieben und weinen, gleichen aber denen, »die
da gerne stehen und beten an den Ecken und auf den Gassen, auf daß sie von den
Leuten gesehen werden.« Auch sie haben ihren Lohn dahin; sie werden zitiert
und kritisiert, und wenn's hoch kommt, panegyrisiert wie die Männer; man läßt
ihrer technischen Fertigkeit im Dichten (in welcher ja jeder Schulknabe es jetzt
zu einem gewissen Grade gebracht haben muß,) Gerechtigkeit widerfahren u.
dergl.; aber – lieb haben oder gar heimführen wird sie kein männlicher Mann;
Vorzüge, deren sie, wie prosaisch man sie auch die Ehe oft schelten hört, sich
doch auch gar nicht gern begeben zu mögen scheinen. – Siehe – elf Zwölftel aller
Frauenromane jeglicher Messe, in denen das Grundthema ein mit Recht verfehlt
genanntes Leben ist.

Eine rührende Geschichte wird deutlicher machen, was der Herausgeber
meint. Vor einigen Jahren starb eine seiner geachtetesten Freundinnen in der
Blüte ihres schönen Lebens. Nach ihrem Tode fand ihr Gatte in ihrem Pulte ein
wunderherrliches Gedicht, welches ein Vorgefühl des Hinscheidens enthält, und
übersandte davon dem Freunde eine Abschrift mit dem Bemerken, daß seine
Frau es *wahrscheinlich* selbst gedichtet habe. Also selbst der Mann wußte nichts
von der Fähigkeit der Gattin, ihre reinen Gefühle so meisterhaft auszusprechen.
Auch Sophie Naubert (Verfasserin des Walter von Montbarry, Herrmann von
Unna u.s.w. – eine der objektivsten Schriftstellerinnen Deutschlands, die wirklich Bücher und nicht für ihre Teezirkel schrieb) sei unvergessen, der, wie sie dem
Herausgeber selbst erzählte, ihr Verlobter zur Hochzeit ihre eigenen Werke in
sauberen Maroquinbänden schenkte, weil er eine Neigung zur Lektüre histori-
scher Schriften in ihr bemerkt und sich selbst zu den Büchern seiner nachmaligen
Braut, als deren Schöpferin er sie natürlich nicht kannte, vorzugsweise hingezogen gefühlt hatte.

Diese Beispiele zeugen von echter Weiblichkeit; – ist es doch aber eine
Erfahrung, so alt als die Welt, daß man sich bückt, um das Veilchen zu pflücken,
während man die Sonnenblume stehenläßt, wie breit sie sich auch am Wege
mache.[32]

gegen seine Leser;) hierauf folgte die, ihn zu amüsieren, was nur durch schlagenden, nicht viel Raum einnehmenden Witz oder eine Fülle gut und vor allen Dingen kurz und schnell vorgetragener Anekdoten und dergl. geschehen konnte; endlich der Besitz irgendeiner Eigenschaft, die ihm imponierte, z. B. eines ausgezeichneten Mutes oder der moralischen Kraft, den Lockungen mit Bewußtsein Widerstand zu leisten, die ihn unwiderstehlich mit sich fortrissen. Wer ihn nicht auf irgendeine dieser Arten anzog, der war ihm gleichgültig und durfte nur eine Blöße geben, um Gegenstand seines scharfen Spotts oder Tadels zu werden, mit welchem er nur seine wenigen wahren Freunde verschonte.

Im geselligen Zirkel bei sich war Hoffmann am liebenswürdigsten. Die Heiligkeit des Gastrechts ließ ihn manches geduldig ertragen, was ihm in der innersten Natur zuwider war, und genügte ihm der Geist nicht, der sich in seiner Gesellschaft entwickelte, so suchte er sich durch die Sorge für die leibliche Nahrung derselben zu zerstreuen, er nahm seiner Frau das Geschäft ab, den Salat, Kardinal oder Punsch zu machen, was er übrigens alles meisterhaft verstand; – mit andern Worten, wollten ihm seine Gäste nicht recht schmecken, so freute er sich wenigstens daran, wenn es ihnen recht schmeckte. Dagegen war er, wie schon oben bemerkt worden, im höchsten Grade unerträglich, wenn er da Langeweile fand, wohin man ihn eingeladen. Er schien es dann immer nicht verschmerzen zu können, daß er einen Abend verlöre, den er sonst bei seinen Lieblingsarbeiten oder in der Umgebung, in der es ihm nun einmal gemütlich war, zugebracht haben würde. Vieles kam dabei auch darauf an, wie er eben an einem oder dem andern Tage gestimmt war. Es konnte ihn heute ärgern, worüber er gestern gelacht oder sich gefreut haben würde. Niemand wußte besser als er selbst, wie sehr er unter der Herrschaft der Laune stand. Er hat in seinen Tagebüchern eine ganze Skala der Stimmungen hinterlassen, durch die er die eben verflossenen Tage bezeichnete; z. B. Stimmung zum Romantisch-Religiösen; exaltiert-humoristische Stimmung, gespannt bis zu Ideen des Wahnsinns, die mir oft kommen; humoristisch-ärgerliche, musikalisch-exaltierte, gemütliche aber indifferente, unangenehm-exaltierte romaneske Stimmung; höchst ärgerliche Stimmung, bis zum Exzeß romantisch und kapriziös; ganz exotische Verstimmung, sehr exaltierte, aber poetisch-reine, höchst komfortable, schroffe, ironische, gespannte, höchst morose, ganz cadüke, exotische aber miserable, exaltiert-poetische Stimmung, in der ich eine tiefe Ehrfurcht vor mir empfand und mich selbst unmäßig lobte; senza entusiasmo, senza exaltazione, schlecht und recht; – un poco exaltato, senza poetica; sehr fröhlich, ma senza furore ed un poco smorfia u.s.w.

Kannte ihn nun ein Freund ganz genau, wie z. B. der Herausgeber, so wußte er gleich bei Hoffmanns Eintritt ins Zimmer, in welchem Sternbilde eben seine Laune stand und wie man ihn heute zu nehmen habe, um Eruptionen zu vermeiden, wenn Gewitterwolken drohten; behandelte man ihn falsch, so fühlte man augenblicklich die Folgen. Verstellung war ihm durchaus fremd; man wußte immer, woran man mit ihm war; wer ihn langweilte, den gähnte er an, und wer ihm Ärgernis gab, dem wies er die Zähne.

Wollte man nun aus allem diesem den Schluß ziehen, daß Hoffmann ohne alle natürliche Gutmütigkeit gewesen, so würde man ihm unrecht tun. Vielmehr gab er häufig davon Beweise. Aber andere hervorstechende Eigentümlichkeiten seines Charakters vermischten sich so wunderlich mit seinen Äußerungen von Bonhommie, daß, wer ihn nicht durch und durch kannte, ganz irre an ihm werden mußte. Ein Beispiel wird dies erläutern.

An einem Herbstmorgen kam er zum Herausgeber und erzählte ihm, noch ganz erfüllt von dem Erlebten: als er eben über den Gendarmes-Markt gegangen, habe er Folgendes mit angesehn. Ein allerliebstes kleines Mädchen aus der untersten Volksklasse wäre vor die Bude einer Hökerin getreten und habe von dem Obste, das jene feilbot, etwas verlangt. Mit rauher Stimme habe das Weib sie angefahren, sie solle ihr zeigen, wieviel Geld sie daran wenden könne, und als das Kind nun mit der freudigsten Unschuld seinen Dreier hervorgeholt, sei er ihm mit den Worten zurückgestoßen worden, daß es dafür nichts gäbe. Zum *Tode* betrübt wäre die Kleine abgezogen. Da – so fuhr Hoffmann fort – näherte ich mich dem alten Weibe, die wohl bemerkt, daß ich Zeuge der ganzen Szene gewesen, und steckte ihr ein Viergroschenstück in die Hand. Eilends rief sie nun das Kind zurück und füllte die kleine Schürze mit den allerschönsten Pflaumen. Sie können ihn sich wohl ausmalen, diesen Wechsel der höchsten Betrübnis und der unaussprechlichsten Freude. Bis so weit sieht die Geschichte jedermann ähnlich, der mit wohlwollendem Herzen eine Liebesgabe gereicht hat. Aber nun – erzählte er weiter, und das war der ganze Hoffmann, – hat mich auf dem

Wege zu Ihnen der Gedanke schon zermartert und ich kann ihn nicht loswerden, daß das Kind sich an den Pflaumen die Ruhr an den Hals essen und so die Lust, die ich ihm bereitet, die Ursache seines Todes werden wird.

Was diese Besorgnis veranlaßte, war nichts anders als die zum festen Grundsatz bei ihm gewordene Idee, daß, wo dem Menschen Gutes widerfahre, auch das Böse immer im Hinterhalte laure; »daß,« wie er es in seiner Redeweise energisch auszudrücken pflegte, »der Teufel auf alles seinen Schwanz legen müsse.« Dies Wort führte er bei jeder passenden Veranlassung im Munde, und es wird, wie es dem Herausgeber scheint, durch diesen Glauben vieles in seinen Schriften klar. Immer verfolgte ihn die Ahndung geheimer Schrecknisse, die in sein Leben treten würden; Doppelgänger, Schauergestalten aller Art, wenn er sie schrieb, sah er wirklich um sich, und deshalb, wenn er in der Nacht arbeitete, weckte er die schon schlafende Frau, die, ihn kennend und liebend, willig das Bette verließ, sich ankleidete, mit dem Strickstrumpf an seinen Schreibtisch setzte und ihm Gesellschaft leistete, bis er fertig war. Daher das so ergreifend Wahre seiner Schilderungen in dieser Gattung, wie es denn überhaupt wohl wenige Dichter gegeben haben mag, die mehr identisch mit ihren Werken gewesen als Hoffmann mit den seinigen. Wenn man ihm öfters Manier vorgeworfen, so trifft dieser Vorwurf nicht die Art, wie er seine Charaktere zeichnete, sondern wie er selbst im großen Buche der Schöpfung gezeichnet war. Nächst dem Schauervollen war das Skurrile das ihm ganz eigentümliche Element. Zwischen beiden gab es für ihn keine gemütliche Mitte; von seinen Schrecken ruhte er beim

Anschauen der Possenspiele aus, die seine Fantasie ihm in den Erholungsstunden vorgaukelte. Auch hier ist, was er geschrieben, ganz subjektiv, und man kann sagen, daß diejenigen seiner Erzählungen, die ein objektives Gepräge haben, weil nichts Gräßliches und nichts Fratzenhaftes darin vorkommt, wie z. B. Meister Martin, von einem Hoffmann herrühren, der sich in dem eigentlichen Hoffmann kaum nachweisen ließ.

Daher ist auch die konstante Erscheinung zu erklären, daß er, in dem Maße, in welchem seine Dichtungen sich von seiner Subjektivität entfernten, sie nicht liebte; ja dergestalt an der Möglichkeit zweifelte, daß sie dem Publikum gefallen könnten, daß nur Hitzigs Urteil, den er, als gewesenen Buchhändler, für vertraut mit dem Geschmack der Menge hielt, in der Regel ihn darüber zu beruhigen vermochte.

Dagegen hegte er eine blinde Vorliebe für diejenigen seiner Werke, in denen sich seine Eigentümlichkeit auf die seinen Lesern am wenigsten angenehmste Weise entwickelt hatte, die entweder die schaudervollsten Schilderungen des Wahnsinns oder die geisterhaftesten Zerrbilder, wie z. B. die Brambilla, aufstellten.

Auch war diese Richtung seines Geistes die Ursache, weshalb er, außer den größten Dichtern und oft den trockensten Büchern, in denen er Data fand, die er auf seine Weise in sich verarbeitete, − sich damit imprägnierte, − wie er es gern nannte, eben nichts lesen mochte, weil nichts so leicht die Extreme berührte, bei denen er sich allein behaglich fand.

Ausgearteter Fantasie
  Grausenerregende Bilder
Des gährenden Hirns — des
  Wahnsins schrekhafte Kinder —

nach W. Hoffmanns Handzeichn:
von E. Neureuther.

*Diese Zeichnung wird Hoffmann zugeschrieben*

Wie im Intellektuellen, das immer bei Hoffmann vor-
herrschte, so auch im Physischen. Im Essen war er sehr
mäßig, weil sich diesem Genuß keine geistige Seite ab-
gewinnen läßt; nur das Feinste reizte ihn, und oft mehr
der Idee willen, daß es das Leckerste sei, als um des
Wohlgeschmacks. Aber auch im Trinken suchte er anfangs, ehe es ihm Gewohnheit und Bedürfnis geworden,
nur Steigerung des geistigen Vermögens, wie ihm denn
wirklich die Rede zu allen Zeiten am besten floß, wenn
er durch Wein aufgeregt war. Ein schmutziger Säufer ist
er nie gewesen, was auch die Verleumdung darüber
verbreitet haben mag.

Von der freien Natur war Hoffmann nie ein besonderer
Freund. Der Mensch, Mitteilung mit, Beobachtungen
über, das bloße Sehen von Menschen galt ihm mehr als
alles. Ging er im Sommer spazieren, was bei schönem
Wetter täglich gegen Abend geschah, so war es immer
nur, um zu öffentlichen Orten zu gelangen, wo er
Menschen antraf. Auch unterwegs fand sich nicht
leicht ein Weinhaus, ein Konditorladen, wo er nicht
eingesprochen, um zu sehen, ob und welche Menschen
da seien. Man lese das in den Wochen seiner Todesnot
diktierte Eckfenster, um sich zu überzeugen, welche
Zerstreuung es ihm gewährte, noch mit halbgebroche-
nen Augen auf das Gewühl eines menschenerfüllten
Marktes zu schauen.

Bei seiner Entfernung von der Natur war es um so
rührender, wie, kurz vor seinem Ende, die Sehnsucht
nach dem Grünen in ihm erwachte. »Gott, es soll Sommer sein«, jammerte er, »und ich habe noch keinen

grünen Baum gesehen.« Und als er zum ersten Mal hinauskam ins Freie, entstürzten ihm die hellen Tränen und er wurde ohnmächtig vor der Gewalt des Eindrucks. Nach seiner Heimkehr faßte er den Plan zu der mitgeteilten kleinen Erzählung: die Genesung, die er sogleich diktierte.

Eigentliche Liebhabereien hatte Hoffmann nicht. Der Besitz eines hübschen Ameublements, im weitesten Sinne des Worts, möchte allein dafür gelten können. Für die auf dem Krankenbette intendierte Einrichtung seines neuen Quartiers hatte er allerlei Pläne gemacht. Unter andern wollte er eine Stube mit Hausgerät in altdeutschem Geschmack meublieren und selbst die Zeichnungen dazu entwerfen. Auch Bücher waren ihm nicht unlieb; doch hat er es, bei seiner großen Unordnung in solchen Dingen, nie auch nur zu der allerkleinsten Bibliothek gebracht. Nicht einmal seine eigenen Schriften besaß er vollständig. Er hatte sie verliehen, ohne zu wissen, an wen u.s.w.

Ebenso leicht ging er mit dem Gelde um, das er zuletzt in großen Massen einnahm. Er gab es erst seiner Frau und nahm es ihr dann wieder ab, um es zu lassen, er wußte nicht wo. Mit dieser Frau übrigens lebte er in dem besten ehelichen Verhältnisse. Sie war die Nachgiebigkeit selbst, und er hat nie ein Geheimnis vor ihr gehabt. Seine Tagebücher, die das Bekenntnis aller seiner Schwächen enthalten, ruhten immer in ihren Händen, und aus ihnen hat sie der Herausgeber zur Benutzung empfangen.

Keine Spur von der erwähnten Unordnung in Geld- und ähnlichen Sachen war aber in Hoffmanns Amtsarbeiten zu finden. Nie fehlte ihm eine Vortragsnummer oder dergl. Überhaupt wußte er den Mann im Staatsdienste von dem im Privatleben auf eine Weise zu scheiden, die seinem praktischen Sinne zur höchsten Ehre gereichte.

In seinem schriftstellerischen Verkehr war schon weniger Ordnungsliebe. Wollte er einem Freunde aus einem Manuskripte oder etwa einen erhaltenen Brief vorlesen, so konnte er, was er suchte, gewiß nicht finden, wenn nicht die Frau helfend ins Mittel trat. Er band sich an keine bestimmte Arbeitsstunden u.s.w. Doch hatte er zuletzt, als er fast nichts als Erzählungen für Taschenbücher schrieb, eine gewisse Reihenfolge in der Ablieferung nach dem Alter der Bestellungen der Verleger eingeführt, an welcher er gewissenhaft hielt. Da er selbst in den letzten Tagen seiner Krankheit an nichts weniger als an seinen Tod dachte, so ergötzte es ihn, davon zu sprechen, auf wie viele Jahre hinaus diese Bestellungen schon reichten.

Die Stoffe zu seinen Geschichten nahm er übrigens entweder rein aus der Phantasie, aus dem wirklichen Leben, das ihm bei seinem unaufhörlichen Verkehr an menschenerfüllten Orten immer neue Charaktere darbot, oder aus Chroniken u.s.w., die er in dieser Beziehung durchsah; und die Staffage malte er aus, nachdem er sich durch die Einsicht von Werken, die ihm sachverständige Freunde zu diesem Zwecke vorschlagen mußten, von dem darzustellenden Gegenstande eine oberflächliche Kenntnis verschafft. Es ist bewunderungswürdig, mit welcher Leichtigkeit er sich Anschauungen aus der Gewerbswelt und Kunstausdrücke ihm ganz fremder Wissenschaften, wenn er sie gebrauchte, dergestalt anzueignen wußte, daß der Leser glauben muß, er sei dabei groß geworden; wobei ihm freilich zustatten kam, daß es im Leben nicht leicht etwas gab, worin er sich nicht versucht hätte.

Gegen die öffentliche Kritik seiner Schriften war er gleichgültig. Wie überhaupt nichts Neues, so las er auch keine Zeitschriften, und wenn man ihm von der Rezension eines seiner Werke sagte, sie mochte lobend oder tadelnd sein, so bezeigte er nicht die geringste Lust, sie zu sehen. Dagegen freute er sich sehr, wenn Freunden, auf deren Einsicht er etwas gab, seine Sachen gefielen. Von diesen nahm er auch mißbilligende Meinungen an, wenn er nur wußte, daß sie ihn überhaupt verstanden. Hitzig, der, als sein ältester Bekannter in Berlin, in dieser Beziehung am offensten mit ihm war, hat er nie ein Urteil übelgenommen. Freilich wollte er sich oft nicht fügen, wenn sein Interesse für das eben erschienene neueste Werk noch in voller Frische; aber er kam dann wohl ein halbes Jahr nachher und sagte: »Sie haben recht, und ich werde es jetzt bessermachen.« So bekannte er in der letzten Woche seines Lebens, er sehe ein, wie sehr er seinem Autorruf durch einige seiner damals erschienenen Erzählungen (in dem Berlinischen Taschenkalender, in dem Gleditschschen Taschenbuch zum geselligen Vergnügen u.s.w.) geschadet haben müsse, und wolle er in dem dritten Teile des Murr u.s.w. dem Publikum Satisfaktion zu geben suchen. Es war zu spät wie überall mit seinen guten Vorsätzen.

»Hoffmann war ein Kind seiner Zeit, inwiefern diese liebt, nach den verschiedensten Seiten hin ein Äußerstes anzustreben. Diese leitete ihn, dieser gab er sich hin, diese hat dafür ihn gehoben, getragen und aufgerieben.« – Mit diesem ebenso wahren als schön ausgesprochenen Gedanken endigt Rochlitz seinen trefflichen Aufsatz über ihn, und auch der Herausgeber weiß zum Schlusse nichts zu sagen, was durchgreifender wäre.

*Vignette von Hoffmann*

# ANHANG

1  ›*Er hat seine Gründe, sich nicht zu nennen.*‹  Das literarisch
gebildete Publikum wußte von Anfang an von Hitzigs Autor-
schaft. Als Freund stand der Biograph durchaus für den in
Verruf geratenen Dichter ein – als Amtskollege des wegen
Geheimnisverrats und Majestätsbeleidigung inkriminierten
Richters wollte er aber offenbar nicht namentlich in einem
Atemzug auf dem Titelblatt eines Buches mit Hoffmann zu-
sammen genannt sein. Er führt sich deshalb dann auch in der
Folge in der dritten Person ein.

2  ›*Die Karikatur vor der neuen Ausgabe der Fantasiestücke* – –‹
Das Selbstporträt vor der zweiten Ausgabe der Fantasiestücke
weist den launig-verkniffen dreinsehenden Autor als ›Königl.
Preuß. Kammergerichts-Rath‹ aus. Carl Georg von Maassen
hat es in der historisch-kritischen Ausgabe wiedereingesetzt.

3  ›*Hensels Hoffmann.*‹  Wilhelm Hensel (1794-1861), Maler in Berlin; seine Zeichnung – von Passini gestochen –
entdämonisiert Hoffmanns Züge, legt Wohlwollen und Sensi-
bilität frei.

4  ›*Aus einem nicht zur Mitteilung geeigneten Briefe.*‹  Wo
Hoffmann allzumenschliche Regungen laut werden ließ – Haß,
Geldgier, Obszönität, Zynismus –, unterschlägt oder zensiert
Hitzig gelegentlich das ihm von Hippel zur Verfügung ge-
stellte Material. Das hat ihm dann später die Forschung (Hans
von Müller u. a.) entsprechend vorgerechnet und übelgenommen.

5  ›*Verfasser der Lebensläufe* – –‹  Theodor Gottlieb von
Hippel (1741-1796), humoristischer Schriftsteller, Verfasser

der ›Lebensläufe nach aufsteigender Linie‹. Hoffmanns lebens-
langer Freund, der Regierungspräsident von Hippel, war der
Neffe des Schriftstellers.

6    ›– – *keine Annäherung zwischen ihnen statt.*‹ Friedrich
Ludwig Zacharias Werner (1768-1823), Dramatiker und katholischer Konvertit. Hoffmann hat sich nicht mit ihm verstanden. Sein Schicksalsdrama ›Der vierundzwanzigste Februar‹ wird heute noch gelegentlich aufgeführt.

7    ›*Scheffner – –*‹ Johann Georg Scheffner (1736-1820);
Gutsbesitzer und Dichter: ›Gedichte nach dem Leben.‹

8    ›– – *vielfache Beschäftigung.*‹ Aloys Molinari (1772 bis
1831), Maler und Konditor; Hoffmanns Italiensehnsucht,
durch Hippel frustriert, fand in Molinaris Reisebeschreibun-
gen neue Nahrung.

Wilhelmine Gräfin von Lichtenau (1752-1820), skandalum-
witterte Ex-Geliebte des Prinzen Friedrich Wilhelm von Preußen.

Franz von Holbein (1779-1855), Theaterdirektor, heiratete
1802 die Gräfin Lichtenau.

Julius von Voß (1768-1832), Schriftsteller und Lebemann,
während der Glogauer Zeit in Ungnade bei der Regierung
wegen Kritik am Militär. Hoffmann fühlte sich schon damals
in kontroverser Gesellschaft wohl, was Hitzig hier nicht eigens
betonen möchte.

9    ›– – *ein Kopf, wie Hoffmann, nicht entgehen.*‹ Carl Freiherr
von Schleinitz (1751-1807), mit Hippel verschwägert.

Friedrich Leopold von Kircheisen (1749-1825), seit 1810
preußischer Justizminister, blieb Hoffmann auch während der
Floh-Affäre vorsichtig gewogen.

10    Die Fantasie ist leider nicht auf uns gekommen.

11    ›– – *aus der Hamiltonschen Sammlung.*‹ Sir William Ha-
milton (1730-1803), englischer Gesandter am Hof des Königs
von Neapel, regte erste systematische Ausgrabungen in der
beim Vesuvausbruch im Jahre 79 verschütteten Stadt Pompeji

an; die ›attitudes‹ seiner Geliebten – pantomimisch-erotische
Darstellungen antiker Mythen – führten die ›lebenden Bilder‹
als Gesellschaftsspiel des bildungsbewußten Bürgertums herbei; Hoffmann karikiert das im Hund Berganza (Fantasiestücke in Callots Manier).

12   ›– – *incroyabelsten Pariser Moden.*‹   Les Incroyables –
Pariser Stutzer um 1800, deren Kleidung und Hüte viel karikiert wurden (die Warschauer Spielart auch von Hoffmann).

13   Hier führt sich der (anonyme) Biograph selbst ein.

14   ›– – *des Reisenden in Griechenland.*‹   Wilhelm Uhden
(1763-1835), Diplomat und Archäologe.

Salomon Bartholdy (1779-1825), ein Vetter Hitzigs und Onkel Felix Mendelssohns.

15   Nicht erhalten. Die Szene selbst evoziert eine Dichter-
lesung Werners: »Ihr erinnert euch doch, daß in der ersten
Szene beim Aufgehen des Vorhangs die Preußen am Ufer der
Ostsee zum Bernsteinfang versammelt sind und die Gottheit,
die diesen Fang beschützt, anrufen? – Also – und (Werner)
beginnt:

›Bankputtis! – Bankputtis! – Bankputtis!‹

›Kleine Pause!‹ Da erhebt sich aus der Ecke die sanfte
Stimme eines Zuhörers (Hoffmanns): ›Mein teuerster, geliebter Freund! – Mein allervortrefflichster Dichter! Hast du dein
ganzes liebes Poem in dieser verfluchten Sprache abgefaßt, so
versteht keiner von uns den Teufel was davon und bitte, du
wollest nur lieber gleich mit der Übersetzung anfangen!‹«

16   ›– – *und Haydnschen Quartetts.*‹   Carl Moeser (1774 bis
1851), Geiger, der sich später vor allem für die Werke Beethovens einsetzte und auch in Berlin noch mit Hoffmann ver-
kehrte.

17   ›– – *der Generalintendant der Armee, Daru – –*‹.   Graf
Pierre Antoine Bruno Daru (1767-1829), kultivierter General
und Horazübersetzer mit revolutionären Idealen; trieb für
Napoleon die Kontributionsgelder in den besetzten Gebieten

ein; war bei der Begegnung des Kaisers mit Goethe (1808) als Experte für deutsche Literatur dabei, die er natürlich nicht allzu ernst nahm.

18 ›— – *Verbindung mit Iffland* – —‹. August Wilhelm Iffland (1759-1814), Theaterdirektor in Berlin. Populärer Bühnendichter.

19 ›— – *so sieht er aus.*‹ Die Zeichnung hat sich erhalten.

20 Die fünfte Symphonie.

21 Dieser Kunstverein besteht noch heute und hat 1967 mit seiner Ausstellung ›Hommage à E. T. A. Hoffmann‹ eine neue Welle von Hoffmann-Illustrationen ausgelöst.

Von den genannten Mitgliedern hatte Hoffmann vor allem mit Dr. Adalbert Friedrich Marcus (1753-1816), dem Leiter der Irrenanstalt, und mit Carl Friedrich Kunz (1785-1849), dem Buch- und Weinhändler, Umgang. Beide hat er auch gemalt.

22 Jean Paul Friedrich Richter (1763-1825), meistgelesener Romancier seiner Zeit, war von Hoffmanns erstem Verleger, eben dem Buchhändler Kunz, zu einem Vorwort für die Fantasiestücke überredet worden, distanzierte sich mit den Jahren aber mehr und mehr von Hoffmanns Geistesart (s. Nachwort).

23 Bei Hoffmann drastischer: ›um nur fressen zu können.‹

24 Von Hoffmanns Fresken hat sich leider nirgends eine Spur gefunden, zum Teil sind sie verbrannt, zum Teil unter neuen Wandverkleidungen verschwunden.

25 Die Passion Hoffmanns für seine Gesangsschülerin Julie Marc (1796-1865), die Tochter des amerikanischen Konsuls für Franken, wird von Hitzig diskret in Anonymität belassen: Julie hatte eben, nach der unglücklichen Ehe mit dem Bankier Graepel, ihren Vetter Louis Marc geheiratet. Sie erinnerte sich gerne ihres kapriziösen Verehrers, fand die damit verbundene Publizität aber eher lästig.

26 ›— – *die er damals in vollstem Maße verdiente.*‹ Friedrich

Baron de la Motte Fouqué (1777-1843), romantischer Erzähler, dessen Erzählung ›Undine‹ Hoffmann zu seiner Oper anregte.

Adalbert von Chamisso (1781-1838), Dichter und Weltumsegler; ›Peter Schlemihls wundersame Geschichte‹ variiert Hoffmann in den ›Abenteuern einer Silvesternacht‹.

Christian Jakob Salice-Contessa (1767-1825), Dichter und Gutsbesitzer.

27   Hier bewegte sich Hitzig auf äußerst gefährlichem Gelände: Wenn er Hoffmann als Menschen und ›Geschäftsmann‹ (was soviel wie Geschäftsträger, Beamter bedeutet) nur ›Leichtsinn‹ vorwirft, versucht er – unter eigener Gefahr! – zu retten, was zu retten ist: Hoffmann war wegen Verunglimpfung eines hohen Staatsbeamten, des Polizeidirektors Albert von Kamptz, eines politischen Verbrechens angeklagt, das ihm Entlassung, Verbannung, Festungshaft und jedenfalls Schreibverbot eingetragen hätte, im Falle eines Schuldspruchs. Hitzig konnte es sich nicht leisten, als Sympathisant allerhöchsten Argwohn zu erregen; die Treue des Freundes und die Loyalität des Staatsdieners gerieten hier in Konflikt, und damit ins reine zu kommen muß ihm schwergefallen sein (s. Nachwort).

28   ›*der Jacobus Schnellpfeffer*‹ –   ein unausgeführtes Romanprojekt Hoffmanns.

29   Hoffmann hatte den Verleger gebeten, die anstoßerregende, autoritätsverhöhnende Episode aus dem Meister Floh zu entfernen, nachdem er, schon auf dem Krankenlager, vom gegen ihn schwebenden Verfahren Wind bekommen hatte.

30   ›*– – damit er nicht als Contrebande durchschlüpfe.*‹ Staatlich geprüfte Warenbehälter wurden mit geschmolzenem Blei versiegelt – plombiert –, damit keine verbotenen Druckschriften – Contrebande – über Grenzen geschmuggelt würden.

31   Diese fromme Szene ist sonst nicht beglaubigt.

32   Dieser erstaunliche Exkurs – die einzige ›Solopartie‹ des sonst so zurückhaltenden Hitzig – kann heute immerhin noch gegen den Strich gelesen werden: als widerstrebendes

Zeugnis für das erwachte intellektuelle Selbstbewußtsein der
Frau im ersten Jahrzehnt nach den napoleonischen Kriegen:
das Thema des verfehlten Lebens ist auch nach 160 Jahren
noch ergiebig, und als ›Sonnenblume‹ stehengelassen zu werden – eine alte Metapher für die neue Autonomie? Übrigens
hat Hoffmann den Verkehr mit klugen Frauen keineswegs
gescheut; Helmina von Chézy und Johanna Eunicke hätten da
Hitzig eines Besseren belehren können. Kunz überliefert, daß
er sogar auf das literarische Urteil seiner Frau, einer Polin, die
des Deutschen nur unvollkommen mächtig war, großen Wert
gelegt habe. Während ihm, wie Hitzig bezeugt, das Geschreibe
professioneller Kritiker völlig gleichgültig war.

# NACHWORT

## I.

### *Hoffmann – Ruf und Nachruf*

Spätestens im Jahr seines Todes war Hoffmann in Verruf geraten. Gerücht, Klatsch und Intrige hatten sich schon vorher um ihn zusammengezogen. Seine amtliche Korrektheit als Richter, deren Leitidee, die ›weise Milde‹, er dem preußischen Landrecht entnahm, erboste den Polizeidirektor Kamptz. Sein würdeloses Weinhausleben, sein satirisches und auch satyrisches Bramarbasieren kränkte den Pupillenrat Hitzig. Seine Gottlosigkeit, seine vor- und außerehelichen Affären und die skandalöse Gewohnheit, nicht die Zeitung zu lesen, verstimmten den Senatspräsidenten Hippel. Kamptz, der Erzfeind, Hitzig und Hippel, die Erzfreunde Hoffmanns – in einem waren sie sich einig: Wenn er nicht gestorben wäre, wäre er auch nicht mehr zu retten gewesen. Obgleich er angeblich den Freunden noch auf dem Totenbett einen besseren Wandel gelobt hatte – zu einem Orden hätte es wohl nie gereicht. Hippel, Kamptz und Hitzig waren Träger des roten Adlerordens – Hippel erster, Kamptz zweiter, Hitzig dritter Klasse.

Goethe, dessen Orden bekanntlich ›manchen Puff im Gedränge‹ abgehalten hatten, konnte Hoffmann gar nicht leiden. (So wenig, daß er ihn später nur in englischer Übersetzung las, und auch dann wurde ihm noch übel: ›Ich verwünschte die goldnen Schlänglein.‹ Herzhaft zustimmend übersetzt er eine – wiederum englische – Rezension, in der es über Hoffmann heißt: ›Fürwahr, die Begeisterungen Hoffmanns gleichen oft den Einbildungen, die ein unmäßiger Gebrauch des Opiums hervorbringt und welche mehr den Beistand des Arztes als des Kritikers fordern möchten.‹) Die ›bedenkliche Celebrität‹ des

>Meister Floh<, der Hoffmann einen Prozeß wegen Geheimnis-
verrats und Beamtenbeleidigung eingetragen hatte, stimmte
den Geheimrat außerdem zur Vorsicht, auch als ihm das Buch
vom Landesherrn selbst ins Haus geschickt wird. Während
aber Hoffmann in Berlin, gelähmt und gebrannt auf dem
Krankenlager notpeinlichen Verhören unterworfen wird, beruhigt sich der Geheimrat in Weimar: >Der Verfasser ist viel zu
klug, als eine gewisse mittlere schriftstellerische Laufbahn – –
sich durch irgendeine Verwegenheit zu verkümmern.<

Da hat Goethe allerdings Hoffmanns Weltklugheit über-
schätzt bzw. den Haß seiner Gegner am Kammergericht unter-
schätzt (den Hippel zumindest mit dem Tod, >der ja alles
versöhnt<, ausgelöscht wähnte). Nein, der Polizeidirektor, der
bald zum preußischen Justizminister aufrücken wird, Albert
von Kamptz, vergißt Hoffmann auch nach dessen Tod nicht
die Unbill, als Karikatur beflissener Arschkriecherei weiter-
leben zu müssen: Hoffmanns Wirken als Wüstling und Sympathisant wird noch nach fünf Jahren angeprangert und als
Grund für die Ablehnung eines Beihilfegesuchs der Witwe
angeführt: Das >de mortuis nil nisi bene< könne man >bei ihm
nicht in Anwendung bringen<.

Was nun >die Begeisterungen Hoffmanns< betrifft, die
Opiumphantasien, sein Werk also, so wird auch das zur Zeit
seines Todes nicht einmal überall als seriöse Literatur gehandelt. Jean Paul hatte sich – nach seiner halbherzigen Eulogie
für den Erstling – völlig abgewandt: >Neuerer Zeit< (1821)
>weiß er allerdings die humoristischen Charaktere – zumal in
der zerrüttenden Nachbarschaft seiner Morgen-, Mittag-,
Abend- und Nachtgespenster – – zu einer romantischen Höhe
hinaufzutreiben, daß der Humor wirklich den echten Wahnwitz erreicht.< Der anonyme englische Rezensent aber, den
Goethe so eifrig übersetzt, geht in seiner Verachtung wesentlich weiter: >Es ist unmöglich, Mährchen dieser Art irgend
einer Kritik zu unterwerfen; es sind nicht die Gesichte eines

poetischen Geistes, – – es sind fieberhafte Träume eines leichtbeweglichen kranken Gehirns, denen wir – – niemals mehr als eine augenblickliche Aufmerksamkeit widmen können.‹ Goethe erfährt auf Anfrage, daß der Autor dieses Verrisses Walter Scott ist; derselbe Scott, dessen Bücher Hitzig seinem Freunde Hoffmann als Vorbild und Gegengift zu Callotschen Kaprizen empfiehlt.

Die Empörung über Hoffmanns Werk ist fast so lautstark wie die über seinen Lebenswandel. Der Polizeidirektor Kamptz findet da auch den einfachsten Zusammenhang, wenn er behauptet, Hoffmann habe nur geschrieben, um sein Weinhausleben finanzieren zu können.

Dieses wiederum – oder war es das Opium? – exzitiert ihn zu weiteren ›Verrücktheiten‹, die, da das Grauen einen Markt hat, den ›zerrütteten‹ Autor solcherart im Teufelskreis herumjagen, bis er voraussehbar erschöpft zusammenbricht. Scott weiß da wirksame Abhilfe: ›Blutentleerungen und sonstige Reinigungen, verbunden mit gesunder Philosophie und überlegter Beobachtung, würden unsern Hoffmann – – zu einem gesunden Geisteszustand wieder zurückgebracht haben.‹ Das walte Goethe!

## II.

### *Hoffmanns Versuchung*

Dahinter erhebt, nach allen romantischen Manifesten wiederauferstanden, die Horazische Ästhetik ihren Zeigefinger, den sie auch gleich auf den wunden Punkt legt: die Chimäre, die Mischformen des Grotesken, die sodomitische Gegengenesis, die der Teufel losläßt, um den Antonius in der Wüste vom Gebet abzulenken. Seit der Surrealismus diese Fata Morgana allerdings von moralisch-religiösen Ängsten emanzipiert hat, vergessen wir die Gewissensnot, Todsündenpanik, die den

Leser noch bis zum Ende des 19. Jahrhunderts angesichts scheinbar autonomer Spukgestalten packte, die nicht mehr einfachen Beschwörungsformeln gehorchen wollten, sich im Dunkel des Gedächtnisses festsetzten, oder gar aus diesem Dunkel des Vorbewußten kamen: die Bedrohung wurde real erfahren. Heute noch nimmt der amerikanische Horrorfilm darauf Rücksicht und vergißt die moralische Lösung nicht, die Motivation. Es liegt ein gnostischer Fluch auf allem Spiel mit der Sinnenwelt. Der Hunger der Augen, des Leibes nach neuen Visionen, neuen Befriedigungen, ist als luxuria und voluptas des Teufels, und dies auch wieder und immer noch im nachnapoleonischen Berlin, wo religiöse Schwärmerei und demagogenschnüfflerische Zensur eine ungute Allianz eingehen. Dagegen setzte Hoffmann ganz unbefangen ein:

›Warum kann ich mich an deinen sonderbaren fantastischen Blättern nicht sattsehen, du kecker Meister! – – Schaue ich deine überreichen, aus den heterogensten Elementen geschaffenen Kompositionen lange an, so beleben sich die tausend und tausend Figuren, und jede schreitet, oft aus dem tiefsten Hintergrunde – kräftig und – – glänzend hervor.‹ Mut und Übermut und das Heterogene gehören zur neuen Perspektive, zur neuen, unwillkommenen Ästhetik. Der Meister ist Callot, die Komposition ›Die Versuchung des heiligen Antonius‹ aus der Graphiksammlung des Bamberger Barons Stengel, die Hoffmann, dem Kapellmeister und Bühnenbildner, zur originären Kraftquelle seiner ›Phantasiestücke‹ wurde. Das Medium des aus unzusammengehörigen, disharmonischen – eben heterogenen – Teilen montierten Weltbilds ist die Ironie: ›Die Ironie, welche, indem sie das Menschliche mit dem Tier in Konflikt setzt, den Menschen mit seinem ärmlichen Tun und Treiben verhöhnt, wohnt nur in einem tiefen Geiste.‹ Jean Paul muß darüber die Stirn gerunzelt haben, als ihn der Buch- und Weinhändler Kunz um ein Vorwort für diese Aufforderung zu Hohn und Spott aufs Menschliche anging. Er hebt auch so-

gleich den dicklichen Zeigefinger und warnt: ›Ein Künstler
kann leicht genug – – aus Kunstliebe in Menschenhaß geraten.
– – Inzwischen bedenk' er doch sich und die Sache! Die durch
Kunstliebe einbüßende Menschenliebe rächt sich stark durch
Erkältung der Kunst selber.‹ Die Ironie, diese Unlust ein für
allemal auf der Seite des approbierten Guten und Wahren
niederzukommen, war eben immer eine Prärogative des Teufels: ›Wie ist doch in dieser Hinsicht der Teufel, dem in der
Versuchung des heiligen Antonius die Nase zur Flinte gewachsen, womit er unaufhörlich nach dem Manne Gottes zielt, so
vortrefflich.‹ Nicht nur Jean Paul fühlte diese rotzfreche Flinte
auf sich selbst gerichtet. Von einem Autor, der nur Feuerwerk
und Klarinettenfürze in Aussicht stellt, kann man nur das
Schlimmste erwarten. Und das lieferte Hoffmann dann auch
mehr und mehr.

Was die Zeitgenossen und Freunde Hoffmanns dabei am
tiefsten verstörte, war der Aspekt der Selbstzerstörung, der
mit der Destruktion und Demontage der Alltagswelt verbunden schien: Der perplexe und gekränkte Freund, der die vorliegende Biographie, die erste über den verrufenen Dichter, geschrieben hat, spricht es unumwunden, fast brutal aus, wenn er
den selbstverschuldeten ›körperlichen und geistigen Verfall‹,
den Untergang des ›so herrlichen Geistes‹ Hoffmanns schon zu
dessen Lebzeiten beklagt. Der ›poète maudit‹ war noch keineswegs das Objekt schaudernder Bewunderung oder – in pursuit
of death-Analysen – als exemplarisches Phänomen des kreati-
ven Todestriebs akzeptiert. Als Kultfigur konnte man sich
damals einen sadomasochistischen Autor nicht zurechtschnit-
zen. Man sah das noch ganz in der christlichen Ikonographie:
Der Teufelsspuk, die ganze Versuchung der heterogenen per-
vertierten Genesis, ist darauf aus, den am Boden sich wälzen-
den Heiligen zu erschlagen, und die dann so populär gewordene Vorstellung vom nächtlich überreizten, punscherhitzten
Geisterseher, der vor seinen eigenen Kreaturen Angst hat,

nach der Frau ruft, die dann mit dem Strickstrumpf bis zum Morgengrauen bei seinem Schreibtisch wacht: das ist nur die säkularisierte Biedermeiervariante zur Heiligenlegende.


### III.

*Hoffmann als Goethes Diener*

Eine kuriose Koinzidenz will es, daß Goethe die Unannehmbarkeit solch zügelloser Autorschaft in einem Briefwechsel mit dem Kriminalrat Hitzig, dem Freunde Hoffmanns und Autor dieser Biographie, schon 1816/17 durchblicken läßt. Es geht dabei gar nicht um Hoffmann, sondern um Goethes Ex-Sekretär John, der im Verdacht steht, eine politische Schmähschrift geschrieben zu haben – ganz wie fünf Jahre später Hoffmann selbst und dreißig Jahre später sogar der brave Hitzig. Goethe rückt sich hier energisch zurecht, und obgleich er eben den Werther wiedergelesen und das Absurde der ›falschen Richtung‹, in die er seither getrieben, durchaus sich und Zelter mürrisch eingesteht, weiß er doch, was man in Berlin von ihm erwartet.

Zunächst einmal informiert er vertraulich, aber gründlich, den amtlich anfragenden preußischen Kollegen über Johns ›heimliche Untugenden‹, als da sind: Neigung zu Trunk, Spiel und dergleichen, die er zwar zunächst geschickt zu verbergen wußte, ›doch kamen solche mehr zum Vorschein, als er mich zweymal ins Bad begleitete‹. In Teplitz also hat er Schulden gemacht und alle Zeit zu ›heimlichem Wohlleben‹ und ›in lustiger Gesellschaft‹ vergeudet. Zwar habe er keine Zeitungen oder politischen Broschüren gelesen, dafür aber französische und englische Literatur, was offenbar in den Höhen der Weltliteratur – ein Terminus Goethescher Erfindung – hingehen mag, aber bei den dienenden Ständen nur auf nutzlose Gedanken bringt.

Ein leichtsinniger Kerl also, aber: ›Wie ungern giebt man die Hoffnung auf, so schöne Talente untergehen zu sehen.‹ So dürfen wir auch Hitzig in Berlin seufzen hören, wenn er Hoffmann durch die Nächte driften weiß. Und als dann klar wird, daß der politisch-satirisch suspekte John ›umgedreht‹ werden kann, also bei eben der preußischen Zensur angestellt wird, die ihn beschattet hat, da billigt Goethe noch einmal von höchster Warte die günstige Wendung:

›– – da ich an der Stelle, welche mir ein günstiges Geschick zuzuteilen beliebte, den Glauben nicht verlieren darf, daß der Mensch einer Besserung, Ausbildung und Vollendung fähig sey und daß der größte Vorzug seiner Gattung darin bestehe, daß er sich zur Selbstbeherrschung erheben könne; so muß mir nichts mehr willkommen sein, als wenn diejenigen, welche bestellt sind, gegen das Gesetzlose zu wirken, nach Einsicht und Gewissen, von gleicher Hoffnung geleitet, zu mildem Entschlusse sich bewogen fühlen.‹

## IV.

### *Hoffmann und Hitzig*

Hitzig hat sich das gewiß hinter den Spiegel gesteckt. Dennoch – er kommt von Hoffmann nicht los. Er hat eine fast morbide Neugier und oft auch amüsierte, immer feinsinnige Einfühlungsbereitschaft – mit einem Wort: ein warmes, psychologisches Interesse für bizarre Charaktere überwiegt seine biedermännische Abscheu vor dem Abwärtstrend der Lebenskurven seines Mandanten. Vier Biographien hat er geschrieben, alle über romantisch unheimliche, romantisch unheimische Autoren: Zacharias Werner, Hoffmann, Fouqué und Chamisso. Als er an jenem 25. Juni 1822 aus dem Amte gerufen, die Stufen zu Hoffmanns Wohnung am Gendarmenmarkt hinaufjagt, ist es zu spät: Hoffmann ist tot. Ihm bleibt nun, den Nachlaß zu sichten, die Gläubiger zu informieren, einen Termin für die Auktion der Habseligkeiten des Verstorbenen anzuberaumen, aus deren Erlös die Schulden bezahlt werden müssen.

Nie wieder war ein solches Corpus von Hoffmanniana auf eine Stelle, die Hitzigsche Wohnung, konzentriert, wie in den Monaten nach Hoffmanns Tod: Briefe, Manuskripte, Partituren, Zeichnungen, der Wandschirm mit den fliegenden Katzen und Amoretten, das Schreibpult, die goldene Repetieruhr – das alles hätte unter den Hammer kommen können, hätte sich nicht Hitzig – hier wie zu jeder Zeit – als loyaler Freund des Dichters entpuppt, der nicht nur Hoffmanns Gemahlin wo nur immer möglich zu ihrem Vorteil verhalf, sondern auch im Umgang mit den Gläubigern Umsicht zeigte: Er muß erreicht haben, daß Lutter und Wegener die gewaltige Weinrechnung, deren Begleichung noch ausstand, ad acta legten; er schob Michaelina Hoffmann manches an Hausrat zu, was versteigert werden sollte – so den offenbar greulich pornographischen Wandschirm, der in der Folge vor den Nachbarskindern der Hoffmännin verhängt werden mußte. Die Repetieruhr ging an Hippel zurück, der sie Hoffmann geschenkt hatte.

Den größten Freundesdienst aber erwies Hitzig dem verrufenen Poeten mit seiner Biographie. Damit verlor er keine Zeit: Sofort schrieb er an den Senatspräsidenten Hippel nach Marienwerder und den Dr. Speyer nach Bamberg, seinen Informationsquellen für Hoffmanns Kindheit und frühe Jahre und die Bamberger Periode. Denn Hitzig kannte Hoffmann zwar schon seit 1804, hatte aber zwischen 1806 und 1814 nur brieflichen Kontakt. Erst seit 1814 saß er ihm fast täglich im Kammergericht gegenüber, trug zu den Leseabenden bei und hatte das mit den Jahren immer seltener werdende Vergnügen, Hoffmann als Unterhalter seiner Kinder bei sich zu haben.

Wenn auch Hoffmann nicht der sonnenäugige Generaldilettant à la Goethe war, der mit dem Geologenhämmerchen durchs Gebirge schritt als orphischer uomo universale – so war er doch ein Tausendsassa, der mit Hilfe von Wieglebs praktischer Magie, einem Handbuch für verspätete Alchimisten und gesellige Zauberer, die Berliner Gesellschaft in Atem hielt – und Klavier spielen konnte er auch. Er war vielseitig und unterhaltend, und daß er eigentlich mit Bachs Goldberg-Variationen und einer Meerjungfrau auf Atlantis verschollen bleiben wollte und dann alle Brücken hinter sich abgebrannt hätte, nicht à la Goethe, aber à la Gauguin, das wollte ihm keiner abnehmen.

Am wenigsten Hitzig, der den Freund als aktenkundigen, pünktlichen und rasch arbeitenden Kollegen kannte, dessen Gutachten in Sachen Mord, Betrug und Demagogenverfolgung ausführlich, ausgewogen, wohl recherchiert und dokumentiert und in tadelloser Nüchternheit und Akkuratesse abgefaßt waren – wenn auch vielleicht gelegentlich etwas zu einfühlsam in abwegigen Motivationsherleitungen.

Und Hitzig war es auch, der in dem schwarzen Jahr, da Hoffmann der Prozeß gemacht, das Rückgrat versengt und das Gehalt gestrichen wurde, immer noch an den großen ›Wandel‹ – Sinnes- und Lebenswandel – glaubte, der den faszinierenden Freund in einen deutschen Scott und reformierten, rehabilitierten Establishment-Kulturträger gemausert hätte. Als es dafür aber zu spät war, setzte er – im Gegensatz zu Hippel und anderen Zeitgenossen – die enttäuschten Hoffnungen resolut beiseite und maß an der Tiefe seines Schmerzes um den Verlust des Freundes die Nachhaltigkeit des Vergnügens und der alternativen Bereicherungen, die er im Umgang und Gespräch mit dem Verfemten gewonnen hatte. Denn Hitzig war nicht der ›Philister‹, als der er von späteren Germanisten verschrien wurde, sondern nur der betroffene, mitschwingende, mitverantwortliche Anwalt einer besonderen Spielart deutscher

Lebenskultur: einer mäßig witzigen, vernünftig engagierten Geselligkeits- und Veredelungsutopie, deren Verfolg ein sanfteres, feminines, leise von aller anrollenden Barbarei ablenkendes Interesse hätte einführen mögen in die deutsche Literaturszene, wenn sie nicht an Vereinsmeierei und Sonderlingsneurosen eingegangen wäre.

Es wird immer wieder betont, wie viel das Berliner Geistesleben dem honoratiorenhaft geschäftigen Pupillenrat verdankt: er hatte einen Verlag und ein Lesekabinett gegründet; er hielt den Seraphinenclub zusammen, aus dem die ›Serapionsbrüder‹ hervorgingen; er gründete einen von Goethe abgesegneten Verein zur Förderung des weltliterarischen Zusammenhangs; er gab den Berliner Gelehrtenkalender heraus und schrieb nach den Lebensberichten Werners und Hoffmanns die ersten Biographien Fouqués und Chamissos.

Was aber genau wollte Hitzig, was wollte er im nachnapoleonischen, zunehmend polizeistaatlich verengten, antisemitisch gestimmten, religiös überspannten, deutschtümelnd subversiven Berlin mit seiner Biedermeiernatur? Es ging ihm tatsächlich, neben seiner bürgerlichen Karriere und Gemütlichkeit, um die Stellung des Schriftstellers in der Gesellschaft: um freie Meinungsäußerung und Urheberrechte, um Würde und Wirkung der ihm freundschaftlich verbundenen, öfter unbequemen und schief liegenden Autoren. Nach seinem Ausscheiden aus dem Staatsdienst beschäftigte er sich ausschließlich juristisch und publizistisch mit Fragen der Berufsschriftstellerei und des Pressewesens, und das hat ihn dann auch, noch unter dem Justizminister Albert von Kamptz, dem gehässigen Peiniger des todkranken Hoffmann, in den vierziger Jahren in Schwierigkeiten gebracht. Hitzig wollte der Literatur eine gesellschaftliche Funktion und Resonanz sichern, möglichst frei von staatlicher Einmischung, er wollte Weltoffenheit, Zusammenhalt der geistig Strebenden, durchaus mit Goethes Segen.

Hoffmann hätte dabei die Rolle des gemütlichen Chronisten, des Festredners und Ideenkolorators spielen können – fördernder Spott und Männerchöre eingeschlossen. Auch das weltliterarische Kolorit, die Oper nach Calderon, das Studium fremdländischer Schauplätze waren willkommen – aber nicht der Teufelsschwanz, das Nebeln und Schwebeln obszöner Entschleierungen, phallischer Pierrots in barocker Manier, launiger Champagnertrips; nicht das Vulgäre, Ordinäre aus dem Weinhaus, der keiner Besserung und Erhebung fähige Zynismus. Im Krieg des Poeten gegen die Philister, des Genies mit seiner Gesellschaft hatte Hoffmann ja längst den einen dem Wahnsinn, die anderen der Erstarrung verschrieben. Er, der keine Zeitung und keine Kritiken las, hatte ja nie an die kollektiv zivilisierende Wirkung der Künste geglaubt: das brachte die gehässige Schärfe, die ›Erkältung der Kunst‹ in seine Bürgerverhexungen. Sein Kreisler fraternisierte zwar mit dem kerzenhaltenden Knecht, aber der war auch ein Genie. Ansonsten kam es ihm auf Mystifikation und Provokation an. Hoffmann mystifizierte und provozierte auch Hitzig, und manches Schlimme über den Intimbereich (das nicht alles seinen Weg in die Biographie fand) hat der treuherzige Biedermann für bare Münze genommen, während der Schwerenöter selbst, in der Maske des Teufels oder Don Juans, sich trocken ins Fäustchen lachte und seiner Mischa zu Hause den Salat anmachen und die Wäsche aufhängen half.

Nicht daß Hitzig dumm oder ohne Humor gewesen wäre: im Gegenteil, seine ebenso eindringliche wie detailfreudige Heraufbeschwörung von Hoffmanns täglicher – wenn schon nicht nächtlicher – Erscheinung, seine ›Charakteristik‹ des betrauerten und bedauerten Toten verät psychologische Feinfühligkeit, amüsiertes Maßnehmen und detachierten Gerechtigkeitssinn. Eine fast unbedenkliche, fast rührende Naivität mischt sich seltsam mit liebevoller Ironie und Hintergrundschärfe. Seine rahmenden Gesellschafts- und Milieustudien, vor allem in den Warschau- und letzten Berlinkapiteln, sind lebendig und instruktiv. (Das Straßenbild Warschaus war denn auch ursprünglich für ein gemeinsames Romanprojekt der Serapionsbrüder entworfen und rollt wie ein Film, eine Bildersequenz, aus der Laterna magica ab.) Wenn der gesellige Aspekt von Hoffmanns Existenz überbetont ist, dann scheint das einer nachträglichen Wunscherfüllung Hitzigs zu entsprechen: als habe der Freund unter Freunden und für Freunde gelebt, und sei verkommen, wann immer und sobald er aus diesem warm erleuchteten Kreise ins Dunkel am Rande von Abgrund und Morast abirrte.

## V.

### Hitzigs Lebenslauf

Hitzig kommt aus Potsdam: Ursprünglich Isaak Elias, stammt er aus angesehener jüdischer Honoratiorenfamilie. Sein Vater, Elias Daniel Itzig, war Lederfabrikant und Stadtrat in Potsdam. Die Itzigs waren mit den Mendelssohns verwandt, mit Chamisso verschwägert.

Er studierte in Halle und Erlangen Jurisprudenz, übersetzte nebenher aus dem Spanischen und Französischen (Calderon z. B.), freundete sich mit Brentano an, dessen spätere faschistoide Judenschelte in der Philisterpolemik der teutschen Tischgesellschaft (die Juden nicht zuließ) er wohl für poetischen Wahnwitz nahm. 1799 nahm er bei der Taufe die Namen Julius Eduard und 1809, im durch die napoleonischen Reformen in Berlin geförderten Assimilationsklima, den Nachnamen Hitzig an. Bereits 1801, als Kammergerichtsreferendar in Berlin, gründete er mit Varnhagen, dem königlichen Leibarzt Koreff (der auch Hoffmann behandelt hat), Chamisso und Fouqué einen Poetenclub, den ›Nordsternbund‹. Mit Hoff-

mann traf er erstmals 1804 in Warschau zusammen. Beide
waren dort am preußischen Gericht tätig. Hoffmann als Regierungsrat, Hitzig als Auskultator. Er und seine junge Frau
waren das ideale Publikum für den eben aus dürrer Verbannung Auftauchenden und Auflebenden. Die Szene, wo das
Paar — beide schon damals zum schwärmerisch Dicklichen
neigend — auf ihren Kissen im Fenster lehnend bis zum Morgengrauen Hoffmann zuhorchten, der gegenüber bei geöffnetem Fenster über die Gassenschlucht hinweg vom Hammerflü-
gel aus die nächtliche Stille mit seinen Phantasien füllte,
der Kontrast dieser Szene zu dem stimmenreichen Straßenbild
in vorangegangenen Abschnitten ist die Quintessenz des
Wunschbildes und aber doch wohl auch der Realität dieser
Freundschaft.

Hitzig, der belesene, aufmerksame, auch zu Späßen aufge-
legte Kollege vermittelt dem damals schon etwas verwilderten,
neugierigen und erratischen Hansdampf in allen Gassen
Grundkenntnisse in der neuesten, der romantischen Literatur
und der politisch-gesellschaftlichen Entwicklung. Denn Hitzig las nicht nur Bücher, er las auch die Zeitung und lebte nicht
einfach in den Tag hinein wie dieser Hoffmann.

Nach dem Einmarsch der Franzosen, der Auflösung der
preußischen Verwaltung trennten sich Hoffmanns und Hitzigs
Wege für sieben Jahre. Eben in diesen Jahren, ohne den
Beistand der Freunde, eben vor allem Hitzigs und Hippels,
ging es mit Hoffmann bereits stark bergab: zunächst gesund-
heitlich, dann ökonomisch-arbeitsmäßig (er verlor seine
Stelle), dann auch moralisch (behauptet der hochmögende
Hippel) und schließlich auch gesellschaftlich im Verlauf seiner
Bamberger Extravaganzen. Die ruhelose, vagabundenhafte
Lebensführung, die Hoffmann zeitlebens eigen war, blieb dem
seßhaften, voll möblierten Hitzig allemal verdächtig. Die laxe
Einstellung zum Eigentum etwa, Büchern und Zeichnungen
besonders, begann in der langsam aufkommenden Prosperität

nach den Einfuhrblockaden der Napoleonischen Kriege als
moralische Schwäche aufzufallen. Andererseits wieder das ver-
antwortungslose Wohlleben auf Kredit! Eine rechte Ausgewo-
genheit sah Hitzig nicht.

Auch er, Hitzig, hatte zu kämpfen, wenngleich er bei seiner
Familie Rückhalt und Zuflucht fand in den ersten Jahren nach
dem Warschau-Debakel. Hitzig stieg eifrig ins Kulturleben,
aber auch in die antinapoleonische Resistance ein: 1813 organisiert er den Landsturm in der Generaladjudantur. Seine
Buchhandelslehre schloß er bei Reimer ab, der später zugleich
mit Hoffmann beim preußischen Staat in Ungnade fiel als
Demagogenbeschützer – nach der Ermordung Kotzebues und
den Terroristenprozessen der darauffolgenden Jahre. Hitzig
gründet einen Verlag, in dem Kleists ›Berliner Abendblätter‹
erscheinen und der Bestseller der ersten Friedenszeit: Fouqués
›Undine‹, die Hoffmann zu seiner Oper inspirierte – bis zum
Theaterbrand am 17. Juli 1817 ebenfalls Tagesgespräch und
Kassenfüller.

Was Hoffmann hierbei gereizt hat, und was die Schinkel-
schen Dekorationen offenbar traumhaft verstärkten, war
wieder der Aspekt der Versuchung: Das Reich der Wasser-
nymphe war das Reich der Phantasie, das irdische Burgfräu-
lein die Tagesverpflichtung: die Berliner Gesellschaft scheint
kollektiv den Doppelaspekt goutiert zu haben: die Traum-
frau und die Hausfrau in Ergänzung und Konflikt: Das muß
vor allem den Biedermännern eskapistische Befriedigung
verschafft, den Lesedamen dagegen latente Rachebedürfnisse
gestillt und gewisse Selbstdrapierungen gelockert haben:
denn einerseits gönnte man dem Ritter seinen feuchten Tod,
andererseits identifizierte man sich nicht (nur) mit der Burg-
frau. Moralisch war das alles nicht, ob nun in Callots oder in
Schinkels Manier. Daß Liebeserfüllung und Tod zusammen-
fallen, wies außerdem in die schwüle Welt Wagners und des
Fin de siècle voraus.

Nach dem plötzlichen Tod seiner Frau schien es einen Bruch in Hitzigs ästhetisch-gesellschaftlichen Hoffnungen zu geben: Er verkauft den Verlag an Dümmler, tritt wieder in den Staatsdienst ein und sitzt also unvermittelt im Kammergericht einem sieben Jahre älteren, durch Himmel und Hölle geschleiften Hoffmann gegenüber, der eben erst sein erstes Buch veröffentlicht hat und im Begriff ist, einen äußerst düsteren, ›gotisch‹ hysterischen Roman zu beenden: ›Die Elixiere des Teufels‹, die ihm auch selbst in der Folge als zu starker Sud aufstoßen.

Es sind diese acht Berliner Jahre – 1814-1822 –, in denen Hitzig um Hoffmanns Geist, Seele und Reputierlichkeit kämpfen zu müssen glaubte. Jahre, die für Hoffmann einerseits von beträchtlichen Erfolgen markiert, andererseits von politischer Repression überschattet waren: Die Arbeitsleistung des Autors war immens, zunehmend aber auch die Anforderung seiner amtlichen Karriere: Denn anders als Eichendorff und Grillparzer, die in ihren Berufsnischen stillhielten und stagnierten, war Hoffmann durch Brillanz und Gründlichkeit aufgefallen und – ob gegen seinen Willen oder nicht – in die Leistungsklasse der preußischen Bürokratie aufgestiegen. Er wurde mit delikaten und prekären Staatsschutzaufgaben betraut, die sich nicht nur auf die Auswertung von Spitzelberichten über revolutionäre Umtriebe an der Universität erstreckten, sondern auch zeitraubende Verhöre und Begutachtungen verdächtiger Elemente – des Turnvaters Jahn und Angehörigen eines von einem anderen Juristen Hoffmann begründeten Geheimbundes z. B. – erforderlich machten. Wie weit Hoffmann mit subversiven, nationalstaatlichen, demokratisch-antimonarchistischen Umtrieben sympathisierte, ist schwer zu sagen; Politik, wie gesagt, interessierte ihn nicht so sehr, und sein ›Reich‹ war immer eine Kommune der Geister, der exotischen Ferne gewesen, zu dem die gesellschaftliche Realität Berlins nur eine Folie bildete. Eines aber ist gewiß: er kannte die Gesetze, er hatte einen unbestechlichen Blick für Recht und

Freiheitsrechte, und keine staatliche Autorität schüchterte ihn im Verfolg der von ihm für Recht erkannten Prinzipien ein. Bekanntlich zog er sich zunächst den unversöhnlichen Haß des Polizeidirektors dadurch zu, daß er einem Untersuchungsgefangenen – eben dem Turnvater Jahn – bei der Durchsetzung einer Verleumdungsklage *gegen* Kamptz behilflich war. Jahn bekam recht, Hoffmann aber war nun wiederum aufgefallen – diesmal durch Unerschrockenheit, die dann mehr und mehr den Vorgesetzten als Unverschämtheit in die Nase stach.

Für diese Zivilcourage und richterliche Autonomie hatten aber nicht nur seine Feinde, sondern auch seine Freunde einhellig kein Verständnis: Hippel, als Berater des Königs, Verfasser des Aufrufs gegen Napoleon, verstand keinen Spaß, wenn es um vaterlandslose Nestbeschmutzung ging. Hitzig, der als Jude und hoher Kriminalbeamter ohnehin zu taktieren hatte, sah in Hoffmanns zunehmender Verbitterung und Enttäuschung im beruflichen Alltag, in den giftigen Ausbrüchen satirischen Temperaments nichts als Nervenüberreizung durch Alkoholmißbrauch und Selbstinszenierungsdrang bei den Klatschmäulern und Herumtreibern nächtlich aushäusiger Champagnerorgien.

Hitzig selbst, der in den zwanziger Jahren 17 Bände ›Annalen für deutsche und ausländische Kriminalrechtspflege‹ herausgab, wird noch in der Allgemeinen deutschen Biographie von 1880 ›Kampf gegen die laxen Grundsätze der Neuzeit, gegen die falsche Humanität, die das Verhältnis von Wille und Tat vermischt hat‹ attestiert. Er vertritt eine konservative Richtung, die vor allem in der Frage der Zurechnungsfähigkeit (der Fall Woyzeck beschäftigt ihn in Hoffmanns Todesjahr!) eine Schuldentlastung durch neumodisches Psychologisieren ablehnt. (Damit wußte er sich mit dem Juristen Goethe einig, der im Fall einer Kindsmörderin trotz psychologischer Gutachten auf Schuldfähigkeit erkannte.) Hoffmann dagegen verfolgte eine eher progressive Praxis: Pathologische Symptome wie ›Verwirrung der Begriffe‹, ›Verwechslung des Idealen mit dem Realen‹ bezieht er in seine Voten mit ein − die ganze Phänomenologie des Wahnsinns, die ihn zeitlebens fasziniert und geängstigt hat: Das Resultat ist tiefe Skepsis gegenüber jeder Urteils- und Verurteilungsfähigkeit. Da er sich aber vor Urteilsfindung keineswegs drückt und drücken kann, mag die Erkenntnisunsicherheit, die Möglichkeit eines Fehlurteils, ihm mehr als einen Alptraum, ein Schreckensgesicht verursacht haben.

Wobei anzunehmen ist, daß die täglich beobachtete Frustration und Unbestechlichkeit des Kollegen Hoffmann an Hitzig nicht spurlos vorübergegangen ist. Wie gesagt, beschäftigt er sich nach seinem frühzeitigen Ausscheiden aus dem Dienst nicht mehr mit kriminalistischen Problemen, sondern nur noch mit der juristischen Seite der Literaturproduktion. Und daß er am Ende selbst mit dem Staat in Konflikt gerät, ist nicht ohne Ironie zu vermerken: Seine letzte Publikation sind die ›Vollständigen Acten in der wider mich auf Denunciation des Criminalgerichts zu Berlin eingeleiteten Fiscalischen Untersuchungen wegen angeblicher Beleidigung dieses Gerichts durch öffentliche Kritik‹. Der lange Titel zur Verfolgung des Julius Eduard Hitzig wirft seinen Schatten über dessen letzte Lebensjahre: Er erleidet einen Schlaganfall (1845) und erholt sich nicht mehr, vier Jahre lang ein Pflegefall, bis er 1849 neunundsechzigjährig stirbt.

Sein Nachlaß wird im Märkischen Museum Berlin und im Deutschen Zentralarchiv in Merseburg aufbewahrt.

## VI.

*Hoffmanns Leben – das Dokument einer Freundschaft*

Hoffmann und Hitzig – das sind natürlich polare Gegensätze:
einerseits der stete, treue, aufmerksame Beobachter, der an die
mildernde, zivilisierende, bildende Rolle der Kunst glaubt, an
die edlen Frauen als ihr Publikum, die literarischen Zirkel als
ihr Schallraum. Andererseits der chamäleontische, schillernd
unverläßliche, expressiv verwilderte Visionär, der in der
Kunst wie ein Feuerwerker herumzündelt: Hitzig war sich
seiner begrenzten Kapazität für eine derartige explosive Krea-
tivität wohl bewußt. Er benutzt das leider ungeschickte Simile
von der ›Windrose‹, in der er den ›feuerspeienden Berg‹ bannen wolle. Was er meinte: Er gebe Ansichten des Naturschau-
spiels von allen Seiten, wie etwa Hamiltons Illustrator in
seinen Vesuviuspanoramen. Dabei ist ein gewisses, fast voyeu-
ristisches Vergnügen, den Teufel von sicherer Warte aus an der
Arbeit zu sehen, nicht zu verkennen, aber auch ein warmes,
humanes Interesse, mit Entsetzen und Trauer gemischt. Der
ununterdrückbare Seufzer des wohlmeinenden Warners ist zu
hören, der das Unglück kommen sieht, der auch um die Verquickung von Selbstentäußerung und Selbstzerstörung weiß,
der aber hilflos zusehen muß, wie der Freund drüben im Sumpf
versinkt. Denn Freundschaft, wenn auch enttäuschte auf Hitzigs und vernachlässigte auf Hoffmanns Seite, bestand zwischen dem Dichter und seinem Biographen. (Hoffmann selbst
bestimmte Hitzig, vielleicht halb scherzhaft, zum Totenred-
ner.) Hitzig, lauschend im Fenster liegend, Hoffmann gegenüber phantasierend – das blieb die Konstellation bis zuletzt.
Ein anderer romantisch-morbider Rapport bestand zwischen
den Freunden im Schatten der Todesfälle in Hitzigs Familie.
Als Hitzigs zwölfjährige Tochter Marie starb – in Hoffmanns

Todesjahr, hatte Hoffmann es vorausgesehen. Unheimlich artikuliert sich diese Vorahnung in einer Erinnerung Helmina von Chézys (der Hoffmann in einem Verleumdungsprozeß beigestanden hatte). Hoffmann hatte eines Abends, zur Unterhaltung der Gäste, eines seiner alchimistischen Experimente aus Wieglebs Rezeptebuch vorbereitet: er fachte ein bengalisches Feuer in einer Schüssel an, das die Gesichter der Umstehenden zu Totenmasken verwandelte. Helmina erschrak vor allem über die Entfärbung eines Kindergesichts – des Gesichts der zwölfjährigen Marie. Und brachte den Tod der Hitzig-Tochter mit dem von Hoffmann inszenierten Spuk in Verbindung. Indessen sind auch harmlosere Abendunterhaltungen bezeugt: wie Hoffmann mit den mutterlosen Hitzig-Kindern ein von innen erleuchtetes Modell der Burg Ringstetten aus der Oper ›Undine‹ aufbaut, oder den ›Nußknacker und Mäusekönig‹ vorliest, der dem Söhnchen Fritz gewidmet ist, den Hoffmann auch porträtiert hat. Das Unheimliche, in Hitzigs Heim domestiziert, scheint den Freund nicht beunruhigt zu haben. Vielmehr beklagt er sich über die immer seltener werdenden Besuche des erfinderischen ›Onkels‹. Aber Hoffmann war nicht zu zähmen, und ein Kinderfreund war er eigentlich auch nicht. Unruhe und Ungeduld trieben ihn hinaus in Lokalitäten, die man anstandslos verlassen konnte, wenn man sich langweilte, in denen man sich nicht ständig höflich zusammennehmen mußte. Hitzig verstand das, billigte es aber nicht: Man darf eine gewisse Abhängigkeit vermuten, die den vereinsamten Witwer auf die Lichtquelle der Hoffmannschen Phantasie fixierte. Ihm halfen Hoffmanns Erzählungen gegen die Verödung seines Privatlebens (mehr noch vielleicht als seinen Kindern, die er vorwurfsvoll vorschob). Und dazu war ja die Literatur, die im Biedermeier noch wie Musik gehörte und abendfüllende, auch und vor allem da. Mit seinen Erwartungen und enttäuschtem Hundeblick irritierte der honette Hitzig derweilen nicht nur Hoffmann, sondern enervierte später auch manche Leser seiner Biographie. Ganz anders nämlich erscheint das Freundespaar der Nachwelt, wie sich das Hitzig vorgestellt hatte. Der gefiel sich im Mantel des anonymen, im stillen waltenden guten Geistes, der den Sturz des notorischen, herumschwadronierenden, flügelversengten Ungeistes aufzufangen bestimmt ist. Die Leser sahen ein anderes, nicht minder romantisches Gegensatzpaar: Poet und Philister.

Von Ellinger über Hans von Müller bis zu Harich und Arno Schmidt figuriert Hoffmanns erster Biograph als inkompetenter – ›– – versteht den Teufel etwas von Poesie‹ (Schmidt) –, verfälschender, beschränkter, selbstgerechter und prüder Biedermann, dem jedes Verständnis für die Kreislersche Künstlernatur abzusprechen sei. Bei Hans von Müller werden die Einwände gegen Hitzig erstmals germanistisch-pedantisch präzisiert: Hitzig habe Hoffmanns Gedankenstriche durch Kommata ersetzt, er habe wichtige Briefe Hippels zu Hoffmanns frühen Jahren unterdrückt – namentlich den Hinweis auf eine venerische Infektion, die sich Hoffmann bereits in Warschau zugezogen habe –, er habe Lesefehler perpetuiert. Der Katalog Hitzigscher Verstöße ist lang und vollständig und führt wie alle lückenlosen Sündenregister zu einem penetrant ungerechten Urteil.

Immerhin ist die Biographie in ihrer ersten Form nie wieder aufgelegt worden – die ›vermehrte und verbesserte‹ Fassung, die 1839 in der Werkausgabe erschien, begrub die ursprüngliche Prägnanz des Berichts, im Widerspiel zu Hoffmanns eigener Stimme, unter einem Wust von inzwischen aufgelaufenen Anmerkungen, Korrespondenzauszügen und rivalisierenden ›Ich-kannte-ihn-auch‹-Reminiszenzen plus frömmelnden Fleddereien, die statt der Verbesserung und Vermehrung eine Aufblähung und Verwässerung des engagierten Nekrologs bewirkten.

Vor der einhelligen Verdammung Hitzigs durch die For-

schung und Literaturkritik sah man durchaus noch das Neue
und Verdienstliche seiner Biographik: Gerade die empfind-
liche Nnanciertheit, die Überbelichtung alltäglicher Details
und persönlicher Begegnungsausschnitte – eben die Perspektive der Freundschaft – galt bis zur Mitte des neunzehnten
Jahrhunderts als respektabel. Der philologische Besen Müllers
kehrte diesen trivial-emotionalen Müll als irrelevant und subjektiv willkürlich hinweg. Die Literaturkritik andererseits, die
Germanistik also, konnte zunehmend mit der Verquickung
moralischer und ästhetischer Kategorien nichts mehr anfangen; das waren Meinungen, keine Interpretationen, und so
schien auch der Text von daher unergiebig.

Erst in der Schnappschen Sammlung der Lebensdokumente
zu Hoffmann finden, weit verstreut, auch die meisten Hitzigschen Äußerungen ihre Stelle. Daß er aber nicht nur als Quelle
mehr oder weniger charakteristischer Anekdoten dienen
wollte, wurde nicht mehr verstanden. Hebbel hörte das noch
heraus, wenn er, bei Erscheinen der vierten und letzten
Romantikerbiographie Hitzigs – über Chamisso – eine kurze,
aber großzügige Würdigung dieser aus Miterleben gespeisten,
unprätentiösen, diskret-eindringlichen Vergegenwärtigungen
gab:

›Bei der von ihm gewählten bescheidenen Manier, die Toten
reden zu lassen, statt in eigener Person das Wort zu nehmen,
– – läuft er keine Gefahr, den Mann, den er liebt, bei dem
Versuch der geistigen Wiedererweckung – – zu verletzen.‹

Daß Hitzig mit seinen dokumentierten Lebensdarstellungen
einen Typus geschaffen hat, dem später viele Künstlermono-
graphien gefolgt sind, stellt ihm außerdem das Zeugnis eines
Erfinders aus: des Erfinders des monographischen Essays ›in
Selbstzeugnissen und Bilddokumenten‹. ›Jede dieser Lebensdarstellungen ist zur Geschichte einer Freundschaft geworden‹, urteilt die Neue Deutsche Biographie: ›Über den Charakter von Nekrologen führen sie durch die Fülle mitgeteilter

Briefe und Lebensdokumente hinaus – –, rücken jedoch in ihrer stark von persönlichen Bindungen abhängigen Sicht die Person des Verfassers sehr in den Vordergrund – –‹

Gewiß, der Freund dankt nicht ab, ist nicht Eckermann oder ein mausgrauer ›Dienst am Werk‹-Germanist. Dennoch verkommt die intime Nähe zur Physiognomie und täglichen Lebensführung des redenden Toten in dieser ersten Fassung der Biographie nie zu Klatsch und Anekdotensalat, wie auch die lange als vermessene Unverschämtheit geltende Unbefangenheit persönlicher Kritik eher als gekränkte Trauer und Enttäuschung und kaum als philiströse Selbstgerechtigkeit in Erscheinung tritt.

## VII.

### *Hoffmanns dunkles Prinzip*

Natürlich hätte es schwer gehalten, den verrufenen, ja teilweise verabscheuten, politisch suspekten, moralisch defekten poète maudit auf einen Sockel zu heben oder auch nur in eine illuminierte Nische zu stellen. Um so erstaunlicher, daß der Brockhaus in seinem Supplementband zur 5. Auflage schon 1824 eine auf Hitzig und Jean Paul fußende Würdigung bietet, die, bei allen vertrauten Vorbehalten und Vorurteilen, die Apotheose und Selbstidentifikation künftiger Leser vorwegnimmt:

›– – seine Protestation gegen die prosaische Wirklichkeit versinkt mitunter in diese selbst zurück – –. Und doch müßten wir ihm eine echte dichterische Eigentümlichkeit zugestehen? Allerdings, sobald wir ihn aus dem rechten Gesichtspunkte betrachten. Er wurzelt nämlich mit entschiedener, überwiegender Kraft in jener geheimnisvollen Gegend, wo das dunkle Prinzip, wie eine wilde Jagd, statt ausgeführte Bilder bunte Karikaturen auf- und niedertreibt, die gleich grinsenden

Totenköpfen über sich und uns zu lachen scheinen und jenen furchtbaren Kontrast zwischen Scherz und Ernst hervorrufen, bei dem wir nicht wissen, ob unser Herz oder die Welt geborsten ist.‹ Hoffmann, der noch bei Lebzeiten Goethes die Illusion klassischer Selbst- und Weltvervollkommnung zerstört – hier wird er bereits in der Rolle des advocatus diaboli akzeptiert: nicht er selbst ist verwüstet – die Wüste ist seine Umwelt, und wie dem Eremiten erscheinen die Figuren seiner Phantasie als Entzugssymptome real ungestillten Glücksbedürfnisses ›wie eine wilde Jagd‹. Flaubert hat diese Vision gegen Ende des Jahrhunderts in ungeahnter Steigerung in seine ›Tentation‹ gebannt: ein letztes, inflationäres Bilderaufgebot vor dem Rückfall in die leere Erwartung, die Wüste und das Schweigen, das von da an – von Maeterlinck bis Beckett – die radikalste Alternative zu bieten schien.

Man darf sich fragen, wie es mit Hoffmanns Reputation gestanden hätte, wenn Hitzig *nicht* sofort mit seiner ›Treue‹ eingesprungen wäre. Ohnehin ist die Rezeptionsgeschichte von Hoffmanns Werk in Deutschland zunächst nicht der Rede wert: Frankreich, England, Rußland – dort wird er gelesen und wirkt; den Deutschen ist er noch bis zur Jahrhundertwende suspekt. Das anarchische, ja – ganz im Sinne Kierkegaards – existentialistische Pathos seiner Künstlerfiguren geht so weit über den in Deutschland akkreditierten Opernbohemien und frierenden Sonderlingstypus hinaus, daß es deutschen Lesern und Literaturverwaltern bei Hoffmann einfach nicht wohl wurde. Hippels entsetzte Verurteilung von Hoffmanns ›Ausschweifungen‹ zittert dabei nach: ›Er lernte, seine Sache auf Nichts stellen, nur von einem Tag auf den andern zu leben, sich selbst durch Luftschlösser täuschen und großem Leichtsinn ergeben.‹

Hitzig sah da doch noch eine andere Kraft am Werk: den aus der Angst vor dem Nichts geborenen Mut. Diese – bei Hitzig mit Schaudern und Kopfschütteln anerkannte – Courage nimmt nun eben derselbe Brockhaus von 1824 zum Ausgangspunkt einer ganz erstaunlichen Eulogie, in deren Verlauf Hoffmann fast mythische Statur gewinnt:

›Hat er nicht immer gelebt, wie er sollte, hingerissen, verzehrt von mehr als einer Flamme, so ist er dafür gestorben wie ein Mann in der vollsten Bedeutung, und seine letzten Augenblicke zeigen fast mehr als alle seine Werke zusammengenommen, den unverwüstlichen Kern seiner reichen und tiefen Natur. – – Es gibt in dem Leben kräftiger Naturen einen Punkt, in dem Stoicismus und Epikuräismus auf eine außerordentliche Weise zusammentreffen. Von dieser Seite erinnert Hoffmanns Beispiel an manchen berühmten Namen der alten und neueren Zeit. Seine Orgien sind bekannt genug; doch hat er sie nicht gefeiert ohne die Gegenwart jenes Dionysos, dem die Griechen als dem Gotte seliger Geistestrunkenheit Tempel weihten.‹ Heine und Nietzsche stehen hier Pate: Hoffmann, oder zumindest sein verwegener Doppelgänger, entschwindet so dem Hitzigschen Perspektiv in ein Abseits, wo moralisches Mäkeln absurd, biedermeierliche Gemütlichkeit endgültig den Philistern überlassen wird.

## VIII.

### Ottmar – Hoffmanns Hitzig

Bevor aber die Distanz zwischen Poet und Philister zu groß wird, sei doch gefragt, wie *Hitzigs* Charakteristik ausgefallen wäre, hätte Hoffmann sie geschrieben. Dies läuft allerdings auf ein Puzzlespiel hinaus, denn unverblümt konzis hat Hoffmann den Freund nicht porträtiert. Zwar hat er ihn gezeichnet – gar nicht fratzenhaft übrigens oder satirisch, eher liebevoll ironisch und gewiß lebensecht: ein rundes, genießerisch-freundliches Brillengesicht, vielleicht etwas kurzsichtig, und

nicht ohne Begeisterungsglanz. In den ›Serapionsbrüdern‹
wird Hitzig zumeist als Ottmar identifiziert. Der hier, Tee
trinkend, plaudernd unter Freunden vor Hoffmanns Kamin
sitzt, ist freilich eine Fiktion, ein schlackenloser Hitzig, das
Denkmal eines Typus, der aus der deutschen Gesellschaft un-
widerruflich verschwunden ist; der faszinierbare Lauscher, der
aufmerksame, vernünftige, kritisch sensible Leser, der – Krieg
und Verwüstung hinter sich – Wahnsinn und Verbrechen um
sich – Dummheit und Repression vor sich sehend – unentwegt
an die Überwindung aller Übel durch veredelnde Geselligkeit
und gastronomisch garniertes Freundesgespräch glaubt. Sein
Mitgehen und Mitschwingen, auch zu des Teufels Trillern, ist
durch eigene Anfälligkeit und Labilität bedingt; und von daher versteht sich auch die Abwehr des Entsetzlichen, das die
Gesetze und das gesetzte Leben durcheinander bringt. Die
Augen verschließt er aber nicht davor. Hoffmanns analytisches
Besteck ist freilich viel subtiler als Hitzigs ›ungeübte Zunge‹.
Mit behutsamen und doch scharfen Strichen führt er die Figur
ein: ›Ottmar müßte erzählen von irgendeiner herrlichen Rarität, die er aufgespürt, von einem auserlesenen Wein, von einem
absonderlichen Hasenfuß etc., und uns alle in Feuer und
Flamme setzen, und uns aufregen zu allerlei sehr seltsamen
Anschlägen, wie wir beides zu genießen und zu verarbeiten
gedächten, auserlesenen Wein und absonderlichen Hasenfuß.‹
Ottmar selbst wird dann die Quintessenz seiner Intentionen
ernsthaft in den Mund gelegt: ›Gemütlichkeit‹ und ›der Glaube
an uns selbst‹. Daß diese Honoratiorenkombination ein wenig
nach ›Philisterei‹ schmeckt, wird nur eben angemerkt und auch
von Ottmar selbst verspottet. Sobald aber Hoffmann dann die
Pforten der Hölle öffnet und die Antoniusvision (die mit dem
Martyrium Serapions korrespondiert) aus dem Kaminfeuer
schürt, setzt sich Ottmar ungemütlich zurecht und wird als
Korrektiv und Antithese aufgebaut: ›Ich tadle – – deinen
närrischen Hang zur Narrheit, deine wahnsinnige Lust am

Wahnsinn. – – Menschen von überreizter Fantasie, die sich auf
diese oder jene Weise spleenisch äußert, sind mir unheimlich
und fatal.‹ Wie also Hitzig seinen Hoffmann als Antithese
seiner Gesetztheit in seiner eigenen Vita gelten läßt, so ist auch
Hoffmann offenbar gerne bereit gewesen, die ernüchternde
Stimme des Normalitätsapostels in sein Höllenkonzert einzu-
komponieren. Ja, Hitzigs rundliches Gesicht scheint in magi-
schem Rapport mit Hoffmanns Grimassen aufgehängt wie der
Mond über bellenden Hunden: ›Das Mißverhältnis des inneren
Gemüts mit dem äußeren Leben, welches der reizbare Mensch
fühlt, treibt ihn wohl zu besonderen Grimassen, die die ruhigen Gesichter, über die der Schmerz so wenig Gewalt hat als
die Lust, nicht begreifen können, sondern sich nur darüber
ärgern.‹ So ist das ›Fratzenwesen‹ als Rebellion der tieferen
Wünsche gegen Einengung und Reglementierung beschrieben, als Ausdruck des Schmerzes. Und Hoffmann weiß nur zu
gut, was seine Freunde, und unter ihnen besonders Hitzig,
selbst auszustehen hatten: ›Merkwürdig ist es aber, daß du,
mein Ottmar, selbst so leicht verwundlich, geneigt bist, aus
allen Schranken zu treten, und schon oft den Vorwurf des
vollkommensten Spleens auf dich geladen hast.‹ (Wobei die
Byronsche Bedeutung von Spleen – als Schwermut und Welt-
schmerz – das Leiden modisch abschwächt.) Hitzig und jener
exzentrische Rat Krespel mit seinen architektonischen, demo-
kratischen und musikalischen Kaprizen werden in Beziehung
gesetzt: In Hoffmanns Spiegel verzerrte sich Hitzigs Gesicht
zur Kenntlichkeit. Der Witwer und angesehene Beamte, der
nur seinen Kindern und Hobbys lebt, seine Lieblingstochter
verliert und die Freundschaft mit verrückten Geistersehern
sucht: ein kultiviertes Mitglied der Berliner Gesellschaft. In
Hoffmanns Werk: ein Archetypus des Mißverhältnisses von
›innerem Gemüt mit dem äußeren Leben‹: ›Krespel hätte gar
zu gern die Tochter, die recht in seinem Innersten lebte, und
die ihm öfter als Traumbild erschien, mit leiblichen Augen

gesehen, aber sowie er an seine Frau dachte, wurde es ihm ganz unheimlich zumute, und er blieb zu Hause unter seinen zerschnittenen Geigen sitzen.‹ Prophetisch auch, denn noch lebte Marie, noch lebten verstiegene Hoffnungen auf die Erlösung der gebildeten Seele durch die Kunst unter den Romantikern und Biedermeierintellektuellen. Freilich mehr und mehr im Verlauf der Serapionsabende rettet sich Ottmar/Hitzig auf die Seite des gesunden Menschenverstandes: Die Devise ›Besitz und Bildung‹ wäre ihm leicht von den Lippen gegangen: In einem von Ottmars Beiträgen zur Unterhaltung der Freunde legt Hoffmann – schon wieder prophetisch – dem Freunde in den Mund, was dieser allen Ernstes in seiner Biographie dann als beträchtliches Manko in Hoffmanns Charakter diagnostiziert: das Verhältnis zum Besitz. Fast unheimlich schleicht sich sogar der ›Testamentsvollzieher‹, als der ja Hitzig nach Hoffmanns Tod auftritt, in den Text: ›– – ihr werdet noch mehr erstaunen, wenn ich euch sage, liest Ottmar, daß sich bei mir ein besonderes Wohlgefallen an blankgescheuertem Zinn und Kupfer, an Linnen, an silberner Gerätschaft, an Porzellan und Gläsern, kurz an einer eingerichteten Wirtschaft, wie sie im Nachlaß der Tante vorhanden, eingefunden hat. Ich schaue das alles mit einer gewissen Behaglichkeit an, und mir ist es plötzlich so, als sei es hübsch, mehr zu besitzen als ein Bett, einen Tisch, einen Schemel, einen Leuchter und ein Tintenfaß. Mein Herr Testamentsvollzieher lächelt – –‹ Wie wohl auch Hoffmann über Hitzigs betuliche Mißbilligung der Hoffmannschen Anspruchslosigkeit, was die Möblierung anging, gelächelt haben wird. Doch schärft sich die Antinomie Hoffmann/Hitzig weiter zu: Und das gerade im Anschluß an die farcenhafte, antisemitische Erzählung ›Die Brautwahl‹, die Ottmar als ›wunderlich tolles Ding‹ verabscheut, was Theodor zu Spekulationen über das Verhältnis von Phantasie und Leben aufregt: ›Ich meine, daß die Basis der Himmelsleiter, auf der man hinaufsteigen will in höhere Regionen, befestigt sein müsse im Leben, so daß jeder nachzusteigen vermag. Befindet er sich dann immer höher und höher hinaufgeklettert, in einem fantastischen Zauberreich, so wird er glauben, dies Reich gehöre auch noch in sein Leben hinein, und sei eigentlich der wunderbar herrlichste Teil desselben. Es ist ihm der schöne prächtige Blumengarten vor dem Tore, in dem er zu seinem hohen Ergötzen lustwandeln kann, hat er sich nur entschlossen, die düsteren Mauern der Stadt zu verlassen.‹

Dem setzt nun Ottmar sein ›Vergiß nicht!‹ entgegen. Nämlich: ›Vergiß aber nicht, Freund Theodor, daß mancher gar nicht die Leiter besteigen mag, weil das Klettern einem verständigen gesetzten Manne nicht ziemt, mancher schon auf der dritten Sprosse schwindlicht wird, mancher aber auch wohl die auf der breiten Straße des Lebens befestigte Leiter, bei der er täglich, ja stündlich vorübergeht, gar nicht bemerkt!‹

Hier drängt uns Hoffmann ein lebendes Bild seiner Freundschaft zu Hitzig auf: Er, oben auf der schwanken Leiter, wie in Warschau, im Palais Mnischek, Fresken malend, während unten am Fuße der Leiter Hitzig acht gibt und Hand anlegt, daß die Leiter nicht abgleitet oder umfällt in die Gosse. Zugleich strömt ›das Leben‹, wie es ja auch Hitzig vortrefflich auf den Straßen Warschaus zu schildern vermochte, an dem Paar vorüber, und Hitzig kann die Transformation auf Hoffmanns ›Kannevas‹ kritisch vergleichen. Im Blick auf ›Tausend und eine Nacht‹ wird dann eine Synthese versucht: aus Hitzigs Frosch- und Hoffmanns Vogelperspektive: ›All die Schuster, Lastträger, Derwische, Kaufleute etc., erklärt Ottmar, wie sie in jenen Märchen vorkommen, sind Gestalten, wie man sie täglich auf den Straßen sah, und da nun das eigentliche Leben nicht von Zeit und Sitte abhängt, sondern in der tieferen Bedeutung ewig dasselbe bleibt und bleiben muß, so kommt es, daß wir glauben, jene Leute, denen sich mitten in der Alltäglichkeit der wunderbarste Zauber erschloß, wandelten noch unter uns. So groß ist die Macht der Darstellung in jenem ewigen Buch.‹ Und Ottmar hat auch das letzte Wort in dem Tausendseitenprotokoll der Serapionsabende: ›Mag, sprach Ottmar, mag jeder tragen was er kann, jedoch nur nicht das Maß *seiner* Kraft für die Norm dessen halten, was dem menschlichen Geist überhaupt geboten werden darf. Es gibt aber sonst ganz wackere Leute, die so schwerfälliger Natur sind, daß sie den raschen Flug der erregten Einbildungskraft irgendeinem krankhaften Seelenzustande zuschreiben zu müssen glauben, und daher kommt es, daß man von diesem, von jenem Dichter bald sagt, er schriebe nie anders, als berauschende Getränke genießend, bald seine fantastischen Werke auf Rechnung überreizter Nerven und daher entstandenen Fiebers setzt.‹ ›Wer weiß es denn aber nicht‹, sagt der entschlackte Hitzig, ›daß jeder auf diese jene Weise erregter Seelenzustand zwar einen glücklichen genialen Gedanken, nie aber ein in sich gehaltenes geründetes Werk erzeugen kann, das eben die größte Besonnenheit erfordert.‹

So schonend wie möglich also bringt es Ottmar, der plötzlich aus dem Spiegel tretende Doppelgänger, seinem Urbild bei: Vielleicht bist du überfordert? Gib aber nicht auf! Denk an das letzte Serapionsmärchen, an die Mohrrübe: ›Es war eine Dame zugegen, die einen goldenen Ring mit einem schönen Topas am Finger trug. – – Man glaubte, es sei ein altes, ihr wertes Erbstück und erstaunte nicht wenig, als die Dame versicherte, daß man vor ein paar Jahren auf ihrem Gute eine Mohrrübe ausgegraben, an der jener Ring gesessen.‹

*Wolfgang Held*

# Inhalt

## Zu dieser Ausgabe

insel taschenbuch 755
Julius Eduard Hitzig
E.T.A. Hoffmanns Leben und Nachlaß
Mit Anmerkungen zum Text und einem Nachwort
von Wolfgang Held

Der Text folgt in modernisierter Orthographie und Zeichen-
setzung der Ausgabe: Julius Eduard Hitzig, Aus E.T.A.
Hoffmann's Leben und Nachlaß. Herausgegeben von dem
Verfasser des Lebensabrisses Friedrich Ludwig Zacharias
Werners, Teil 1: XIV S., 336 S.; Teil 2: 380 S., Berlin 1823.
Die Seiten 321-380 des zweiten Teils wurden in die vorliegende Ausgabe nicht aufgenommen; Hitzigs Anmerkungen
zum Text wurden vom Herausgeber gekürzt. Die Staatsbibliothek Bamberg stellte die Textvorlage zur Verfügung.
Der Insel Verlag dankt dem Stadtarchiv der Stadt Ansbach,
der Staatsbibliothek Bamberg und dem Herausgeber für die
Abbildungsvorlagen im Text und dem Freien Deutschen
Hochstift/Frankfurter Goethemuseum für die Umschlag-
abbildung, auf der ein Porträt E.T.A. Hoffmanns, eine anonyme Zeichnung, reproduziert ist.

*E.T.A. Hoffmann im Insel Verlag*

Insel-E.T.A. Hoffmann. Texte neu durchgesehen, mit Anmerkungen versehen und herausgegeben von Herbert Kraft unter Mitwirkung von Manfred Wacker. Mit einem Nachwort von Hans Mayer. 4 Leinen-Bände in Kassette.

Einzelausgaben
- Das Fräulein von Scuderi. Erzählungen aus dem Zeitalter Ludwigs des Vierzehnten. Mit einem Nachwort von Jochen Schmidt und Illustrationen von Hugo Steiner-Prag. it 410
- Der goldne Topf. Mit Illustrationen von Karl Thylmann. Herausgegeben und mit einem Nachwort von Jochen Schmidt. it 570
- Der Elementargeist. Mit Illustrationen von Emil Preetorius. it 706
- Der Sandmann. Mit einem Nachwort von Jochen Schmidt und Illustrationen von Hugo Steiner-Prag. 1986. it 934
- Der unheimliche Gast und andere phantastische Erzählungen. Herausgegeben von Ralph-Rainer Wuthenow. 1977. it 245
- Die Abenteuer der Silvester-Nacht. Mit farbigen Illustrationen von Monika Wurmdobler. it 798
- Die Elixiere des Teufels. Mit Illustrationen von Hugo Steiner-Prag. it 304
- Die Serapions-Brüder. Herausgegeben und mit einem Nachwort von Hartmut Steinecke. Mit farbigen Illustrationen von Monika Wurmdobler. it 631. Insel-Bibliothek: Leinen- oder Lederausgabe
- Klein Zaches genannt Zinnober. Ein Märchen. Mit Radierungen von Renate Sendler-Peters. it 777
- Lebensansichten des Katers Murr, nebst fragmentarischer Biographie des Kapellmeisters Johannes Kreisler in zufälligen Makulaturblättern. Mit Illustrationen von Maximilian Liebenwein. Mit Anmerkungen. it 168
- Meister Floh. Ein Märchen in sieben Abenteuern zweier Freunde. Mit Illustrationen von Otto Nückel. it 503
- Nachtstücke. Mit einem Nachwort von Lothar Pikulik und Illustrationen von Renate Sendler-Peters. it 589
- Nußknacker und Mausekönig. Mit farbigen Illustrationen von Monika Wurmdobler. it 879
- Prinzessin Brambilla. Ein Capriccio nach Jacques Callot. Mit Illustrationen und Anmerkungen zum Text. it 418

E.T.A. Hoffmanns Leben und Nachlaß. Von Julius Eduard Hitzig. Nachdruck der ersten Hoffmann-Biographie aus dem Jahre 1823. Mit zahlreichen Abbildungen und einem Nachwort von Wolfgang Held. it 755

*Bettine von Arnim im Insel Verlag*

Bettine von Arnims Armenbuch
Herausgegeben von Werner Vordtriede. it 541

Aus meinem Leben
Zusammengestellt und kommentiert von Dieter Kühn. 1982. it 642

Die Günderode
Mit einem Essay von Christa Wolf. 1982
– it 702. 1983

Dies Buch gehört dem König
Herausgegeben von Ilse Staff. 1982. it 666

Goethes Briefwechsel mit einem Kinde
Insel-Bibliothek Leinen- oder Lederausgabe
– it 767. 1984

Der Briefwechsel Bettine von Arnims mit den Brüdern Grimm.
1838 bis 1841
Herausgegeben von Hartwig Schultz. Mit Abbildungen. 1984

Bettine von Arnim, Clemens Brentanos Frühlingskranz aus Jugendbriefen ihm geflochten wie er selbst schriftlich verlangte
Mit einem Nachwort von Hartwig Schultz. 1985
– it 812

*Clemens Brentano im Insel Verlag*

Gedichte, Erzählungen, Briefe
Herausgegeben von Hans Magnus Enzensberger. 1981. it 557

Gockel, Hinkel und Gackeleia
Nach der Frankfurter Erstausgabe von 1838. Mit Lithographien von
Caspar Braun nach Entwürfen Clemens Brentanos. 1973. it 47

Italienische Märchen
Mit einem Nachwort von Maria Dessauer. 1983. it 695

Rheinmärchen
In der von Guido Görres herausgegebenen Ausgabe von 1846. Mit
Illustrationen von Edward von Steinle. 1984. it 804

Clemens Brentano/Sophie Mereau, Lebe der Liebe und liebe das
Leben. Der Briefwechsel von Clemens Brentano und Sophie Mereau
Mit einer Einleitung herausgegeben von Dagmar von Gersdorff. Mit
zahlreichen Abbildungen. 1981

Clemens Brentano/Philipp Otto Runge, Briefwechsel
Herausgegeben von K. Feilchenfeldt. 1974. Insel-Bücherei 994

Clemens Brentano/Achim von Arnim, Des Knaben Wunderhorn.
Alte deutsche Lieder. Auswahl. 1974. it 85
– Insel-Bibliothek Leinen- oder Lederausgabe

Clemens Brentanos Frühlingskranz aus Jugendbriefen ihm geflochten
wie er selbst schriftlich verlangte
Mit einem Nachwort von Hartwig Schultz. 1985. it 812

*Jacob und Wilhelm Grimm*
*im Insel Verlag*

Kinder- und Hausmärchen
Gesammelt durch die Brüder Grimm. Mit Illustrationen von Otto
Ubbelohde und einem Vorwort von Ingeborg Weber-Kellermann.
Jubiläumsausgabe in Kassette. Drei Bände. 1984. it 829

Kinder- und Hausmärchen
Gesammelt durch die Brüder Grimm. Kleine Ausgabe von 1858
Mit Illustrationen von Ludwig Pietsch und einem Nachwort von Heinz
Rölleke. 1985. it 842

Die zwölf schönsten Märchen der Brüder Grimm
Mit Bildern von Gunter Böhmer. 1984. Leinen- oder Lederausgabe

Jorinde und Joringel
Acht Märchen mit Bildern von Heinrich Vogeler. 1976.
Insel-Bücherei 992

Deutsche Sagen
Herausgegeben von den Brüdern Grimm. Mit Illustrationen von Otto
Ubbelohde. 1981. Zwei Bände. it 481

Der Briefwechsel Bettine von Arnims mit den Brüdern Grimm. 1838
bis 1841
Herausgegeben von Hartwig Schultz. Mit Abbildungen. 1985

Jacob Grimm, Über den Ursprung der Sprache
Gelesen in der Preußischen Akademie der Wissenschaften
am 9. Januar 1851
Mit Anmerkungen und einem Nachwort von M. Rassen. 1985. it 877

*Heinrich von Kleist im Insel Verlag*

Kleist, Heinrich von: Werke und Briefe in vier Bänden. Herausgegeben von Siegfried Streller in Zusammenarbeit mit Peter Goldammer und Wolfgang Barthel, Anita Golz, Rudolf Loch

Band I: Dramen 1: Die Familie Schroffenstein. Robert Guiskard. Der zerbrochne Krug. Amphitryon. it 981

Band II: Dramen 2: Penthesilea. Das Käthchen von Heilbronn. Die Hermannsschlacht. Prinz Friedrich von Homburg. it 982

Band III: Erzählungen. Sämtliche Erzählungen. Gedichte. Anekdoten. Schriften. it 983

Band IV: Briefe. Briefe von und an Kleist, 13. März 1793 bis 21. November 1811. it 984

Vier Bände in Kassette. Jeder Band ist auch einzeln erhältlich.

*Einzelausgaben:*
- Der zerbrochne Krug. Ein Lustspiel. Mit Radierungen von Adolph Menzel und einem Nachwort von Hans-Joachim Piechotta. it 171
- Die Erzählungen. Herausgegeben von Rolf Tiedemann. it 247
- Die Marquise von O . . . Mit Materialien und Bildern aus dem Film von Eric Rohmer und einem Aufsatz von Heinz Politzer. Herausgegeben von Werner Berthel. it 299
- Geschichte meiner Seele. Das Lebenszeugnis der Briefe. Herausgegeben von Helmut Sembdner. it 281
- Penthesilea. Bibliothek deutscher Erst- und Frühausgaben in originalgetreuen Wiedergaben. Herausgegeben von Bernhard Zeller. Faksimile-Ausgabe in Leder.
- Über das Marionettentheater. Aufsätze und Anekdoten. Mit einem Nachwort von Josef Kunz. Zeichnungen von Oskar Schlemmer. IB 481
- Kleist in der Dichtung. Herausgegeben und mit einem Nachwort von Helmut Sembdner. IB 984
- Heinrich von Kleist – Leben und Werk im Bild. Herausgegeben von Eberhard Siewert. it 371
- Heinrich von Kleists Lebensspuren. Dokumente und Berichte der Zeitgenossen. Erweiterte Neuausgabe. Herausgegeben von Helmut Sembdner. Dokumente zu Kleist, Band 1
- Heinrich von Kleists Nachruhm. Eine Wirkungsgeschichte in Dokumenten. Herausgegeben von Helmut Sembdner. Dokumente zu Kleist, Band 2.
  – Band 1 und Band 2 in Kassette.

*Theodor Storm im Insel Verlag*

Werke in 2 Bänden. Mit einem Essay von Thomas Mann. Ausgewählt und eingeleitet von Gottfried Honnefelder. Leinen
– it 731–736 in Kassette:
  it 731 Gedichte
  it 732 Immensee und andere Novellen
  it 733 Pole Poppenspäler und andere Novellen
  it 734 Carsten Curator und andere Novellen
  it 735 Hans und Heinz Kirch und andere Erzählungen
  it 736 Der Schimmelreiter
  Sechs Bände in Kassette
– Am Kamin und andere unheimliche Geschichten. Illustriert von Gertrud Quadflieg. Mit einem Nachwort von Gottfried Honnefelder. it 143
– Der Schimmelreiter und andere Erzählungen. Mit Illustrationen von Max Schwimmer. it 305